Abboud Zeitoune / Abdulmes

Senharib Balley

UND DIE ASSYRISCHE NATIONALBEWEGUNG

ܗܫܝܼܒ ܒܠܝ

ܘܗܘܿܐ ܐܬܘܪܝܬܐ ܐܬܘܪܝܐ

Übersetzte und editierte Textsammlung
(1909-1969)

Wiesbaden
2024

Senharib Balley und die Assyrische Nationalbewegung

Autoren: Abboud Zeitoune und Abdulmesih BarAbraham, Wiesbaden/Augsburg

1.   Auflage 2024

ISBN: 978-1-326-98128-0

www.abboudzeitoune.com

Die Autoren

Abboud Zeitoune

In Qamishly geboren und im Libanon und vorwiegend in Deutschland aufgewachsen. Er absolvierte ein Studium der Betriebswirtschaft und arbeitet derzeit als Compliance Manager in einem international tätigen Unternehmen.

Seine ersten drei Bücher (Deutsch/Englisch) befassten sich mit der modernen assyrischen Musik. Durch diese Werke hat er die assyrische Musik der letzten 120 Jahre archiviert.

Darüber hinaus hat er ein Großteil der Schriften von Naum Faiq ins Arabische transkribiert und ins Deutsche und Englische übersetzt und als Bücher veröffentlicht. Durch seine Koordination konnten weitere Bücher gemeinsam mit Aydin Be-Naqşe und Jan Bet-Sawoce veröffentlicht werden (siehe Bibliografie in diesem Buch).

Weitere Informationen über Abboud unter: www.abboudzeitoune.com

Abdulmesih BarAbraham

Abdulmesih BarAbraham wurde in Midyat geboren und kam 1967 als junger Teenager nach Deutschland, wo er die Mittel- und Oberschule abschloss. Er erwarb einen Master of Science in Ingenieurwissenschaften an der Universität Erlangen/Nürnberg, wo er zusätzlich profunde Kenntnisse der Geschichte und der Sprachen des Nahen Ostens, darunter Syrisch, Türkisch und Arabisch, erwarb.

Während seiner beruflichen Laufbahn war er im Forschungsbereich und in verschiedenen Managementpositionen für ein internationales deutsches Unternehmen in München und im Silicon Valley, Kalifornien, tätig. Neben mehr als zwei Dutzend veröffentlichten technisch-wissenschaftlichen Artikeln ist er auch Inhaber von mehr als einem Dutzend US-amerikanischer und europäischer Patente.

Als unabhängiger Autor hat BarAbraham über assyrische Themen wie die Situation der Minderheiten im Nahen Osten, Völkermord, Migration und Diaspora veröffentlicht. Seine Schriften umfassen zahlreiche veröffentlichte Artikel und Buchkapitel in mehreren Sprachen.

Neben seiner akademischen und beruflichen Tätigkeit ist er Vorsitzender des Kuratoriums der Yoken-bar-Yoken Stiftung und der Mor Afrem Stiftung. Darüber hinaus ist er als Sekretär des Theologischen Seminars Suryoye in Salzburg tätig.

A. BarAbraham und A. Zeitoune - 2020

Inhalt

Geleitwort von Prof. Dr. Shabo Talay

Senharib Balley (= *Sanḥārīb Bālī*), - ja, auch ihn hat es gegeben neben Naum Faiq, den inzwischen alle kennen dürften - als einen großen Aktivisten der ersten assyrischen (aramäischen) Nationalbewegung. In den Texten wird Senharib Balley als begnadeter Redner und großzügiger und fürsorglicher Kämpfer vor allem für die Belange des Waisenhauses (TMS) in Adana und später in Beirut, der Publikation von Printmedien und Büchern über historische und gesellschaftliche Themen, die seiner Meinung nach die assyrische Nation voranbringen sollen.

In diesem Buch haben die beiden Autoren alle Publikationen von und über Senharib Balley zusammengetragen. Dabei handelt es sich um Texte in Form von Kommentaren und Briefen zu zeitgenössischen politischen und sozialen Problemen, die überwiegend auf Osmanisch-Türkisch und Arabisch, oft in syrischen Lettern geschrieben, in verschiedenen Zeitschriften veröffentlicht wurden. Alle Texte wurden ins Deutsche übertragen und teilweise mit Kommentaren und weiterführenden Informationen in Fußnoten versehen. Damit wird neben Naum Faiq eine weitere Person aus der frühen Nationalbewegung durch eine Publikation gewürdigt und für Interessierte zugänglich gemacht.

Das Buch enthält eine Biografie von Senharib Balley, die auf Originalquellen zurückgreift und eine Vorstellung aller Zeitschriften, in denen er seine Artikel publizierte. Eine große Informationsquelle und deshalb sehr bereichernd für das Buch sind die hier publizierten Briefe, die Balley mit seinen Freunden und Lesern wechselte.

Warum sind Publikationen dieser Art so wichtig, mögen manche denken. Zum ersten Mal in der Geschichte des assyrischen/aramäischen Volkes äußern sich zu Beginn des 20. Jahrhunderts Intellektuelle, Laien ohne klerikale Ämter, über sozio-kulturelle und politische Belange ihres Volkes. Das erwünschte Ziel dieser Bewegung ist die Überwindung der konfessionellen Grenzen innerhalb der Angehörigen syrischer Kirchen und die Begründung einer gemeinsamen modernen Nation mit Anspruch auf eine politische und territoriale Heimat in Mesopotamien (*Beṯnahrin*). Die Vernichtung ihrer Volksangehörigen durch den Seyfo 1915 und die Ergebnisse der vielen sog. „Friedens"-Konferenzen (Paris 1919, Sèvres 1920, Lausanne 1923) nach dem Ersten Weltkrieg und schließlich das Massaker von 1933 in Simele (Nordirak) machte diese damals noch realistischen Hoffnungen zunichte. Trotzdem kämpften die Aktivisten der ersten Stunde, wie Senharib Balley, auch danach bis zu ihrem Tod für die nationale Aufklärung der Assyrer/Aramäer und für ihr Recht auf eine nationale Heimstätte.

In Ihren Texten üben Balley und seine Gesinnungsgenossen teilweise harsche Kritik an ihrer Kirche, überwiegend die syrisch-Orthodoxe, und mussten doch feststellen, dass diese innerhalb kurzer Zeit allein in New Jersey vier Kirchengebäude errichtete, wo die *umṯonoye* „Nationalisten" nicht einmal für eine einzige Schule genug Geld zusammenbringen konnten. Diese Kritik an der Kirche und der Kirchenführung hört man heute noch unter politisch Orientierten, jedoch kann beispielsweise die syrisch-Orthodoxe Kirche auf ein Aufleben in der Diaspora schauen, die ihresgleichen sucht. Obwohl die meisten ihrer Mitglieder als Vertriebene und Geflüchtete nach Europa gekommen sind, hat die Kirche, auch unter Jugendlichen einen erheblich höheren Zulauf als politisch-kulturelle Organisationen. Und sie vertrauen der Kirche als eine Konstante in ihrer Identität und spenden ihr viel Geld, sodass allein in Deutschland in den letzten zwei Dekaden für viele Millionen Euro über 60 Kirchen gebaut bzw. erworben werden konnten. Andererseits waren wir in Deutschland nicht in der Lage, einen einzigen Kindergarten oder eine einzige Schule zu eröffnen. Die Prioritäten der Assyrer/Aramäer sind heute in Deutschland und anderswo in Europa die gleichen, wie sie für die Migranten Anfang des 20. Jahrhunderts in den USA waren. Es ist eine Frage der Priorität, ob wir weiter Kirchen bauen oder Schulen errichten, nicht die des Geldes.

Für Senharib Balley sind zwei Themen ein Herzensanliegen: Die Unterstützung der im Dienst der Nation stehenden Printmedien und Schulen. Unter seinen Volksangehörigen stellt er Mangel an Führungspersönlichkeiten („Männer") fest. Diese könnten aber seiner Meinung nach nur aus einer von der Kirche unabhängigen säkularen Schule hervorgehen. Deshalb ruft er: *„Lasst uns Schulen eröffnen, Schulen! Wo bleibt die Schule? Eine Nation, die kein Geld für eine Schule oder einen Kindergarten aufbringen kann, aber Geld für den Bau von vier Kirchen ausgibt, sollte nicht um … oder sonst jemandem weinen. Sie soll nur um sich selbst, ihren Verstand, ihre Einstellung weinen."* (Seite 198) Doch blieb sein Ruf nach säkularen Schulen sowohl in der Diaspora als auch in der Heimat ungehört, sodass er schließlich resignierend schreibt: *„Seit fünfzig Jahren predigen unsere klugen Leute, dass wir Schulen brauchen. Mit dieser Sehnsucht gingen sie ins Grab."* (Seite 199) Heute noch reden wir, reden Intellektuelle gerne von der Errichtung von Schulen, wofür wir uns letztendlich vermeintlich aus finanziellen Gründen nicht im Stande sehen.

Den Autoren des vorliegenden Buches, Abboud Zeitoune und Abdulmesih BarAbraham, kann ich als eifriger und interessierter Leser für die Fülle an Material zur ersten assyrischen/aramäischen Nationalbewegung nur danken. Die hier erstmals erschlossenen sprachlich schwierigen Texte stellen für die Nachkommen der Betroffenen, aber auch für die Wissenschaft vom Christlichen Orient neue Quellen dar, die neue Ansätze und Forschungsfragen zum Studium der Geschichte der syrischen Christen in der spät- und nachosmanischen Zeit ermöglichen. So lassen sich durch die hier veröffentlichten Texte die Netzwerke der Pioniere der assyrischen/aramäischen Nationalbewegung nachverfolgen und auch das Spannungsfeld von Kirche und Nationalbewegung studieren.

Zum Schluss sei hier noch einmal Senharib selbst zitiert mit einer allgemeingültigen Aussage: *„Ich bekräftige immer wieder mit all meinem Glauben: Das Schwert, die Tyrannei und die Unterdrückung können uns nicht zerstören. Es sei denn, wir zerstören uns selbst durch unsere eigene Unwissenheit. Die Mittel für das künftige Überleben oder die Zerstörung unserer Nation liegen eher in unseren Händen als in den Händen von Fremden"* (Seite 96). Dem möchte ich nichts hinzufügen und wünsche diesem Buch, dass es eine große Verbreitung findet.

Prof. Dr. Shabo Talay, Berlin, 15. August 2024

Inhaber der Professur für Semitistik am Seminar für Semitistik und Arabistik.
Fachbereich Geschichts- und Kulturwissenschaften.
Freie Universität Berlin

Einleitung

Die Aufbereitung der Schriften assyrischer Intellektueller des frühen 20. Jahrhunderts ist für das Verständnis und Analyse des Verlaufs der Geschichte unserer fragmentierten Nation von großer Bedeutung. Doch insbesondere die Ereignisse des Völkermords an den Assyrern (*Seyfo*) von 1915-18, die der assyrischen National- und Kulturbewegung einen tödlichen Schlag versetzte, führten zu einem Bruch in der direkten Überlieferung ihrer Schriften. Viele der führenden Persönlichkeiten der assyrischen Nationalbewegung mussten aus ihrer Heimat fliehen oder wurden getötet. Assyrische Schulen und Klöster mit ihren Bibliotheken wurden zerstört. Auch danach blieben die Schriften von bedeutenden Pionieren wie Naum Faiq, Ashur Yousif und Senharib Balley fast ein Jahrhundert lang verschollen. Die nach dem Völkermord bekannt gewordenen Fragmente der Schriften dieser Gelehrten über die Grundsätze des assyrischen Nationalbewusstseins wurden nur bruchstückhaft – und manchmal sogar nicht sinngemäß – an die nächste Generation weitergegeben.

So feierte man seit Jahrzehnten alljährlich den 5. Februar als Gedenktag Naum Faiqs, ohne jedoch der Frage nachzugehen, wo seine Schriften und Werke geblieben sind. Im gleichen Atemzug mit ihm wurden Namen wie Ashur Yousif oder Senharib Balley genannt, ohne jegliche Kenntnis von ihren umfangreichen Schriften zu haben. Es war bekannt, dass diese Personen eigene Magazine und Schriften hatten, doch Mangels systematische Archivierung, Übersetzung oder Aufbereitung konnten deren Inhalte nicht vermittelt werden.

Quellenlage

Die Zeitschriften, in denen die Beiträge dieser Persönlichkeiten veröffentlicht wurden, waren aus zwei Gründen schwer zugänglich und weltweit verstreut. Erst ein Jahrhundert nach ihrem ersten Erscheinen konnten nur Mikrofilmkopien vereinzelter Zeitschriften (so zum Beispiel Naum Faiqs *Kawkab Madenho*) in der New York Public Library, der öffentlichen Bibliothek der Stadt New York entdeckt werden. Ein weiterer Grund war die Unzugänglichkeit des Materials, da dieses größtenteils in handschriftlichem Garschuni (Osmanisch und Arabisch im syrischen Alphabet) verfasst wurde und daher nur von Experten entziffert werden konnte. Garschuni war unter den Assyrern eine gängige Methode zum Schreiben sowohl weltlicher als auch religiöser Texte.

Erst mit der Gründung des Modern Assyrian Research Archives (MARA), einer kleinen, doch vorausschauenden Organisation zur Archivierung solcher Schriften im Jahre 2008 und der aufwendigen Lokalisierung, Sammlung und Digitalisierung alter Magazine wie *Murshid Athuriyun*, *Kawkab Madenho* oder *Bethnahrin* wurde die umfangreiche schriftliche Tätigkeit der oben genannten Personen sichtbar. Im Rahmen der nun durch ein kleines Team seit etwa fünf Jahren stattfindenden Aufbereitung, Transkription und Übersetzung dieser Zeitdokumente wurde klar, dass hier viel zum Verständnis der modernen assyrischen Geschichte nachzuholen ist. Im Zuge dieser Arbeiten kamen weitere Schriftsteller und Intellektuelle der damaligen Zeit zum Vorschein, die nach den schrecklichen Ereignissen des *Seyfo* (assyrischer Genozid) gänzlich in Vergessenheit gerieten. Im Rahmen dieser Arbeiten erschienen bisher neun mehrsprachige Publikationen, darunter sechs fokussiert auf Naum Faiq und seine Schriften, eines fokussiert auf die Schriften von Senharib Balley, während das letzte das assyrische Waisenhaus in Adana (1919-1922) basierend auf zeitgenössische assyrische Zeitungen behandelt, die in der Diaspora veröffentlicht wurden.[1]

Senharib Balley, als Weggefährte Naum Faiqs war er der heutigen Generation nur durch seinen Namen bekannt. Erst mit der Transkription seiner zahlreichen Beiträge in den u. a. oben erwähnten Zeitschriften wurde deutlich, dass Balley von Anfang an zum inneren Zirkel der frühen assyrischen Einheits- und Nationalbewegung gehörte. Seine eigene Zeitschrift *Sawto d Othuroye* (Stimme der Assyrer) ist leider bis heute - bis auf eine Ausgabe - immer noch verschollen, obwohl dieses Magazin in den USA erschien!

Die im Rahmen der oben erwähnten Arbeiten erschienene türkische Teilsammlung von Balleys Artikeln von Aydin Be-Naqşe Aslan umfasst etwa 40 Beiträge, die zwischen 1915 und 1930 erschienen sind und die alle aus dem Garschuni-Osmanisch transkribiert und ins moderne Türkisch adaptiert wurden.[2]

Nebst einer umfangreichen Biografie sowie einem Anhang, der u. a. exklusive familiäre Dokumente (Briefe und Bilder) enthält, umfasst das vorliegende Buch hingegen mehr als 70 Beiträge Senharib Balleys aus acht bisher bekannten assyrischen Zeitschriften, die zwischen 1909 und 1969 erschienen sind; die Texte wurden hier zum ersten Mal übersetzt. Die Beiträge wurden zumeist in Garschuni-Osmanisch, aber auch in Garschuni-Arabisch und Arabisch verfasst. Die Transkription solcher Texte erfordert gute Kenntnis der klassisch-syrischen Sprache und natürlich des Osmanischen und Arabischen. Eine Transkription aus dem Osmanischen insbesondere stößt allerdings immer wieder auf Schwierigkeiten aufgrund der unterschiedlich verwendeten Alphabete; neben einigen Konsonanten (wie ç, ğ), können Vokale im Osmanischen oder Türkischen (mit u-ü, i-ı, o-ö) durch das konsonantenbasierte Alphabet des Syrischen nicht adäquat wiedergegeben werden können. Die Roh-Transkription von Aydin Be-Naqşe Aslan aus dem Garschuni-Osmanischen diente als initiale Vorlage zur Übersetzung. Da jedoch die Vorlage, wie dem osmanischen inhärent, viele Arabische und Persische Begriffe enthält, half Jan Bet-Sawoce durch zu Hilfeziehung zahlreicher Lexika die modernen türkischen Begriffe dazu zu ergänzen. Bei Unklarheiten, d.h. bei unverständlichen Sätzen und Ausdrücken konnten wir als Editoren selbstverständlich selbst auf die Originaltexte zurückgreifen und aufgrund unserer Kenntnisse im klassisch Syrischen einige Fehler beheben. Eine weitere Schwierigkeit – oder Fehlerquelle - ergibt sich aus der Qualität der Originaldokumente, die jahrzehntelang nicht geeignet archiviert oder behandelt wurden und die teilweise nur Kopien aus Mikrofilmen sind. Aufgrund dessen können sich trotzdem einige Fehler in den transkribierten Texten in unsere Übersetzungen eingeschlichen haben.

Bei den Übersetzungen aus dem Osmanisch-Türkischen – aber auch aus dem Arabischen – haben wir uns eng am Originaltext gehalten, um den Schreibstil des Autors möglichst beizubehalten. Das ist nicht immer einfach gewesen, da sich insbesondere die türkische Sprache seit Jahrzehnten in einem Wandel befindet. Schlussendlich, um es mit Senharib Balley zu sagen, *"gleicht die Übersetzung eines Textes der Rückseite eines schönen Stoffes"*. In ganz seltenen

---

[1] Siehe Liste dieser Werke unter verwandte Werke im Kapitel Bibliografie sowie eine Rezension von Abdulmesih BarAbraham. „*Reviving Naum Faiq's Intellectual Legacy: A Short Introduction to Five Recent Books.*" *Banipal Magazine*, General Directorate of Syriac Culture and Arts, Erbil/Iraq, Nr. 49, Sommer 2023, pp. 154-166, Siehe: https://mardutha.com/en/the-summer-2023-issue-of-banipal-magazine-is-out/.
[2] Be-Naqşe Aslan, Aydın (2023): Süryani Modernleşmesinin Öncülerinden Senharib Bali, Yeni Anadolu Yayıncılık.

Fällen wurden sehr kurze Passagen oder Redewendungen, die unverständlich sind oder aus heutiger Sicht für uns kein Sinn ergaben, übergangen.

Am Ende der mühevollen Transkription und Übersetzung der bisher auffindbaren Artikel können wir aufgrund des Umfangs und der Qualität der Beiträge, die ihm postum im Jahre 1972 durch die *Assyrian American National Federation* vergebene Ehrung als „Man des Jahrhunderts" nachvollziehen.[3] Mit dieser Edition konnten wir beginnend mit der Gründung der Erweckungsgesellschaft *Intibah (Cirutho)* in Diyarbakir in 1908, als dessen Vorsitzender er 1909 aufgeführt wird, bis kurz vor seinem Tod in 1971 sein lebenslanges intellektuelles Wirken sowie Beteiligung an Gründungen von Organisationen erfassen. Auch deshalb hat er den obigen Titel - auch wenn postum - zurecht verdient.

Senharibs Lebensgeschichte ist kennzeichnend für das Schicksal des assyrischen Volkes im 20. Jahrhundert. Nachdem er nur knapp den Massakern von 1895-96 in Diyarbakir entkommen war, bahnte sich die nächste noch größere Katastrophe an: der Völkermord an den Assyrern (1915-1918). Diesem konnte Senharib rechtzeitig 1913 durch seine Emigration in die Vereinigten Staaten entkommen. Aus der Ferne erhielt er Kenntnis von den schrecklichen Ereignissen in der Heimat. Kaum in USA angekommen, lesen wir über seine Aktivitäten in der Intibah-Gesellschaft und der Veröffentlichung seiner Zeitschrift *Sawto d Othuroye*. Er hat maßgeblich und stets an der Seite von Naum Faiq an der Gründung diverser Niederlassungen der Gesellschaft an der Ostküste der USA mitgewirkt. Er war sogar an der Gründung der *Assyrian American National Federation* im Jahr 1933 beteiligt, die noch heute besteht.

Die Gedanken Senharib Balleys zur assyrischen Einheits- und Nationalbewegung sind in zahlreichen Artikeln in diversen Zeitschriften der damaligen Zeit zu finden. Seine Ideen spiegeln den damaligen Zeitgeist in Bezug auf Reform von Sprache, Bildung, Kirche und Kultur. Zwecks Verbesserung der eigenen Situation in diesen Feldern wird von ihm oft der Vergleich zu anderen erfolgreicheren Nationen gezogen. Er war sehr belesen in zeitgenössischer Literatur, in Domänen der Politik, Geschichte und Soziologie. In den USA hat er offensichtlich auch regelmäßig arabische Zeitschriften gelesen, da er auf einige Beiträge von arabisch-sprachigen Assyrern verweist oder diese gar als Übersetzung wiedergibt. Seine Schriften sind im Vergleich zu denen Faiqs direkter und konfrontativer. So scheut er nicht bei Fehlverhalten von Würdenträgern, sei es Patriarch, Bischöfe oder Priester, dies offen zu kritisieren. Auch zivile Organisationen oder Personen sahen sich seiner konstruktiven Kritik ausgesetzt. Teilweise fehlt uns als Volk dieser Mut heute im Hinblick auf konstruktiver Kritik.

Durch seine Schriften und Korrespondenzen erhält der Leser einen Einblick in die damalige, teilweise hoffnungslose, aber in einigen Punkten doch hoffnungsvolle Sichtweise auf die Zukunft des assyrischen Volkes. Ein gemeinsamer Kritikpunkt teilte Senharib mit einigen Zeitgenossen wie Farid Nuzha, dem Herausgeber der Zeitschrift *Asiria*. Dieser bestand in der Forderung, dass die Kirche und deren Leitung mehr auf die Bedürfnisse der Menschen eingehen sollen. Hierzu zählt u. a. die Förderung der Sprache durch finanzielle Unterstützung von Schulen und Publikationen. Diese Kritik wurde gleichermaßen auch gegenüber der Zivilgesellschaft geäußert.

---

[3] *Assyrian Star*, Jahrgang 16, Nr. 5, September-Oktober 1972.

Nomenklatur

Die verschiedenen Eigen- und Fremdbezeichnungen für die Volksgruppe der Assyrer bzw. die konfessionellen Bezeichnungen spiegeln deren Zersplitterung wider. Die heutige Namensdiskussion weicht vom Verständnis der Menschen von vor 100 Jahren ab. Bei der Lektüre von Zeitschriften der damaligen Zeit stößt man selten auf eine Diskussion hinsichtlich einer vermeintlich korrekten Namensgebung für unser Volk. Man trifft auf einen bunten Strauß von Namen, die teilweise äquivalent benutzt wurden.

Der Fokus in diesem Buch liegt auf dem Verständnis der damaligen Gemeinschaft und insbesondere der Intellektuellen rund um Naum Faiq, zu denen auch Senharib Balley gehörte.

In den türkischen Schriften Senharib Balleys trifft man i. d. R. die Volks- und Nationsbezeichnung *Asurilar* oder *Asuri*.

In seiner ältesten Schrift, die noch in Diyarbakir für *Murshid Athuriyun* verfasst wurde, findet sich folgender Zitat:

Wir sind als Volk zu solchen Gefangenen und Sklaven der Herrschaft der Nachlässigkeit geworden, dass kein Einzelner unter uns auch nur zu sagen wagt: "Ich bin ein Assyrer" oder "Es gibt Assyrer in der Welt".

In der direkten Transkription aus dem Osmanisch-Türkischen lautet dieser Absatz wie folgt:

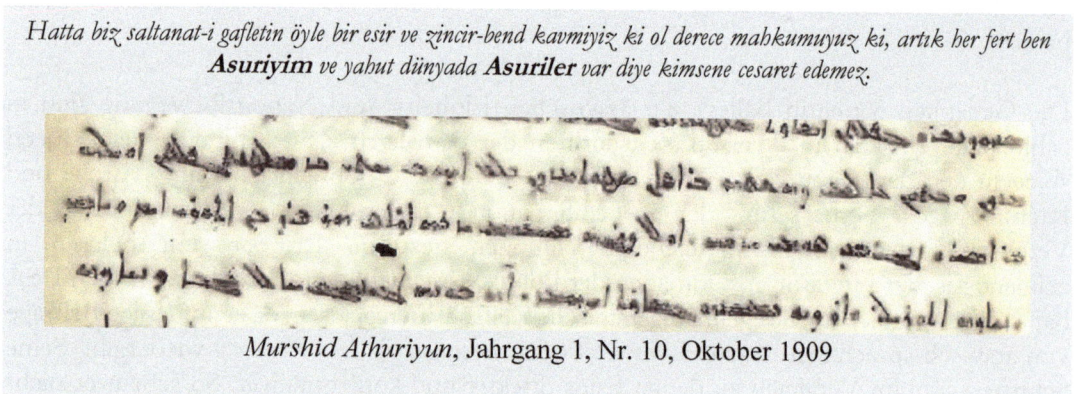

Hatta biz saltanat-i gafletin öyle bir esir ve zincir-bend kavmiyiz ki ol derece mahkumuyuz ki, artık her fert ben **Asuriyim** *ve yahut dünyada* **Asuriler** *var diye kimsene cesaret edemez.*

Murshid Athuriyun, Jahrgang 1, Nr. 10, Oktober 1909

Bei der Herausgabe seiner eigenen Zeitschrift *Sawto d Othuroye* in 1913 verwendete Senharib folgenden Untertitel:

Eine assyrische Monatsschrift mit reformatorischen, gesellschaftlichen, kritischen und patriotischen Inhalten (Ayda bir defa çıkar, münebbih, içtimai, intiḳâdi ve milli olarak **Asuri** *gazetesidir).*

Seit Eintreffen der Assyrer aus dem Osmanischen Reich Ende des 19. Jahrhunderts in den USA wird nur die Bezeichnung „Assyrian" verwendet. Bezüglich der englischen Verwendung des Eigennamens „Suryoyo" nimmt Naum in einem Artikel in *Bethnahrin* wie folgt Stellung:

Suryoye und Suroye[4]

Alle unsere Brüder wissen, dass unsere Nation seit der Antike als Suryoye mit zwei Y bezeichnet wird. So werden alle Suryoye [madenhoye und macerboye] und sogar Maroniten in Syrien [heute: Libanon] als Suryoye (Othuroye) in alten Büchern genannt. Als Nation werden sie auch Suryoye also aus Syrien stammend genannt. Da wir auch zur bewundernswerten assyrischen Nation gehören, müssen wir einen gemeinsamen Namen finden, der für die moderne Zeit geeignet ist, vor allem in den Vereinigten Staaten.

Wenn wir den Namen Suryoye (Syrer) verwenden, werden wir mit den Syrern aus dem Land Syrien verwechselt, die hauptsächlich Araber und Muslime sind, wie der ehrenwerte Herausgeber der Zeitschrift Mshaḥdono zu Recht betont hat. Und wenn wir den Namen Suroye verwenden, werden wir mit den Bewohnern der Stadt Sur verwechselt werden.

Wir glauben, dass wir uns einfach Suryoye nennen könnten, indem wir den Anfangsbuchstaben A hinzufügen, also A-Suryoye, wie es der geschätzte Autor der Zeitschrift Izgado [Izgedda] tut. Das ist für unsere Nation ein viel passenderer Name. Dieser Name mit dem Buchstaben A am Anfang ist auch mit dem englischen Assyrian kompatibel. Wir verwenden diese Form selbst, A-Suryoye auf Syrisch und Assyrian auf Englisch und glauben, dass dieser Name besser geeignet ist als Suryoye und Suroye mit einem y. Er ist angemessener.

Naum Faiq

In weiteren Artikeln von Senharib lesen wir z. B. über den assyrischen Gelehrten und Bischof Addai Sher (**Asuri** âlimleri, Metropolit Aday Şer)[5] oder über assyrische Patriarchen und Metropoliten (**Asuri** Patrik ve Metropolitleri)[6]

Gleichzeitig benutzte Senharib oft die Bezeichnung „Süryani" und „Asuri" äquivalent nebeneinander. Ein Beispiel hierfür ist in der Rezension des Buches von Naum Faiq zu finden:[7]

*Lâkin **Asuri** lisanımızın cihangirliğini, ve se'etini, hangi ve hangi lisanlara ödünç verdiğini, ve hususan binlerce **Süryanice kelimeler** nasıl olmuş da ecnebi kasvetlerine bürünmüş, milli renklerinden tecrit etmiş olduklarını pek güzel bir surette göstermektedirler.*

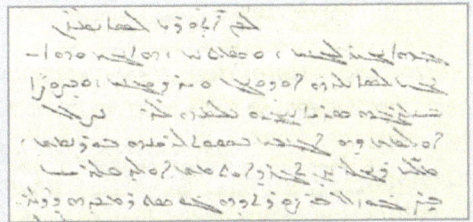

Sie [die Bücher] zeigen jedoch sehr gut die Stärke unserer **assyrischen Sprache**, *ihre sprachliche Einfachheit und welchen Sprachen sie Wörter verliehen hat und wie Tausende von* **syrischen Wörtern** *[uns] fremd geworden sind und sich von ihren nationalen Kontext getrennt haben.*

Ein weiteres Beispiel findet sich auch in einem Artikel in *Bethnahrin* aus 1928:[8]

---

[4] *Bethnahrin*, Jahrgang 1, Nr. 20, 15. Oktober 1916 (türkische Ausgabe). Originalartikel in Syrisch (ܣܘܪܝܝܐ ܘܣܘܪܝܐ). Abdruck des Originals siehe Zeitoune, Abboud (2022), *Naum Faiq und die Assyrische Aufklärung*, Seite 355.

[5] *Bethnahrin*, Jahrgang 1, Nr. 8, 15. April 1916 (siehe Seite 90ff.).

[6] *Bethnahrin*, Jahrgang 5, Nr. 7, 1. Juli 1920 (siehe Seite 136ff.).

[7] *Bethnahrin*, Jahrgang 9, Nr. 5-6, 1-15. März 1925 (siehe Seite 201ff.).

[8] *Bethnahrin*, Jahrgang 12, Nr. 3, Mai 1928 (siehe Seite 226ff.).

*Süryaniler ise Musul gibi bir şehirde, ana lisanlarını mütekellim binlerce **Asuri** ailelerinin lisanını, on sene geçmeden Araplığa tahavvül edilmek ihmalliğında bulunuyorlar.*

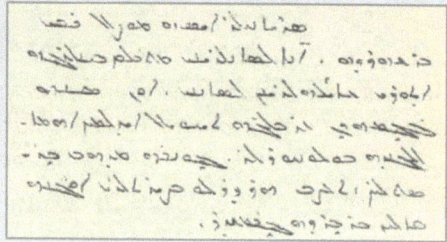

*Die **Assyrer** hingegen haben in einer Stadt wie Mossul den Fehler begangen, die Sprache Tausender **assyrischer** Familien, die ihre Muttersprache sprachen, innerhalb von zehn Jahren ins Arabische zu konvertieren.*

Die Bezeichnung Aramäer oder aramäische Sprache ist an einigen Stellen ebenfalls zu finden. Ein Beispiel aus der Zeitschrift *Huyodo*: [9]

*Kendi kendilerini **Süryani** muhafızları **Asuri** muhipleri **Arami** başları satanlar hurufatımızı istimaldan utanırlar ve yahut azıcık güç yazılır olduğundan usanırlarsa ya avâmımız öz lisan ve hurufatlarına ne göz ile baksınlar ?*

Wenn diejenigen, die sich selbst als assyrische Beschützer, als Liebhaber der **Assyrer** und **aramäische** Führer betrachten, des Gebrauchs unserer Schriftzeichen schämen, oder wenn sie der Tatsache überdrüssig sind, da sie ein wenig schwer zu schreiben sind, wie sollte unser Volk dann auf seine eigene Sprache und seine eigenen Schriftzeichen blicken?

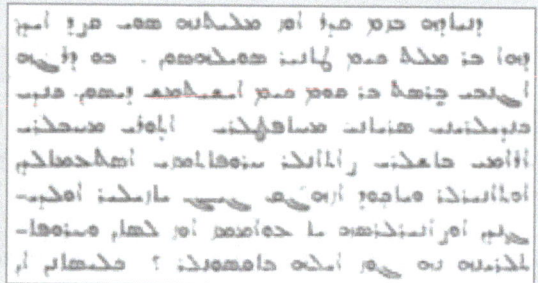

Im Nachruf auf Naum Faiq findet man diese Stelle mit der synonymen Verwendung von Assyrisch und Aramäisch:[10]

*Asurice ve Arami'den elsine muhtelifiye alınıp gayr tahrifat ile güya renk millilerinden tecrid edilmiş zan edilen binlerce mesrûk [çalınmış] kelimelerin foyalarını meydana çıkarıp **Süryanice** olduklarını ve bu hususta cem' ve tertip etmiş olduğu iki büyük eserleriyle sarsılmaz berâhin kat' ile ispat ve teyid etmiştir.*

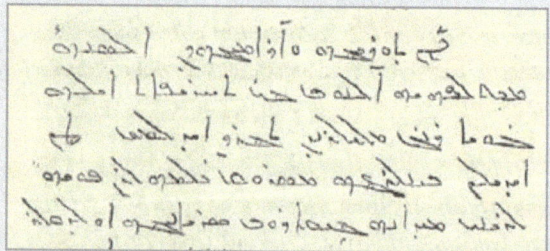

*Er hat die Originale der aus dem **Assyrischen** und **Aramäischen** entliehenen Wörter aufgedeckt, von denen man annahm, sie seien aus verschiedenen anderen Sprachen entnommen und entstellt worden, so als hätte man sie ihrer nationalen Färbung beraubt und bewies, dass sie **syrisch** waren.*

Generell können wir beobachten, dass Balley in seinen umfangreichen Beiträgen den Begriff „Aram", ‚Aramäer' oder ‚aramäisch' nur wenige Male benutzt, entweder als Wiedergabe aus anderen Texten oder u. a. im Zusammenhang mit der Sprache. Also insgesamt nicht

---

[9] *Huyodo*, Jahrgang 1, Nr. 21, 12. November 1921 (siehe Seite 163ff.)

[10] *Bethnahrin*, Jahrgang 13, Nr. 8, 15. März 1930. Übersetzung siehe Seite 242ff.

wesentlich und kaum ins Gewicht fallend, wenn verglichen mit der generellen Verwendung der Bezeichnung *Asuri,* die er sogar für die Kirche (**"Asuri Kilisesi'**) benutzte.

In seinen arabischen Artikeln sind ebenfalls die zahlreichen Volksbezeichnungen zu finden. So spricht er z. B. von Ost- und Westassyrer (*Al-Suryan al-mashareqa w al-maghareba* - السريان المشارقة والمغاربة)[11], das assyrische Volk (الشعب الاشوري - *Al-Sha'b al-Ashuri*) oder der assyrischen Nation (الامة السريانية - *Al-Uma al Suryania*)[12]

Die Übersetzung der Bezeichnungen *Süryani* aus dem Türkischen oder *Al-Suryan* aus dem Arabischen wurde entsprechend dem Kontext übersetzt. D. h., wenn der Begriff nicht konfessionell eingesetzt wurde, haben wir es mit Assyrer gleichgesetzt. Bei der ursprünglichen Verwendung Süryani oder Al-Suryan haben wir die Übersetzung in Assyrer entsprechend *kursiv* geschrieben. Generell ist in den Osmanisch-Türkischen Texten die Bezeichnung *Asuri* weitaus häufiger, während in den arabischen Texten *Suryan* dominiert.

In diesem Zusammenhang sollte auch erwähnt werden, dass die Verwendung der Kirchenbezeichnung „Syrisch-Orthodox" eigentlich anachronistisch ist, denn bis in den 1960er Jahren wurde dieser Name von der Kirche nicht offiziell angewandt. Seit der Etablierung der syrisch-katholischen Kirche bezeichnete sich die Kirche als Süryani Kadim (Alt-Syrisch), um sich eben von der katholischen Schwesterkirche gleichen Namens zu unterscheiden. Dennoch kommt diese Kirchenbezeichnung in einem Beitrag Balleys von 1926 ein einziges Mal vor.

Aufbau des Buches

Es erscheint angebracht, zum Aufbau des Buches ein paar Worte zu sagen. Anstatt das Buch streng in Kapiteln oder nach Themen zu unterteilen, haben wir nach dieser Einleitung und der Biografie von Balley zunächst die Zeitschriften beschrieben, in denen seine Beiträge erschienen. Wir fanden dies als wichtig, da bisher kaum umfassende Informationen über diese Magazine vorhanden sind. Danach folgen chronologisch die Beiträge Balleys. Auf diese Weise können zeitliche Schwerpunkte bzw. Themen seiner Schreibtätigkeit verfolgt werden. Diesem umfangreichen Abschnitt wird von drei übersetzten Gedichten Balleys, einem Nachruf auf Agha Petros, Korrespondenzen und Anlagen gefolgt. Der anschließende Indexteil soll dem Leser die gezielte Suche nach Stichwörtern ermöglichen. Wir hoffen, dass die Bibliografie am Ende ebenso nützlich ist.

Der gewählte Aufbau erlaubt es dem Leser selektiv nach Titel der Beiträge - und nicht von Anfang bis Ende - sich durch das Buch durch zu hangeln. Es ist erstaunlich, dass viele der Themen heute noch aktuell sind, ja sogar ein Déjà-vu bewirken können. Das ist nicht überraschend, da es unserer Meinung nach Parallelen in den Umständen gibt. Balley schrieb aus der Perspektive der frühen US-Diaspora. Eine Situation, die sich mit derer, in der sich unser Volk in Europa befindet, vergleichbar wäre. So sind Themen der Bildung, Gründung und Entwicklung von eigenen Organisationen aktuell wie zu jener Zeit. Ähnlich verhält es

---

[11] *Asiria*, Jahrgang 3, Nr. 9, Mai 1937 (siehe Seite 247ff).
[12] *Asiria*, Jahrgang 20, Nr. 3-4, März-April 1954 (siehe Seite 293ff).

sich bei den Themen nationales Selbstbewusstsein, Förderung der Sprache und Identität oder Lobbying und Unterstützung für die in den Heimatländern lebenden Volksangehörigen.

Diese Zusammenstellung aller Schriften und deren Transkription und Übersetzung wäre ohne die Unterstützung zahlreicher Personen und Institutionen nur zu einem Bruchteil möglich. Daher gilt unseren Dank Aydin Be-Naqşe Aslan (Brüssel), Jan Bet-Sawoce (Stockholm) und Yosef Bahdi (Amsterdam), die bei der Transkription der Garschuni-Osmanischen Texte unterstützt haben. Für die Qualitätsprüfung und teilweise Übersetzung von Texten aus dem Arabischen gilt unser Dank Aziz Abdelnur (London), Dr. Sanherib Ninos, Dr. Nicholas Al-Jeloo (Arbil), Hanibal Romanus (Stockholm) und Ashur Gewargis (Wiesbaden).

Unser Dank gilt auch einigen Institutionen, die zur Herausgabe dieses Buches beigetragen haben. Der Zentralverband der Assyrischen Vereinigungen in Deutschland und Europäischen Sektionen (ZAVD) und die Elias Hanna Foundation haben die Transkriptionsarbeiten finanziell gefördert. Ein Großteil der Schriften wurden von MARA (Modern Assyrian Research Archive) in der Widener Library in Harvard digitalisiert. Hierzu gehören Senharibs persönliche Notizbücher und zahlreiche Ausgaben von Naum Faiqs *Bethnahrin*. Die Assyrian Cultural Foundation (Chicago) bzw. die Ashurbanipal Library hat uns über Ninos Nirari durch die Übermittlung einiger Magazine unterstützt. Unser Dank gilt auch Prof. Dr. Shabo Talay für seine motivierenden Worte im Geleitwort zu diesem Buch.

Zum Schluss möchten wir uns bei den direkten Nachkommen von Senharib für Ihre Unterstützung danken. Seine Enkelin Irene Conti hat uns unzählige Briefe und Bilder zugesandt, die dieses Buch bereichert haben.

Mit der Publikation dieses Buches haben wir, ohne dass es uns zunächst bewusst war, ein Anliegen Senharib Balleys erfüllt. Denn es war sein aufrichtiger Wunsch, dass „eines Tages alle seine Artikel in einem Buch zusammengefasst werden, um sie der zukünftigen Geschichte zu überlassen, damit die Menschen etwas über den Kampf der Assyrer, damals und heute, und über ihren Wunsch nach ihrem Land erfahren."

Wir hoffen, dass es uns nicht nur gelungen ist, das intellektuelle Vermächtnis von Senharib Balley zu erfassen, sondern dass wir auch seine Arbeit und sein Engagement bei der Gründung assyrischer Organisationen jener Zeit damit gewürdigt haben.

Wir sind zuversichtlich, dass die Texte dem Verständnis der modernen Geschichte der Assyrer von Nutzen sein werden und dass diese für neue Einblicke und Einsichten in der Forschung beitragen werden.

Abboud Zeitoune (Wiesbaden) und Abdulmesih BarAbraham (Augsburg)
15. Dezember 2024

Biografie von Senharib Balley

Einleitung

Bislang existiert keine umfassende Biografie vom assyrischen Autor, Aktivisten und Intellektuellen Senharib Balley, die die Fülle an relevanten Informationen aus seinen zahlreichen Texten in Gänze berücksichtigt. Dazu muss erwähnt werden, dass die meisten Zeitschriften, in den seine Beiträge erschienen, lange Zeit nicht zugänglich waren. Deshalb wird der Versuch unternommen, Balleys Biografie aus dem Fundus an diversen Quellen zusammenzuführen. Eine erste Kurzbiografie erschien in der Zeitschrift *Asiria* 1939.[13] Eine weitere und etwas ausführlichere Biografie wurde kurz nach seinem Tod von Yacoub Namek (1924-2000)[14] aus Beirut verfasst und im *Assyrian Star*, der Zeitschrift des Assyrian American National Federation, 1972 veröffentlicht.[15] Nach der Transkription und Übersetzung aller verfügbaren Artikel von Senharib Balley und der Berücksichtigung weiterer Quellen wie den Magazinen sowie Audioaufnahmen wurden die beiden zuerst genannten Biografien in vielen Punkten korrigiert und ergänzt.

Eine der überlieferten Memoiren, die dazu beigetragen haben, das Schicksal eines Mannes zu prägen, an den wir uns erinnern und den wir ehren, fand fast fünf Jahre vor seiner Geburt

---

[13] *Asiria*, Jahrgang 5, Nr. 3-4, März 1939 (Arabisch).

[14] Yacoub Rezqallah Namek aus Aleppo hatte sein Studium der Chemie in den USA absolviert und wurde später Dekan der American University in Beirut für Naturwissenschaften und Mathematik. Er bekleidete verschiedene Leitungsfunktionen in der Pfadfinderorganisation in Aleppo von 1941-1953. Namek hat regen Kontakt zu Senharib Balley und später mit seine Tochter Shamiram (siehe Abschnitt Korrespondenzen).

[15] *Assyrian Star* (Khokhva Aturaya), Jahrgang 16, Nr. 5, September-Oktober 1972 (Englisch).

statt. Bevor Senharib Balley geboren wurde, war sein Vater Petros (1840-1895) als Reiseführer mit dem verstorbenen Patriarchen Yacoub II. (Amtszeit 1847–1871) unterwegs. Bei einer Rast auf der Reise sagte der Patriarch: *"Petros, du bist noch nicht verheiratet, aber wenn es so weit ist, möchte ich, dass du dir merkst, was ich dir jetzt sage: Wenn dein Sohn geboren wird, musst du ihn Senharib nennen. In der Geschichte unseres Volkes war Senharib einer unserer größten Könige. Wir müssen unsere assyrische Geschichte lebendig und bedeutungsvoll halten, indem wir unseren Kindern assyrische Namen geben und sie dazu ermutigen, dies zu tun. Auf diese Weise werden wir in der Lage sein, unser assyrisches Erbe immer zu bewahren, wo immer wir auch leben mögen."*[16]

Die Zeit in Diyarbakir

Senharib wurde Ende 1878 in der Stadt Omid (Diyarbakir) geboren. Seine Mutter war Hormik (Boghos Siglian)[17] Balley (gestorben 1911). Er wurde am sechsten Januar 1879 in der bekannten Kathedrale St. Maria getauft, in der sich die sterblichen Überreste von berühmten Gelehrten und Kirchenvätern wie Jakob von Sarug, Bar Salibi, Patriarch Yacoub II. und weiteren befinden. Er hatte drei Brüder (Naum, Said und Yusuf) sowie eine Schwester (Khatoun), die in jungen Jahren verstarb.

Dieses Bild einer unbekannten Hochzeitsgesellschaft befand sich unter den Bildern, die Abboud Zeitoune von Senharib Balleys Enkelin erhielt.

Schon als kleiner Junge lernte er mehrere Sprachen an den syrisch-orthodoxen Grund- und Mittelschulen in Diyarbakir. Neben dem klassischen Syrisch lernte er auch Arabisch,

---

[16] Ibid.

[17] Information entnommen aus einer in 1954 nachträglich erstellten Taufurkunde für Said Balley (Bruder von Senharib).

Türkisch, Persisch, Russisch ebenso wie Französisch. Im Alter von vierzehn Jahren bestand er 1893 in Anwesenheit des Bischofs und späteren Patriarchen Abdullah II Sattouf (1833–1915) die Prüfung und erhielt sein Zeugnis. Er studierte ein weiteres Jahr beim Mönchspriester und späteren Bischof Abdulnur im Zafaran-Kloster, das sich in einem Vorort von Mardin befindet.

Als er an einer hartnäckigen und langwierigen Lungenentzündung erkrankte, war er gezwungen, zu seinem Elternhaus nach Omid zurückzukehren. Während des schrecklichen Massakers an der armenischen und assyrischen Bevölkerung Omids, das am 2. November 1895 stattfand,[18] bei dem auch sein Vater sowie sein Bruder Yusuf und dessen Ehefrau Minas starben, war er bettlägerig. Er selbst wurde bei der Plünderung seines Elternhauses schwer verwundet, wo er dem Tod nur knapp entronnen ist. Als das Massaker zu Ende war, waren die Überlebenden seiner Familie obdachlos, da ihr Hab und Gut in die Hände der Kurden überging. Aus diesem Grund musste er schweren Herzens auf seine Immatrikulation an der Amerikanischen Universität in Beirut zunächst verzichten.

In diesem gut dokumentierten Massenmord 1895/96 fanden die meisten Assyrer von Diyarbakir Zuflucht in der Marienkirche. Den Quellen zufolge begann das Massaker in Diyarbakir am 1. November 1895.[19] Patriarch Abdulmessih II (1854-1915) folgte der Aufforderung des Gouverneurs Anis Pasha nach Diyarbakir und musste bis zum Erreichen der Marienkirche über verstreute Leichen in den Straßen laufen. In die Kirche hatte sich auch Senharibs Weggefährte Naum Faiq retten können.[20]

Patriarch Abdulmessih II
(1854-1915)

Als Senharib wieder zu Kräften kam, änderte sich seine Sicht auf das Leben völlig. Er gab der Verzweiflung nicht nach, erlernte einen Beruf und errichtete sich mit seiner Mutter und seinen beiden Brüdern Naum und Said ein neues zu Hause. Im Jahr 1906 heiratete er seine Frau Lucia Shapian (1889-1930).

---

[18] Mit der Gründung der berüchtigten „Hamidiye-Regimenter" versuchte der Sultan jegliche Ansprüche auf eine politische Beteiligung - insbesondere von Seiten der Armenier aber auch der Christen im Allgemeinen - mit aller Gewalt zu unterbinden. Das gewalttätige Vorgehen der Hamidiye-Regimenter führte zu einem ersten grausamen Höhepunkt der Christenverfolgung in den Jahren 1895-1896, in denen insgesamt bis zu 200.000 Armenier und Assyrer getötet wurden. Siehe Kieser, Hans-Lukas (2000), *Der verpasste Friede*, Seite 145ff. Siehe auch Talay, Shabo und Üzel, Anna-Simona Barbara (2022), *Mimro des Yuḥanon Qufar aus Iwardo: Die Massaker der Jahre 1895–96 an den Christen der östlichen Provinzen des Osmanischen Reiches*, erschienen in Oriens Christianus 105, S. 62ff.

[19] Telegramme französischer Diplomaten veröffentlicht in de Courtois, *The Forgotten Genocide*, Seite 99-112, lassen keinen Zweifel daran, dass die Ausrottung der Armenier und Assyrer im Voraus geplant war, was durch die Tatsache untermauert wird, dass die zweite Welle von Massakern an vielen Orten am Folgetag zentral organisiert war. Sébastien de Courtois (2004), *The Forgotten Genocide*, (englische Übersetzung durch Vincent Aurora), Gorgias Press, Seite 99-112. Siehe auch: Abdelmasih Qarabashi (2021, englische Übersetzung durch Michael Abdalla und Lukasz Kiczko): Sayfo – An Account of the Assyrian Genocide, Seite 39ff. Richter, Julius (1910): *History of Protestant Missions in The Near East*, New York, F.H. Revell, Seite 135ff. In assyrischen Quellen wird das Datum 20. Okt. 1895 nach dem Julianischen Kalender angegeben. Z.B. in Afrem Barsoum (1924): *History of Tur Abdin*, Seite 366ff (arabische Übersetzung durch Bulus Behnam in 1963).

[20] Afrem Barsoum (1924), *History of Tur Abdin*, Englische Übersetzung durch Matti Moosa (2008), Seite 135-136.

Mit der Machtübernahme der Jungtürken 1908 wurde die zweite und letzte osmanische Verfassungsperiode (türkisch: *İkinci Meşrutiyet*) eingeläutet. Das eingebrachte politische Konzept beinhaltete die Gleichheit der Völker und die Beseitigung des Separatismus des vorangegangenen Millet-Systems, in das die Ethnien und Konfessionen unterteilt wurden.

Die Assyrer begrüßten ebenso wie andere nicht muslimische Bevölkerungsgruppierungen die säkularen Inhalte, die das Angebot einer vollständigen osmanischen Staatsbürgerschaft in naher Zukunft allen Bürgern des osmanischen Staates eröffnete. Die politische Partizipation war neben der rechtlichen Anerkennung aller Individuen ein Teil des Versprechens der Revolution.

Die eingeleiteten Reformen waren ausschlaggebend für die Geburtsstunde der Intibah-Gesellschaft. Bereits frühzeitig haben sich die Assyrer mit der Gründungsidee einer zivilen Dachorganisation angefreundet. Der säkulare Gelehrte Naum Faiq gilt hier als geistiger Vater und treibende Kraft der ersten (west-)assyrischen Organisation. Die Intibah-Gesellschaft (Syrisch: *Knushto d Cirutho d Suryoye* - ܟܢܘܫܬܐ ܕܥܝܪܘܬܐ ܕܣܘܪ̈ܝܝܐ) wurde von Naum Faiq und seinen engen Vertrauten und Freunden wie Bashar Helmi Burujy oder Senharib Balley in Diyarbakir am 1. September 1908 gegründet und hatte bereits ein Monat später etwa 200 Mitglieder.[21] Unmittelbar danach haben sich Mönch Afrem Barsoum (späterer Patriarch von 1933-1957) in Mossul und Hanna Serre Cheqqe in Mardin für die Gründung einer eigenen Niederlassung begeistern lassen.[22] Die Anzahl der Intibah-Zweigstellen wuchs bis zum Ausbruch des Krieges 1914 und dem Beginn des Genozids auf fünfzehn Sektionen an, verteilt auf Obermesopotamien (heute Südosttürkei und Nordirak).[23]

Naum Faiq
(1868-1930)

Senharib hat sich von Beginn an der Intibah-Bewegung angeschlossen, bei der er aktives Mitglied war. In einem in *Murshid Athuriyun*[24] im Oktober 1909 veröffentlichten Artikel wurde Senharib Balley als Vorsitzender der Intibah Gesellschaft in Diyarbakir aufgeführt.
Auch war er in der Anfangsphase der Intibah ein leidenschaftlicher Wortführer und nationaler Ideengeber gewesen. So berichtet er selbst in einem von ihm verfassten Artikel in The *New Assyria* über Said Shamsi[25], dass er bereits im Jahr 1908 einen Vortrag über *„die Notlage in Bezug*

---

[21] Schreiben von Naum Faiq an den syrisch-orthodoxen Kirchenrat in Kharput vom 19.10.1908, abgedruckt in Cheqqe, Seite 353ff. Deutsche Übersetzung Zeitoune, Abboud: Naum Faiq und die Assyrische Aufklärung, Anlage 6.

[22] *Intibah*, Jahrgang 1, Nr. 5, März 1910.

[23] Siehe hierzu Abboud Zeitoune (2022), *Naum Faiq und die Assyrische Aufklärung*.

[24] *Murshid Athuriyun*, Jahrgang 1, Nr. 10, Oktober 1909. Übersetzung des Schreibens siehe Seite 78ff.

[25] *New Assyria*, Jahrgang 3, Nr. 33, 15. Mai 1919, *"Rical-i Ümmet Said Şemsi Efendi"*. Siehe Seite 117ff.

auf fähige Männer in unserer Nation" hielt, in welchem er die verursachten Probleme und den Schaden für die assyrische Nation identifizierte. Im Verlauf seines späteren Lebens blieb Senharib ein aktives Vorstandsmitglied - meistens als Schriftführer - der Intibah-Gesellschaft in den USA.

In der von Naum Faiq in Diyarbakir herausgegebenen Zeitschrift *Kawkab Madenho,* die als Sprachrohr der Intibah-Gesellschaft fungierte, wurde er als Abonnent und Unterstützer der ersten Stunde angeführt.[26]

In dieser Zeit unternahm er mit Naum Faiq eine Rundreise nach Malatya, Urfa, Suruç und Umgebung; sie besuchten u. a. die syrisch-orthodoxen Klosterruinen von Mor Osyo und Mor Emsih. In Urfa besuchten sie zudem die Mor Afrem Kirche und ihre Grabstätte, die sich, wie er feststellte, inzwischen in armenischem Besitz befand. Sie besuchten auch Nisibin und Kharput.[27] Diese Ortschaften wurden teilweise bei der Abreise von Naum Faiq in Richtung Amerika in Begleitung von Senharib bis in den Libanon besucht. Dies wird von Naum in einer Autobiografie bis 1913 in Intibah berichtet.[28]

Nach seiner Heirat 1906 bekamen Senharib und seine Frau zwei Kinder: Ashur (1910-1956) und Shamiram (1911-1995) in Diyarbakir. In den USA wurden zwei weitere Söhne, Raymond (1916-1984) und Thomas (1922-1983), geboren.

Auswanderung und Engagement in verschiedenen assyrischen Projekten

Senharib verließ mit seiner Familie Diyarbakir am 1. Januar 1913 und schloss sich einer Karawane nach Aintab (heute Gaziantep) an, von der Hafenstadt Iskenderun nahmen sie zuerst ein Schiff nach Alexandrien (Ägypten) und von da aus in Richtung Marseille. Nach einem zweiwöchigen Aufenthalt in Marseille und einem Zwischenstopp in Le Havre erreichten sie schließlich Ellis Island vor der Küste von New York.[29] In den USA ließ er sich in Paterson/New Jersey nieder, wo bereits viele Assyrer nach den Massakern von 1895 eine neue Heimat gefunden hatten.

Senharibs lebenslanges Engagement für die assyrische Nation reichte von der Herausgabe einer eigenen Zeitschrift bis hin zur Bekleidung vieler Ämter in assyrischen Vereinen und Organisationen. Außerdem betätigte er sich in der Verschriftlichung vieler Beiträge in anderen assyrischen Diaspora-Zeitschriften.[30]

---

[26] In *Kawkab Madenho*, Jahrgang 1, Nr. 4 vom 27. August 1910 wird Senharib als Spender eines Jahresabonnements der Zeitschrift für Luqa Bashir im amerikanischen College in Tarsus erwähnt.

[27] Über diese Rundreise schreibt Senharib in *Sawto d Othuroye*, Jahrgang 2, Nr. 13, Februar 1915. Gesamter Artikel siehe Seite 82ff.

[28] *Intibah*, Jahrgang 4, Nr. 39 und 40, Januar-Februar 1913. Naum Faiq verließ Diyarbakir am 22. September 1912.

[29] Dies berichtet Senharib auf einer privaten Schallplattenaufnahme aus dem Jahr 1954, die Abboud Zeitoune vorliegt.

[30] Die einzelnen Zeitschriften werden im eigenen Abschnitt im Detail vorgestellt.

Diyarbakir Anfang des 20. Jhd.

1. Herausgabe von Sawto d Othuroye

Kaum in den USA eingetroffen, hat Senharib im Juni 1913 seine eigene Zeitschrift mit dem Namen „*Sawto d Oromoye*" herausgegeben,[31] die er später in *Sawto d Othuroye* umbenannt hat. Dieses Monatsblatt wurde, wie zu dieser Zeit üblich, nach der handschriftlichen Vorbereitung mit dem Mimeographen vervielfältigt. Bis heute konnte nur eine Ausgabe - und zwar die Nr. 13 vom Februar 1915 - von insgesamt 18 veröffentlichten Ausgaben lokalisiert werden. Die letzte Ausgabe erschien etwa Mitte 1915. Einige Monate vor Senharib kam auch Naum Faiq in den USA an, der selbst zahlreiche Artikel in dem Sprachorgan der Diaspora-Zeitschrift *Intibah*[32] veröffentlicht hatte. Es ist deshalb davon auszugehen, dass Naum Faiq ebenso in *Sawto d Othuroye* publiziert hat, was aufgrund der Quellenlage derzeit noch nicht zu spezifizieren ist.

Aus der US-amerikanischen Diaspora hat Senharib seine politischen Ansichten über die Assyrer in Beiträgen auch in der Zeitschrift *Shifuro* von Bashar Helmi Burujy in Diyarbakir veröffentlicht. So ist in der Ausgabe 12 vom Juni 1913 ein Brief von ihm abgedruckt, der über den pädagogischen Nachfolger von Naum Faiq, Elias Fahmi, handelt.

2. Aktivitäten in der Intibah-Gesellschaft

In den USA erfolgte die Gründung des ersten Diaspora-Ablegers der Intibah-Gesellschaft bereits 1909 vom Mitglied Gabriel (Jabbour) Boyajy (1879-1969), der das gleichnamige Magazin in Selbstauflage auch noch im gleichen Jahr startete. Kurz nach seiner Ankunft in den USA wurde auch Senharib in der Intibah-Gesellschaft (Assyrian Erootha Association) aktiv.
In Naum Faiqs Publikation *Bethnahrin* wurden die Aktivitäten der Intibah-Gesellschaft abwechselnd in drei Sprachen (Syrisch, Arabisch und Türkisch) beworben. Bereits in den

---

[31] Ashur Yousif berichtet über die Erstausgabe in sein Magazin Murshid Athuriyun im August 1913.

[32] Seit 1909 von Gabriel (Jabbur) Boyajy in New Jersey herausgegeben.

24

ersten Ausgaben aus dem Jahr 1916 wurden Aufrufe zur Mitgliedschaft in dieser Vereinigung veröffentlicht:[33]

> Die Intibah-Gesellschaft (*Cirutho*) wurde zuerst in der Stadt Diyarbakir im Jahr 1908 gegründet und hatte später Niederlassungen in viele Städte der Türkei und in Amerika.
>
> Der Zweck dieser Vereinigung ist es, den assyrischen Namen[34] und die Nation zu bewahren und die Ideen aller Assyrer in der Welt zu vereinen. Alle assyrischen Gruppen und Konfessionen, die als Jakobiten, Nestorianer, Chaldäer, Maroniten, Katholiken und Protestanten bekannt sind, sollen sich in administrativer und kultureller Hinsicht vereinen, ohne sich in Glaubensfragen einzumischen. Die *assyrischen* Schulen und Zeitungen sollen gefördert, die syrische Sprache verbreitet sowie alle großen Ziele, die in der Satzung der Gesellschaft definiert wurden, umgesetzt werden.
>
> Diese Vereinigung ist eine allgemeine Institution zur Aufklärung des assyrischen Individuums und ist nicht auf eine kleine assyrische Gruppe oder auf einige Städte beschränkt.
>
> Daher fordern wir alle Brüder auf, die durch den assyrischen Namen bekannt sind, diese assyrische Gesellschaft mit Freude und Eifer zu akzeptieren und gleichzeitig Intoleranz und alte konfessionelle Unterschiede beiseite zu lassen. Sie sollen sich an die heimatlichen Bindungen und an der nationalen und ethnischen Liebe festhalten.
>
> Jeder, der sich über die Satzung und den Zweck dieser Vereinigung informieren möchte, kann sie vom Präsidenten oder dem Schriftführer über die unten aufgeführten Anschriften anfordern.
>
> *Präsident*
>
> Abdulmessih [Charles] Dartley
> 223 – 11th. Street
> College Point, NY
>
> *Schriftführer*
>
> Senharib Balley
> 39 Genessee ave
> Paterson. NJ

Senharib war - ähnlich wie in Diyarbakir - auch an der Gründung neuer Niederlassungen der Intibah-Gesellschaft an der Ostküste der USA aktiv beteiligt. Beispielsweise ist der Bericht der gemeinsamen Reise mit Naum Faiq und Joel E. Werda nach Worcester im Jahr 1913 hinterlegt. In ihrem Beisein wurde die dortige Intibah-Niederlassung gegründet.[35]

Die Gründung zwei weiterer Intibah-Vereine in Anwesenheit von Senharib ist in einem Artikel in *Bethnahrin* dokumentiert. Gemeinsam mit Naum Faiq und Charles Dartley reiste Senharib zwischen dem 1. und dem 5. Juli 1916 nach Providence und Central Falls und hielt jeweils eine Rede auf den Gründungsversammlungen.[36]

---

[33] Hier die Übersetzung der arabischen Variante aus *Bethnahrin*, Jahrgang 1, Nr. 9, 22. August 1916.

[34] *Al-Esm al- Athuri wa qawmiatahu* الاسم الآثوري وقوميته.

[35] *Asiria*, Jahrgang 11, Nr. 2, Februar 1945, S. 51ff.

[36] *Bethnahrin*, Jahrgang 1, Nr. 7, 8. Juli 1916 (arabische Ausgabe). Originalartikel in Garschuni-Arabisch (تأليف شعبتين لجمعية الانتباه في مدينة بروفيدنس وسنترل فولس). Deutsche Übersetzung in Zeitoune (2022), Seite 131ff.

Bei der Annäherung zwischen Ost- und West-Assyrern spielte Senharib Balley eine zentrale Rolle. Es wurde folgende Geschichte über das Zusammentreffen von Senharib und den Assyrern aus dem Iran erzählt:[37] Eines Tages wurde Senharib von einem Landsmann, Peter Kazanjy gefragt: *"Wie kommt es, dass ein assyrischer Mann in meinem Haus wohnt, ich ihn aber nicht verstehe, wenn er mit mir spricht?"* Senharib fragte diesen, ob er ein Treffen mit ihm arrangieren könne. Dies geschah, und es stellte sich heraus, dass der Mann ein Assyrer namens Joseph Badal aus dem persischen Urmia war.

Senharib erkundigte sich, ob es noch andere Assyrer aus dem Iran gäbe und ob es möglich wäre, sie zu treffen. Kurz darauf reiste eine Gruppe von Assyrern nach Yonkers, und dort wurden die Kontakte zu den Assyrern aus Persien verstärkt. Jeder wusste, dass es notwendig war, seine Kräfte zu bündeln, um effektiv für sein Volk zu arbeiten. Diese Zusammenarbeit stärkte nicht nur das Nationalbewusstsein, sondern auch die Freundschaft untereinander. Als Ergebnis dieser Kontakte wurden später – mindestens - zwei weitere Intibah-Niederlassungen (Yonkers/NY und Elisabeth/NJ) innerhalb der Ost-Assyrischen Gemeinschaft gegründet. Die Gründung der Niederlassung in Yonkers erfolgte am 21. Mai 1916 im Beisein von Naum Faiq und Senharib Balley.[38]

Treffen zwischen Ost- und Westassyrer in New Jersey USA, 1914.
Sitzend von links nach rechts: Charles Dartley, Senharib Balley, Rev. Hanna Koorie, Rev. Joel E. Werda, Naum Palakh (Faiq) und Saleeba Bahoosh.
Weitere Personen auf dem Bild:
Thomas Matloob, David Badal, George Mardinly, Pera Benjamin und Hanna Khedersha.
(Archiv: George Donabed)

---

[37] *Assyrian Star*, Jahrgang 16, Nr. 5, September-Oktober 1972.
[38] *Bethnahrin*, Jahrgang 1, Nr. 4, 22. Mai 1916.

Auf einem Gruppenfoto aus dem Jahr 1914 sind Ost- und Westassyrer auf einer Versammlung in New Jersey zu sehen. Unter den Anwesenden waren neben Senharib Balley u. a. auch Naum Faiq, Joel E. Werda, Charley Dartley und Pera Benjamin anwesend (siehe oben).

In den Versammlungen der damaligen Zeit tritt Senharib sehr oft mit eigenen Redebeiträgen auf. In einem Treffen vom 7. Januar 1917 ist er zu Gast bei der assyrischen Gemeinde in Worcester/ Massachusetts. Er hat dort neben Dr. Abraham K. Yoosuf und Joel E. Werda ebenfalls eine Rede gehalten.[39]

Anlässlich der zweiten Jubiläumsfeier der Intibah-Niederlassung von Yonkers am 10. Juni 1917 wurde berichtet, dass auf dem Picknick neben Pera Benyamin, Abraham Shlemon und George Khedersha auch Senharib Balley eine Rede zum Thema „Loyalität zur Nation" vorgetragen hat.[40]

Im gleichen Jahr wurde Senharib zusammen mit David Badal aus Yonkers vom obersten Gremium der Intibah-Gesellschaft beauftragt, die assyrische Gemeinde in New Britain aufzusuchen und dort eine Intibah-Niederlassung zu gründen.[41]

Some of the Assyrians who were present at the Boston Convention.

1. J. Werda 2. Dr. A. K. Yoosef 3. G. Karagoola 4. S. Baly 5. C. Dartley 6. A. Peter 7. G. Hoyen 8. H. Yoosuf 9. H. Malek 10. G. Habib 11. A. Shabbo 12. A. Georges 13. E. Georges 14. A. Chavoor 15. A. Perch 16. Ellbag Ellbag 17. Y. Ellbag 18. M. Donabed 19. Y. Chavoor 20. D. Perch 21. H. Habib 22. F. Perch 23. F. Perch 24. Y. Perch 25. C. Chavoor 26. S. Skender 27. D. Skender 28. S. Skender 29. P. Safer 30. S. Safer 31. A. Elehazer 32. B. Thomas 33. N. Hoyen 34. S. Safer 35. S. Peters.

Gruppenbild im Rahmen der Convention im August 1917.
Sanherib Balley ist unter Nr. 4 aufgeführt.

---

[39] *The New Assyria*, Jahrgang 1, Nr. 5, 15. Januar 1917.
[40] *The New Assyria*, Jahrgang 1, Nr. 10, 15. Juni 1917.
[41] *Bethnahrin*, Jahrgang 2, Nr. 5-6, 22. Juni 1917.

Beim „Assyrian Convention" in Boston im August 1917 war Senharib ebenso anwesend und sein Auftritt wurde im Magazin *The New Assyria* folgend kommentiert: „*Herr Senharib Balley aus Paterson, ein gelehrter und erfahrener Assyrer und ein perfekter Redner, wurde vorgestellt. Herr Senharib hielt eine wunderschöne Rede, mit der er die Zuhörer begeisterte. Der Beifall, der seine Rede würdigte, war noch von weitem zu hören*".[42]

Auf der zweiten „Assyrian National Convention" in Worcester vom 26.-28. September 1918 stellte Senharib Balley den Jahresbericht der Intibah-Gesellschaft vor. In einem Bericht in *The New Assyria* wurde er charakterisiert: „*Herr Balley ist ein hervorragender Sprecher. Er ist immer ein gern gesehener und attraktiver Redner. Sein Patriotismus kennt keine Grenzen*".[43]

Senharib Balley war stets der Wegbegleiter und Freund von Naum Faiq. Seit dem Erscheinen der Zeitschrift *Bethnahrin* waren regelmäßig mit Artikel und Analysen von Senharib zu finden. Alle 22 Artikel von Senharib wurden in diesem Buch übersetzt.

3. Assyrian National Association

Senharib Balley, ein Kenner der amerikanischen Geschichte, verglich in einem Beitrag das assyrische Volk und seine Bedingungen mit den dreizehn amerikanischen Kolonien.[44] Nach dem Vorbild dieser frühen Amerikaner etablierten sie eine stärkere Organisation, an der sich alle Assyrer beteiligen konnten; dies war die Geburtsstunde der Assyrian National Association (ANA). Die Vereinigung wurde auf der Convention in New York am 27. Oktober 1917 gegründet[45] und gilt als Nachfolgeorganisation der Intibah, denn alle Intibah-Vereine gingen in ihr auf. Dies bestätigt Naum Faiq in einem Artikel in *Bethnahrin*.[46]

Die Ziele der neuen Dachorganisation wurden in der Satzung formuliert und in *New Assyria* veröffentlicht[47]:

1. Einheit der assyrischen Nation;
2. Einrichtung eines nationalen Finanzwesens;
3. Verbreitung des Namens der assyrischen Nation;
4. Erweckung der Liebe zur Nation in den Herzen des assyrischen Volkes;
5. Bekanntmachung der politischen Situation unseres Volkes unter den europäischen Nationen;
6. Zusammenarbeit mit den Vereinigungen von "Erootha" [Intibah], um die Errichtung von nationalen Schulen für die Bevölkerung voranzutreiben;
7. Nach Möglichkeit, alle Assyrer an einem Zentrum oder einer Heimstätte zu versammeln.

---

[42] *The New Assyria*, Jahrgang 1, Nr. 13, 15. September 1917.

[43] *The New Assyria*, Jahrgang 2, Nr. 26, 15. Oktober 1918, '*Mr. Balley is a born orator. He is always a welcome and attractive speaker. His patriotism knows no bounds*".

[44] 13 Kolonien – werden diejenigen britischen Kolonien in Nordamerika bzw. British America bezeichnet, die sich 1776 in der Unabhängigkeitserklärung der Vereinigten Staaten von ihrem Mutterland, dem Königreich Großbritannien, lossagten.

[45] *The New Assyria*, Jahrgang 2, Nr. 15. 15. November 1917.

[46] *Bethnahrin*, Jahrgang 4, Nr. 3, 1. April 1919 (türkische Ausgabe). Originalartikel in Syrisch (ܡܕܒܪ ܐܡܪܝܟܐ ܘܐܠ ܐܠܘܡ ܐܠܡܐܝ ܘܐܠ ܐܠܝܡܐ). Deutsche Übersetzung in Zeitoune (2022), Seite 223ff.

[47] Die gesamte Satzung wurde in *The New Assyria*, Jahrgang 2, Nr. 19, 15. März 1918 in englischer Sprache veröffentlicht.

Kurz nach Gründung dieser neuen Organisation schockierte die Nachricht über die heimtückische Ermordung des Patriarchen der Apostolischen Kirche des Ostens, Mar Benyamin Shimon (1887-1918), durch den kurdischen Stammesführer Simko Shakak am 3. März 1918 das assyrische Volk weltweit.

Am 21. April 1918 wurde ein Trauergottesdienst für ihn in der St. John's Episcopal Church in Yonkers durch seinen Stellvertreter Paul Shimmon (1871-1958), im Beisein von u. a. Senharib Balley, Naum Faiq, Charles Dartley, Hanna Kourie, Said Asfar, Lutfi Boyajy, Nassif Mazejy und Yacoub Tasho abgehalten.[48]

Bild von Senharib Balley im Protokoll der ANSA 1919

Die Assyrian National Association sah sich im Gegensatz zur Intibah-Vereinigung als politische Organisation an und war nach Auflösung der Intibah die treibende Kraft, die Delegierte nach Paris zur Friedenskonferenz schickte und die auch die Kosten für Bischof Afrem Barsoum während seines Aufenthalts in London und Paris übernahm. Als Kenner der türkischen Politik war Senharib Balley maßgeblich an der Auswahl der Delegierten und der Formulierung ihrer Forderungen beteiligt. Dazu wurden Anfang 1919 zwei Delegierte, Dr. Abraham K. Yoosuf und Joel E. Werda auserkoren. In einem Beitrag von *Assyrian Star* aus dem Jahr 1972 wurde berichtet, dass in diesen Jahren Senharib kaum zu Hause anzutreffen war, da er fast jedes Wochenende unterwegs war, um an Konferenzen und Treffen teilzunehmen. Er diente seinem Volk, so gut er konnte. Er reiste weit umher und schloss viele Freundschaften. Er arbeitete fleißig mit ihnen zusammen. Seine zweite Heimat war Massachusetts geworden, wo sich viele patriotische Assyrer für die nationale Frage engagierten. Dort ließen sich vorwiegend Assyrer aus Kharput nieder und gründeten Vereine und gaben eine Zeitschrift heraus.

Im Magazin *Babylon* sind auch einige Artikel von Senharib abgedruckt, deren Übersetzung in diesem Buch zu finden ist. Im Jahr 1919 veröffentlichte die in Boston gegründete Vereinigung der Assyrian Five Association ein Gedichtband mit dem Titel „*Zumoro d Safto*" (Liederkorb – ܙܡܪܐ ܕܨܦܬܐ) mit Gedichten und Liedtexten von zahlreichen Autoren. Es beinhaltete 208 Gedichte in Türkisch und einige in Syrisch, die alle im armenischen Alphabet geschrieben wurden. Darunter befanden sich auch drei Gedichte von Senharib Balley.

An der Versammlung der Vereine der Assyrian National Association of America vom 18. bis zum 20. Dezember 1919 in New Britain nahm Senharib gemeinsam mit George Mardinly (1887-1967) als Delegierte der Niederlassung von Jersey City teil.[49]

---

[48] *Bethnahrin*, Jahrgang 2, Nr. 16, 15. März 1918 (arabische Ausgabe). Originalartikel in Garschuni-Arabisch (فاجعة عظمى). Arabische Transkription, vgl. Zeitoune, Seite 118-120.

[49] Full report of the fourth annual convention of the Assyrian National Associations of America. 1919.

Auf dieser Konferenz berichtete der kürzlich aus Paris zurückgekehrte Joel E. Werda über die Treffen mit den diversen assyrischen Delegationen und den erhaltenen Versprechen seitens Großbritanniens bezüglich eines assyrischen Staates. Unter den Teilnehmern befanden sich u. a. auch Delegierte aus Boston, Worcester, New York, New Jersey und Chicago.

Dr. Louis Berri Sabuncu (1838-1931)[50] war ein bekannter assyrischer Journalist im Osmanischen Reich und Dolmetscher des Sultans Abdülhamid II. Er besuchte im Juni 1920 die assyrische Gemeinschaft in New Jersey. Am 20 Juni traf er sich mit den Intellektuellen und führenden Personen vor Ort. Darunter befanden sich Naum Faiq, Joseph Durna, George Mardinly und Senharib Balley, der in seiner Rede den Gast als Stern des Ostens (Orients) bezeichnete.[51]

Senharib Balley, seine Frau Lucia mit ihren Kindern:
Hammurabi (Raymond), Ashur (William) und Shamiram (ca. 1920).

---

[50] Louis Sabuncu (1838-1931) Geboren 1838 in Derik, Mardin, in einer syrisch-katholischen Familie, reiste Louis Sabuncu 1850 nach Syrien und erhielt eine religiöse Ausbildung an einer syrisch-katholischen Schule. Im Jahr 1854 wurde er vom syrisch-katholischen Patriarchen nach Rom geschickt, um christliche Theologie zu studieren. Während seiner 12-jährigen Ausbildung studierte er Logik, Philosophie, Medizin, Recht, Theologie, Naturkunde, Algebra, Geschichte, Geografie, Fotografie und Physik; er lernte auch Arabisch, Türkisch, Syrisch, Chaldäisch, Italienisch, Englisch, Französisch und Latein. Er las Griechisch und Hebräisch auf mittlerem Niveau. Im Jahr 1863 kehrte er nach Mardin zurück. Sabuncu, der später nach Beirut übersiedelte, erregte mit seinem breiten wissenschaftlichen und kulturellen Hintergrund Aufmerksamkeit. Zwischen 1891 und 1909 diente er als Berater des osmanischen Sultans Abdülhamid. Er war Herausgeber der arabischen Zeitschrift *Al-Nahla* (Die Biene) ab 1870 in Beirut und später in London.
[51] *Bethnahrin*, Jahrgang 4, Nr. 6, Juni 1920 (arabische Ausgabe).

4. Huyodo – The Union

Im Vorfeld der Pariser Friedenskonferenz hatten sich die assyrischen Intellektuellen in den Vereinigten Staaten unter dem Dachverband der Assyrian National Association zusammengeschlossen. Wie oben erwähnt, sind darin auch die Intibah-Vereine freiwillig aufgegangen.[52] Die Nachfolgeorganisation dieses überkonfessionellen Zusammenschlusses war die Gründung der Assyro-Chaldean National Unity (*Shawtofutho umthonoyto othuroyto-kaldoyto*), die die politische Lobbyarbeit aufnahm. Der Präsident dieser Dachorganisation war im Jahr 1921 Dr. Abraham K. Yoosuf, einer der assyrischen Delegierten auf der Pariser Friedenskonferenz. Die Assyro-Chaldean National Unity gab die Zeitschrift *Huyodo (The Union)* als offizielles Sprachrohr unter der Leitung von Naum Faiq heraus.[53] Auch Senharib Balley war ein Mitglied der erweiterten Redaktion und beteiligte sich mit Artikeln, hauptsächlich verfasst auf Garschuni-Osmanisch sowie Arabisch.

5. Bethnahrin

Senharib hat in zahlreichen Zeitschriften dem assyrischen Leserkreis sein national-patriotisches Ansinnen mitgeteilt, unter anderem auch in *Bethnahrin*. Aufgrund der langjährigen freundschaftlichen Nähe zum Herausgeber Naum Faiq trafen die Leser oft auf Beiträge von Senharib. Seine Artikel waren zwar stets sozialkritisch formuliert, ermutigten den Leser zugleich zur Hingabe für seine assyrische Nation. Er konnte die gesellschaftliche Ist-Situation der Assyrer stets treffend auf den Punkt bringen. In *Bethnahrin* sind insgesamt 22 Artikel von ihm in der Zeitspanne 1916 bis 1930 (mit Unterbrechung wegen der *Huyodo*-Herausgabe), publiziert, die alle hier ins Deutsche übersetzt wurden. Nach dem Tod von Naum Faiq wurde nur noch ein Nachruf von Senharib Balley über ihn abgedruckt.[54] Die Zeitschrift wurde von den Weggefährten Naums im Anschluss noch bis zum Jahr 1933 fortgeführt.

Im gleichen Todesjahr von Naum Faiq starb auch Lucia, Senharibs Frau. Sie wurde nur 41 Jahre alt. Ab diesem Zeitpunkt lebte er zuerst bei seinem Sohn Raymond und später dann bis zu dessen Tod bei seiner Tochter Shamiram in New Jersey. Aufgrund ihres frühen Todes übernahm er für seine Kinder die Rolle als Mutter und Vater zugleich. Sein jüngster Sohn war zu diesem Zeitpunkt erst acht Jahre alt. Über seine Charaktereigenschaften wurde berichtet, dass er sanft, aber einen bestimmenden Umgang mit seinen Kindern pflegte und diese über ihr Erbe und ihre Pflichten als Assyrer unterrichtete.

Mit dem Tod von Naum Faiq am 5. Februar 1930 verlor Senharib seinen engsten Weggefährten und Mentor. In seiner Trauerrede bei der Begräbniszeremonie am 9. Februar 1930 mahnte Senharib Balley kommende Generationen an, das Grab von Faiq in die Heimat zu überführen.[55]

---

[52] Siehe Artikel von Naum Faiq über die assyrische Delegation in Abboud Zeitoune, Naum Faiq und die Assyrische Aufklärung, 2022, Seite 223ff.

[53] Mehr zu *Huyodo* siehe Seite 67ff.

[54] *Bethnahrin*, Jahrgang 13, Nr. 8, 15. März 1930. Siehe Seite 242ff.

[55] Ebenda.

6. Assyrian National School Association (TMS)

Eine andere Institution, die bereits 1899 in New Jersey gegründet wurde, war die Assyrian National School Association (Taw Mim Simkat für Taraqqiyat-i Mekteb-i Süryani).[56] Sie wurde in erster Linie von assyrischen Immigranten gegründet, die nach den schrecklichen Massakern im Osmanischen Reich von 1895-96 in die USA gekommen waren. Am 8. Oktober 1899 trafen sich elf Assyrer in Sterling/NJ und gründeten die erste Hilfsorganisation. Jeder trug mit einem Mitgliedsbeitrag in Höhe von einem Dollar zur Gründung dieser Organisation bei. Später leisteten die Mitglieder einen Beitrag von wöchentlich fünf Cent.[57] Im Laufe der Zeit wuchs die Hilfsorganisation durch einen kontinuierlichen Mitgliederzuwachs weiter an, sodass zahlreiche Niederlassungen in New York und Umgebung gegründet wurden. Bis 1908 erweiterte die ANSA ihren Wirkungskreis um weitere Zweigstellen in College Point (Long Island, New York), Paterson und Sterling.

Logo der TMS auf dem Jubiläumsheft 1939

Nach den Seyfo-Ereignissen von 1915 verlagerten die Mitglieder den Schwerpunkt ihrer Unterstützungsmaßnahmen auf das Bildungswesen in ihrer Ursprungsheimat. So wurden noch bestehende assyrische Schulen in Diyarbakir finanziell unterstützt. Im Jahr 1919 wurde in Zusammenarbeit mit dem französischen Hochkommissar ein Schul- und Waisenhaus in Adana gegründet. Diese zog im Jahr 1923 nach Beirut um, wo sie eigens einen kleinen Gebäudekomplex im Vorort Khandaq al-Ghamiq als Schulgebäude bauen ließ und schließlich 1926 das Waisenhaus dorthin verlegte.[58]

Im Jahr 1916 hatte TMS etwa 90 Mitglieder in den USA.[59] Auch in dieser Organisation war Senharib Balley aktiv und unterstützte die Idee zur Förderung assyrischer Schulen im Nahen Osten. Die Assyrian National School Association hat maßgeblich das Schul- und Waisenhaus in Adana unterstützt und später einen wesentlichen Beitrag zur Eröffnung der schulischen Nachfolgeinstitution in Beirut geleistet. Naum Faiq war ebenfalls ein Unterstützer von TMS und nahm in den 1920ern selbst eine Aufgabe im Vorstand dieser Organisation an.

Anlässlich des Besuchs von Surma Khanem d-Beth Mar Shimon (1883-1975), der Schwester des ermordeten Patriarchen Mar Benyamin Shimon, hat die Organisation TMS einen Empfang am 11. April 1926 im bekannten McAlpin Hotel in New York organisiert.[60] Auf einem zeitgenössischen Foto von diesem Abend ist auch Senharib Balley, Naum Faiq sowie

---

[56] Später in Assyrian National School Association of America umbenannt ܫܘܬܦܘܬܐ ܕܡܬܕܪܓܢܘܬܐ ܕܡܕܪܫܬܐ ܕܐܬܘܪ̈ܝܐ ܒܐܡܪܝܟܐ – *Shawtofutho d methdarghonutho d madrashto d Othuroye b Amerika.*

[57] Broschüre des Memorial Dinner vom 5. Dezember 1937 in New Jersey. Als Gründungsmitglieder werden genannt: Hannah Bahoosh, Saliba Bahoosh, Hannoosh Basmajy, Said Basmajy, Hanoosh Betterbed, Said Choolche, Thomas Dartley, Said Najar, Bashar Mardenly, Ibrahim Mardenly und Ermosh Mazijy.

[58] Im Jahr 1977 zog die Schule nach Burj Hammoud um, wo sie sich noch immer befindet.

[59] *Bethnahrin*, Jahrgang 1, Nr. 8, 15. April 1916 (türkische Ausgabe).

[60] Ausführlicher Bericht zum Empfang durch Naum Faiq in Bethnahrin, Jahrgang 10, Nr. 5-6, März-April 1926 (türkische Ausgabe). Originalartikel in Garschuni-Osmanisch (*Surma Hanım şerefine milli bir Ziyafet*). Deutsche Übersetzung in Zeitoune, A. (2022), *Naum Faiq und die Assyrische Aufklärung*, Seite 298ff.

andere bekannte Persönlichkeiten der damaligen Zeit wie Charles Dartley, Joseph Durna und weitere ca. 150 Teilnehmer zu sehen[61].

Im Jahr 1927 besuchte der syrisch-orthodoxe Bischof Severious Afrem Barsoum auch die USA und weihte drei Kirchen in Worcester, West New York (NJ) und Central Falls (Rhode Island). Es waren die Assyrian Orthodox Church of the Virgin Mary in West New York, Saint Mary Assyrian Church in Worcester und Assyrian St. Ephrem´s Church in Central Falls.[62] Am 18. September 1927 fand ein opulenter Empfang zu Ehren des Bischofs im bekannten McAlpin Hotel in New York statt, das von der Assyrian National School Association und dem lokalen Kirchenrat organisiert wurde. Auf dem dokumentierten Bild der Ehrung des Bischofs ist zu sehen, dass Naum Faiq, Senharib Balley, Joseph Durna und die Pfarrer Hanna und Necmetallah Kourie neben dem Metropoliten Afrem Barsoum Platz genommen haben. (Siehe Foto Seite 34)

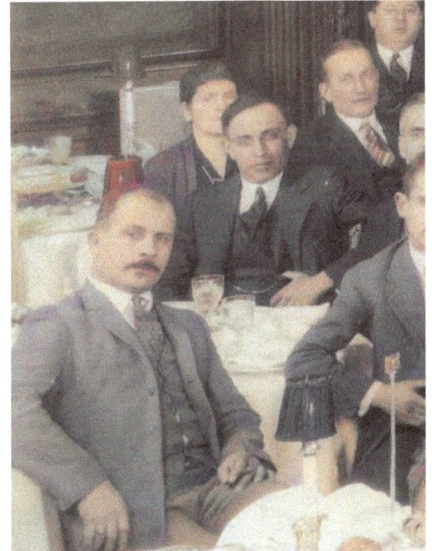

Naum Faiq und Ehefrau Lucia (im Hintergrund); Senharib Balley im Vordergrund beim Empfang für Surma Khanem (Auszug koloriert, Originalfoto siehe Seite 38-39)

Die Assyrian National School Association blieb ferner ein starker finanzieller und ideeller Partner des Waisenhauses im Libanon. Balley beharrte auf seiner Überzeugung, dass die Lehrer und Geistlichen die Liturgiesprache als Muttersprache in der Schule in Wort und Schrift verwenden müssten. Als im Jahr 1932 der Streit über die Neubesetzung des Direktorenpostens ausbrach, hatten viele Mitglieder ihre zusätzliche finanzielle Unterstützung zugesagt, um Senharib Balley in das Amt nach Beirut zu berufen, wo er die Leitung der Schule übernehmen sollte. Der Vorschlag wurde jedoch aufgrund interner Unstimmigkeiten letztlich nicht realisiert.[63]

Anlässlich der 25-jährigen Jubiläumsfeier zum Bestehen der Bildungsinstitution in Beirut nahm Senharib Balley am 31. Oktober 1948 an einer Feier der TMS in New York teil und ist im Programm als Hauptredner aufgeführt.[64]
In den späteren Jahren nahm Senharib eine immer kritischere Stellung zu den Verantwortlichen der TMS-Organisation sowie zum pädagogischen Curriculum der Schule in Beirut. Er bemängelt u. a. den geringen Anteil des Unterrichts der syrischen Sprache.[65]

---

[61] Bericht zu diesem Empfang in *Bethnahrin*, Jahrgang 10, Nr. 05-06, März-April 1926 (türkische Ausgabe). Deutsche Übersetzung in Zeitoune (2023), S. 295ff.

[62] Die Namen der letztgenannten zwei Kirchen wurden in Syrian in den 1990er umbenannt.

[63] *Assyrian Star*, Jahrgang 16, Nr. 5, September-Oktober 1972.

[64] Jubiläumsbroschüre von TMS 1948.

[65] Siehe hierzu seine Antwort auf Asmar Khoury auf Seite 268ff.

Empfang zu Ehren von Bischof Afrem Barsoum am 18. September 1927 in New York. Links neben dem Bischof sind Pfarrer Hanna Khuri, Naum Faiq und Senharib Balley zusehen.

Senharib Balley war sich bewusst, dass die Kirche eine bedeutende Rolle im Leben der Menschen einnahm. Ähnlich wie Naum Faiq sah auch er einen großen Bedarf an notwendigen Reformen in der Kirche. Patriarch Elias III hatte zur ersten Synode während seiner Amtszeit für Februar 1927 nach Jerusalem eingeladen. Offizielle Kirchensynoden wurden zuvor nur zum Zweck der Neuwahl eines Patriarchen einberufen. Diese Einberufung wurde von den Assyrern in Nordamerika zum Anlass genommen, um Forderungen hinsichtlich einer zeitgemäßen Kirchenordnung zu formulieren. Dazu fand am 30. Januar 1927 ein Treffen in West New York mit Vertretern aus New York/New Jersey, Worcester, Central Falls, Providence und Boston statt. Aus Detroit, Kalifornien und Kanada lagen schriftliche Stellungnahmen vor.[66] In einer Liste wurden 18 Forderungen aufgestellt. Darunter waren folgende Vorschläge:

- Anpassung des julianischen Kalenders, der von den Ostkirchen verwendet wurde, an den gregorianischen Kalender des Westens.
- Reduzierung der Fastenzeit und die Gewährung von Trauungen während dieser Zeit (außer während der Passionswoche).
- Verkürzung der langen Liturgie bzw. Gottesdienste.
- Die Verwaltung der Kirche sollte sowohl von Laien als auch von Klerikern übernommen werden. So sollten auch Laien an künftigen Synoden teilnehmen.
- Bessere Erziehung bzw. Bildung von Mädchen durch Gründung von Schulen und der Unterrichtung in der syrischen Sprache.
- Verbot aller fremden Sprachen in der Liturgie. In Gottesdiensten sollte ausschließlich die syrische Sprache verwendet werden.
- Herausgabe einer offiziellen Zeitschrift des Patriarchats auf Syrisch und Arabisch.

Unter den Anwesenden des o. g. Treffens waren neben Senharib Balley auch Naum Faiq, Simon Karkenni, George Mardinly, Abdulnur Jour sowie andere. Die Synode wurde jedoch verschoben und fand erst 1930 statt. Viele der damaligen Forderungen, die auch in späteren Jahren immer wieder vorgebracht wurden, sind bis heute nicht umgesetzt worden.

7. Assyrian American National Federation

Der Name Senharib Balley wird auch mit der Gründung des bis heute agierenden Verbands in den USA der Assyrian American National Federation (AANF) in 1933 in Verbindung gebracht.
Unmittelbar nach dem Massaker von Simele/Irak im August 1933 berief der Nationale Notfallausschuss am 19. Oktober 1933 eine allgemeine Versammlung in West New York, New Jersey, ein. Auf dieser wurde die Leitungskommission per Beschluss ermächtigt, ein Delegiertenkonvent einzuberufen, der in Yonkers, New York, stattfand. Dementsprechend wurde das Treffen (nach einer zweitägigen Beratung) zunächst vertagt, um am 19. November 1933 in New Britain, Connecticut, erneut zusammenzutreten, wo die Verfassung und die Statuten zur Gründung des AANF ausgearbeitet und per Mehrheitsbeschluss angenommen wurden. Auf diesem Kongress wurde der ehrwürdige Captain Alex Ameer aus Yonkers zum ersten Präsidenten des Verbandes gewählt.[67]

---

[66] *Bethnahrin*, Jahrgang 6, Nr. 4-5, Februar-März 1927 (arabische Ausgabe).
[67] Entnommen aus der offiziellen Webseite des Verbands www.aanf.org

Gemäß dem Sitzungsprotokoll vom 3. August 1936 in Yonkers/NY war Senharib Balley Delegierter und Beauftragter von West New York/NJ. Unter den Anwesenden waren auch Joseph Durna, David Perley, David Jacobs und Sam Arslan.

Sein Sohn Raymond (Ray) wurde ebenfalls aktives Mitglied in dieser Organisation und fungierte in der Periode 1970-1971 als Präsident der AANF.

Anlässlich des Todes von Agha Petros hat Senharib einen langen Nachruf über ihn verfasst. Es ist jedoch nicht genau bekannt, wann diese Rede gehalten wurde. Agha Petros starb am 2. Februar 1932 im französischen Exil in Toulouse. Der Nachruf auf ihn wurde in einem der Notizbücher von Senharib gefunden, der für den Leser in diesem Buch in Übersetzung einzusehen ist (siehe Seite 299ff.).

8.   Freundschaft mit Farid Nuzha

Farid Nuzha war ein weiterer bekannter assyrischer Journalist des 20. Jahrhunderts. Er wurde am 10. Januar 1894 in der syrischen Stadt Hama geboren. Seine Vorfahren (aus der Familie Mardo) waren um 1760 aus Kharput dorthin umgezogen. Er selbst emigrierte im Jahr 1911 nach Argentinien und ließ sich in Buenos Aires nieder. Sein Name trat erstmals 1916 im Zusammenhang mit der Zeitschrift Bethnahrin auf, wo er mit eigenen arabischen Artikeln in Erscheinung trat. Auf seine Initiative hin wird 1934 der Assyrische St. Afrem Verein (Centro Afremico Asirio) gegründet, der die Zeitschrift *Asiria* (ܐܣܝܪܝܐ ܐܠܣܘܪܝܐ) herausgab. Diese Zeitschrift wurde mit nur kurzen Unterbrechungen bis zu dessen Tod noch zuletzt im Jahr 1969 publiziert.

Die erste Kontaktaufnahme zwischen Senharib und Farid fand vermutlich 1937 statt. Bereits zu Beginn dieser Freundschaft veranstaltete Senharib am 13. November 1938 zu Ehren von Farid einen Empfang in New York.[68] Nähere Informationen über ihre Freundschaft liegen uns in einem Artikel aus der Zeitschrift *Asiria* aus dem Jahr 1937 vor, in welchem sich Farid Nuzha bei Senharib Balley bedankt, da dieser dessen Zeitschrift der New York Public Library zur Archivierung zur Verfügung gestellt hat. Auf seine Initiative hin wurden weitere Jahrgänge dort hinterlegt.[69] Heute sind dort 22 Jahrgänge auf Mikrofilm verfügbar (1934 bis 1956).[70]

In *Asiria* sind noch zahlreiche Artikel und Kommentare von Senharib auf Arabisch verfasst worden, die ebenso in diesem Buch ihren Platz gefunden haben. Durch seine Beiträge in *Asiria* konnte Senharib seine Kontakte zu weiteren assyrischen Intellektuellen seiner Zeit wie Hanna Abdalke, Abrohom Gabriel Sawme oder Yuhanon Qashisho intensivieren.

---

[68] Siehe Berichterstattung in *Asiria* auf Seite 252.

[69] *Asiria*, Jahrgang 3, Nr. 10, Juni 1937.

[70] https://www.nypl.org/research/research-catalog/bib/b11791363 (Suchbegriff: *al-Jāmiʿah al-Suryānīyah*).

9. Assyrian American Educational Association

Im Jahr 1954 begegnen wir dem Namen Senharib Balley im Zusammenhang mit der Gründung einer weiteren Organisation, wo er als Gründungsmitglied aufgelistet ist.[71] Die Assyrian American Educational Association (ܐܣܘܪܝܬܐ ܐܡܪܝܩܝܬܐ ܕܝܠܦܢܐ ܫܘܬܐܣܐ) wurde unter der maßgeblichen Beteiligung des Ehepaares Rose und Charles Dartley gemeinsam mit Joseph Durna und George Mardinly sowie weiteren Beteiligten in North Bergen/NJ ins Leben gerufen. Die zentralen Ziele dieser Organisation waren:

- Schaffung einer finanziellen Förderungsmaßnahme für Studenten als Auszeichnung für herausragende Leistungen in der syrischen Sprache.
- Unterstützung von Schriftstellern bei der Verfassung von Schriften und Bücher in syrischer Sprache.
- Finanzielle Unterstützung der Sprachlehrer an den assyrischen Schulen.
- Unterstützung von nationalen Zeitungen und Magazinen.

Asiria publizierte Anfang 1956 den Bericht, dass von dieser Organisation 18 Stipendien an Studenten aus Jerusalem gewährt und damit ein Studium in den USA ermöglicht wurde.[72] (Foto Testimonial Dinner Rose B Dartley 1969).

Briefkopf und Logo der Assyrian American Educational Association

Weiterer Werdegang bis zum Tod

Ein schwarzes Kapitel im Leben von Senharib stellte nach der Ermordung seines Vaters und Bruders im Jahr 1895 der Tod seines Sohnes Ashur am 15. April 1956 dar. Er starb im Alter von 46 Jahren infolge eines Schlaganfalls. In einem Artikel über die Trauerfeier vom 19. April 1956 berichtete John Ashjy in *Asiria*, dass Senharib folgende Ansprache hielt:[73]

Ich war von meinem Schicksal überzeugt und hielt mich für sehr glücklich, solange meine Kinder und Enkelkinder in meiner Nähe waren. Welches Glück können sich Eltern mehr wünschen, als ihre Kinder und Enkelkinder um sich zu haben, deren Anblick ihre Augen jeden Tag erfreut?

Nun, da der Tod mir meinen Sohn in seiner Jugend genommen hat und ich ein alter Mann bin und ich mir immer gewünscht habe, selbst zu sterben, bevor ich eines meiner Kinder oder Enkelkinder verliere, wie kann ich da das Leben genießen und den Rest meines Daseins verbringen?

Nein, Brüder, so wie ich mich vor dem heutigen Tag für glücklich hielt oder in der sicheren Gewissheit meine Kinder und Enkel wähnte, so wünsche ich auch Ihnen, liebe Eltern, weiterhin Glück und Sicherheit für eure Kinder, und ich bitte Gott, dass er euch keinen Kummer mit einem Kind bereitet.

---

[71] *Asiria*, Jahrgang 21, Nr. 5-6, Mai-Juni 1955 und *Assyrian Star*, Jahrgang 3, Nr. 4, April 1954.

[72] *Asiria*, Jahrgang 22, Nr. 1-3, Januar-März 1956.

[73] *Asiria*, Jahrgang 22, Nr. 4-6, April-Juni 1956.

Empfang zu Ehren von Surma Khanem am 11.April 1926 im McAlpin Hotel in New York. Senharib Balley ist im linken Bildrand zu sehen.

TESTIMONIAL DINNER
IN HONOR OF
LADY SURMA
BY
ASSYRIAN NATIONAL SCHOOL ASSOCIATION
HOTEL McALPIN.
APRIL 11, 1926.

Ashur Balley
(1910-1956)

Zum ersten Mal hat mein Sohn Ashur eine große Sünde gegen mich begangen. Ich werde ihm nicht verzeihen, denn sein Tod hat mein Herz mit einem tödlichen Pfeil getroffen. Ich wünschte, die Wunde, die er in meinem Herzen hinterlassen hat, würde heilen. Ich aber werde an dieser schmerzhaften Wunde sterben.

Auch wenn er sich nach dem Tod seines Sohnes zunehmend von der aktiven Teilnahme an öffentlichen Aktivitäten zurückzog, behielt er jedoch ein reges Interesse an allen assyrischen Angelegenheiten. So begannen viele aktive Akteure, ihn zu Hause aufzusuchen, um ihn um Rat in der assyrischen Frage zu bitten. Leider forderte das Alter auch bei ihm seinen Tribut, indem sich sein Bewegungskreis nur noch auf die häuslichen Wände beschränkte, gleichzeitig war er ständig auf der Suche nach Neuigkeiten und wollte über alle Aktivitäten informiert werden.

Im Jahr 1957 nahm Senharib gemeinsam mit Yacoub Tashjy als Delegierte der Assyrian American Educational Association an der Jahresversammlung (Convention) der Assyrian National Federation vom 30. August bis 2. September 1957 in Hartford teil.[74]

Am 2. September 1962 nahm er noch an der Assyrian National Convention in Boston teil, gemeinsam mit seinen Weggefährten David B. Perley und Yacoub Tashjy. Perley hielt dort eine Rede (Why Are We Here?).[75]

Von links nach rechts: David Perley, Senharib Balley, Joseph Kurkjy,
Yacoub Tashjy und Said Balley
Assyrian Federation Convention, Camp Nineveh. September 1962

---

[74] *Assyrian Star*, Jahrgang 6, Nr. 9, September 1957, Seite 22. Bericht von Rose B. Dartely.
[75] *Assyrian Star*, Jahrgang 11, Nr. 7-8, 1962.

Seine letzte große Reise unternahm Senharib mit seiner Tochter Shamiram in 1969/70 in den Libanon, wo er die assyrische Gemeinschaft vor Ort besuchte. In einem Treffen im Kloster Atchane traf er auch Abrohom Nuro, Abrohom Haqwerdi und Mönch George Saliba. Aus dieser Begegnung existiert eine Tonaufnahme, auch wenn von sehr schlechter Qualität.[76] Senharib verbrachte die meiste Zeit damit, sich an die alten Zeiten zu erinnern. Er erzählte von vielen Ereignissen, die sich vor hundert Jahren ereigneten, wobei er betonte, dass man die assyrische Geschichte niemals vergessen darf. Seine Leidenschaft war das Lesen. Bücher gehörten nämlich zu seinem Leben gleichsam wie die Nahrung. Im Laufe seines Lebens hatte er seltene sowie alte Bücher gesammelt, und eine seiner letzten Taten für sein Volk war die Zusammenstellung eines Verzeichnisses assyrischer Zeitungen und Zeitschriften[77], das bis ins Jahr 1850 zurückreicht. Bei der Lektüre seiner Schriften wird deutlich, dass Senharib ein belesener Autor war. Man trifft u. a. auf Zitate vom heiligen Augustinus, dem französischen Gelehrten Gustave Le Bon, Shakespeare oder dem indischen Dichter Rabindranath Tagore.

Sein aufrichtiger Wunsch war es stets, all seine Artikel eines Tages in einem Buch zusammenzufassen, um sie nicht dem Vergessen anheim zu lassen und um den Menschen etwas vom Überlebenskampf der Assyrer zu hinterlassen sowie über den Wunsch nach ihrem Land Assyrien nahezubringen.

Seine Tochter Shamiram hat im Sommer 1968 einen Brief an den Herausgeber des *Assyrian Star* (Malcolm L. Karam) geschrieben und dabei einen kurzen Abriss über die Aktivitäten ihres Vaters der letzten 50 Jahre verfasst. Außerdem hat sie vorgeschlagen, ihn im Rahmen der kommenden Jahresversammlung des Verbands (Assyrian National Federation) zum „Man of the Year" zu wählen. Sie schloss ihr Schreiben mit dem Satz: Wenn dieser Pionier diese irdische Bühne verlässt, kann er sagen: *"Ja, es war die Mühe wert"*. Wenn ich jetzt schließe, sage ich: *"Ein Mann kann die Schrift auf seinen Grabstein nicht lesen, wenn er tot ist"*.[78]

Diesem Wunsch wurde zwar nicht entsprochen, doch wurde er erst posthum im Jahr 1972 zum „Man of the Century" gewählt.

Raymond und sein Sohn Stephen mit Senharib Balley, ca. 1968
(*Assyrian Star*, Nr. 3, 2001)

---

[76] Diese Aufnahme auf einer Kassette wurde Abboud Zeitoune von Abrohom Nuro im Rahmen eines Besuchs 2008 in Aleppo als Kopie übergeben.

[77] Dies ist eine stichpunktartige Auflistung aller ihm bekannten Zeitschriften und befindet sich in einem seiner Notizbücher. Es ist in Arabisch verfasst. Persönliches Notizbuch von Senharib Balley, Widener Library, Harvard University.

[78] *Assyrian Star*, Jahrgang 13, Nr. 4, Juli-August 1968. When this pioneer leaves this earthly plane, he can say "Yes, it was worth the effort". As I close now, I say "A man cannot read his tombstone when he is dead." Übersetzung siehe Anhang 2.

Über eine der letzten Begegnungen berichtet Ashur Bet-Shlimon (1937-2016)[79], ein politischer Aktivist und Autor zahlreicher Artikel. In einem Artikel vom 11.12.2014 auf der Plattform www.nala4u.com berichtet er über seine Begegnung mit Senharib Balley Anfang September 1969. Durch seine arabischen und assyrischen Schriften im Magazin *Mhadiana*, das von William Daniel in Chicago herausgegeben wurde, ist Senharib auf ihn aufmerksam geworden.

Er beauftragte seine Tochter Shamiram, Kontakt mit Ashur aufzunehmen und ihn zu sich einzuladen. Er selbst war aufgrund seines hohen Alters zu diesem Zeitpunkt bereits bettlägerig. Bei der Begegnung seien Senharib die Tränen gekommen, weil Ashur ihn an seinen gleichnamigen und im Jahr 1956 verstorbenen Sohn erinnert hat.

Senharib äußerte seine Kritik hinsichtlich der Stellung der syrisch-orthodoxen Kirche in Bezug auf Identität und Nationalbewegung.

Ashur Bet-Shlimon
(1937-2016)

Bei der Verabschiedung übergab ihm Senharib einige Schriftstücke, darunter die einzig heute bekannte syrische Ausgabe von *Bethnahrin*.[80] Diese Ausgabe hat Ashur einige Jahre vor seinem Tod an das Modern Assyrian Research Archive (MARA) geschickt, wo sie digitalisiert wurde.

Er erhielt die letzte Ölung von Pfarrer Simon aus Teaneck und Pfarrer Aktash aus Hackensack. Er folgte ihnen, als sie ihren Gottesdienst abhielten, sehr aufmerksam, aber sein Körper konnte mit seinem Geist nicht mithalten. Und so ging er in sein neues Zuhause und zitierte Omar Khayyam. Seinem Wunsch, einen Baum zu seinem Gedenken zu pflanzen, wurde am 25. Juli 1971 entsprochen.

Seine letzte Ruhestätte fand Senharib Balley auf dem Friedhof Flower Hill in North Bergen/NJ; etwa 20 vom Grab seines Weggefährten Naum Faiq entfernt.

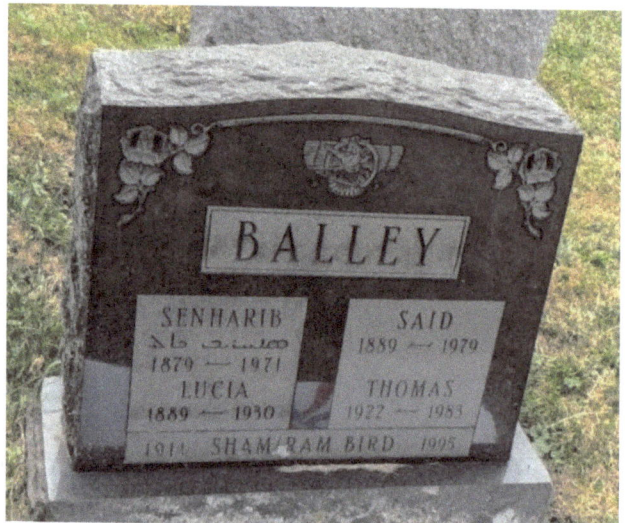

Grab von Senharib Balley auf dem Flower Hill Friedhof in North Bergen/New Jersey

David Perley berichtet in seinem Nachruf auf Senharib mit Schmerz über seine Beerdigungszeremonie: *„Joseph Darakjy, der begabte moderne assyrische Dichter und Philosoph, las ein Lobgedicht, in dem er Senharib "Paslack" [türk.: „glänzend, strahlend"; „hervorragend"] nannte. Leider*

---

[79] In den 1970er Jahren war er Chefredakteur der Zeitschrift *Khirootha* und in den Jahren 2001 bis 2006 Redakteur der assyrischen und arabischen Sektionen der Zeitschrift *Assyrian Star*.

[80] Ein Bericht von Ashur Bet-Shlimon auf www.nala4u.com (Artikel nicht mehr online, Kopie liegt den Autoren vor)

waren bei dem Gottesdienst nur dreizehn Personen anwesend, darunter drei Geistliche, und das bei einer assyrischen Gemeinschaft von fünfhundert Familien! Ich war erbärmlich sprachlos, emotional wie erstarrt. Sein Sohn, Raymond, bemerkte das und führte mich ab. Ich konnte nicht schreien: "Wo bist du, Senharib, wenn wir dich am meisten brauchen?"

Senharib Balley hinterließ seinen Bruder Said (1888-1979), seine Söhne Thomas (1922-1983) und Raymond (1916-1984), seine Tochter Shamiram Balley Bird (1911-1995) und Enkelkinder.

Ein Jahr nach seinem Tod hat ihn die Assyrian American National Federation den Titel „Man of the Century" verliehen und sein Bild auf die Titelseite des *Assyrian Star* (Ausgabe September-Oktober 1972) gesetzt.[81]

Stehend: Thomas (Sohn), Irene Conti (Tochter von Shamiram).
Sitzend: Raymond (Sohn), Shamiram (Tochter) und Senharib Balley. Bild aufgenommen am Ehrenabend für Rose Dartley am 27. April 1969 in New Jersey.

---

[81] *Assyrian Star*, Jahrgang 16, Nr. 5, September-Oktober 1972.

Familienbaum Senharib Balley

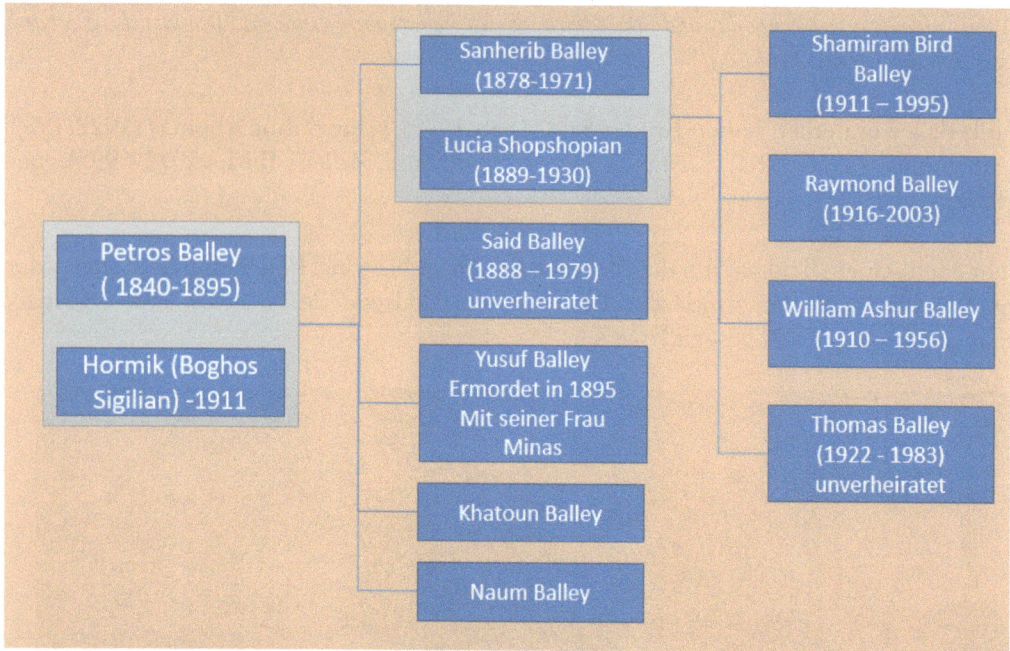

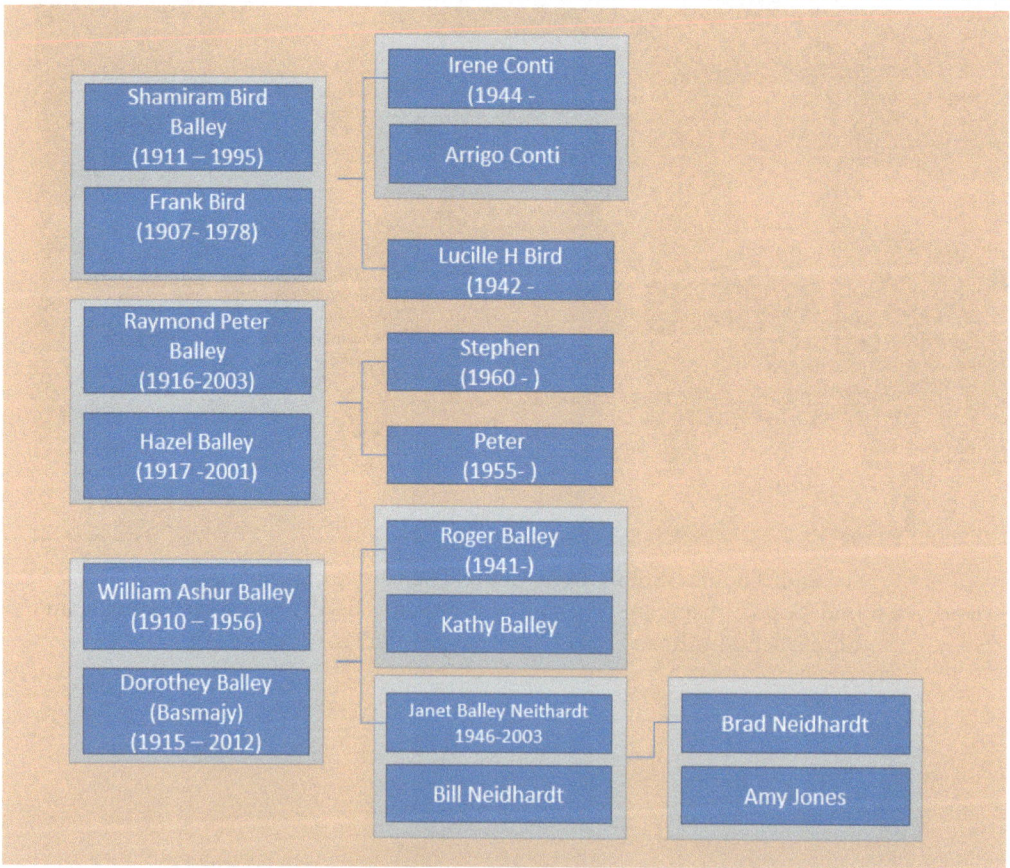

```
Petros Balley                    Sanherib Balley          Shamiram Bird
( 1840-1895)                     (1878-1971)              Balley
                                                          (1911 – 1995)
Hormik (Boghos                   Lucia Shopshopian
Sigilian) -1911                  (1889-1930)              Raymond Balley
                                                          (1916-2003)
                                 Said Balley
                                 (1888 – 1979)
                                 unverheiratet            William Ashur Balley
                                                          (1910 – 1956)
                                 Yusuf Balley
                                 Ermordet in 1895
                                 Mit seiner Frau          Thomas Balley
                                 Minas                    (1922 - 1983)
                                                          unverheiratet
                                 Khatoun Balley

                                 Naum Balley
```

```
Shamiram Bird                    Irene Conti
Balley                           (1944 -
(1911 – 1995)
                                 Arrigo Conti
Frank Bird
(1907- 1978)
                                 Lucille H Bird
                                 (1942 -
Raymond Peter
Balley                           Stephen
(1916-2003)                      (1960 - )

Hazel Balley                     Peter
(1917 -2001)                     (1955- )

                                 Roger Balley
                                 (1941-)

William Ashur Balley             Kathy Balley
(1910 – 1956)
                                 Janet Balley Neithardt   Brad Neidhardt
Dorothey Balley                  1946-2003
(Basmajy)
(1915 – 2012)                    Bill Neidhardt           Amy Jones
```

Für die Erstellung dieses Familienbaumes waren uns die Enkelin von Senharib, Irene Conti und diverse andere Quellen behilflich.

Nachruf von David B. Perley[82]

Das Ende einer assyrischen Ära
Gedanken zum verstorbenen Senharib Balley (1878-1971)

Als ein geschätzter persönlicher Freund und Gelehrter, Dr. Yacoub Namek aus Beirut die traurige Nachricht vom Ableben Senharib Balleys aus New Jersey hörte, verkündete er die folgenden Worte in memoriam:

Dr. David Perley
(1901-1979)

Ein halbes Jahrhundert an der Spitze seines Volkes - das war unser verstorbener Senharib Balley. Seine Stimme hallte in einsamen Tälern wider und rief die Herde auf, unbetretene Pfade der Sicherheit und nationalen Identität zu begehen. Er war ein immer leuchtendes Licht, während andere unter dem Regen der Gewitter erloschen sind. Er war sich selbst und dem Namen, den er trug, treu. Wir schulden ihm eine Erinnerung auf den Tafeln der assyrischen Geschichte. Auch für die Mitglieder seiner Familie war er ein wahrer Führer. Er schlug den Weg ein, dem seine Kinder folgen konnten. In der Tat sind sie dem Erbe treu, das er hinterließ. Sie tragen die Fackel ihres verstorbenen Vaters weiter.

Diese Hommage sollte als unsterbliches assyrisches Dokument aufbewahrt werden, das ich als Teil meiner allgemeinen Aufzählung übernehmen möchte.
Albert Perch aus Massachusetts widmete dem Verstorbenen sein unschätzbares Werk "Divergent points of view" Serie 10:

> *Stumm ist seine erweckende Stimme, die wir so gerne hörten,*
>
> *Verschwunden sind seine Schriften, die wir so sehr schätzen,*
>
> *Sein literarisches Leben ist aus dem Blickfeld geraten,*
>
> *Aber, bei uns ist sein Bild von Literatur – welch' Freude.*

1936 erschien in Syrien ein mehrsprachiges Buch zu Ehren von Naum Palak [Faiq] von Assyrern aller Schichten.[83] Bereits 1936 wurde mir als Sekretär der Assyrischen Nationalen Föderation in Amerika das Privileg zuteil, eine kurze Studie über den Palak-Nationalismus in englischer Sprache beizusteuern.
In dieser Studie erkannte ich an, dass der verstorbene ehrenwerte Palak in Diyarbakir inmitten einer - von innen und von außen – gespaltenen, höchst hilflosen Lage seiner Nation geboren und aufgewachsen war; und obwohl er die assyrische Monatszeitschrift *Kawkab Madenho* (Stern des Ostens) herausgab, war seine Rede- und Pressefreiheit massiv eingeschränkt gewesen. Er grübelte so sehr über den beklagenswerten Zustand seiner Nation, dass er zu der Überzeugung gelangte, er müsse ein neues Land der freien Meinungsäußerung suchen.

Dieser Geisteszustand, der derartige Gefühle auslöst, war in der Sprache der Mystiker die 'Zeit des Verlassens'. "Nun verlässt er zusammen mit Senharib Balley sein väterliches Dach,

---

[82] *Assyrian Star*, Jahrgang 16, Nr. 5, September-Oktober 1972. Originalartikel in Englisch „*The Passing Of An Assyrian Era*".
[83] Cheqqe, Murad (1936), *Naum Faiq - Zikra wa takhlid (Erinnerung und Gedenken*, نعوم فائق – ذكرة وتخليد), Damaskus (Multilingual), Seite 280-286.

richtet seine Ohren dem geheimnisvollen Pendeln des Unsichtbaren zu und sehnt sich danach, jene Region (Amerika) der Träume und Visionen zu finden, in der er geistig führen kann". Ich versah meinen Hinweis auf Senharib Balley in dieser brennenden Sprache mit einer Fußnote:

Beide hatten das gleiche Motiv für ihr Ableben. Es gab nicht den geringsten Anflug von Eifersucht zwischen ihnen; jeder war der Freund und Berater des anderen. Darf ich daher an dieser Stelle beiläufig, aber sehr treffend erklären, dass ich keinen lebenden Assyrer mit großen, modernen sowie progressiven nationalen Ideen und Idealen kenne als Senharib Balley.

Wir können uns glücklich schätzen, dass er noch in der Blüte seines Lebens steht. Er ist voll von jugendlicher Hoffnung und guten Mutes. Er hat die Kraft, keinen der vergossenen Tropfen assyrischen Blutes in seinen Äußerungen, sei es mündlich oder sei es schriftlich, je vergessen zu lassen. Er ist ein "Held des Kampfes". Er hat einen großen Verstand, ein starkes Herz und eine kräftige Statur. Er hat die innigen Gebete der hingebungsvollen Lebenden und der heiliggesprochenen Toten. Diese Nation wird viel von ihm erwarten, weil ihm viel gegeben wurde.

Ich war damals sehr aufrichtig in der Äußerung meiner Gefühle, ohne jeden Anflug von Übertreibung. Diese Geisteshaltung wurde durch meine weitere Zusammenarbeit und dem Austausch mit ihm als einer meiner Mentoren vertieft und tausendfach vergrößert. Sein ganzes Leben war dem drängenden Problem der nationalen Identität, der Selbstfindung und der Selbstdefinition gewidmet. Etwas anders ausgedrückt: Er forderte die Assyrer in der Welt auf, sich selbst zu erkennen, nach Authentizität und Selbstbewusstsein zu streben und ihre einzigartige Identität auszuleben. Mit Hingabe opferte er dieses Ziel alles andere unter. Sein Ende markiert daher das Ende einer Ära. Er war der letzte der geistigen Riesen unter den Assyrern. Senharib war wahrlich ein Patrizier des Geistes!

Am 25. Juli 1971 entschlief er und ich verabschiedete ihn in Gottes guter Erde. Joseph Darakjy, der begabte moderne assyrische Dichter und Philosoph, verfasste ein Lobgedicht, in dem er Senharib "Parlaak" - strahlendes Licht - nannte. Leider waren bei dem Gottesdienst nur dreizehn Personen anwesend, darunter drei Geistliche, und das bei einer assyrischen Gemeinschaft von fünfhundert Familien! Ich war traurig und sprachlos, emotional wie erstarrt. Sein Sohn Raymond bemerkte es und führte mich weg. Ich konnte nicht schreien: *"Wo bist du, Senharib, wenn wir dich in dem Moment am meisten brauchen?"*

Die Gemeinschaft der Diözese an der Ostküste [Region New York/New Jersey] war nicht die einzige Organisation, die es versäumte, seine Tugenden und Bestrebungen in großem Umfang zu würdigen. (Dies entspricht einer Erniedrigung der Seele, wenn man sich der Mittelmäßigkeit hingibt!)

Nein, nicht nur diese Gemeinschaft, (Herr Richter Frankfurter[84] hat gesagt, dass die Weisheit ohne unser Zutun nicht zu uns gelangt, und wir sollten sie deshalb nicht zurückweisen, nur weil sie doch zu spät über uns hereinbricht).

Vor einigen Jahren plädierte Shamiram, die Tochter des Verstorbenen, schriftlich dafür, dass die [assyrische] Föderation ihren Vater zum Assyrer des Jahres wählt, nicht nur wegen seines hohen Alters, sondern auch wegen seiner lebenslangen Treue im überragenden Dienst für

---

[84] Felix Frankfurter (1882-1965) war ein US-amerikanischer Jurist österreichischer Herkunft und von 1939 bis 1962 Richter am Obersten Gerichtshof der Vereinigten Staaten.

seine Nation. Dies ist eine aktenkundige Angelegenheit, die sowohl den Spendern als auch den Beschenkten bekannt ist. Das Komitee lehnte ihre Bitte ab, erschütterte ihr Vertrauen und vergab den Preis an einen anderen - viel Jüngeren - der keine Zeit hatte, ein weiteres Jahr dafür zu warten. Keine glorreiche Vision. Dafür gab es eine besondere undefinierbare Notlage. Keiner war bereit, diese kleine Ehre einem ehrwürdigen Mann in seinen Neunzigern zu erweisen. (Diese Polarität ist meiner Meinung nach der Schlüssel zu der unheilbaren Krankheit, die das Reich von Ashur in Amerika heimsucht!). Abgesehen vom emotionalen Aspekt können es sich die Assyrer leisten, für ihren christlichen Idealismus und ihre moralische Auffassung auf Mission zu gehen.

Professor Namek[85] beendete sein "In Memoriam" wie folgt: *"Unser lieber Senharib, möge deine Seele in Frieden ruhen."* Symbolisch gesehen starb Senharib meiner Meinung nach wie der Dichter Li Po, der bei dem Versuch starb, die Spiegelung des Mondlichts auf einem See zu umarmen. Meiner kompromisslosen spirituellen Ansicht zufolge schläft Senharib nun unter seinen geliebten Heiligen: Mar Aphrem, Mar Narsai, Bar Salibi, Agha Petros, Mar Benyamin Shimon, Yusuf Malek, Ashur Yousif und unzähligen anderen assyrischen Heiligen und Helden.
Und ich bin ebenso zuversichtlich, dass er mit Sennacherib, dem assyrischen Herrscher aus anderen Zeiten, im Himmelreich wandelt.

David B. Perley

David Barsom Perley wurde 1901 in Kharput, Türkei, geboren. Seine Familie war dafür bekannt, dass sie in der assyrischen Gemeinde von Kharput aktiv war. David besuchte anderthalb Jahre lang die Oberschule des Euphrat-Colleges, wo Prof. Ashur Yousif lehrte.

Am 1. Mai 1915 verhafteten die türkischen Behörden Davids Vater und eine Reihe führender Assyrer, darunter auch Professor Ashur Yousif, ohne Haftbefehl und ohne Anklageerhebung. Sie wurden bis zum 1. Juli 1915 im Gefängnis gefoltert, dann in Ketten gelegt und an einen der Schauplätze der Massaker an den Christen (Assyrer, Armenier und Griechen) deportiert, wo sie nie wieder gesehen oder von ihnen gehört wurde.

Die Flucht von David und weitere assyrische Männer führte sie durch das Dersim-Gebirge nach Russland und von dort zwei Jahre lang nach Osten, bevor sie die Vereinigten Staaten erreichten, wo seine Schwestern, Brüder und andere Verwandte lebten, vor allem in Massachusetts.

David Perley konnte ein Studium der Rechtswissenschaften in Boston und New York in 1933 abschließen. Er war maßgeblich an der Gründung der Assyrian American Federation in 1933 beteiligt und war in 1934-1935 Vorsitzender des Verbands. Er schrieb regelmäßig in der Verbandszeitschrift, dem *Assyrian Star*.
Seine gesammelten Werke (hauptsächlich auf Englisch) wurden von Nineveh Press in 2016 veröffentlicht.[86]

---

[85] Prof. Yacoub Namek, Biografie von Senharib Balley veröffentlicht in *Assyrian Star*, Jahrgang 16, Nr. 5, September-Oktober 1972.
[86] David Perley (2016), *A Collection of Writings on Assyrians*, Nineveh Press. Ein Kurzbiografie ist auf Atour.com zu finden (https://www.atour.com/people/20010708a.html).

ZEITSCHRIFTEN

ZEITSCHRIFTEN

Senharib Balley hatte vor und nach der Herausgabe seiner eigenen Zeitschrift *Sawto d Othuroye* gleichzeitig in mehreren Magazinen der damaligen Zeit eigene Artikel verfasst.

Die Identifikation seiner Artikel war für uns auch eine Herausforderung; denn es mussten alle vorhandenen bzw. zugänglichen Zeitschriften gesichtet werden. Es ist davon auszugehen, dass möglicherweise Artikel übersehen wurden, da teilweise keine Namen der Verfasser aufgeführt wurden. Bei einigen Zeitschriften fehlen bis zur Veröffentlichung dieses Buches zahlreiche Ausgaben, die bisher nicht auffindbar sind. Dies gilt insbesondere für die eigene Zeitschrift *Sawto d Othuroye*.

Wir konnten Artikel von Senharib in folgenden Zeitschriften ausfindig machen:
- *Murshid Athuriyun*
- *Sawto d Othuroye*
- *Bethnahrin*
- *The New Assyria*
- *Babylon*
- *Huyodo*
- *Leshono d Umtho*
- *Asiria (Hdonoyutho Suryoyto)*

Die Artikel wurden bis auf Asiria in Osmanisch-Garschuni verfasst. In Asiria sind die Artikel ausschließlich auf Arabisch verfasst.

Nachfolgend werden die einzelnen Zeitschriften kurz vorgestellt. Die dazugehörigen Artikel werden im Anschluss chronologisch abgedruckt.

MURSHID ATHURIYUN

ܡܘܪܫܝܕ ܐܬܘܪܝܝܢ

Die Zeitschrift *Murshid Athuriyun* (Wegweiser der Assyrer) gilt als die erste Zeitschrift innerhalb der West-Assyrischen Gemeinschaft und ist unzertrennlich mit ihrem Herausgeber Ashur Yousif verbunden. Ashur Yousif gilt daher ebenfalls als einer der Begründer des assyrischen National- und Einheitsgedankens.

Ashur Yousif wurde im Jahr 1858 in Kharput im Vilayet Mamuret el-Aziz[87] geboren. Er besuchte das Central Turkey College, eine christliche Oberschule (High School), die zwischen 1874 und 1876 vom American Mission Board in Aintab gegründet wurde. Danach wurde er selbst als Lehrer tätig und unterrichtete u. a. in Amasia, Smyrna oder Antiochien.[88] Seine weitere Bildung erhielt er am amerikanischen Euphrat College in Kharput und nach Abschluss seines Studiums wurde er am selben College zum Lehrer ernannt. Er sprach fließend Englisch, Armenisch und Türkisch, war belesen und hatte sich ein fundiertes Wissen über soziale und nationale Belange angeeignet. Er war mutig in seinen Prinzipien und beständig in seiner Moral. Seine Selbstachtung hinderte ihn in keiner Weise daran, seiner Nation zu dienen. Er erlernte die syrischen Sprachregeln und etablierte die Zeitschrift *Murshid Athuriyun*. Auf diese Weise ermutigte er die Assyrer, Zeitungen zu lesen und brachte ihnen die Idee von Publikationen und deren Verbreitung nahe.[89]

Er verfasste zahlreiche armenische Artikel und Gedichte. Diese wurden in armenischen Tages- und Wochenzeitschriften veröffentlicht. Er erlangte die höchste Auszeichnung der osmanischen

Prof. Ashur Yousif
(1858-1915)

---

[87] Das Vilayet Mamuretül-Aziz war der osmanische Vorläufer der heutigen türkischen Provinz Elazığ.

[88] Yusef Malek - 1935 - The British Betrayal of the Assyrians.

[89] Aus einem Nachruf von Naum Faiq in *Bethnahrin*, Jahrgang 1, Nr. 19-20, 22. Januar 1917 (arabische Ausgabe). Originalartikel in Garschuni-Arabisch (اشور يوسف). Deutsche Übersetzung in Zeitoune (2022), *Naum Faiq und die Assyrische Aufklärung*, Seite 154ff.

Wissenschaftsbehörde für seine Lehrtätigkeit und erhielt außerdem eine wertvolle Auszeichnung von einem hochrangigen Armenier für die Veröffentlichung einer Schrift über die Schäden von Alkoholkonsum.

Die erste Ausgabe von *Murshid Athuriyun* erschien im Januar 1909. Diese Zeitschrift erschien bis zu seiner Inhaftierung und Ermordung 1915 in Kharput. Bis heute konnten sechzig Ausgaben von *Murshid* ausfindig gemacht und digitalisiert werden.

Die Artikel wurden in Garschuni-Osmanisch geschrieben und behandelten soziopolitische und sozialkritische Aspekte über die assyrische Gemeinschaft. Daher finden sich zahlreiche Informationen und Nachrichten zur neu entstandenen Denkschule der Intibah, die eine soziale und intellektuelle Reformbewegung unter den Assyrern darstellte. Auch die Satzung dieser aufgeklärten Gesellschaft wurde in *Murshid* veröffentlicht.[90] Senharib Balley tritt in *Murshid* erstmals mit einem Artikel über die Intibah in Erscheinung. In diesem Artikel bzw. Brief, das an die Assyrer in Gerger,[91] Shiro und Bucak gerichtet war, erläuterte er die Notwendigkeit eines organisierten Zusammenschlusses unter einem zentralen Dachverband. Diesen Brief hat er als Vorsitzender der Intibah-Gesellschaft in Diyarbakir unterschrieben. Dies belegt die Tatsache, dass Senharib bereits in den Anfängen der Bewegung der Intibah ein aktives Mitglied und eine Führungsperson gewesen ist.

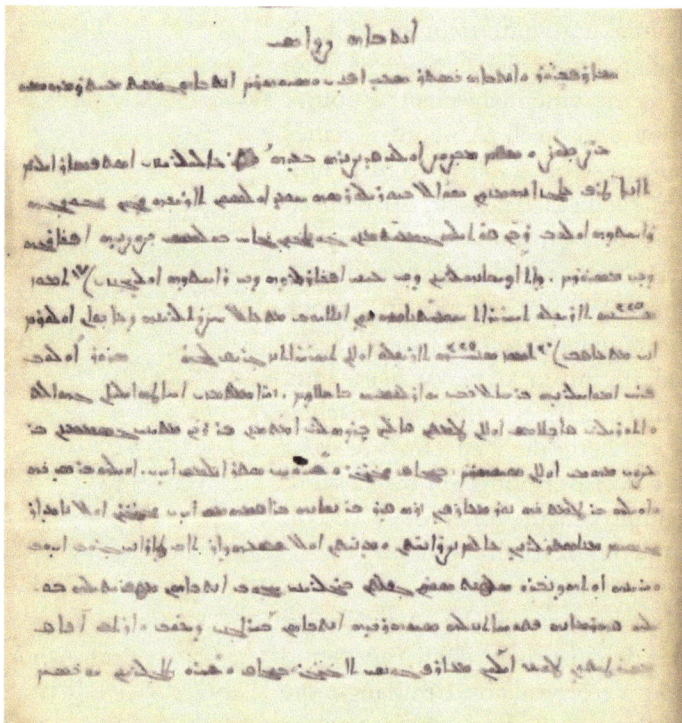

Auszug aus dem Originalartikel von Senharib Balley
in *Murshid Athuriyun*

---

[90] *Murshid Athuriyun*, Jahrgang 1, Nr. 3, März 1909, S. 12-14.
[91] Gerger ist eine Stadt und heute zugleich ein Landkreis in der türkischen Provinz Adıyaman.

S. Baly
7 Mandlian av
Paterson N.J.

SAWTO D OTHUROYE

ܨܘܬܐ ܕܐܬܘܪܝܐ

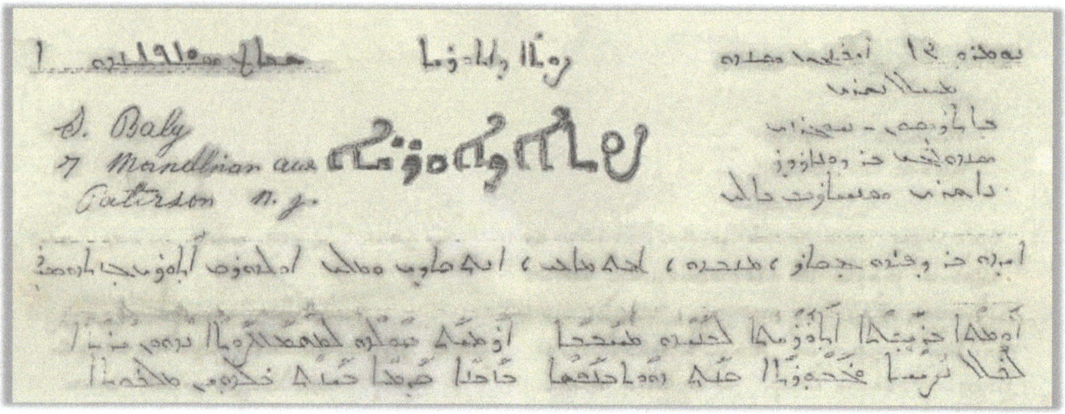

Senharib Balley ist mit zahlreichen eigenen Artikeln als Gastautor in vielen Zeitschriften seiner Zeit sichtbar. In Vergessenheit geraten ist seine eigene Zeitschrift *Sawto d Othuroye* (Stimme der Assyrer). Dieses Magazin wurde als Sprachrohr der Intibah-Gesellschaft in den USA im Juni 1913 eingeführt. Dies wird von Ashur Yousif in *Murshid Athuriyun* in einer Bekanntmachung im August 1913 bestätigt.[92] Der ursprüngliche Name dieser Zeitung war *Sawto d Oromoye* und wurde anscheinend später in *Sawto d Othuroye*" geändert. Wann und warum dieser Namenswechsel erfolgte, ist bisher nicht bekannt. Später schreibt Senharib in einer Auflistung der ihm damals bekannten Zeitungen über *Sawto d Othuroye*: National- und reformorientiert, kritische und informative Monatszeitschrift und offizielles Organ der *Cirutho* [Intibah] Gesellschaft.

Heute ist lediglich nur eine Ausgabe von *Sawto d Othuroye* erhalten. Senharib selbst verweist in einem Artikel in *Bethnahrin* auf die letzte Ausgabe seiner Zeitschrift. Demnach wurden insgesamt 18 Ausgaben im Zeitraum zwischen 1913 und 1915 herausgebracht.[93] Der Verbleib der restlichen 17 Ausgaben ist derzeit nicht bestimmbar. Die erhaltene Ausgabe mit der Nummer 13 aus dem zweiten Herausgabejahr stammt aus dem Februar 1915.

Als Untertitel wurde folgender Spruch auf Syrisch verwendet:

ܐܘܡܬܐ ܒܪܝܟܬܐ ܐܬܘܪܝܬܐ ܠܒܢ̈ܝܗ ܡܚܒܒܐ : ܐܪܝܡܬ ܩܠܗ ܠܡܫܡܥܗ ܝܪ̈ܬܐ ܢܗܘܘܢ ܛܝܒܐ
ܠܟܠ ܙܟܘܬܐ ܘܓܢܒܪܘܬܐ ܩܢܬ ܗܘܬ ܒܥܠܡܐ : ܒܙܒܢܐ ܩܕܡܝܐ ܒܝܢܬ ܟܠܗܘܢ ܡܠܟܘܬܐ

Die Übersetzung lautet:

„Die gesegnete assyrische Nation umarmt liebend ihre Kinder.
Sie erhebt ihre Stimme und ihre Erben sollen bereit sein, Ihren Ruf zu hören:
Sie erwarb sich jeden Sieg durch Heldentat; in der frühen Zeit unter allen Königreichen."

---

[92] *Murshid Athuriyun*, Jahrgang 5, Nr. 9, August 1913.

[93] *Bethnahrin*, Jahrgang 1, Nr. 07, 1. April 1 1916 (türkische Ausgabe). Originalartikel in Garschuni-Osmanisch „*Bethnahrin Veyahut Unutulmuş Bir Nam*".

In der uns vorliegenden Ausgabe ist ein Gedicht von Senharib mit dem Titel „*Asuri Destani*"[94] (Assyrisches Epos) auf der Titelseite abgedruckt. Es folgt ein offener Brief von Sarkis Keshish sowie ein Kommentar von Senharib.[95] Im Weiteren ist u. a. eine allgemeine Statistik der Schulen in ausgewählten europäischen Ländern abgedruckt, ein Jahresfinanzbericht einer assyrischen Organisation in den USA (*Knushto d Cudrone d Suryoye* - ܟܢܘܫܬܐ ܕܩܘܕܪܘܢܐ ܣܘܪܝܝܐ) und zum Schluss, wie üblich auf den zeitgenössischen Magazinen, werden die Namen der kürzlich zahlenden Abonnenten aufgeführt. In dieser Ausgabe waren es Habib Nakash, George Mardinly und Saliba Perch.

Aus der vorliegenden Ausgabe von *Sawto d Othuroye* wurde der oben erwähnte Brief von Sarkis Keshish übersetzt.

---

[94] Übersetzung dieses Gedichtes siehe Seite 307.
[95] Siehe Seite 82ff.

BETHNAHRIN
(mesopotamia)
Editir. N. palak
210 Getty ave
Paterson - N. J.

BETHNAHRIN

ܒܝܬܢܗܪܝܢ

Die Zeitschrift *Bethnahrin* gilt als Sammelbecken für assyrische Intellektuelle, die vor und nach dem Genozid 1915 in die Ostküste der USA einwanderten. Der Herausgeber Naum Faiq kam selbst 1912 in die USA und entging somit der Radikalisierungsphase der Jungtürken, die mit Repressalien und staatlicher Zäsur einherging und im systematisch begangenen Genozid von 1915-18 gipfelte. Er fand schnell Anschluss in der Intibah-Gesellschaft und wurde in der gleichnamigen Zeitung aktiv. Gabriel „Jabbour" Boyajy, ein Freund von Naum, hatte bereits 1909 auf dessen Anraten das Magazin *Intibah* (Erweckung) in den USA herausgebracht. Diese Zeitschrift existierte bis mindestens Februar 1915.

Am 1. Januar 1916 erschien die erste Ausgabe von *Bethnahrin* im syrischen Alphabet und osmanisch-türkischer Sprache (Garschuni). In dieser Variante erschien sie im zweiwöchigen Rhythmus. Im April 1916 folgte eine arabische Version (ebenfalls im syrischen Alphabet) im gleichen Turnus von zwei Wochen. Mit der arabischen Ausgabe verfolgte er das Ziel, die Assyrer aus Mardin, Midyat und Mossul zu erreichen, da sie sprachlich arabisiert waren.[96] Deshalb publizierte er die Zeitschrift zeitweise auch in wöchentlichen Abständen, wobei sich Arabisch und Osmanisch-Türkisch abwechselten. Diese Publikationsfrequenz war allerdings im zweiten Jahr nicht zu halten, sodass *Bethnahrin* von da an monatlich erschien.

Der Umfang des Magazins, das handschriftlich verfasst und mithilfe der Mimeographie-Technik vervielfältigt wurde, umfasste in der Regel 8 bis 10 Seiten mit jeweils zwei Spalten pro Seite. Dabei wirkte Naum Faiq nicht nur als Herausgeber und Autor, sondern war auch für das Drucken und Versenden des Magazins verantwortlich. Über diese körperlich anstrengende und zeitraubende Arbeit berichtete er immer wieder in seinen Artikeln, weswegen er stets um moralische und finanzielle Unterstützung bat.[97]

Die Zeitschrift erscheint bis zum Schluss mit folgendem Slogan in der Kopfzeile:

> Unsere Heimat ist Bethnahrin (Mesopotamien), wir werden sie
> nicht vergessen und in unseren Herzen nur ihre Liebe zulassen.

---

[96] *Bethnahrin*, Jahrgang 1, Nr. 3, 8. Mai 1916 (arabische Ausgabe).

[97] Wie z.B. im Editorial der ersten Ausgabe im Januar 1916: „*Wir sind derzeit damit beschäftigt, Artikel auf Syrisch und Türkisch zu verfassen, das Magazin zu drucken, zu falten und zu versenden, was nicht durch eine einzige Hand erledigt werden kann.*"

ܚܕܝܘܬܢ ܗ̣ܘ ܡܕܐ ܘܒܓ ܠܐ ܗܝܢ
ܘܒܥܙܐ ܚܠܒ ܗܦܢ ܡܢ ܚܘܚܐ ܠܐ ܚܢܢ

Bethnahrin hi motho dilan lo ṭocenan
d neshre b leban sṭar men ḥuboh lo bocenan

Der Untertitel wies folgenden Satz auf Osmanisch-Türkisch (Garschuni) auf:

*Millet ve vatan Asuriye'ye müteallik neṣriyatı havi, intibah ve terraki ve
ittihad-i perver Asuri gazetesidir.*

Übersetzt: *Eine Zeitung der Einheit und des Fortschritts, die Schriften über das assyrische Volk und seine
Heimat enthält.*

Das Interesse an der Zeitschrift wurde im Laufe der Zeit immer größer und lässt sich an der
stetig zunehmenden Anzahl an Zuschriften wie Leserbriefen oder Kommentaren einerseits
und an der Beteiligung anderer Autoren und Korrespondenten andererseits ablesen. Somit
bot *Bethnahrin* eine Plattform für zahlreiche Autoren der Zeit an. Bereits im ersten Jahr sind
Beiträge von Farid Nuzha (Buenos Aires) im arabischen Teil abgedruckt. Weitere aktive
Schreiber waren u. a. Daniel Khuri Malihe (Youngstown/Ohio), John Ashjy (New York) und
Senharib Balley.

Im türkischen Teil findet man Namen wie Senharib Balley, Nishan B. Quoyoon (Hoyen),
George M. Quoyoon (Boston),[98] Belshazar Iskandar (Providence), Abrohom Haqwerdi
(Beirut), Said Asfar (New York) oder Abdulnur Jour
(Boston). Auf diese Weise wurde *Bethnahrin* zum
stabilen Kommunikationsmedium zwischen Heimat
und Diaspora in der damaligen Zeit.

Quellentechnisch können wir im Magazin auf
Augenzeugenberichte über die Gräueltaten und
genozidalen Ereignissen zurückgreifen. Obgleich sie
etwas zeitverzögert veröffentlich wurden, decken sie
sich eins zu eins mit den historischen Überlieferungen
der wissenschaftlichen Literatur[99] über den Seyfo.[100]
Auch bekommen wir viele Informationen über die
Ereignisse nach dem Genozid, denen ein großer Platz
in *Bethnahrin* eingeräumt wurde. Beispielsweise findet
man persönliche Berichte vom Mönch Yuhanon
Dolabani aus dem bekannten Waisenhaus in Adana
(1919-1921). Dieses Waisenhaus, das auch als Schule
diente, existierte in der kurzen Zeit der französischen
Verwaltung über Kilikien.[101]

Naum Faiq
(1868-1930)

---

[98] Der Name Quoyoon wurde im Englischen in Hoyen umgewandelt.

[99] Z.B. De Courtois, Gaunt oder Yonan.

[100] Syrische Bezeichnung für den Genozid bzw. die Massaker (wörtlich: Schwert).

[101] Eine Region an der Südküste der heutigen Türkei und umfasst die heutigen Provinzen Adana, Mersin und
Osmaniye.

In gleicher Weise stoßen wir auf Artikel und Schriften Beteiligter aus der wichtigen Phase zwischen 1919 und 1921 aus Paris und London, in denen alles rund um die Pariser Friedenskonferenz[102] dokumentiert wurde. Darunter befinden sich zahlreiche Status-quo-Meldungen von Bischof Afrem Barsoum über seine politischen Aktivitäten, Bemühungen und persönlichen Treffen mit hochrangigen Persönlichkeiten in London und Paris.

Die Zeitschrift *Bethnahrin* wurde nach fünf Jahren zugunsten des neuen Magazins *Huyodo* (*The Union*) vorübergehend eingestellt.[103] Naum Faiq wurde sodann als Chefredakteur der neuen Zeitung durch die zuvor gegründete Assyrian National Association gewählt. Nach nur einem Jahr wurde jedoch *Huyodo* im März 1922 eingestellt.

Naum Faiq hauchte im Januar 1923 seiner alten Zeitschrift *Bethnahrin* neues Leben ein, womit er mit ihrer Herausgabe die zweite Phase einläutete, die bis 1929 andauerte. Von dieser Zeit liegen uns insgesamt 71 Ausgaben vor, von denen vier in arabischer Sprache erschienen sind. Kurz vor seinem Tod am 5. Februar 1930, machte sich Naum Faiq daran, eine reine syrische Ausgabe herauszugeben, die er noch im Jahr 1929 veröffentlichte. Da wir lediglich die fünfte Ausgabe vom Juni 1929 kennen, können wir derzeit nicht mit Gewissheit sagen, ob noch weitere Ausgaben danach gefolgt sind.

In der zweiten Phase von *Bethnahrin* (1923-1929) erfahren wir aus zahlreichen Berichten von der Situation der Assyrer nach dem Ersten Weltkrieg und insbesondere vom neuen Waisenhaus (*Taw Mim Simkat*) in Beirut, das als Nachfolgeeinrichtung des Waisenhauses in Adana gegründet wurde. Naum schreibt auch über die miserable Situation im Tur Abdin nach dem Seyfo und die Vertreibung der Assyrer aus Urfa in 1924.

Senharib Balley und Naum Faiq verbindet eine alte Freundschaft noch aus ihrer Heimatstadt Diyarbakir. Daher findet man zahlreiche Artikel von Senharib, die in *Bethnahrin* veröffentlicht wurden. Er schrieb bis auf einen Artikel in Arabisch, ausschließlich in Garschuni-Osmanisch. Bei der Recherche vorliegender Ausgaben von *Bethnahrin* konnten insgesamt 22 Artikel von Senharib identifiziert werden.

In diesem Buch wurden alle in *Bethnahrin* Senharib Balley zugeordneten Artikel übersetzt.

---

[102] Diese Konferenz mündete im Vertrag von Sèvres am 10. August 1920 zwischen den Siegermächten und dem Osmanischen Reich.

[103] Ausführliche Informationen zu *Huyodo* siehe Seite 68ff.

THE NEW
ASSYRIA

Published once a month, by the New Assyria Publishing Company
1089 Summit Avenue, Jersey City, N. J.

CHAS. DARTLEY, President   CHAS. CHERINGAL, Secretary and Tresurer

Volume I   SEPTEMBER 15, 1916   Number 1

The New Assyria.

The New Assyria, is unlike any news-paper already published. In many respects it is emphatically a news distributor to all Assyrians, especially to the Younger Set, who do not know how to read the magazines written in Assyrian.

The Assyrians in the United States are growing more rapidly and have organized more organizations in the past 5 years than they have in the 15 years past. This is due to the Assyrian papers and presses. Therefore that is the reason the New Assyria is being published. The New Assyria will always inform you of all the news of the society. Such as the Assyrian Intibah or Erootha Society; Assyrian School Association; Assyrian Ladies' Aid Society; Assyrian Relief Committee; and the Dramatic Assocation. Also all club room details.

EROOTHA [INTIBAH]

As the cross is the symbol of Christanity, the red cross the emblem of courage, and of hope to the sick and wounded, so the Intibah, is an emblem; the hope and aspirations of the Assyrian Nation.

A symbol is a sign or representation of any moral thing by the images or properties of natural things. Thus, the lion is the symbol of courage, the lamb is the symbol of meekness or patience. Symbols are of various kinds, as types, parables etc.

Among Christians, the cross was the earliest symbol. Originally the cross was an ancient instrument of torture. It was in the year 680 A. D.; that the Sixth Ecumenical Council ordered that Christ should be represented according to his human features, rather than in the symbolical figure of the Paschal. In the succeeding century the cross became common throughout the church. The church early learned to regard the cross as an emblem no longer of disgrace, but of victory. It became then and is to-day, the favorite symbol of Christianity.

At Geneva, in Switzerland, in 1866 there was organized the Red Cross Society. In 188? a similar society was formed in the United States. These organizations are a confederation of relief societies in different countries, the aim of which is to improve the conditions of sick and wounded soldiers in time of war. To-day their operations extend over nearly the entire civilized world. The name of this society is derived from its symbol, a red cross on a white field. Since that time the red cross has become the favorite emblem of nearly all societies having for their object aid to suffering in the time of great national calamities such as, floods and cyclones, visitations to which we are always liable; great fires, earthquakes, local famines, and etc.

Within the recent past there has been organized the Assyrian Erootha or Intibah Society. At Diarbekir, in Turkey in 1908 this society was originated. In 1910 a similar Society was

The New Assyria Magazin - Jahrgang 1, Nr. 1, 15. September 1916

THE NEW ASSYRIA

THE NEW ASSYRIA

Published once a month by the New Assyria Publishing Company
1089 Summit Avenue, Jersey City, N. J.

JOEL E. WERDA, Editor   *CHAS. DARTLEY, President and Manager*

The New Assyria wurde von der New Assyria Publishing Company in New Jersey herausgegeben. Für die ersten drei Ausgaben wird Charles Dartley als Präsident und Charles Cheringal als Sekretär und Schatzmeister genannt, aber ab der vierten Ausgabe wird Joel Werda als Herausgeber und Charles Dartley als Präsident und Manager aufgeführt. Die erste Ausgabe erschien am 15. September 1916, die letzte bekannte Ausgabe datiert auf den 15. Juni 1919; insgesamt wurden 34 Ausgaben publiziert. Joel E. Werda veröffentlichte und redigierte im selben Zeitraum auch den Assyrian American Courier (1915-1923).

In der ersten Ausgabe wird über die Gründe für die Veröffentlichung der Zeitung berichtet:
The New Assyria ist anders als alle bisher erschienenen Zeitungen. In vielerlei Hinsicht ist sie ausdrücklich ein Nachrichtenmagazin für alle Assyrer, insbesondere für die Jugend, die nicht in der Lage ist, die in assyrische geschriebene Zeitschriften zu lesen.
Die Assyrer in den Vereinigten Staaten wachsen schneller und haben in den letzten fünf Jahren mehr Organisationen gegründet als in den 15 Jahren zuvor. Dies ist auf die assyrischen Zeitungen und die Presse zurückzuführen. Das ist der Grund, warum die New Assyria veröffentlicht wird. Die New Assyria wird Sie immer über alle Neuigkeiten der Gesellschaft informieren. Wie z. B. über die Aktivitäten der Assyrischen Intibah oder Erootha Gesellschaft, die Assyrische Schulvereinigung [Assyrian School Association, TMS], die Assyrische Frauenhilfsgesellschaft [Assyrian Ladies Aid Society], das Assyrische Hilfskomitee [Assyrian Relief Committee] und die Theatervereinigung [Dramatic Assocation].

The New Assyria hat die selbst gesteckte Erwartung erfüllt, in dem regelmäßig über Treffen und Veranstaltungen der unterschiedlichen Vereinigungen berichtet wurde. Die Hauptsprache der Zeitschrift war Englisch mit vereinzelten Artikeln in Garschuni-Osmanisch.

Joel E. Werda tritt als Herausgeber in jeder Ausgabe mit politischen und geschichtlichen Analysen in Erscheinung. In *New Assyria* sind sowohl Ostassyrer als auch Westassyrer als Autoren sichtbar. Ein anderer Autor ist der angesehene Dr. Abraham K. Yoosuf. Es sind Werda und Yoosuf, die später als US Delegierte gewählt und nach Paris zur Friedenskonferenz geschickt werden. Weitere Autoren englischer Artikel sind u. a. Isaac B. Moorhatch (später im Redaktionsteam von *Huyodo*), Pera Benyamin, Joseph Durna (später Mitbegründer und Präsident der Assyrian American Federation) und Said Shamsi (aus England).

Senharib Balley als Unterstützer von *New Assyria* tritt bereits in der vierten Ausgabe vom 15. Dezember 1916 als Repräsentant für *New Assyria* in seiner Region Paterson/NJ in Erscheinung. Die wenigen Garschuni-Schreiber waren neben Senharib Balley, Said Asfar, Yacoub Tashjy (Urfali) und Naum Khedersha.

Senharib hat in der Lebenszeit von *New Assyria* fünf Artikel und ein Gedicht (Oğlum-Hamurabiye-Ninni) veröffentlicht.

Joel E. Werda
(1868-1941)

Charles S. Dartley
(1887-1971)

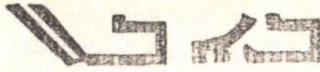

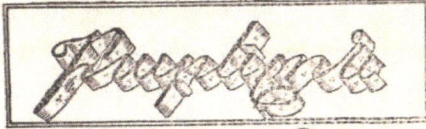

Գրաւատուն հանդէս

Ամսագիր

կյաղբրովայցեղ Ամպոգ հեքեայ թնվերու թեան

BABYLON

ԹԻՒ 15   ՀԱՄՇՕՇԻՂՕ   ԳԱՍՏՈՆ   ՇԷՂՕԹ (ՓԵԹՐ.) 5 1920

ՏՈՒՊՈՔՕ

ՄԱՎՏՕՆՈՒԹՕ ՏԱՍՈՒՐՈՑՕ

ԳՈՒԲԱՍՏԱՆ ՄԻՆ ելէ ՇՈՒԲԱՍՏԱՆ ՄԻՆ .... Ն. Գ. Գ.....

" BABYLON " PUBLISHERS
475 Shawmut Ave.,
Boston Mass.

Babylon Magazin - Jahrgang 1, Nr. 15, 15. Februar 1920

BABYLON

ܒܒܝܠ

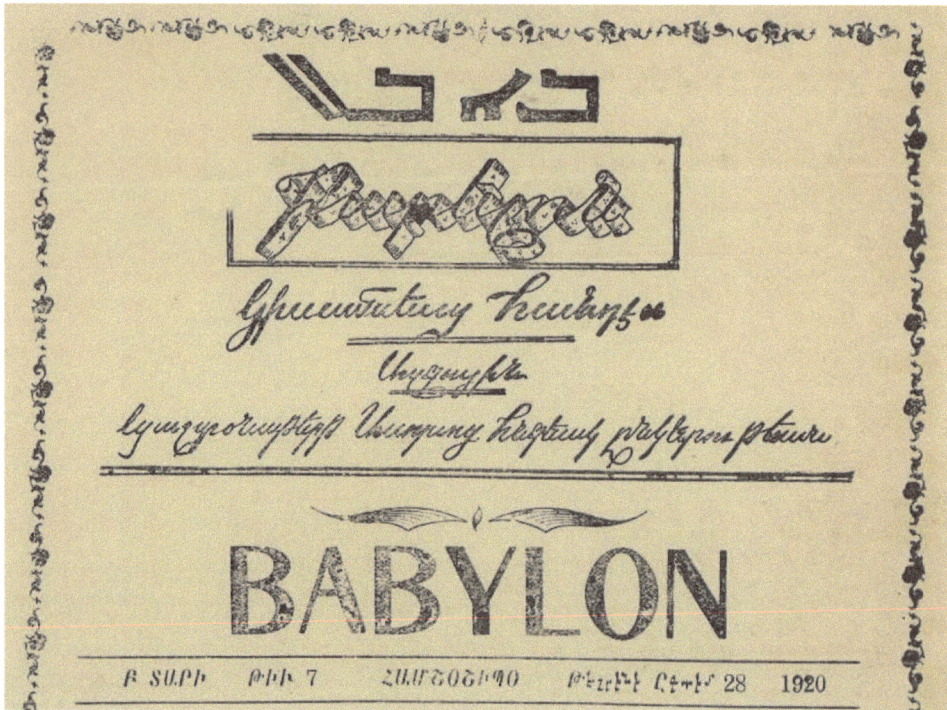

Vor dem Völkermord von 1915 gab es mindestens zwei große armenischsprachige assyrische Gemeinschaften - die von Kharput (ursprünglich "Kharberd" auf Armenisch) und die von Urfa (Edessa). Beide Gemeinden bestanden hauptsächlich aus syrisch-orthodoxen Assyrern, die friedlich koexistierten und aktiv mit den umliegenden größeren armenischen Gemeinden interagierten. Laut Horatio Southgate (1812-1894), einem amerikanischen Missionar, der Mitte der 1840er-Jahre den Bezirk Kharput besuchte, "leben die Armenier und Syrer auf engstem Raum zusammen, gehen in die Kirchen des jeweils anderen, heiraten aber nicht untereinander".[104] Southgate erwähnt dann, dass im Bezirk von Kharput die gemeinsame Sprache dieser beiden Völker Türkisch war,[105] was bedeutet, dass die armenische Sprache das Merkmal der Assyrer war, die in der Stadt Kharput selbst lebten.

Die Einwanderung aus Kharput und den umliegenden Bezirken in die USA begann in den 1890er-Jahren. Das Hauptziel war Massachusetts, und heute nennt die Mehrheit der Armenier in diesem Staat Kharput als ihre ursprüngliche Heimatstadt in der alten Heimat. Die gleiche Einwanderungswelle brachte auch armenischsprachige Assyrer aus Kharput nach Massachusetts.[106] Die größte Konzentration fand sich in der Stadt Worcester, westlich von

---

[104] Horatio Southgate, *Narrative of Visit to the Syrian [Jacobite] Church of Mesopotamia*, New York, 1856, p. 87. *This does not seem to be the case in Diyarbakir and Mardin, where "Armenian communities were very large, and also often made up the social elite of bankers, merchants, doctors and intellectuals, with whom the important Syriac families had mixed"* (Sebastien de Courtois, *The Forgotten Genocide*, p. 44.).

[105] *Ibid.*

[106] Weitere Informationen zur assyrischen Einwanderung nach Massachusetts siehe Sargon Donabed, *Remnants of Heroes: The Assyrian Experience*, Assyrian Academic Society, 2003; Sargon und Ninos Donabed, Assyrians of Eastern Massachusetts, Arcadia Publishing, 2006; und Arianne Ishaya, *Assyrian-Americans: A Study in Ethnic Reconstruction and Dissolution in Diaspora* (www.nineveh.com/assyrian-americans.html).

Boston, wo heute noch eine größere Gemeinschaft syrisch-orthodoxen Glaubens lebt. In Worcester befand sich auch die St. Mary's Assyrian Church, die erste Kirche syrischer Tradition in den Vereinigten Staaten, die 1927 erbaut und 1995 nach Shrewsbury verlegt wurde.

Das Erscheinen einer armenischsprachigen Zeitschrift in Massachusetts mit vielen Mitwirkenden deutet darauf hin, dass die armenischsprachige Gemeinschaft in den ersten Jahrzehnten des 20. Jahrhunderts in diesem Gebiet recht groß und gut organisiert war. Die Mehrheit der in Kharput verbliebenen Assyrer wurde während des Völkermords zusammen mit den Armeniern umgebracht.

Die Assyrer in Worcester und Massachusetts im Allgemeinen waren gut gebildete Menschen, die größtenteils in Kharput das amerikanisch geführte Euphrat-College absolvierten. Dort war auch der bekannte Nationaldenker Ashur Yousif als Dozent tätig. In den USA haben sie sich schnell organisiert, so werden bereits 1897 erste Vereinigungen wie die Assyrian Benevolent Association gegründet. Eine herausragende Stellung in dieser Gemeinschaft nimmt Dr. Abraham K. Yoosuf ein. Er ist aktiv in der Bildung von Institutionen beteiligt und wird auch als Abgesandter der Assyrer gemeinsam mit Joel E. Werda zur Pariser Friedenskonferenz in 1919 entsendet.

Am 5. Mai 1917 gründete eine Gruppe von sieben oder acht jungen Intellektuellen die "Assyrian Five Association of Boston", die ihren Namen den fünf Zielen verdankt, die sie verfolgte. Diese Ziele sind in der sechsten Ausgabe von *Babylon*[107] aufgeführt:

-   Brüderlichkeit und Solidarität
-   Verurteilung von Ungerechtigkeit
-   Förderung von Moral und Bildung
-   Keine konfessionelle Diskriminierung
-   Weiterentwicklung der syrischen Literatur

Stempel der Assyrian Five Association

Yuhanna Chatalbash

Im August 1919 gründete diese Organisation die Zeitschrift *Babylon* als ihr offizielles Organ. Der erste Redakteur war offenbar der stellvertretende Vorsitzende der Vereinigung, Yuhanna Chatalbash, der den ersten signierten Artikel in der allerersten Ausgabe verfasste.[108]

---

[107] *Babylon*, Jahrgang 1, Nr. 6, 2.Oktober 1919. Originalartikel in Armenisch.

[108] Eine detaillierte Analyse von fünf Ausgaben führte Arman Akopian durch: *Babylon, an armenian-language Syriac periodical – Some remarks on Milieu, Structure and Language* in Journal of the Canadian Society for Syriac Studies 10 (2010) - Seite 83-98.
Derzeit läuft ein Projekt zur Übersetzung aller armenischen Artikel von *Babylon*. Die Transkription aller Artikel in Garschuni-Osmanisch wurde durch Aydin Aslan vorgenommen.

Im Gegensatz zur gängigen Praxis der Verwendung syrischer Buchstaben für das Arabische und das Türkische (Garschuni) steht Babylon für eine parallele Tradition der Verwendung nicht nur der armenischen Sprache, sondern auch der armenischen Schrift.

Babylon ist nicht nur ein einzigartiges Beispiel für die armenisch-syrische Sprachsymbiose, sondern auch eine einzigartige und bedeutende Quelle für Informationen über das Leben der Assyrer in den Vereinigten Staaten und in der alten Heimat sowie ihre Überlegungen zu den aktuellen politischen Ereignissen im Nahen Osten und in dessen Umgebung. Dieser Aspekt von Babylon erfordert eine gesonderte, gründliche Untersuchung.

Die Hauptsprache von Babylon ist Armenisch, und nur ein sehr geringer Prozentsatz des Inhalts ist in osmanischem Türkisch, in syrischen oder armenischen Schriftzeichen oder in Englisch geschrieben.

Für Babylon sind bisher 54 Ausgaben bekannt, die zwischen dem 7. August 1919 und dem 4. August 1921 herausgegeben wurden. Der Seitenumfang variiert zwischen 6 und 28 Seiten. Die Gesamtzahl der Seiten beläuft sich auf 845. Es ist nicht bekannt, ob nach August 1921 weitere Ausgaben von Babylon herausgebracht wurden.

Babylon ist eine wichtige Quelle zu zwei besonderen Themen in der assyrischen Geschichte des frühen 20. Jahrhunderts: Die Pariser Friedenskonferenz und das Waisenhaus in Adana. In zahlreichen Korrespondenzen werden die Themen durch beteiligte Personen geschildert. Im Armenischen geschieht dies durch Autoren wie Nishan B. Quoyoon, Naum Besharov oder Yuhanna Chatalbash sowie durch reproduzierte Artikel von Ashur Yousif. Die Autoren in Garschuni-Osmanisch und Englisch sind:

- Senharib Balley
- Yuhanon Dolabani
- Hanna Haroun (Direktor des Waisenhauses in Adana)
- Hanna Fawlus (auch Jean Paul genannt, Lehrer am Waisenhaus in Adana)
- Joel E. Werda (bekannter Journalist und Delegierter der Pariser Friedenskonferenz)
- Abraham K. Yoosuf

Senharib Balley hat frühzeitig nach seiner Ankunft Kontakt zu den Assyrern in Massachusetts aufgenommen. Sicherlich existierten Bekanntschaften aus der Heimat, denn Senharib war auch dort aktives Mitglied der Intibah-Bewegung und hatte wahrscheinlich Kontakt zu den Kharput-Assyrern. Anhand der Berichte in *Bethnahrin*, *Huyodo*, *New Assyria* und *Babylon* war Senharib ein gern gesehener Redner an Zusammenkünften in Boston oder Worcester. Ihm verbindet eine starke Freundschaft mit Dr. Abraham K. Yoosuf.

In *Babylon* stoßen wir auf sechs Artikel von Senharib Balley, die in Garschuni-Osmanisch verfasst sind und in diesem Buch als Übersetzung wiedergegeben werden.

ܚܘܝܕܐ

الاتحاد

THE UNION

Official Organ of Assyro-Chaldean National Unity of America

VOL. I. NO. ONE (PUBLISHED WEKLY). NEW YORK, SATURDAY, MAY 28, 1921

ܚܝܠܐ ܐܬܘܪܝܐ
General Agha Petrus of the Assyrian Forces

HUYODO

ܚܘܼܝܵܕܵܐ

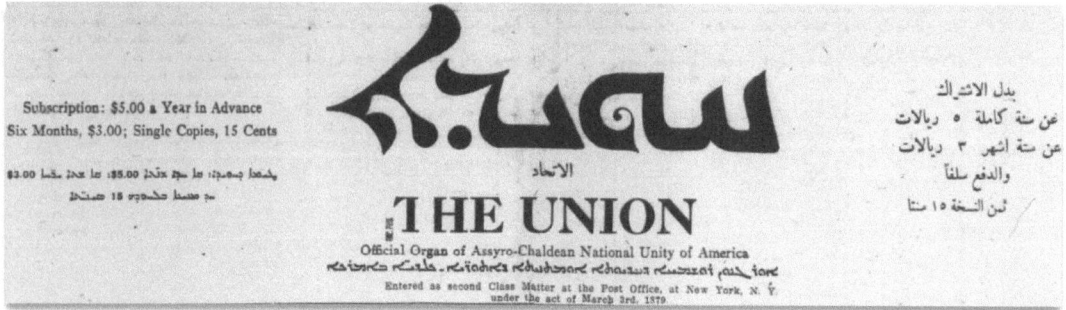

Im Vorfeld der Pariser Friedenskonferenz hatten sich assyrische Vereinigungen in Amerika unter dem Dach der Assyrian National Association zusammengeschlossen. Darin sind auch die Intibah-Vereine aufgegangen. Die Folgeorganisation Assyro-Chaldean National Unity (Shawtofutho Umthonoyto Othuroyto-Kaldoyto) nahm die politische Lobbyarbeit auf und veröffentlichte in diesem Rahmen die Zeitschrift *Huyodo* (*The Union* ܚܘܼܝܵܕܵܐ). Der Präsident dieser Dachorganisation war in 1921 Dr. Abraham K. Yoosuf, einer der assyrischen Delegierten auf der Pariser Friedenskonferenz.

Die erste Ausgabe von *Huyodo* erschien am 28. Mai 1921 in vier Sprachen: Syrisch (in ost-Syrisch bzw. Sureth und Kthobonoyo bzw. klassisches Syrisch), Englisch, Arabisch und Garschuni-Osmanisch.

Huyodo brachte somit die unterschiedlichen assyrischen Gruppen zusammen. Dies spiegelt sich auch in der Besetzung der Redaktion und den Korrespondenten wider. So finden sich in der Redaktion folgende Namen:

- Naum Faiq – Herausgeber
- Samuel A. Jacobs – Stellvertretender Herausgeber
- Charles S. Dartley – Verlagsleiter

Mitwirkende Redakteure waren:

- Senharib Balley (Osmanisch-Türkisch, Garschuni, Arabisch)
- Isaac Babushy Moorhatch (Ostsyrisch, Englisch),
- John Ashjy (Arabisch)
- Joseph J. Durna (Englisch)

Im Dezember 1921[109] wurde bekannt gegeben, dass Paul Shimmon (1871-1958) im Team der Redaktion aufgenommen wurde. Paul Shimmon war der Vertreter des ost-assyrischen Patriarchen Mar Benyamin Shimon und hatte zahlreiche Artikel in diversen amerikanischen Zeitschriften wie New York Times oder Chicago Tribune veröffentlicht.

Naum Faiq gab für diese neue Aufgabe sein Magazin *Bethnahrin* auf. Er wurde wie folgt in *Huyodo* vorgestellt:

---

[109] *Huyodo*, Jahrgang 1, Nr. 24, 3. Dezember 1921.

„Es handelt sich um eine eigenständige Publikation. Stellen Sie sich nicht vor, dass es Bethnahrin ist, weil es zufällig Herrn Naum E. Palakh in der Redaktion gibt. Aber die Union kann und wird die Ideale verbreiten, für die Herr Palakh stand und für die wir jetzt alle stehen".[110]

Huyodo sah sich nicht nur als Fortsetzung von *Bethnahrin*, sondern auch von anderen Magazinen wie *Sawto d Othuroye* von Senharib Balley oder *Raya*[111] von Younan Shahbaz.

Die Zielsetzung von *Huyodo* war es, als Sammelmedium für alle Assyrer zu dienen und insbesondere die politischen Bemühungen an verschiedenen Fronten zu unterstützen.

Huyodo hatte im Vergleich zu *Bethnahrin* eine höhere bzw. bessere Druckqualität. Mit dem Einsatz der Linotype-Technologie wurden für alle Sprachen Druckbuchstaben verwendet. Samuel A Jacob (1891-1971) war hier federführend für die Einführung der syrischen Druckbuchstaben. Er arbeitete für die Mergenthaler Linotype Company und meldete 1919 ein Patent für die Schriftarten an. Er war vorher auch an der Herausgabe des *Assyrian American Courier* von Joel E. Werda beteiligt.

Die Zeitschrift erschien in der Regel im wöchentlichen Rhythmus und hatte einen Umfang von meistens vier Seiten im Format von ca. 40 x 50 cm. Bei neun Ausgaben hatte sie jeweils acht Seiten. Die letzte Ausgabe erschien am 25. März 1922. In der New York Public Library sind 38 der insgesamt 39 erschienen Ausgaben erhalten. Die Ausgabe Nr. 37 vom 1. März 1922 konnte bisher nicht ausfindig gemacht werden. Somit wurden in der kurzen Lebenszeit dieser Zeitschrift etwa 192 Seiten publiziert.

Isaac B. Moorhatch
(1880-1951)

Zur Ausrichtung der Zeitschrift nehmen die Redakteure in der englischen Einleitung Stellung:
„Wir werden uns bemühen, uns vom Gewirr interner Streitigkeiten freizuhalten, der unser Volk ständig in die turbulenten Meere der vernichtenden Kriegsführung stürzt. Wir gehören keiner einzigen Fraktion an und setzen uns für keine Gruppe ein. Wir werden die Rolle eines unparteiischen Beobachters einnehmen und daher fair mit allen Seiten umgehen".[112]

Die erste Ausgabe hat das Bild von Agha Petros[113] auf der Titelseite mit einem Artikel über seine Erfolge für die assyrische Nation. In den Folgeausgaben finden sich regelmäßige Berichte über die Situation der Assyrer im Iran (z. B. von Qasha Awraham Yawre aus Hamadan) oder in Syrien (von Dawud Zaza aus Aleppo).

Die wichtigen Ereignisse um die Betreibung und Schließung des Waisenhauses in Adana sind ebenfalls in zahlreichen Korrespondenzen (darunter vom Leiter Hanna Haroun)

---

[110] *Huyodo*, Jahrgang 1, Nr. 1, 28. Mai 1921.
[111] *Raya* (The Shepherd/Der Hirte) wurde von Yonan H Shahbaz (1870-1936) in New York herausgegeben. Die erste Monatsausgabe ist im August 1919 mit dem Untertitel (A Syriac Journal of current events, character building and Americanizing) erschienen.
[112] Ebenda.
[113] Petros Elia of Baz (1880-1932), assyrischer Militärführer.

dokumentiert. Darüber hinaus sind Berichte über die Kriegsereignisse der Jahre 1914-1918 abgedruckt. Ein Augenzeugenbericht von Tuma Husni Najjar, der in zwei Teilen veröffentlicht wurde, geht auf die Ereignisse von 1914 in Diyarbakir ein und berichtet u. a. über die Ermordung von Bashar Helmi Burujy, dem Herausgeber des Magazins *Shifuro* und ein guter Freund und Unterstützer von Naum Faiq, durch Kurden.

Die Artikel der Redakteure sind in *Huyodo* nicht mit ihren Namen versehen. Daher ist es schwierig, die einzelnen Artikel einer Person zuzuordnen. Lediglich im Falle der Artikel in Syrisch (Kthobonoyo) kann man davon ausgehen, dass sie alle von Naum Faiq stammen. Es sind Gedichte und Artikel vorwiegend zur Einheit der Sprache zu finden. Mit großer Wahrscheinlichkeit hat er auch viele Artikel in Garschuni-Osmanisch und Arabisch geschrieben.

Die Zeitschrift hatte eine kurze Lebensdauer. Nach etwa 10 Monaten wurden sie eingestellt. Naum Faiq nimmt selbst in einen Artikel in *Bethnahrin* aus 1926 Stellung hierzu:

Samuel A Jacobs
(1891-1971)

„Ich habe dieses Angebot angenommen, weil ich sah, dass ihr Projekt und ihre Richtung nahe an meine Vorstellungen liegen und um damit die Leute nicht dazu zu bringen, zu sagen, dass wir gegen öffentliche Projekte sind. Wir haben große Anstrengungen unternommen, um für diese Zeitung zu werben und in unserer Diaspora bekannt zu machen. Die mangelnde Bereitschaft unserer Leute, ihre Nationalzeitungen zu lesen, und ihre mangelnde Bereitschaft, sie zu abonnieren, führten jedoch dazu, dass sie ausgesetzt und die Veröffentlichung eingestellt wurde".[114]

Es ist schwierig alle Artikel von Senharib Balley in *Huyodo* zu identifizieren. In vielen Fällen wurde kein Autor unterhalb von Artikeln (insbesondere bei Garschuni-Osmanisch) angegeben. Da sowohl Naum Faiq als auch Senharib Balley in dieser Sprache schrieben, ist eine direkte Zuordnung nicht möglich. Die in diesem Buch übersetzten Artikel aus *Huyodo* wurden mit dem Namen Senharib Balley signiert.

---

[114] *Bethnahrin*, Jahrgang 6, Nr. 1, 1. November 1926 (arabische Ausgabe). Deutsche Übersetzung in Zeitoune (2022), Seite 304ff.

LICHONO D'OUMTO
JOURNAL ASSYRIEN
BIMENSUEL

Propriétaire
Le Directeur et Redacteur
responsable
IBRAHIM HACKVERDI

Abonnement annuel
Liban - Syrie P. L. S. 20c.
à l'Etranger Dollars 5

S'ADRSSER A. HACKVERDI
Boite Postale N. 805
BEYROUTH

ܠܫܢܐ ܕܐܘܡܬܐ

15 اعدد ارس

Leshono d Umtho Magazin - Jahrgang 2, Nr. 35, 15. Juli 1928

LESHONO D UMTHO
ܠܫܢܐ ܕܐܘܡܬܐ

Die erste Ausgabe der Zeitschrift von *Leshono d Umtho* (Sprache der Nation, ܠܫܢܐ ܘܐܡܬܐ) wurde am 1. Februar 1927 durch Abrohom Haqwerdi (1888-1980) in Osmanisch-Türkisch mit syrischen Buchstaben (Garschuni) herausgegeben.[115]

Abrohom Haqwerdi wurde 1888 in der Stadt Urfa (syr. Urhoy) geboren und erhielt dort seine Schulbildung, wo er die syrische und türkische Sprache erlernte. Im Anschluss daran nahm er eine Ausbildung als Lehrer an, die er nach seinem Militärdienst nach dem Ersten Weltkrieg absolvierte. Mit der der Eröffnung des Waisenhauses in Adana am 19. Januar 1919 wurde Abrohom Haqwerdi als Lehrer und stellvertretenden Direktor des bekannten Schul- und Waisenhauses aufgenommen. Haqwerdi lehrte u. a. Syrisch und Mathematik.

Das bekannte Waisenhaus in Adana hat trotz seiner Kurzlebigkeit (1919-1921) eine wesentliche Rolle in der National- und Kulturbewegung gespielt. In dieser Schule wurden den Schülern neben der syrischen Sprache und Liturgie auch neuentwickelte Nationallieder beigebracht. Hierbei schrieb Abrohom Haqwerdi selbst Liedtexte wie „Kmo ḥalyo motho d Othur"[ܟܡܐ ܚܠܝܐ ܡܬܐ ܕܐܬܘܪ] oder „Shabre d Orom bnayo d Othur" [ܫܒܖܐ ܕܐܖܡ ܒܢܝܐ ܕܐܬܘܪ]. Bereits zu dieser Zeit stand Abrohom Haqwerdi im postalischen Austausch mit Naum Faiq. In den Zeitschriften *Bethnahrin* und *Huyodo* taucht sehr oft sein Name auf.

Nach Schließung des Waisenhauses in Adana in 1921 ließ sich Abrohom Haqwerdi für kurze Zeit in Homs nieder und zog dann weiter nach Beirut. Dort wurde er in 1923 wieder als Lehrer und später Mitglied des Leitungsgremiums sowie als Sekretär und Finanzverwalter im neu entstandenen Waisenhaus tätig. Die ehemaligen Schüler in Adana wie Fawlus Gabriel und Hanna Salman, übernahmen später die Leitung dieser Schule.

---

[115] Wesentliche Informationen stammen aus einer handschriftlichen Biografie, verfasst von Awgin Mnofar Barsoum.

Abrohom Haqwerdi machte sich einen Namen mit seiner Zeitschrift *Leshono d Umtho*. Diese Zeitschrift erschien zunächst alle vierzehn Tage in Garschuni-Osmanisch mit gelegentlichen syrischen Artikeln. In dieser Form wurden mindestens 95 Ausgaben bis Mitte 1933 veröffentlicht.[116]

Ab dem 1. Februar 1930 wurde auch eine arabische Variante dieser Zeitschrift herausgegeben. Bis 1946 wurden über 220 arabische Ausgaben von *Leshono d Umtho* veröffentlicht. Infolge des Zweiten Weltkriegs stiegen die Papier- und Druckkosten, und die Abonnenten waren nicht mehr in der Lage, ihre Abonnements pünktlich zu bezahlen. Nach achtzehn Jahren stellte *Leshono d Umtho* sein Erscheinen ein.
Abrohom Haqwerdi oder Yab Aloho, wie er auch genannt wurde, starb am 6. März 1980 im Alter von 92 Jahren in Beirut.

Die Zeitschrift *Leshono d Umtho* deckt in ihrer Publikationszeit insbesondere die Entwicklung des Schul- und Waisenhauses in Beirut ab, das in 1923 eröffnet wurde. Einige Ausgaben im April und Mai 1930 sind dem verstorbenen Naum Faiq gewidmet. Es sind Nachrufe und Gedichte von zahlreichen Intellektuellen abgedruckt.
Es finden sich regelmäßige Artikel und Berichte von Autoren aus den USA, Indien, Irak und Syrien. Hierzu zählen u. a. Mönch Yuhanon Dolabani, Naum Faiq, Fawlus Gabriel, Pfarrer Fawlus Samuel oder Senharib Balley.

Unter den Namen Senharib Balley konnten vier Artikel und ein Gedicht (Asuri Destani) in *Leshono d Umtho* gefunden werden, die hier aus dem Garschuni-Osmanischen ins Deutsche übersetzt wurden.

Kopf der arabischen Ausgabe von *Leshono d Umtho*, Jahrgang 18, Nr. 221, 20. März 1946

---

[116] Heute liegen 85 dieser Ausgaben in digitaler Form vor.

الجامعة السّريانية

مجلة أدبية تاريخية اجتماعية شهرية

يصدرها في بوينس ايرس عاصمة الجمهورية الفضية

CENTRO AFREMICO ASIRIO
النادي الافرامي السرياني

جميع المراسلات يجب ان تعنون باسم النادي

شارع سوكري رقم ٤٢٧١ - بوينس ايرس

الجمهورية الفضية

ASIRIA

ܣܘܪܝܝܬܐ ܗܕܢܝܘܬܐ

Die Zeitschrift *Asiria*[117] von Farid Nuzha (1894-1969) gilt als eine der langlebigsten assyrischen Magazine. Insgesamt 204 Ausgaben wurden in 28 Jahrgängen zwischen 1934 und 1969 herausgegeben.

Die Familie des Herausgebers stammt ursprünglich aus Kharput und siedelte sich 1760 in Hama nieder. Dort wurde Farid Nuzha am 10. Januar 1894 geboren. In der Grundschule um ca. 1911 war u. a. der damals bekannte Nassif Hanna Qermi[118] aus Mardin sein Lehrer. Er verließ Hama am 23. Juli 1912 und kam in Buenos Aires/Argentinien am 30. August 1912 an. Im Jahr 1920 heiratete er seine erste Frau Amelia (1905-1950), mit italienischen Wurzeln. Bis 1932 lebte er in der Stadt Santiago del Estero im Nordwesten Argentiniens und zog dann nach Buenos Aires. Bereits im Jahr 1916 ist sein Name in einigen Ausgaben von Naum Faiqs Magazin *Bethnahrin* anzutreffen.

Die Gründung der St. Afrem Vereinigung (Centro Afremico Asirio) wurde am 1. August 1934 durch Farid Nuzha und sein Freund Semaan Fahim (ursprünglich aus Urfa) vollzogen. Der vordergründige Zweck dieses Vereins war die Herausgabe einer Zeitschrift. Dies erfolgte mit der *Asiria* bereits ein Monat später im September 1934.

In der ersten Ausgabe vom 1. September 1934 werden fünf Gründe für die Herausgabe der Zeitschrift aufgeführt:

1. Die Zunahme der assyrischen Bevölkerung in Argentinien mit entsprechender Zunahme an Intellektuelle sowie kirchliche und kulturelle Organisationen.
2. Fehlen eines Organs (Zeitschrift), das die Angelegenheiten der Gemeinschaft behandelt und die Menschen vernetzt.
3. Der unglückliche Zustand der Nation, der durch beschämenden Rückschritt und Ignoranz gekennzeichnet war.

---

[117] *Hdonoyutho Suryoyto*, الجامعة السريانية / ܣܘܪܝܝܬܐ ܗܕܢܝܘܬܐ (Assyrische Einheit oder Liga).

[118] Nassif Qermi hat zahlreiche Artikel für *Kawkab Madenho* und *Intibah* geschrieben.

4. Die Auseinandersetzung mit der ruhmreichen Geschichte der Assyrer und ihre Verdienste in der Welt.
5. Die Zeitschrift als Sprachrohr der im gleichen Jahr gegründeten St. Afrem Vereinigung sollte die syrische Sprache den Mitgliedern näherbringen und diese fördern, damit sie wiederbelebt wird.

Farid Nuzha forderte in seinen Beiträgen immer wieder Reformen in der Kirche. Wegen seiner kritischen Artikeln insbesondere gegenüber der Kirchenführung wird Nuzha in 1940 durch Patriarch Afrem Barsoum exkommuniziert. Dieser Ban bleibt bestehen, bis sein Nachfolger Patriarch Yacoub III ihn bei einem Besuch im Haus von Farid am 2. Juli 1958 in Argentinien aufhebt. Diese Exkommunikation hatte auch zur Folge, dass der Patriarch die Verteilung von *Asiria* in den Libanon und Syrien verbieten ließ.

Die Zeitspanne der Herausgabe und die hohe Anzahl an Korrespondenten aus dem Nahen Osten, aber auch aus den USA wird in *Asiria* ausführlich dokumentiert. Senharib Balley wird erst im Jahr 1937 auf Asiria durch seinen Freund Ibrahim Kurkjy aufmerksam.[119] Es entwickelt sich eine Freundschaft zwischen ihm und Farid und er wird der offizielle Vertreter von *Asiria* in den USA.

Mit der Zeit bildet sich Farid ein Netzwerk von Korrespondenten in Qamishly, Midyat, Mardin, Aleppo, Beirut bis hin zu Sao Paulo in Brasilien. Somit wird *Asiria* zum Sammelbecken der intellektuellen Schicht der 1940/50er. Das vorwiegend auf Arabisch publizierte Magazin beinhaltete auch unzählige syrische Artikel und Gedichte. Bekannte Autoren in *Asiria* waren Mor Yuhanon Dolabani, Yuhanon Qashisho, Hanna Abdalke oder Abrohom Gabriel Sawme.
In seiner Presse hat Farid Nuzha neben seiner Zeitung und sein Lehrbuch „*Leshono Oromoyo*" (1952) auch Bücher anderer Autoren wie von Hanna Abdalke (*Qolo Suryoyo*, 1951) und Abrohom Gabriel Sawme (*Mardutho d Suryoye*, 1967) gedruckt und vertrieben.

Nach einer Unterbrechung von April 1961 bis April 1968 nahm er die Herausgabe seiner Zeitschrift wieder auf. Die letzte Ausgabe erschien kurz vor seinem Tod im Oktober 1969 im August des gleichen Jahres.
Die Artikel von Senharib Balley in *Asiria* behandeln die assyrische Reformbewegung und oft sind es Antworten auf seine Zeitgenossen wie Hanna Abdalke oder Asmar Khoury, die zuvor selbst Beiträge in *Asiria* veröffentlichten.

Farid Elias Nuzha
(1894-1969)

[119] Siehe hierzu sein erstes Artikel in *Asiria* auf Seite 247ff.

Die Stimme des Erwachens (Intibah)[120]

An den geschätzten Said Efendi, einem Intellektuellen und einer herausragenden Persönlichkeit der Erweckungsbewegung, und an die geschätzte Intibah (Erweckungs-) Gesellschaft.

Nach meinem aufrichtigen Gruß möchte ich mich nach Ihrem Wohlbefinden als eine vorausschauende Persönlichkeit erkundigen. Falls Sie nach meinem Wohlergehen fragen, möchte ich Dankbarkeit für meine Gesundheit zum Ausdruck bringen. Und auch mein geistiger Zustand verleiht mir Glück, sodass ich Gott für den Erfolg, den unsere Gesellschaft Tag für Tag hat, danke. Aus Ihrem sehr segensreichen Bericht vom 31. Juli 1909[121] habe ich erfahren, dass auch Ihre Empfindungen meinen Gedanken in Zufriedenheit entsprechen, wofür ich in Dankbarkeit zu unserem Herrn bete.

Auch Ihr nachfolgender Bericht vom 12. August 1909[122] war voller Glückwünsche und er erfüllte mich mit Freude, so als ob ich in den Gewässern des Glücks schwimmen würde. Denn die Vorhänge der Unwissenheit, die dicker sind als die der Unterdrückung, haben unser Volk längst umgeben und die Assyrer[123] verschlungen. So sind inzwischen auch die soliden Säulen unseres Volkes und wichtigen Organe unserer Gesellschaft in Siverek, Bucak, Gerger und Shiro[124] von einem dunklen Schleier umhüllt worden.

Während das strahlende Licht der prächtigen und großartigen Klöster von Gerger, die in der christlichen Welt und in der gesamten Zivilisation Berühmtheit erlangt hatten, erloschen war, habt Ihr diese grauenhafte Situation durch heroische Initiativen in einen Aufbruch verwandelt. Und indem Ihr die Festungen der Nachlässigkeit, die seit Jahrhunderten dort vorherrschten, niedergerissen habt, habt Ihr die Fahne des Aufbruchs in Siverek tapfer hochgehalten. Und nun geht die Sonne am Horizont des Konstitutionalismus (Meşrutiyet) als neuer politischer Ordnung auf und kann sogar auf den hohen Gipfeln der Berge von Gerger, Bucak und Shiro beobachtet werden. So wird mit Gottes Erlaubnis keine Spur von dieser Nachlässigkeit und ihrer alten Unterdrückung mehr übrig bleiben.

Oh, welch große Freude! Diese Freude ist in der Tat noch größer als die des "verlorenen Sohnes", der in sein reiches Elternhaus zurückkehrt. Schließlich fehlen mir die Worte, um den Nutzen Eurer bedeutenden Initiative oder die Beherbergung unserer Brüder in Siverek unter diesem edlen Namen (der Intibah-Gesellschaft) zu loben, zu preisen und zu feiern. Dennoch sollten Sie sich von der Spaltung fernhalten, bereits so, wie Sie es jetzt schon tun, und Ihre Initiative auf dem Fundament gründen, das Sie errichtet haben, um es auf einen soliden moralischen Felsen zu stellen. Der Grund, warum der von den Jungtürken errichtete

---

[120] *Murshid Athuriyun*, Jahrgang 1, Nr. 10, Oktober 1909. Originalartikel in Garschuni-Osmanisch *'Întibâh Sedâsı'*.

[121] Im Original wurde das osmanische Datum 18. Juli 1325 verwendet. Diese Jahreszahl basiert auf dem sog. Rumi-Kalender. Der Rumi-Kalender (türkisch Rumi Takvim ‚römischer Kalender') ist ein auf dem julianischen Kalender basierender, mit der Hidschra, der Auswanderung Mohammeds von Mekka nach Medina im Jahr 622, beginnender Solarkalender. Zur Umwandlung in den gregorianischen Kalender sind 584 Jahre und 12 oder 13 Tage hinzuzurechnen (https://kalender-365.de/kalender-umrechnen.php).

[122] Im Original 30. Juli 1325.

[123] Im Original „*Asuriler*".

[124] Eine Ortschaft in der Nähe der Stadt Pütürge bei Malatya. Die assyrischen Bewohner von Shiro wurden von den Kurden während des Genozid 1915 getötet bzw. im Euphrat ertränkt. Siehe Zeitoune (2022), Seite 183.

Konstitutionalismus auf Rückständigkeit gestoßen und in seinem ersten Versuch kläglich gescheitert ist, beruht auf keiner anderen Tatsache, dass er nicht auf Liebe und Einigkeit fußte.

Liebe Brüder, da wir uns unter diesem edlen Namen [der Intibah] versammelt haben, müssen wir auch seine Waffen tragen, um unseren Feind zu besiegen. Das heißt, lasst uns gegen Unwissenheit und Nachlässigkeit aufstehen, damit wir sowohl geistig als auch weltlich gedeihen können.

Ob durch Unwissenheit oder durch Erwachen, diese beiden weltlichen Prinzipien führen die Länder, Staaten oder Nationen, die je nachdem, was sie für sich auswählen, entweder zum Leben oder ins Verderben. Weil wir fünf- oder sechshundert Jahre lang von der Herrschaft der Nachlässigkeit besiegt und gleichzeitig von ihr versklavt wurden, ist unsere frühere Macht, unsere Ehre, unser Reichtum und unsere überwältigende Stärke, die die ganze Welt einstmals in Erstaunen versetzt hat, völlig entwurzelt und zerstört worden. Wir sind als Volk zu Gefangenen und Sklaven durch die Herrschaft über unsere Nachlässigkeit verkommen, sodass kein Einzelner unter uns auch nur zu sagen wagt: *"Ich bin ein Assyrer"* oder *"Es existieren Assyrer auf der Erde"*.

Oh, was für ein erbärmlicher Zustand! Gibt es irgendeine Macht auf der Welt, die gegen die Macht der Fahrlässigkeit angehen könnte? Oder was sind die Gründe, die uns in die Hände dieses Ungeheuers geführt haben? Ja, es gibt tatsächlich nur eine Macht gegen sie: die Macht des Erwachens bildet ihre eigene Herrschaft. Das heißt, die Barbarei und die Nachlässigkeit, die einst weite Teile Amerikas und Europas umhüllten, hatten ihre Völker noch stärker in die Versklavung geführt, als wir es waren. Und zwar so sehr, dass sie den Kannibalismus zu einem Brauch in ihren Zivilisationen eingeführt haben. Dabei wussten sie nicht einmal, dass ein "Schöpfer des Himmels und der Erde" existiert, während sie heute, dank des Erwachens, selbst das tagelange Fliegen in der Luft für unzureichend halten.

Welch ein Glück das doch ist! Lasst uns sofort seine siegreichen Waffen tragen. Die Waffen der Nachlässigkeit sind: Unwissenheit, Brutalität, Eifersucht, Armut, persönlicher Stolz, Korruption, Groll, Faulheit, übermäßige Nachsicht, Vandalismus, Rücksichtslosigkeit und Gier. Die Waffen des Erwachens sind: Wissenschaft, Zivilisation, Liebe, Demut, Freundlichkeit, gegenseitiges Verständnis, Versöhnung, Vergebung, unermüdlicher Einsatz, Anstand, Zufriedenheit, Großzügigkeit und Philanthropie.

Liebe Brüder, da dies aktuell der Fall ist, lasst uns die Erweckung als Symbol für unser Erwachen verkörpern, ohne dabei einen einzigen Moment zu verschwenden. Auf dass diejenigen, die uns aus der Ferne beobachten, uns beneiden mögen.
Kehren wir zu unseren alten Ursprüngen zurück. Wenn wir nach dem Ursprung des Erwachens suchen, finden wir diesen in der Geschichte der alten Assyrer[125]. Aber in diesem modernen Zeitalter der Zivilisation ist es nicht akzeptabel, die alte Geschichte nur zu lesen und zu kennen. Denn die alte Geschichte informiert uns nur über vergangene Ereignisse, aber ein wirklich erleuchteter Mensch liest heute die Geschichte der Zukunft und setzt sie vom Wort auch in die Tat um. Wir müssen in der Lage sein, die Geschehnisse, die auf den glorreichen Seiten unserer alten Geschichte stehen, auch in der Zukunft zu wiederholen. Denn unsere Zeit ist eine Zeit der Zivilisation.

---

[125] *kadim Asurilerin.*

Wann hat man je beobachtet, dass die Erfolge der Vergangenheit sich automatisch auch auf die zukünftigen Erfolge übertragen lassen? Was wird geschehen, wenn man sich nicht mehr daran erinnert? Was wird sich ändern, wenn sie nicht gesehen werden? Alle Völker wandten ihren Blick von die Vergangenheit ab, um aus ihr zu lernen und sich auf die Zukunft zu konzentrieren, indem sie sich voller Hingabe und Kraft ihren zukünftigen Taten widmen. Aber wir hingegen sind in der Vergangenheit verharrt, so als ob uns eine Hand am Vorwärtsgehen festhält und uns davon mit aller Macht abhält. Lasst uns darüber nachdenken und nur das Positive umsetzen, anstatt jenes zu suchen, was wir ausschließlich aus der Vergangenheit kennen! So begeben wir uns auf die Suche nach einem Leben, das wir bereits gänzlich verloren haben.

Wie auch immer, es ist schade um unsere Ehre und unseren Ruhm aus vergangenen Zeiten. Unser Schwelgen in Gedanken über unsere berühmte historische Stellung in der Vergangenheit ist wie ein Spiel mit dem Schatten. Mit Stolz auf unsere alten Gelehrten zu blicken, wäre so, als würden wir von einem unfruchtbaren Baum Früchte erwarten. Wenn wir ihre Gräber aufsuchen, werden wir nichts als verweste Knochen vorfinden, die längst in Staub und Asche verwandelt wurden. Wir werden dann erkennen, dass wir mit einer lauthalsigen Prahlerei über die Vergangenheit nicht einmal ihre Gräber und ihren Boden für uns beanspruchen können. Andernfalls wäre das Grab des heiligen Ephrem, auf den wir so stolz sind, heute nicht bei den Armeniern in Urfa geblieben, und die Erde und die Gräber vieler anderer wären für uns heute nicht unbekannt. Es gibt ein bekanntes Sprichwort, das schon oft geäußert wurde: "Sich mit einem Grabstein zu rühmen, ist nicht angemessen." Dieser berühmte Spruch ist auf uns zu übertragen.

Wenn wir ehrbare Menschen sein wollen, sollten wir versuchen, wieder neue Generationen von ehrenhaften Menschen heranzuziehen! Versuchen wir also, diese Ehren und diese Tugenden für uns und unsere Kinder zu erlangen. Über die bewunderten Bücher unserer Vorfahren zu lamentieren und zu weinen, ist nichts anderes als Zeitverschwendung. Als Folge dieser Zeitverschwendung sind heute von diesen wertvollen Büchern nur noch ein paar armselige und zerfledderte Papiere übrig geblieben, die mit schimmeligen Linien geschwärzt wurden.
Besäßen wir von Anfang an die Möglichkeit, die wir der Wissenschaft und dem Wissen gewidmet hätten, anstatt unser Bewusstsein nur an die Vergangenheit zu knüpfen, dann hätten wir weit wertvolle Bücher als diese hervorgebracht. Und lasst sie diese jetzt hervorbringen, damit unsere Vorfahren auf die von ihren Enkeln in dieser vergänglichen Welt erreichten Höhen blicken und über unseren Zustand der Vollkommenheit staunen können. Denken wir einen Moment lang nach: Je mehr wir uns rühmen und unsere Zeit vergeuden gleichsam wie diejenigen, die sich in einem Schuldensumpf abmühen, desto mehr schmälern wir unsere Ehre und unseren Wert.

Wir hören in der Heiligen Bibel im Aufruf unseres Vaters Abraham an die Reichen, dass niemand aus dem Jenseits ins Leben zurückkehren wird. Hätte Gott, der Vater, den heiligen Ephrem, den heiligen Jakob, Bar Hebraeus, Bar Salibi, Tell-Mahre und viele andere zurückgeschickt, dann hätten die Assyrer vielleicht zu ihrem alten Ruhm zurückkehren können. Sie hätten ihre Zeit nicht mit vergeblichen Sehnsüchten vergeudet. Betrachten wir den Tod von Platon, Sokrates, Aristoteles und vielen anderen griechischen Philosophen im alten Griechenland und das Fehlen ihrer berühmten Werke nicht als Fortschritt, der die Weiterentwicklung der heutigen Griechen in irgendeiner Form nicht behindert hätte.

Der Tod des berühmten Napoleon I. hat hingegen den Aufstieg des heutigen Frankreichs nicht beeinträchtigt. Der Verlust des berühmten und hingebungsvollen George Washington hat die Amerikaner nicht daran gehindert, den Gipfel aller heutigen Wissenschaften zu erreichen. Der Tod vieler anderer berühmter Persönlichkeiten stellte für die Völker, zu denen sie gehörten, kein Hindernis dar, sondern spornte sie nur an, sich zu bemühen, sie zu übertreffen.

Lasst uns nicht in der Sehnsucht nach der Vergangenheit schwelgen, lasst uns nicht beschämt werden und lasst uns nicht mutlos werden, wenn wir auf unsere gegenwärtige Situation blicken. Wenn wir die Vergangenheit durch unsere Taten in die Gegenwart oder in die Zukunft übertragen, haben wir es verdient, uns zu rühmen, so viel wir wollen, anstatt vergeblich mit der Vergangenheit zu prahlen. Warum sollten wir es nicht verdienen; denn dann wird die Seele nicht durch unseren Ruhm, sondern durch unsere Ideen wachsen, ewig bestehen, die Kontrolle übernehmen und dem Körper unserer Gesellschaft (Intibah) neues Leben schenken.

Timotheos Fawlus
(1837-1914)

Liebe geschätzte Brüder, in diesem Zeitalter des Fortschritts können Kinder, die ihre Väter nicht in Erstaunen versetzen, keineswegs einfordern, mit Anerkennung überhäuft zu werden, geschweige denn mit Wohlwollen. Wenn dies der Fall ist, lasst uns den Blick nach vorne richten, ohne an die Vergangenheit zu denken, und lassen wir uns nicht von der vermeintlichen Führung einiger falscher Propheten täuschen, denen wir auf dem Weg begegnen. Solche Menschen zeichnen sich dadurch aus, dass sie entweder die Menschen aus reinem Gewinnstreben zum Handkuss bringen oder der unglücklichen Gemeinde ein falsches Gefühl der Süße vermitteln, während sie für ihren persönlichen Gewinn der Gemeinschaft Bitterkeit hinterlassen und uns hinters Licht führen. Genau wie Juda, der seinen Rabbi für dreißig Silberstücke verkauft hat, haben heute der Verräter Izqof [Bischof] Fawlus[126] und seine abscheulichen Folterknechte (und Einpeitscher) die Nation für ihr eigenes Wohlbefinden, ihr Vermögen, ihre Villen, Herrenhäuser, Orden und Titel eingetauscht und sie an die dunkle Unwissenheit verkauft.

Nun Brüder, lasst uns unser Leben und unsere Existenz mit völliger Großzügigkeit für die Liebe und für die Schulen opfern, die die Eckpfeiler der Erweckung sind, und dann lasst uns durch dieses Opfer sowohl das Diesseits als auch das Jenseits für uns gewinnen.

Schließlich mögen die Barmherzigkeit unseres Herrn Jesus und die Erweckung und Anstrengung des Heiligen Geistes uns in allen Angelegenheiten für immer fest und entschlossen machen. Meine Herren, abschließend wünsche ich Ihnen unter Beteiligung unserer heiligen Gesellschaft allen Erfolg und alles Gute in Ihren Bemühungen vom allmächtigen Herrn.

17 August [1]325[127]   Nach dem Original, aus Diyarbakir,
                                         Präsident der Intibah-Gesellschaft
                                         Senharib Balley

---

[126] Timotheos Fawlus war der Stellvertreter des Patriarchen in Istanbul.

[127] Entspricht dem 30. August 1909 nach gregorianischem Kalender.

Offener Brief[128]

An meinen lieben patriotischen Bruder Abdulnur Jour[129] Efendi in Worcester,

am 20. Dezember 1914 erhielt ich Ihren schönen Brief. Sie schlugen darin vor, dass wir im Namen unseres *assyrischen* Volkes eine Druckerpresse anschaffen, den Lehrer Naum [Faiq] Efendi nach Worcester holen und mit dessen Hilfe eine Wochenzeitung herausgeben. Allerdings müssten wir zunächst für ein Gehalt von acht oder neun Dollar pro Woche für den Lehrer Naum aufkommen.

Lieber Landsmann, dieser schöne Vorschlag von Ihnen ist eine bewundernswerte Idee. Aber es ist in der Tat überraschend, dass Sie unseren sozialen Charakter vergessen und uns mit ein paar Worten zu Besitzern einer Wochenzeitung machen wollen. Denn während es bei uns Menschen wie Ashur [Yousif], Jabbour [Boyajy][130] oder einen wie Lehrer Naum [Faiq], Menschen mit akademischer und geistlicher Bildung und sogar eine Nationalversammlung gibt, gibt es auch diejenigen, die bereit sind, ihr eigenes Haus in Brand zu stecken, ohne dabei an die Konsequenzen zu denken. Sie sind überdies in der Lage, ihre Nation aus Egoismus und aus Sturheit heraus auf den Kopf zu stellen. Tatsächlich hörte ich von einem Freund, dass während eines Treffens der Bostoner Mar Yakup Vereinigung einige Leute mit den Füßen aufstampften und sagten: *"Wenn wir Jabbours Druckerei nicht unterstützen, dann werden wir diesen Verein auflösen."* Ein anderer sagte hingegen: *"Das Geld der Gesellschaft darf niemals angetastet werden. Wer jedoch eine Druckerpresse für Jabbour kaufen will, sollte tief in die Tasche greifen und statt einer fünf Maschinen kaufen."* Aber wie kann man sich schließlich in dieser Zeit der Gegensätzlichkeit auf einen gemeinsamen Nenner einigen, um eine Druckerpresse zu erwerben und erfolgreich eine Wochenzeitung herauszugeben?

Oder haben Sie etwa die unnötigen Zwistigkeiten vor fünf Jahren vergessen, als Assyrer der Zeitung *Murshid Athuriyun*[131] und ihrem Herausgeber nach einem Aufruf finanzielle Unterstützung zukommen lassen wollten? Damals wurde von denjenigen, die Neid und Missgunst empfanden, die Unterstützungsmaßnahme für die Zeitschrift sabotiert, mit dem Vorwand der konfessionellen Unterschiede [Ashur war ja Protestant].

Meine Worte sollen nicht derart interpretiert werden, dass eine Druckerpresse für uns niemals notwendig sei. Eine oder zwei Zeitschriften sind für ein Volk unabdingbar. Aber wir sollten uns bemühen, erst eine Druckerpresse zu erwerben, nachdem wir unsere wichtigsten und notwendigsten Bedürfnisse und Mängel behoben haben, die noch vor der Druckerpresse kommen.

Zuallererst müssen wir ein Kirchengebäude und einen Pfarrer für Worcester finden, denn wir haben weder Kirche noch Pfarrer und unsere Taufen, Sterbefälle und Eheschließungen werden meist von fremden Geistlichen durchgeführt. Die Menschen vergessen dadurch nicht nur ihre Traditionen und ihren Glauben, sondern fließt unser Geld auch an Fremde ab.

---

[128] *Sawto d Othuroye*, Jahrgang 2, Nr. 13, Februar 1915. Originalartikel in Garschuni-Osmanisch *"Açık mektup"*.

[129] Senharib schrieb in 1945 ein Nachruf in *Asiria* (Jahrgang 11, Nr. 2, Februar 1945).

[130] Gabriel „Jabbour" Boyajy (1879-1969) war Weggefährte von Naum Faiq und Herausgeber der Zeitschrift *Intibah* von 1909 bis 1915.

[131] Dies war die Zeitschrift von Ashur Yousif (1858-1915), die er in Kharput von 1909 bis zu seiner Ermordung 1915 herausbrachte.

Da unser Volk arm ist, kann es bekanntlich nicht die Gehälter von zwei oder drei Verantwortlichen zahlen. Aber wenn wir einen geeigneten Geistlichen haben, würde er sowohl unsere nationalen als auch unsere religiösen Angelegenheiten gleichzeitig erledigen. Denn der Priester wird nicht jeden Tag Gebete und Gottesdienste abhalten. Einmal in der Woche führt er einen Gottesdienst durch, an anderen Tagen bildet er das Volk und die Jugend in unseren nationalen Werten und predigt ihnen Einheit und Solidarität. Dabei wird er die Notwendigkeit von Schulen, Büchern und Zeitungen ansprechen und bei Bedarf wird er für solche Projekte sogar Spenden sammeln.

Auf diese Weise können wir eine Menge Arbeit aus einer Hand erledigen. Denn die Gemeinde wird kaum auf Dich oder mich hören, aber sie wird vorwiegend auf die Worte eines Geistlichen hören. Seien wir uns sicher, dass wir zuallererst versuchen müssen, uns auf eine gemeinsame Vorgehensweise zu einigen, sonst werden wir nichts erreichen, und selbst wenn wir es tun, werden wir keine Ergebnisse erzielen können.

Leominster   **Sarkis Keshishoglu** aus Shiro

Eine ausführliche Kritik von Sawto d Othuroye

Um unsere nationale Existenz wie ein zivilisiertes Volk zu schützen und zu entwickeln, benötigen wir zuerst eine Schule, eine Druckerei mit modernem Equipment und eine Zeitung, die die Rolle der Stimme und des Ohres für eine Nation einnimmt und die über die Entwicklungen der Nation berichtet. Indem wir dieses notwendige Bedürfnis ignorieren, kann ich Ihre Aussagen über unseren Umgang mit Kirchen- und Priesterangelegenheiten nur mit denen eines Mannes vergleichen, der mangels Matratzen in seinem Haus auf blanker Erde haust, der aber tatsächlich darüber denkt, sich einen Bartisch und einen Spiegel für sein Haus anzuschaffen, oder lieber barfuß läuft, anstatt seinen aufgerissenen Schuh zum Schuhmacher zu bringen, jedoch aus falschem Stolz einen herrschaftlichen Hut auf seinen Kopf aufsetzt.

Vor zwei Ausgaben habe ich darübergeschrieben, wo der Grundstein der Kirche von Antiochien von unseren frommen Vätern dank ihrer Mühe und Anstrengung gesetzt wurde. Unsere Väter und Vorfahren, die einzig daran dachten, das Christentum durch Kirchenbau jenseits der bekannten Grenzen auszudehnen und demnach auf jeden Berg und Hügel ein Kloster zu errichten, waren nicht imstande, Schulen zu bauen. Sie bewahrten diese Kirchengebäude für immer und vermachten sie den Söhnen der Kirche von Antiochien. Sie schrieben Hunderttausende kirchlicher Katechismen oder Gebetbücher, aber sie dachten nicht daran, die Geschichte ihres Volkes niederzuschreiben, die den Geist der Nation hätte erwecken können; auch nicht einige wissenschaftliche Bücher, die Brot liefern würden. Im Gegenteil, anstatt das Volk auf Handwerk und Handel auszurichten, lockten sie Kaufleute und Handwerker in die Klöster.

Weil sie nicht daran dachten, wurden bald die meisten Kirchen zerstört und einige von ihnen in Moscheen umgewandelt. Auch die Söhne der Kirche fielen den Schwertern der Araber und Perser zum Opfer. Die wenigen Verbliebenen wurden von anderen Völkern versklavt.

Die Forderungen nach Kirch und Pfarrer sind konfessionelle Erwägungen. Das hat wenig mit Nationalität zu tun, und selbst wenn, dann haben Schule und Presse höchste Priorität.

Abu Bakr, einer der ersten Kalifen, der dem Christentum besonders feindlich gesinnt war, dachte, er könne das Christentum zerstören, indem er die Kirchen der Christen niederbrannte. Einer seiner Freunde riet ihm mit den Worten, „Oh Führer der Muslime, wenn Du ihre Schulen schließt, werden auch ihre Kirchen von selbst einstürzen."

Die Geschichte zeigt uns an tausend Stellen, dass die Völker, die denken, ihre Existenz schützen zu können, indem sie sich auf die Kirche und ihre Priester verlassen, schnell von der Gemeinschaft der Völker verschwinden und Opfer der Geschichte werden. Als Spanien unter der Herrschaft muslimischer Araber stand, gab es allein in der Stadt Córdoba 1.600 Moscheen[132]. Aber diese Moscheen wurden ganz nach dem Modell unserer Kirchen ohne eine Schule erbaut. Da es keine Schulen gab, lagen einige dieser Moscheen bald in Trümmern, während einige in Kirchen umgewandelt wurden, dadurch verloren sie den gesamten spanischen Kontinent.

Wo ist der Tempel mit seinen mit Gold und Silber überzogenen Säulen, den Salomo für die Juden erbauen ließ? Wo sind die Hunderttausende von Priestern und Leviten, die in diesem Tempel dienten? Denn keiner von ihnen war in der Lage, Judäa vor der jahrelangen Besetzung durch die Assyrer und Römer zu retten.

Wo ist die berühmte Kirche Hagia Sophia, die der griechische Kaiser Konstantin in Konstantinopel (Istanbul), der Stadt, die er erbaute, errichten ließ? Wo sind die Tausende von Priestern und Geistlichen, die dort waren? Wenn die Hälfte des enormen Geldes, das für diese Bauwerke ausgegeben wurde, für Schulen ausgegeben worden wäre, um das Denken der Griechen lebendig und dauerhaft zu erhalten, wäre Istanbul heute wahrscheinlich nicht in den Händen der Türken, noch wäre die Hagia Sophia Kirche in eine Moschee umgewandelt worden.

Werfen wir ein Blick auf unsere eigenen Kirchen. Wo ist heute die Kirche von Mor Petrus-Paulus in Antakya mit ihrer grenzenlos interessanten Struktur, und die Kirchen von Mor Habib, Mor Jerjis [St. Georg] und des Patriarchen Mor Barsoum? Wo ist unsere berühmte Bibliothek und Kirche in Sis (Adana-Kozan), wo sich Bar Hebraeus[133] als Maphrian[134] aufhielt?

Wo sind die vielen Kirchen in Marash[135] und Umgebung, wo einst der bedeutende Dionysos Bar Salibi[136] diese große Diözese verwaltete? Wo sind die *Assyrer* von Gerger[137]? Wo sind die Klöster Mor Abhay in Gerger und Mor Barsoum in Shiro? Einst waren sie die führend unter den syrischen Kirchen.

---

[132] Diese Angabe wurde vom Originalartikel übernommen und konnte durch uns nicht verifiziert werden.

[133] Gregorius Bar Hebraeus (1226-1286) war ein Universalgelehrter und 1264–1286 Maphrian des Ostens der Syrisch-Orthodoxen Kirche.

[134] In der syrischen Kirche, in Gegenden, die weit vom Patriarchat entfernt sind, ein autorisierter Kleriker (Maphrian), der die patriarchale Autorität hat und Metropoliten und Kleriker auf allen Ebenen weihen und ernennen kann.

[135] Heute Kahramanmaraş; eine Stadt nördlich von Gaziantep.

[136] Dionysios (Yacoub) Bar Salibi (gest. 1171) war ein syrisch-orthodoxer Theologe und Bischof.

[137] Gerger ist ein Bezirk in der Provinz Adıyaman.

Wo sind unsere Klöster, die auf Schritt und Tritt in Malatya aufgereiht waren? Denn hier wurden berühmte Männer wie Zechariah Rhetor[138] [Zkharyo Mlilo رحزبر محلللا] und Michael der Große [Michoel Rabo] und Bar Hebraeus geboren. Ich wanderte drei Monate lang durch das Innere und Äußere von Malatya, sah die Ruinen von Klöstern wie Mor Osyo und Mor Emsih, die immer noch den syrischen Namen tragen, aber ich stieß nicht auf einen einheimischen *Assyrer*. Ich sah einen Zinnmacher namens Barsoum, als ich ihn fragte, welche Nationalität er habe, sagte er: *„Ich bin Armenier"*. „Ich fragte, warum sein Name Barsoum sei, und ich bekam die Antwort: *„Man sagt, mein Großvater sei Assyrer und sein Name sei Barsoum gewesen."*

Nun, Sarkis Effendi, ja, wäre es möglich, ein Abbild meines Herzens zu zeichnen, würden Sie leicht verstehen, in welcher Lage es sich befindet.

Ich sah auch die erstaunliche Ruine der berühmten Kirche von Mor Marutha in Miyafarkin[139], wo selbst die heutigen Staaten nicht in der Lage wären, ein Gebäude dieser Größe zu errichten, dessen Säulen aus rotem Marmor immer noch Gold wert sind, jede sechs oder sieben Meter hoch, manche standen - je zwei - wie Minarette übereinander. Einige sind zu Boden gefallen, teilweise sind sie in drei oder vier Teile zerbrochen. Einige von ihnen sind mehr als zur Hälfte im Boden begraben, die andere Hälfte ist im Stein zu sehen. Es ist eine solche Kirchenruine, vor der heute europäische Reisende mit Verwunderung und Erstaunen stehen bleiben.

Ich sah auch die Kirche des berühmten Mor Jakob von Nisibin und das in seinem Namen errichtete Marmorgrab unter der Kirche, das die Menschen beeindruckt. Aber da es dort keinen Platz für eine Schule gab, sah ich, dass muslimisch-arabische Kinder und *assyrische* Kinder in der Kirche einen [arabischen] Text lasen, der einige Verse aus dem Koran enthielt und eigentlich in muslimische Schulen gehört. Es kann keine größere Rücksichtslosigkeit in der Welt geben als diese!
In Kharput sah ich die Ruinen von Mort Ishmuni[140] und die Kirche von Mor Ahron und sogar Mor Barsoum[141] auf der Ostseite des Dorfes.

Ich sah auch die Mor Afrem Kirche in Urfa und seine Grabstätte, die sich ebenfalls in armenischen Besitz befinden. Wir reisten drei Tage lang mit Malfono[142] Naum [Faiq] Efendi in die Stadt Suruç[143], dem Geburtsort von Mor Yakup aus Suruç. Lieber Freund, dort gab es nicht einmal eine Spur des *assyrischen* Volkes und seiner Kirche, ja nicht einmal einen christlichen Namen. Das ist das Ende der Kirchen ohne Schulen! Dies ist der Zustand eines Volkes, das an Priestern und Kirchen anstatt über Schulen und Büchern denkt.

Nationale Ehre basiert heute auf Sprache, Handel und Kunst. Auch diese werden durch Schulen und Bücher hervorgehoben. Heute sind es die Universitäten von Camerino, Ferrara und Cruz, die Italien in der Welt bekannt machen. Es ist nicht die Kirche St. Peter und Paul

---

[138] Zacharias von Mytilene (mit den Beinamen Scholastikus bzw. Rhetor; * um 465 bei Gaza; † nach 536) war ein spätantiker Bischof und Kirchenhistoriker.

[139] Alter Name der heutigen Stadt Silvan, die zwischen Diyarbakır und Siirt liegt.

[140] An der Westfassade der Burg von Kharput (Stadtteil Sinamus).

[141] Sie liegt an der Ostseite von Kharput am Ufer des Flusses Murat.

[142] Syrisch für Lehrer oder Gelehrter.

[143] Suruç ist eine Stadtgemeinde in der türkischen Provinz Şanlıurfa in Südostanatolien.

in Rom und der Stuhl des Papstes im Vatikan. Der Ruhm und die Ehre Englands sind die Universitäten von Oxford, Cambridge und Durham. Nicht die Größe der Kirchen St. Paul und Westminster in London.

In Spanien gibt es 360 Kirchen und Klöster für Mönche sowie 138 Klöster für Nonnen. Aber trotz der Fülle dieser Klöster hat Spanien heute unter den großen Staaten keine Bedeutung mehr.

Ja, es besteht kein Zweifel, dass die Hoffnung und Zukunft eines Volkes in seiner Jugend liegt. Wichtig ist jedoch, unsere jungen Menschen in Amerika davor zu bewahren, unsere Nationalität zu vergessen. Heutzutage wird Englisch mehr gesprochen und geschrieben als Syrisch, Arabisch und Türkisch. Wie viele junge Priester oder Priesterkandidaten haben wir in der Heimat, die diese Sprachen beherrschen?

Eine einst riesige Diözese wie in Kharput (Elazig), die bisher nicht einmal einen Priester in ihren Schulen ausbilden konnte, wird bis heute von einem ursprünglich aus Siverek stammenden Priester geleitet.

Unsere Priester in Diyarbakir sind Leute, die der Teppichweberei und der Lederverarbeitung entflohen sind. Wenn die Schulen so bleiben, wie sie sind, werden auch sie bald von nutzlosen Priestern geleitet werden.

Nehmen wir für einen Moment an, dass unsere Priester kompetent sind, aber in welcher Sprache werden sie diese armen jungen Leute überzeugen? Jener sollte an das Erlernen einer Sprache und auch an sein Brot denken, Mönche können nur mich und Dich überzeugen. Wir hingegen gehören nicht zu denjenigen, die so leicht verloren gehen, die verloren gehen werden sind unsere Kinder, die hier geboren und aufgewachsen sind.

Nur ein amerikanischer Pfarrer, der die Sprache, die soziale und moralische Situation Amerikas versteht, kann diese neuen Amerikaner gewinnen. Solche Priester kann man nur gewinnen, wenn man einen oder zwei junge Männer holt, die im Heimatland gut Syrisch gelernt haben und nachdem sie mindestens drei oder vier Jahre lang den Geist Amerikas in seinen Schulen studiert haben. Unsere Nation wird glücklich sein, wenn sie solche Priester hat, andernfalls ...

[Senharib Balley]

Die Assyrer und Zeitschriften[144]

Der Mensch unterscheidet sich von allen anderen Kreaturen durch seine Vernunft und Sprache. Ihm wurde der Verstand gegeben, damit er selbst die Angelegenheiten seines kleinen Königreichs verwaltet. Die Sprache wurde ihm gegeben, damit er seine intellektuellen Wahrnehmungen zum Ausdruck bringt und seine inneren Gefühle nach außen trägt.

Ohne die Sprache würde der Mensch wie ein stummes Tier leben, und er würde kein Heilmittel für seine Krankheit und kein Pflaster für seine Wunden finden können. So wie der Körper eines Menschen aus einzelnen Gliedmaßen aufgebaut und mit jeweiligen Funktionen versehen ist, so bestehen Völker aus Individuen, Familien und Gruppen.

So wie die Seele Freude und Schmerz kennt, so haben die Menschen auch soziale Aktivitäten, Krankheiten und Leiden. Aus diesem Grund hat die Zivilgesellschaft ein gemeinsames Sprachrohr, deshalb hat sie dafür Zeitschriften geschaffen, durch die sie die Angelegenheiten des sozialen Miteinanders organisiert.

Heute sehen wir, dass alle zivilisierten und fortschrittlichen Nationen und sogar Vereinigungen und Parteien ein eigenes Sprachrohr, durch das ihre Ideen transportiert werden. Jede Gemeinschaft oder Vereinigung verkündet ihre Ideen und Hoffnungen über ihr Sprachrohr. Sie spricht laut über ihre innergesellschaftlichen Schmerzen, hält ihre Diaspora zusammen und prägt ihren Einheitsgedanken nachhaltig.

Leider sehen wir heute, dass es mit einer einzigen Ausnahme der *Assyrer* kein anderes Volk oder keinen Verein ohne Zeitung gibt. Selbst die barbarischen Kurden drucken und veröffentlichen seit einigen Jahren ein offizielles Organ mit dem Namen „*Roj Kurd*" in Istanbul.

Es ist erstaunlich, dass unsere Vorfahren das Alphabet und die Schrift erfanden und wir als ihre Nachfahren heute mit einer großen Mehrheit nicht einmal mehr imstande sind, lesen zu können. Unsere syrische Sprache, die in alten Zeiten von Militär, Wirtschaft, Industrie und Verwaltung gesprochen wurde, hatte den Stellenwert wie das Französische von heute. Wenn wir sie heute sprechen, wird es als Schande und als lächerlich empfunden.

Unsere Vorfahren haben vor allen anderen Völkern in der Welt Hochschulen gebaut und eröffnet, darunter die Universitäten von Urfa [Urhoy] und Nisibin, die in den europäischen Ländern und in der Geschichte berühmt sind. Heute haben wir keine ordentliche Grundschule. Die Größe des Reiches unserer Vorfahren der Assyrer hatte die Welt mit seinem Glanz erstaunt und alle Nationen unterworfen. Was uns aktuell betrifft, so haben wir aufgrund des völligen Mangels an

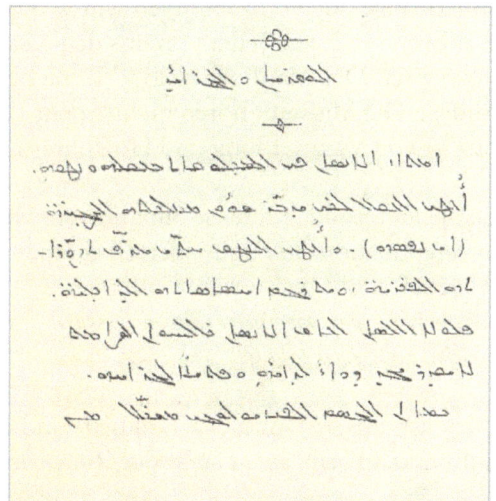

Originalauszug aus *Bethnahrin*

---

[144] *Bethnahrin*, Jahrgang 1, Nr. 6, 15. März 1916 (türkische Ausgabe). Originalartikel in Arabisch (السريان والجرائد). Arabische Transkription, vgl. Zeitoune (2020), Seite 41.

Interesse all diese Größe eingebüßt und diese herrliche Ehre verloren und sind Sklaven der Türken und Gefangene der Kurden geworden.

Allein auf dem amerikanischen Kontinent haben syrische Syrer[145] elf Zeitungen, darunter Monatszeitschriften, Wochenmagazine und Tageszeitungen.

Was uns *Assyrer* aus Mesopotamien in diesem zwanzigsten Jahrhundert - der Ära des Fortschritts und der Zivilisation - angeht, so haben wir keine einzige reguläre monatliche Zeitung, die in unserem syrischen Alphabet herausgebracht wird.

Oh, meine lieben Brüder! Warum diese Faulheit? Warum diese Passivität? Was ist mit uns passiert? Warum sind wir nicht aus unserer Lethargie erwacht? Seht, wir leben in Ländern des Fortschritts, der Zivilisation und der Einheit, und das Wort Einheit haben wir seit langem nicht mehr gehört. Sehen und fühlen wir dies nicht?

In diesem Land gibt es viele Beispiele für die Vorzüge des Journalismus. Lasst uns die wirtschaftlichen und finanziellen Vorteile erst einmal beiseiteschieben und etwas mehr über die menschlichen, literarischen und gemeinschaftlichen Vorteile nachdenken.

Haben wir nicht gesehen, dass alle Zeitungen auch die Gefühle wohltätiger Menschen wecken, um der Menschheit zu helfen, nachdem die traurigen Nachrichten aus unserer Heimat veröffentlicht wurden? Diese Nachrichten zerreißen schließlich einem die Herzen und schlagen auf den Magen.

Haben wir die Stimmen der Betroffenen über die Zeitungen überhaupt gehört, die im Namen von schreienden und zweifelnden Waisen, Witwen, hungrigen und verwahrlosten Menschen erfasst wurden? Haben wir nicht gesehen, dass die Tabellen der Zeitungen voller Namen von Spendern für Notleidende waren? Wo sind unsere Zeitungen, und wo sind unsere Komitees für die Koordination der Hilfe für die Bedürftigen und Notleidenden? Wo sind unsere Spender? Wer schrie auf und dachte an die Situation unserer bedrängten Brüder, die unter unerträglichen Qualen leiden?

In Ermangelung von Zeitungen wurde unsere Verbindung gekappt und die Liebe zu unserer Nation ausgelöscht. Jeder von uns denkt stattdessen nur an sich selbst, so als ob er der einzige *Assyrer* sei. Der Mardiner weiß z. B. nichts mehr über die Lage seiner *assyrischen* Brüder aus Midyat. Die Midyater hören nichts mehr von den *Assyrern* im Rest des Landes, und jeder von uns ist von Verzweiflung und Hoffnungslosigkeit umgeben.

Die Hauptgründe für diese Situation sind in unserer Faulheit und Nachlässigkeit in Bezug auf unsere Nationalität zu identifizieren, unser Geiz hinsichtlich der Gaben für das Allgemeinwohl und unsere Großzügigkeit für persönliche Angelegenheiten. Darüber hinaus sagen wir *„was interessiert mich dies, wozu brauche ich jenes und bin ich etwa der Einzige, der diese tote Nation am Leben erhält?"*

Dies ist unsere soziale Krankheit und dies ist unser größter Feind. Lasst uns daher aufmerksam sein, sonst steht der Ruin vor der Tür.

Senharib Balley

---

[145] *Al-Suryan al-Suriyyun* - السريان السوريون. Er verweist hier auf arabisch-sprachige Publikationen.

Bethnahrin oder der vergessene Name[146]

Wir haben uns sehr über die Herausgabe des auf dem Mimeographen gedruckten und im 15-tägigen Rhythmus veröffentlichten Magazins *Bethnahrin* des eifrigen assyrischen Gelehrten Naum Faiq gefreut. Der schöne Name Bethnahrin [Mesopotamien] war in Vergessenheit geraten bzw. in den Abgründen der Geschichte begraben.

Dieser Gelehrte versucht diesen Namen, der in den Köpfen der Assyrer in Vergessenheit geraten ist, wiederzubeleben. Aus tiefstem Herzen wünschen wir ihm viel Erfolg. Der schöne Name Bethnahrin sollte in die Ohren und Herzen aller Assyrer Zugang finden. Es ist der Garten Eden. Dort ist der Ort unseres Vaters und ist die Brust unserer Mutter. Dort sind unsere Geschichte und Nation, und wir wurden der Barmherzigkeit dieses Ortes beraubt. Für ein Kind, das auf die Welt kommt, gibt es nichts Respektvolleres, Heiligeres und Ehrenwerteres, als die Brust der Mutter und das Haus des Vaters. Das Nest und der Geburtsort eines Menschen auf dieser Welt sind die Brust der Mutter und das Haus des Vaters, d. h. es ist die Heimat. Die Heimat eines Menschen ist wie die Gebärmutter, aus der er entspringt. Er und seine Seele streben danach für immer dortzubleiben.

Mesopotamien (Bethnahrin) ist unser Vaterland und wird nicht nur deswegen respektiert. Dort liegt die Wiege der Zivilisation für alle entwickelten Länder und daher wird dieser Name respektiert und geehrt.
Die Geschichte der Menschheit, der Religion und der Zivilisation wurde hier erstmals geschrieben. Kein Gelehrter hat bisher nachweisen können, dass es eine ältere Zivilisation als die in Mesopotamien gegeben hat. Wenn heute ein Stück Keramik in den Ruinen von Mesopotamien entdeckt wird, findet dieses eine Nennung in den Geschichts-Enzyklopädien und landet in einer Kunstsammlung, wo es als jahrhundertealtes Kunstwerk angesehen wird.

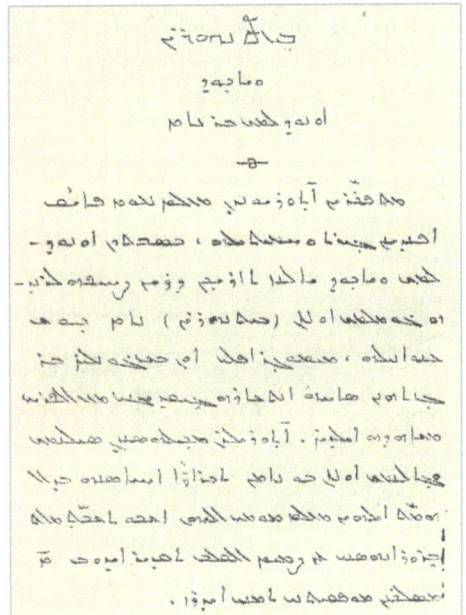

Auszug aus dem Originaldruck in *Bethnahrin*

So wie die amerikanische Nation von der europäischen Zivilisation abstammt, so stammt die assyrische Nation aus Mesopotamien, dem Land zwischen Euphrat und Tigris ab. Religiöse Pilger besuchen heilige Stätten: Christen besuchen Jerusalem, Muslime besuchen Mekka. Europäische Touristen mit ihrer Liebe zur Zivilisation besuchen die Städte Mesopotamiens wie Nineveh und Babylon. Die Römer gaben dem Zweistromland den Namen Mesopotamien, und die Araber nennen den nördlichen Teil Mesopotamiens "Al-Jazira" und den westlichen Teil "Irak". Trotzdem konnten sie den ursprünglichen Namen "Bethnahrin" - Gott sei Dank - nicht komplett tilgen.

---

[146] *Bethnahrin* Jahrgang 1, Nr. 7, 1. April 1916 (türkische Ausgabe). Originalartikel in Garschuni-Osmanisch „Bethnahrin Veyahut Unutulmuş Bir Nam".

Um diesen schönen Namen am Leben zu erhalten, gibt sich unser verehrter Lehrer [Naum Faiq] viel Mühe. Hierfür sprechen wir ihm großen Dank aus. Wir müssen die Kosten unseres Lehrers decken und ihn dafür respektieren, dass er sich bemüht, seine Leser mit der zeitgemäßen Herausgabe von *Bethnahrin* in unserer Schrift zu motivieren.

Ich möchte einige Sätze über die Ermordung von Addai Sher, dem chaldäischen Bischof von Siirt, schreiben, der einer der ersten Opfer aus dem Kreis unseres Volkes der türkischen Unionisten in Mesopotamien wurde. Diesen Text konnte ich in der letzten Ausgabe von *Sawto d Othuroye* (Nr. 18) nicht herausbringen. Diesen Artikel haben wir deshalb *Bethnahrin* zur Veröffentlichung bereitgestellt.

Senharib Balley

Bethnahrin **(Naum Faiq):**

Wir schätzen die patriotischen Gefühle unseres lieben Freundes Senharib Balley Efendi und begrüßen seine patriotischen Memoiren, in denen er seine Gedanken über Beth-Nahrin niederschrieb.

Wir zeichnen alle fünfzehn Tage das großartige Bild unserer heiligen Heimat, die als „Beth-Nahrin" bezeichnet wird, und präsentieren es unserem Volk. Alle Assyrer sollten mit ihrer Seele und ihrem Gewissen dem Titel, dem Namen, der Ehre, der historischen Bedeutung und der Erhabenheit unseres Heimatlandes verbunden sein und wissen, dass jeder Stein, die Erde und sogar jedes Teilchen davon den Duft Assyriens in sich trägt.

Dies wissend, sollten sie sich materiell und auch in Taten für das hohe Ansehen unseres Vaterlandes, für den Gebrauch, das Lehren und die Verbreitung der assyrischen Sprache (*Asuri dili*) und für den Druck dieser Zeitung in diesen Lettern, die ein Spiegelbild der Heimat aller Assyrer ist, einsetzen.

Metropolit Addai Sher[147]
Der erste Märtyrer auf dem Weg zur Nation

Eine einzige Kugel, die ein serbischer Jugendlicher in Sarajewo auf die österreichische Seite abgefeuert hat, setzte nicht nur ganz Europa in Brand, sondern entfachte auch in Afrika und Asien einen großen Flächenbrand. Es hat zu den bitteren Ereignissen geführt, dass viele Häuser zerstört wurden, unschuldige Kinder jammerten, die reine und heilige Ehre [von Frauen] wurde geschändet und Reichtum vernichtet wurde sowie Nationen in sich zusammenbrechen.

---

[147] *Bethnahrin*, Jahrgang 1, Nr. 8, 15. April 1916 (türkische Ausgabe). Originalartikel in Garschuni-Osmanisch „*Matran Aday Şer- Milliyet Yolunda İlk Kurban*".

Der Weltkrieg, der uns bisher alle möglichen traurigen Neuigkeiten verkündet hat, vermeldet diesmal die traurige Nachricht, dass der große Metropolit Addai Sher, Autor von berühmten Büchern wie die „Chronik von Siirt,"[148] „Die berühmte Schule von Nisibin",[149] die "Geschichte Chaldo-Assurs"[150] sowie anderen wichtigen Werken von den türkischen Unionisten am Galgen hingerichtet wurde.

Es ist mir nicht möglich, den großen Schmerz in Worte zusammenzufassen, den ich wegen dieser Hiobsbotschaft empfinde und der wie eine Bombe einschlug. Den schmerzlichen Verlust, der für unser Volk und unsere Nation mit diesem Verlust einhergeht, ist nicht zu kompensieren. Ich bin nicht in der Lage, meinen Mitbürgern zu erklären, was für ein Mensch der Metropolit Addai Sher war. Wer sich jedoch mit dem großen Geist dieses Genies vertraut machen möchte, sollte sein Buch die "Geschichte Chaldo-Assurs" lesen, das seine Ideen widerspiegelt und deshalb ein Spiegelbild seines Geistes ist.

Der Metropolit Addai Sher war ein heller Stern, der zum ersten Mal seit Jahren oder gar vielleicht seit Jahrhunderten in dem von Wolken der Achtlosigkeit verdunkelten und bedeckten Horizont Assyriens erschien.

Bischof Adday Sher
(1867-1915)

Die Assyrer, vor allem die assyrischen Gelehrten, deren Heimat und Leben durch den Verlust der Freiheit durch die Gefangenschaft der Perser, Araber und für einige Zeit auch der Griechen, Tataren, Seldschuken und Osmanen in den Händen lag, waren außerstande für sich und für ihr eigenes Volk selbstständig denken und eigenständig schreiben, weil sie zu sehr damit beschäftigt waren, ihre Herren zu preisen und sich ihnen blindlings zu unterwerfen.

Während dieser langen Geiselhaft konnten die assyrischen Gelehrten, von denen Tausende kamen und gingen, nicht so mutig in ihren Gedanken wie der Metropolit Addai Sher schriftlich festhalten. Obwohl in ihren zahlreichen Schriften kaum Hinweise im Hinblick auf die Nation Erwähnung finden, kann der erste Teil der "Geschichte Chaldo-Assurs" als erquickend angesehen werden, um den Nationalgeist unter den Assyrern zu wecken.

Während sie der Nation Faulheit und Elend beibrachten, predigte Addai Sher Einheit und nationales Bewusstsein.

Während sie über den Ruhm der Patriarchen und Metropoliten und über die Sultane und Kalifen sprachen, erzählte Addai Sher von den religiösen und zivilisatorischen Errungenschaften unserer Vorfahren, den heldenhaften Herrschern, ihren Fähigkeiten im

---

[148] Addai Sher (1905): *Catalogue of the Syriac and Arabic manuscripts preserved in the episcopal library of Séert*, Mossul, Dominican Fathers Press.

[149] Addai Sher (1905): *Madrasat Nusaybin al Shahira*, Beirut (Arabisch).

[150] Addai Sher (1912/1913): *Taʾrikh Kaldū wa-Āthūr (Geschichte von Chaldo-Assur)*, Beirut (2 Bände, Arabisch).

Handel, in der Kunst und Landwirtschaft, den Akademien von Nisibin und Edessa, ihren Dozenten und Lehrplänen.

Die Geschichte ist wie ein Weckruf, der eine Nation aus ihrem Schlaf der Gefühllosigkeit erweckt. Während die Nachbarstaaten die fremden Völker unter ihrer Herrschaft immer unter dem eisernen Joch halten wollen, versuchen sie daher, die Geschichte und Historiker der Völker sofort zu eliminieren, die aufwecken wollen. Der erste [moderne] nationale Geschichtsschreiber unter den Assyrern war der Metropolit Addai Sher, und er war das erste Opfer seiner Ideen und Werke.

Das ausgeprägte Nationalgefühl des Metropoliten Addai Sher hat ihn so sehr ermutigt, dass er seine erhabenen Gedanken nicht länger verbarg. Er sammelte sie in einem vierbändigen Buch[151] und veröffentlichte sie auf Arabisch, der von Intellektuellen am häufigsten verwendeten Sprache.

Mit seinem Buch lud der Metropolit Addai Sher nicht nur die christlich-assyrische Nation zum Aufbruch und zur Einheit ein, sondern rief auch die muslimischen Assyrer in Bethnahrin (Mesopotamien) zur nationalen Einheit auf. Er erklärte ihnen furchtlos, dass sie, obwohl sie heute der Religion nach Muslime sind, immer noch als Nachfahren der Chaldäer und Assyrer die Heimat und Nation gemein haben.

Bevor die eindrucksvolle Stimme von Chaldo und Assur die Ohren der Assyrer erreichte, hat diese Stimme die Türken zum Verzweifeln gebracht. Auch wenn es ein trauriger Zufall war, dass die Assyrer den Metropoliten Addai Sher nicht angemessen würdigten, ist dies nicht überraschend. Denn kein Genie wurde zu seinen Lebzeiten von seinem Volk anerkannt und geschätzt.
Selbst die türkischen Aufklärer Mithat[152] und Kemal[153] konnten von den Türken nicht anerkannt werden, solange sie noch lebten. Wären sie anerkannt und gewürdigt worden, wären sie nicht in Exil und Gefangenschaft umgekommen.

Indem sie Addai Sher hinrichteten, werden die Türken selbst der Hauptgrund für die Verbreitung seiner Gedanken sein, anstatt sie zu verhindern. Wir haben insbesondere aus Mithats Ideen gegen die Verfolgung der Hamidiye-Regimenter gesehen, dass aus dem Blut eines einzigen Aufopfernden tausend Aufopferungswillige hervorgegangen sind.

Stellte meinen Körper der Nation zur Verfügung,
Widmete mein Leben der Idee des Patriotismus,
Wenn nicht meine Statur, so wird mein Blut dich ertränken,
Werde nicht zulassen, dass du das Volk verrätst.
Warum vergessen sie die wahre Bedeutung des Gedichts, das er gesungen hat? Wenn Hamid[154] in der Lage war, die Ideen von Mithat und Kemal zu eliminieren, indem er ihre

---

[151] Das Buch „*Geschichte Chaldo-Assurs*" erschien in zwei Bänden.

[152] Ahmed Şefik Midhat Pascha (1822-1884) war ein prowestlicher, aufgeklärter türkischer Reformer, Staatsmann und Großwesir des osmanischen Reiches. Er gilt als der Vater der Osmanischen Verfassung von 1876.

[153] Namık Kemal, eigentlich Mehmed Kemal (1840-1888), war ein türkischer Dichter und Schriftsteller, der für seinen großen Einfluss auf die jungtürkische Bewegung und den türkischen Patriotismus und Liberalismus bekannt ist.

[154] Sultan Abdulhamid II (1842-1918).

Körper beseitigte, dann hätte er auch die Möglichkeit gehabt, die Gedanken Addai Shers aus der Erinnerung seines Volkes auszulöschen.

Was für ein verlorener Schlag gegen Musa, den der Henker versetzte!
Wenn es Böses in Deinem Leben gibt, überlebt Dein Name.

Es besteht kein Zweifel, dass die Hinrichtung Addai Shers das Erwachen der chaldäisch-assyrischen Nation bewirken wird und dass es in Zukunft noch mehr scharfsinnige Addai Shers geben wird.

Wäre der Autor der Geschichte von "Chaldo und Assur" nicht hingerichtet worden, hätte er seinem fünfzigjährigen Leben vielleicht noch zehn Jahre hinzufügen können, aber dann hätte er keinen erhabenen Namen auf den Seiten der Geschichte hinterlassen. Schließlich ziehen große Männer einen solchen großen Abgang immer dem normalen Tod vor, denn Ruhm und Ehre gehören denen, die sich auf diesem Weg befinden. Glücklicherweise ist ein solcher Tod mit seinem bitteren Anfang und seinem süßen Ende nicht für jeden bestimmt.

Da solche Menschen nicht für ihre Persönlichkeit und ihr Ego, sondern für ihre Gesellschaft und ihr Land geschaffen wurden, sind sie stets bereit, ihr Eigentum, ihre Zeit und ihr Leben für das Wohl der Nation zu opfern.
Metropolit Addai Sher stirbt, wenn sein Volk seinen Ideen nicht folgt. Wenn die Nation nichts über sein Werk erfährt, für das er sich geopfert hat und ihm nicht die gebührende Wertschätzung beimisst, dann wird diese große reine Seele im Schmerz verharren.

Seine Bahre ist Stickerei der Gottes Vergebung;
Wenn ich sterbe, bevor ich das Interesse sehe, das ich für die Nation erhofft habe;
Lasst geschrieben werden auf meinem steinernen Grab, dass das Vaterland und ich traurig sind.

Wenn man sich nicht um die Gesellschaft und Nation kümmert und sich nur mit dem absurden Sektierertum wie Orthodoxie, Nestorianismus, Maronitentum und Katholizismus befasst, dann wird sich jene schmerzhafte Stimme erheben.

Die Nation wird die Ideen dieses Aufopferungswilligen nie vergessen. Er wird immer tief in den Herzen der Nation leben. Deshalb beende ich meine Rede, indem ich dieses Gedicht seinen unsterblichen Ideen widme.

Du bleibst ewig in der Erinnerung der Nation;
Mit Deinem Weggang aus der traurigen Gemeinschaft namens Welt.

Senharib Balley

Unsere Pflichten gegenüber unserem Vaterland und unserem Volk[155]

Ich schaudere, wenn ich an all unsere nationalen Verluste denke, die vor dem Weltkrieg unabsehbar waren, und staune nur über die enormen Verluste, die durch diesen unglücklichen Krieg entstanden sind.

Auch wenn wir all jene vergessen, erinnern wir uns jetzt an die Notlage der unglücklichen Landsleute und alten Menschen, deren Rücken gekrümmt wurde, während die Mütter durch den Verlust der Kinder das Herz gebrochen wurde. Wir erinnern uns an die Mädchen [Jungfrauen], deren heilige Keuschheit befleckt wurde. Wir denken an die jungen Menschen, von denen einige vor Durst in den Wüsten von Ägypten und Bagdad zu Boden fielen, und andere im Schnee und Winter des Kaukasusgebirges erfroren. Wir erinnern auch an die Kinder, die für ein Stück Brot auf Steine einschlugen und ihren Vätern die Röcke zerrissen, und an die Unschuldigen, die die Brüste ihrer Mütter wie trockenes Holz zusammendrückten, um ein Schluck Milch zu saugen.

Ja, die Erinnerung macht es für Menschen, vielleicht sogar für Dämonen, unmöglich, dem Stöhnen der Unterdrückten zuzuhören. Ihre Lage mit Worten und Feder zu beschreiben, führt dazu, dass sich die Augen trüben und das Herz schmerzt, während man über diese unaufhaltsame Tragödie nachdenkt.

Ich frage mich, wie viele unschuldige Seelen den Kummer-Vers *„O mein Gott, O mein Gott, warum hast Du uns vergessen?"* wiederholen, der so treffend die aktuelle Lage dieser unterdrückten Menschen widerspiegelt, bevor sie ihre Augen schließen.

Es gibt zwei berühmte Ereignisse in der [alten] Geschichte, auf die mit den Fingern gezeigt wird und als Katastrophe bestaunt werden, von denen eines Herodes gnadenloses Abschlachten der Unschuldigen in Bethlehem ist. Die andere Katastrophe hingegen ist die Belagerung und Zerstörung Jerusalems durch den Römer Titus im Jahr 77 nach Christus. Aber die Gräueltaten, die die türkischen Unionisten heute begehen, haben nicht nur die Taten von Herodes und Titus, sondern auch Nero, Haddschadsch[156] und Hamid, die für ihre Gräueltaten in der Geschichte am berühmtesten waren, übertroffen. Heute bringen die gequälten Stimmen unserer Unschuldigen in der Heimat die Stimmen der Unschuldigen zum Schweigen, die in Bethlehem abgeschlachtet wurden.

"Deshalb tröstet sich der Tod selbst, der keinen Trost annimmt."

Die Lage der hilflosen Assyrer, die seit zwei Jahren keine Hoffnung mehr haben und denen die Türen der Hilfe verschlossen sind, unterscheidet sich nicht wesentlich von der Lage der hilflosen Bewohner der belagerten Stadt Jerusalem, die die Kadaver der verhungerten Menschen und Tiere aßen. Wir sollten nicht vergessen, dass das Massaker von Bethlehem drei Tage und die Belagerung Jerusalems fünf Monate dauerte. Sie dauerten nicht so viele Monate und Jahre wie die gegenwärtige Katastrophe.

---

[155] *Bethnahrin* Jahrgang 1, Nr. 18, 15. September 1916 (türkische Ausgabe). Originalartikel in Garschuni-Osmanisch *"Vatan ve Millettaşlarımıza Karşı Görevlerimiz"*.
[156] Al-Haddschadsch ibn Yusuf (661-714) war für seine Grausamkeit berühmte Gouverneur des Irak der Umayyaden.

Den Juden in Jerusalem wurde die Nahrung entzogen, weil sie sich gewaltsam gegen die Römer auflehnten und sich weigerten, ihre Waffen niederzulegen. Die armen Assyrer von heute dagegen haben nach sechshundert Jahren, in denen sie alle Arten von Unterdrückung und Leiden ertragen haben, nicht die Gunst der Dschingis-Monster[157] gewinnen können, obwohl sie ungeheure Energie, Einsatz und den letzten Bissen Nahrung für die Ausrüstung der Armee zusammen mit ihre jungen Söhne für den Schutz des Vaterlandes gegeben haben.

Lange hatten die Henker der Ittihadisten[158] auf die Ausrottung der Christen gehofft, und um sich diese Gelegenheit nicht entgehen zu lassen, brannten sie jede Stadt nieder, die ihnen über den Weg lief, verwandelten sie in ein Trümmerfeld und quälten ihre Bewohner mit allerlei unbeschreiblichen Qualen; denn der Armenier war ungehorsam, während der *Assyrer* stumm und führerlos war.

Nach den Berichten einer Missionarin namens Mrs. Fenenga,[159] die kürzlich aus Mardin angereist ist, sind die Verfolgung und die Grausamkeiten, die die Kurden und Türken in Mardin, Midyat, Savur, Qeleth, Nisibin und Cizre gegen die *Assyrer* begangen haben, fast beispiellos.

Lassen Sie uns die erwähnten Städte und Gemeinden nicht nur einfach so erwähnen. Diese Städte und Ortschaften sind die Blüte unseres Bethnahrin, die Heimat unserer Herkunft, sie sind die Hauptstädte unserer Muttersprache.

Ja, die meisten von uns träumen nachts süße Träume von diesen Orten und errichten tagsüber in ihrer Fantasie dort nationale Gebäude und Villen. Doch leider ist der Rosengarten der Heimat, auf die diese Wünsche gerichtet waren, zu einer Ruine geworden.

Bevor ich zum Hauptthema übergehe, möchte ich einigen Menschen etwas sagen, die verzweifelt sind und die vor jeder Mühe und Anstrengung zurückschrecken, weil unser Heimatland in diesen Zustand geraten ist: Oh Landsleute, seid niemals hoffnungslos.

In der Natur ist alles doppelt. Der Tag folgt auf die lange Nacht. Die eisige Kälte des Winters lässt das Gras verdorren und verbrennt es. Doch wenn der Frühling kommt, erwachen diese Gräser zu neuem Leben und verwandeln die Erde mit ihrem Grün und ihren bunten Blüten in einen Rosenstrauch.

So wie Nero nicht in der Lage war, die christliche Religion in Rom zu zerstören, und die Pharaonen nicht in der Lage waren, das israelische Volk, das über mehrere Jahrhunderte hinweg in Ägypten lebte, zu vernichten, wird die Politik der Unionisten, egal wie gewalttätig sie ist, niemals die wichtigsten Gesellschaften in Asien zerstören, die seit Tausenden von Jahren bestehen.
Wenn eine Nation nicht versucht, sich selbst zu zerstören, kann diese Nation niemals von einem Feind zerstört werden. Auch Kanonenkugeln und scharfe Schwerter einer feindlichen

---

[157] Hier meint der Autor die Nachfahren (Türken) von Dschingis Khan, dem mongolischen Herrscher und Eroberer vom 13. Jhd.

[158] Unionisten.

[159] Agnes Fenenga (1874-1949) war eine Missionarin des American Board of Commissioners for Foreign Missions.

Nation können einem Volk nicht so viel Schaden zufügen wie ihre eigene Unwissenheit und verwirrende Sprache.

Um die polnische Nation zu vernichten, scheuten die Russen keine Gräueltaten und Gewalt gegen sie. Junge Menschen wurden abgeschlachtet, Schriftsteller, Lehrer und Intellektuelle wurden hingerichtet, Schulkinder wurden erschossen, Dörfer wurden durch Plünderung und Feuer zerstört, Gebete in der Muttersprache wurden sogar in ihren Kirchen verboten. Aber gegen den Patriotismus der Polen, gegen ihren unzerbrechlichen und unermüdlichen Fleiß und ihre Geduld haben all diese Gewalt- und Gräueltaten nichts ausrichten können. Heute ist Polen eine jüngere und stärkere Nation, als es damals war.

Ich bekräftige immer wieder mit all meinem Glauben: Das Schwert, die Tyrannei und die Unterdrückung können uns nicht zerstören. Es sei denn, wir zerstören uns selbst durch unsere eigene Unwissenheit. Die Mittel für das künftige Überleben oder die Zerstörung unserer Nation liegen eher in unseren Händen als in den Händen von Fremden.

Besonders wir, die in Amerika lebenden Assyrer, sollten wissen, dass wir heute die größte und heiligste Pflicht gegenüber unserer Heimat zu erfüllen haben. Diese Pflicht zu erfüllen, bedeutet Leben für unsere Landsleute und gleichzeitig Ruhm und Ehre für unsere Zukunft.

Im Falle von Nachlässigkeit, Gott bewahre, wäre es nicht nur eine große Verantwortung und ein großes Verbrechen, das vor keinem ordentlichen Gericht akzeptiert werden kann, sondern auch ein Makel der Ehre und ein Unrecht, das bis zum Tag des Jüngsten Gerichts nicht von unserer Stirn getilgt werden wird.
So wie die Augen des Patienten auf die Tür gerichtet sind, durch die der Arzt eintritt, blicken auch die Augen unserer Brüder und Schwestern, die in unserer Heimat verfolgt werden, auf uns. Hilfeflehend strecken Sie ihre Hände zu uns aus. Wenn sie uns in ihren Briefen ihre Sorgen und Nöte nicht weinend schildern können, zögern sie jedoch nicht, uns mit vielen Briefen zu überschütten, die mit den zitternden Händen unserer alten, schwachen Väter und dem Blut unserer gequälten Brüder geschrieben wurden.

Sie wenden sich an uns und sagen: *"O Leute, die von Gott begünstigt wurden, helft uns, helft uns"*. Oh Landsleute!

Wenn wir hier [in Amerika] weiterhin abends in schicken Kleidern erscheinen, köstliche Speisen genießen, viele Dollars für Getränke und Theater ausgeben, während wir unseren eigenen Landsleuten und Brüdern gegenüber gefühllos and kaltherzig werden, hätten die Türken als Feinde der Religion und unserer Nation dann nicht Recht mit dem, was sie tun? Wenn wir unserem Volk nicht mit Kanonen und Gewehren, aber wenigstens finanziell helfen? Wenn wir nicht alle von dem, was wir uns leisten können, etwas spenden und uns nicht um die Waisen kümmern, werden sie ihren Hunger nicht mit einer trockenen Dattel bekämpfen können. Wären dann unsere Herzen nicht unbarmherzig und härter als Stein?

Wer wird die Kinder des Volkes tadeln, die wir heute nicht kennen wollen, wenn sie uns kurze Zeit später selbst verleugnen? Unsere heutige Gleichgültigkeit ihnen gegenüber zeigt uns nicht nur als erbarmungslos. Allein deshalb wird unser Verlust weitaus größer sein als der gegenwärtige Verlust [durch den Krieg]. Wir sollten nicht davon ausgehen, dass die Waisenkinder ewig hungrig bleiben werden. Nein, alle ihre Bedürfnisse werden ein Ende finden. Wahrscheinlich wird ihre Lage besser sein als vorher. Aber sie werden sich einfach nicht als *Assyrer* fühlen.

Wir wissen nicht, was aus unserem Heimatland werden wird. Aber früher oder später wird der Krieg enden und die Dinge werden sich beruhigen. Dann werden im Namen humanitärer Organisationen Menschenjäger aus Europa und Amerika in unsere Heimat kommen und in jeder Stadt Kindergärten, Kirchen und Schulen eröffnen. Es besteht kein Zweifel, dass all diese Kindergärten mit assyrischen und armenischen Kindern gefüllt sein werden. Es ist jetzt schon klar, dass Armenier diese Einrichtungen leiten werden, während die Assyrer diejenigen sein werden, die gewöhnlich betteln und flehen.

Ein armenisches Kind, das in diesen Kindergärten aufwächst, wird seine Vergangenheit kennen und kommt als Teenager heraus, der seine Muttersprache besser spricht. Unseres jedoch wird nicht nur seine Vergangenheit verleugnen, sondern auch letztlich den eigenen Landsleuten ins Gesicht spucken.

Diese werden die Gründe sein, warum unsere Kirchen und Schulen geschlossen werden.
Die Verwirrung von vor zwanzig Jahren reicht aus, um diese Behauptung zu bestätigen. Schulen und Kindergärten von Deutschen in Urfa und von Amerikanern in Mardin sowie Kharput waren mit *assyrischen* Waisenkindern gefüllt und sind es immer noch. Aber wie viele dieser Kinder, die in diesen Institutionen aufgewachsen sind, sind unser Eigentum geworden? Welchen Nutzen haben wir von ihnen gesehen, außer ihren faulen Ausreden?

Untergraben die an diesen Schulen ausgebildeten Lehrer nicht die Sprache unseres Volkes, indem sie sie durch die arabische Sprache ersetzen und dadurch viele unserer einfachen Landsleute in die Irre führen?
Wie groß der Schaden des Krieges auch sein mag, er ist vorübergehend und kann beseitigt werden. Der Schaden jedoch, die unsere Gleichgültigkeit – auch wenn sie nur ein wenig verspätet eintritt – verursacht, haben eine äußerst zerstörerische und vernichtende Auswirkung.

Da unser Volk noch immer vor so großen Abgründen steht, sollte es unsere heiligste Pflicht sein, einerseits durch die Presse unsere Stimme zu erheben, andererseits fähige Männer nach Washington zu schicken, um die Regierung und die großen wohlhabenden Hilfsorganisationen um ihre Barmherzigkeit für unsere Armen zu bitten. Gleichzeitig sollten vorläufig alle nicht unbedingt notwendigen Geschäfte beiseitegelegt werden, um Hilfe zu sammeln und eine wichtige Organisation für unsere Waisenkinder aufzubauen.

Da sich diese Ideen sowohl zeitlich als auch pflichtgemäß am besten für internationale Veröffentlichungen eignen, erwarten wir, dass Chorepiskopos Hanna Efendi[160] fleißig an diesem Thema arbeitet.

Ist es in diesen stürmischen Zeiten, in denen Hunderte von Kirchen und Klöstern in der Heimat in Trümmern liegen und Tausende unserer Kinder hungern, nicht vorteilhafter für die Zukunft der Nation, den Bau von Kirchen in Amerika vorübergehend zu verschieben und sich um die Ernährung dieser Waisen und Bedürftigen zu kümmern?

---

[160] Pfarrer Hanna Kourie (Khuri).

Welchen Nutzen sieht man darin, fünf Versammlungen pro Monat für die Kirche abzuhalten, wenn für die Bedürftigen nicht mal eine Versammlung abgehalten werden konnte?

Kurz gesagt, einige von uns folgen der Kirche, andere ihrem Geldbeutel, einige ihrem Ego, andere ihrer Persönlichkeit und ihrem Eigensinn, während einige von uns dem Erwachen und dem Fortschritt folgen. Aber letztlich weiß man nicht, wohin es geht, mit wem man Hartnäckigkeit praktiziert und wie man das gesammelte Geld vieler Organisationen ausgeben wird.

Senharib Balley

Unsere Fahrlässigkeit[161]

Für die Menschen auf der Welt sind Leben, Eigentum und Kinder sehr wertvoll. Aber noch wertvoller und kostbarer als diese sind die Gefühle von "Heimat und Nation". Ein wahrer Patriot opfert jeden wertvollen Besitz, um diese zu ehren. Die Zerstörung von Eigentum und Leben in diesem Krieg, den wir gerade erleben, lässt keinen Zweifel an der Wahrheit dieser Aussage.

In der letzten Ausgabe von *Bethnahrin* haben wir die Katastrophen unserer verwüsteten Heimat und unseres vernachlässigten Volkes einigermaßen beschrieben, und wir haben auf die Pflicht der Assyrer in Amerika hingewiesen, diese Katastrophen zu lindern, und wie viel die Vernachlässigung dieser Pflicht unsere Nation am Ende kosten wird und in welchem Ausmaß diese die Nation verfolgen werden.

Die wichtigste und heiligste der vor uns oder in unseren Händen liegenden Aufgaben ist diese. Wir Assyrer in Amerika hätten der Regierung in Washington durch besondere Mittelsmänner und der amerikanischen Öffentlichkeit in der Sprache der Presse beklagen und erklären sollen, dass wir ein Volk Asiens sind und dass wir wegen des Krieges, den wir durchgemacht haben, dasselbe Unglück erlitten haben wie andere Christen in der Türkei. Wir hätten uns bemühen und energisch dafür plädieren sollen, dass unser Name in die Hilfsorganisationen aufgenommen wird, die von amerikanischen Philanthropen zugunsten der von der Katastrophe betroffenen Gemeinschaften in der Türkei gegründet wurden.

Bereits zum Zeitpunkt der Veröffentlichung von *Sawto d Othuroye* [ܣܘܬܐ ܕܐܬܘܖ̈ܝܐ] haben wir über dieses Recht zur Hilfe und des Schutzes in einigen Ausgaben ausreichend berichtet. Unsere Gleichgültigkeit jedoch lässt sich nicht durch einen Aufruf erschüttern, auch nicht durch Kanonen oder Trommeln. Andere schrieben noch mehr über die oben beschriebene

---

[161] *Bethnahrin*, Jahrgang 1, Nr. 19, 1. Oktober 1916. Artikel im Original in Garshuni-Osmanisch „*İhmalkârlığımız*".

Situation. George Qoyoun, der für seine internationalen Bemühungen und Anstrengungen bekannt war, hatte vor vier Monaten einen Brief an die *Cirutho* Gesellschaft (ܟܘܬܪܐ) und an mich privat geschrieben.

Nachdem er, wie üblich, eine Reihe von Problemen unseres Volkes aufgezählt hat, schreibt er folgendes im letzten Abschnitt des erwähnten Briefes: *"Die Assyrer Amerikas sollten eine Generalversammlung organisieren, auf dieser Versammlung ein oder zwei kompetente Personen wählen und sie der amerikanischen Regierung vorstellen, sodass sie offiziell die Vertreter der Assyrer in Amerika sind, und auf diese Weise können wir die Präsenz unseres Volkes in Amerika fördern. Ich teilte meine Vorstellung auch mit Dr. Yoosuf Efendi, und er schrieb, dass er meine Idee akzeptiere."*

George Qoyoun
(1878-1956)

Zweifellos war die von George Qoyoun [Hoyen] vorgeschlagene Vertretung nicht für die Botschaft in Washington oder den Senat bestimmt. Es handelte sich jedoch um die oben erwähnten Aufgaben. Der Brief wurde auf einer Sitzung der *Cirutho*-Niederlassung in Paterson zwar verlesen, doch dessen Inhalt leider nicht in Betracht gezogen.

Allerdings haben wir durch unsere Nachlässigkeit immer unser nationales und patriotisches Recht sowie Chancen verpasst. Tatsache ist, dass es heute, obwohl es in Amerika eine gemeinnützige Gesellschaft namens „Armenian and Assyrian Relief Society" existiert, gibt es auch ein anderes Komitee namens „Armenian and Syrian Relief Committee". Auch wenn Seiner Exzellenz, Präsident Wilson, zwei Tage bestimmte, um in ihrem Namen Hilfe in ganz Amerika zu sammeln, ist das Ergebnis der starken Bemühungen der Assyrer aus dem Iran und Syrien geschuldet.
Wir, die Assyrer von Bethnahrin [Mesopotamien], haben keinen Beitrag zu diesen Angelegenheiten.

Wir gehören nicht zu denen, die die Dinge nicht treiben lassen. In jedem unserer Jobs gehören wir zu denen, die wie die berühmten Bagdader unter dem Baum stehen und sich wünschen, dass die Datteln spontan und zufällig in deren Mund fallen. Deshalb kommt uns die Frage der Patriarchalverfassung [Nizamname] wieder in den Sinn. Seit ich mich erinnern kann, haben die Menschen über die Notwendigkeit einer Verfassung für unser Patriarchat gesprochen, aber dieser Wunsch konnte in der Praxis nicht verwirklicht werden. Schließlich zwang uns die Regierung wie mit einer Peitsche, eine Patriarchalverfassung auszuarbeiten.

Wie wir zu sagen pflegten, *„der Vogel berührte den Stein, nicht der Stein den Vogel"*; dies beschreibt unseren allgemeinen sozialen Zustand, unsere Sorglosigkeit, die auf die Schwäche und Trübsinnigkeit des nationalen Geistes hinweist. Wir sind immer noch der Meinung, dass Patriarchen, Priester und Metropoliten unseren Fortschritt verhindert und die Patriarchalverfassung nicht vorbereitet haben.

Nein, nein. Es ist nicht so, dass sie es nicht erlauben, wir konnten es nicht. Wie wahr ist die Aussage des Franzosen Gambetta,[162] dass "Rechte und Freiheit nicht gegeben, sondern genommen werden."

Möge die große Seele unseres großen Patriarchen Petros tausendfach gesegnet sein, er war sehr aufopferungsvoll!

Unsere Kirchen oder vielmehr unser Volk wurden jahrhundertelang unter der Verwaltung des armenischen Patriarchats von Istanbul gestellt. Der alte Patriarch, ohne die Begründung Gottes oder seines Herzens, mühte sich den ganzen Weg von den entlegensten Ecken von Bethnahrin [Mesopotamien] nach Istanbul. Bärtig und in seinem hohen Alter, nachdem er viele Liras ausgegeben hatte, kroch er vor die Türen dieses Großwesirs, jenes Botschafters, dieses Paschas und jenes Wesirs, küsste Röcke, war aber in der Lage, uns aus den Fängen der Fremden zu befreien und uns während der jungen und depressiven Regierung eines Nationalitätenfeindes wie Abdulhamid in den Augen der Regierungen von Istanbul und London als freies Millet und als separates Patriarchat darzustellen. Andererseits waren wir in der Lage uns in einem freien Land, zu dem wir gekommen sind, als besondere Gemeinschaft bekannt zu machen. Wir bleiben immer unter fremdem Einfluss und viele von uns präsentieren sich den Amerikanern als Armenier, manche als Araber und andere als Griechen oder Römer. Und wir wagen nicht zu sagen, dass wir einen Anteil am "Tag Day"[163] haben.

Was vorbei ist, ist vorbei. Verpassen wir nicht die Chancen, die sich uns jetzt bieten. Eine davon ist die Hilfe, die wir unter uns für Waisenkinder und Alleinstehende sammeln werden, und wenn wir kompetente Leute haben, können wir genauso viel Geld wie wir sammeln auch von der Rockefeller Foundation bekommen.

Andererseits ist es sehr wichtig, dass wir an diesem besonderen Tag, dem "Tag Day", gut organisiert und fleißig sind. Es ist bekannt, dass unsere Töchter und Frauen an diesem Tag die größte Rolle spielen werden. Ich frage mich, ob an diesem Tag alle unsere Frauen und Mädchen in Amerika mit Enthusiasmus und Freude auf den Platz rennen werden, mit dem Gedanken, die Tränen ihrer unglücklichen Töchter und Schwestern zu Hause abzuwischen und sie aus den Fängen des Hungers und des Todes zu retten?

Mögen sie mit diesen Bemühungen unsere frühere Gleichgültigkeit ausgleichen. Oder wird man ihnen die Arbeit verbieten, manche aus Scham, manche aus Gleichgültigkeit und manche aus der Anmaßung ihrer Ehemänner und Väter, die sagen, dass wir unsere Mädchen und Frauen nicht wie Bettler unter fremden Völkern auf den Basaren und Märkten umherziehen lassen?
Gott bewahre, Gott bewahre hundertmal, wenn wir mit solchen Gedanken handeln, wehe unserem Volk, wehe unserer Nation, wehe unseren Kindern ...

Senharib Balley

---

[162] Leon Gambetta (1838-1882) war ein französischer Politiker und Innenminister der "Dritten Republik" nach der Abdankung von Napoleon III.
[163] Am "Tag Day" sammelten Wohltätigkeitsorganisationen auf der Straße Geld, und die Spender erhielten ein Schild, um zu zeigen, dass sie einen Beitrag für die Wohltätigkeitsorganisation geleistet haben. Während des Ersten Weltkriegs arbeiteten Wohltätigkeitsorganisationen manchmal zusammen, um Geld für einen bestimmten Zweck zu sammeln.

Um die Nation am Leben zu erhalten,
müssen diejenigen, die der Nation dienen, überleben [164]

Ein Volk bezieht sein nationales Bewusstsein und seine Zivilisation aus drei Quellen. Die erste kommt von der Familie, die zweite von der Schule, die dritte von Büchern und Zeitungen. Mit anderen Worten, Nationen haben drei Schulen.
Familienschule, Gemeinschaftsschule und die öffentliche [bzw. Presse-] Schule. Nationalgefühle werden in der Kindheit durch die Familienschule, d. h. durch Vater und Mutter vermittelt. In der Gemeinschaftsschule wird dieses Gefühl weiter verstärkt und bis in die Jugendzeit ausgebaut. Mit der Bildung aus Büchern und Zeitungen gewinnt diese Situation buchstäblich an Schwung, wird zur Tat und beginnt Früchte zu tragen. Dies sind die Elemente, die den allgemeinen Zustand zivilisierter Völker bestimmen, und das Leben der Nationen wird um sie herum geformt. Ihre Bedeutung und ihr Nutzen hängen mit der Entwicklung des Bildungsverständnisses der Nationen zusammen.

Die Familienerziehung hat nämlich einen großen Einfluss und eine große Bedeutung für die Entwicklung von Bildung und Nationalbewusstsein. Aber für mittel- oder unterentwickelte Völker ist in erster Linie die Bildung wichtig, und danach kommen die Printmedien. Ich denke, mit Ausnahme der Grundschulen sind Zeitungen für die meisten der Völker nützlicher.

Die Wahrheit ist, dass es ohne Schule keine Familienerziehung geben kann und keine Zeitungen gelesen werden können. Aber vergessen wir nicht, dass zur Erziehung anständiger Familien nationale und solide Schulen benötigt werden, um anständige Eltern zu erziehen. Um eine starke Wirtschaft zu gewährleisten, ist eine große Gemeinschaft oder Nation erforderlich, die sich auf einen Namen und ein Ziel einigt. Die Nation braucht auch Zeitungen, die die Notwendigkeit von Schulen, die Bedeutung und den Wert von Wissenschaft und Bildung erklären, die der Schlüssel zum sozialen Denken sind. Schließlich ist es notwendig, Journalisten zu unterstützen, um die Zeitungen am Leben zu erhalten, und es ist richtig, dass dieser letzte Aspekt über fast allen anderen Fragen steht.

Väter und Mütter können Fachkenntnisse und Kindererziehung, wenn nicht aus der Schule, teilweise aus Zeitungen lernen und zu Hause anwenden. Junge Menschen, die ihre Ausbildung nicht abgeschlossen haben, haben die Möglichkeit, diese durch das Lesen von Zeitungen zu vervollständigen. Kurz gesagt, wer sich für den Besuch von Museen oder der Lektüre in den Bereichen Literatur, Redekunst, Reisen, Politik und Wirtschaft interessiert, kann diesen Wunsch immer mit den richtigen Zeitungen und Zeitschriften erfüllen. Das heißt: Zeitungen können sowohl Lehrer als auch Schulen, Museen, Bibliotheken, Universitäten und Fachschulen eines zurückgebliebenen Volkes sein.

Wenn dies so ist, welche dieser Fähigkeiten haben wir als Assyrer, die behaupten, groß und die Ersten zu sein, aber in Wirklichkeit klein und rückständig sind, wenn es um die Erziehung in der Familie, Schule und Printmedien geht, die die unverzichtbare Medizin für das Leben der Nationen darstellen?

---

[164] *Bethnahrin*, Jahrgang 1, Nr. 22-23, 15. November – 1. Dezember 1916. Originalartikel in Garschuni-Osmanisch „*Milleti Yaşatmak İçin Millete Hizmet Edenleri Yaşatmalı*".

Ich glaube, ich irre mich nicht, wenn ich behaupte, dass die Familie, die das Fundament der Nation ist, nicht einmal den Begriff "nationale Erziehung" kennt.

Unsere Schulen...! Wie ein türkischer Journalist ganz richtig sagte, *„sind unsere Schulen keine Schulen, sondern Orte des Todes, an denen sie das Genie der neuen Generation nicht in jeder Hinsicht zum Leuchten bringen, sondern es vielmehr verrosten lassen"*.

Wie wir oben gesagt haben, wenn es um unsere Zeitungen geht, die uns jeden einzelnen Dienst erweisen, so sind sie doch schlechter als die vorherigen. Außer dem Namen der Zeitung haben sie nichts, was zivilisierten Zeitungen ähneln würde. Wenn wir die Assyrer von Bethnahrin [Mesopotamien] nicht gewesen wären, hätte Tomas Edison, der Erfinder der Mimeographie, wohl dieses Patent wahrscheinlich an seinen Vater verkauft![165]

Was den letzten Punkt betreffend unsere Journalisten, so sind sie durch diese Misere alle in Mitleidenschaft gezogen. Wir sagten unsere Journalisten, nicht wahr? Anstatt von unseren Journalisten zu sprechen, wäre es angemessener, von unseren Bettlern und den Armen zu sprechen. Selbst Bettler bitten oft furchtloser und ohne zu zögern um ihre Almosen, als unsere Journalisten von manchen Menschen Abonnementgebühren verlangen.

Während ausländische Journalisten in ihren Privatbüros sitzen und drei oder fünf Assistenten beschäftigen, stehen unsere Journalisten tagsüber im Dienst der Öffentlichkeit und kommen dann nachts und erledigen viele Aufgaben wie Redigieren, Setzen, Drucken und Verteilen der Zeitung. Denn wenn die Redaktionen von den Bemühungen ihrer Zeitungen und Abonnenten abhängen würden, wären die Journalisten zweifellos gezwungen, auf Brot zu verzichten und um Wasser zu betteln.

Kurz gesagt, diejenigen, die nahe genug und nicht weit weg sind, können den Zustand unserer Journalisten gut erkennen. Weil einige nicht die Möglichkeit haben, das beschriebene Thema zu realisieren, haben wir deshalb keine Zeitungen und keine Journalisten, und das Leben unserer Zeitungen ist so kurz wie das Leben einer Schneeflocke. Die Schneeflocken können nicht lange existieren, ihre Geburt und ihr Tod fallen zusammen.

In diesen wenigen Jahren sind etwa ein Dutzend Zeitungen entstanden, die aber leider alle verschwunden sind, weil sie aufgegeben wurden.

Unsere Zeitungen und Journalisten verschwinden nicht einfach aufgrund dieses Versagens! Durch diese Situation haben wir erhebliche Verluste und Einbußen erlitten. Aus demselben Grund sind viele unserer ehrlichen und ehrenwerten Geistlichen Ursache für versteckte Sektiererei, Bettelei, Täuschung und Plünderungen geworden.

Wir sollten wissen, dass es selbst in Istanbul oder in den großen Provinzen für die Stellvertreter des Patriarchen oder die Metropoliten heute nicht akzeptabel ist, dass sie wie der Klerus des Mittelalters einen groben Sack tragend, ohne Socken und Sandalen an den Füßen, in einer intolerablen Weise in die Regierungsämter, Paläste und Verwaltungen gehen und dort sitzen. Um seiner nationalen Ehre willen sollte das Volk sie jedoch auf die schönste Weise kleiden, die der heutigen Zivilisation entspricht, und sie dann auf Weltreisen schicken. Andernfalls müssen sie entweder ihre Konfession wechseln oder alle möglichen Verzögerungen riskieren und auf den Raub des Volkes, der Klöster und Kirchen zurückgreifen. Leider musste ich verzweifelt feststellen, dass Metropolit Abdulnur Efendi immer noch dasselbe kirschfarbene Samtkleid des Klerus trug, das er bei seiner Rückkehr aus Istanbul genäht hatte, als er kürzlich aus Diyarbakir kam.

---

[165] D.h. Niemand sonst hätte sich für die Mimeographie interessiert!

Ich weiß es genau, aber einer unserer berühmtesten Metropoliten, dessen Namen ich nicht nennen möchte, füllte seinen Magen monatelang lediglich mit Linsensuppe. Dieses Leben ist nicht das Leben des 20. Jahrhunderts, auch wenn wir annehmen, dass nur ein spiritueller Mensch, der an das Jenseits denkt, damit zufrieden sein kann. Aber ein Journalist, der zuerst ein Kind und eine Familie hat, der bei jedem Problem und Treffen anwesend sein muss, der der Spiegel der Nation ist, kann besonders an einem Ort wie Amerika nicht in einem erbärmlichen Zustand leben. Selbst wenn er hungrig, aber in Würde lebt, gibt es eine Grenze, würdevoll zu sein. Es wird zur Torheit, wenn die Grenzen überschritten werden.

Vor der Großen Französischen Revolution gab es in Frankreich viele Schriftsteller und Philosophen, wie Jean-Jacques Rousseau, Voltaire und Montesquieu. Da sie jedoch zu dieser Zeit beim Volk nicht beliebt waren, waren sie gezwungen, ob freiwillig oder nicht, in den Palästen zu bleiben, wo sie tyrannischen Königen und ignoranten Aristokraten schmeichelten, die öffentliche Meinung beschwichtigten und die Unterdrückung des Volkes zuließen. Als das Volk diesen Fehler erkannte, unterstützte es als erstes seine Schriftsteller und Philosophen; es veröffentlichte ihre Bücher und half ihnen bei der Herausgabe ihrer Zeitungen. Infolgedessen verließen alle Schriftsteller und Philosophen innerhalb kurzer Zeit die Paläste und führten das Volk an. Sie arbeiteten mit dem Volk zusammen, um die (aristokratische) Regierung, die Frankreich viele Jahre lang regiert hatte, zu stürzen und eine (demokratische) Regierung einzusetzen, die die Welt in Erstaunen versetzte.
Von da an war Frankreich keine Nation mehr, die Bildung ignorierte, sondern begann ein Leben in Freiheit und wurde zum Vorbild für die Welt.

Um unsere Nation deshalb ehrbar zu halten, müssen wir also diejenigen ehrenvoll am Leben erhalten, die uns dienen.

Senharib Balley

Ohne Frühling blühen keine Bäume[166]

Da die allgemeine Meinung des Volkes seit langem mit veralteten konfessionellen Diskussionen, der Entlassung oder Ernennung von Patriarchen, Bischöfen und ähnlichen Fällen beschäftigt ist, wird oft gesagt: *"Oh, wenn unser Volk sich um nationale und soziale Angelegenheiten kümmern würde, anstatt sich mit solch schlechten und nutzlosen Debatten bis zur Ermüdung zu beschäftigen, wäre die Nation besser dran."*
Es sind die gleichen Personen, die diesen alten Zuständen und nutzlosen Diskussionen, die unser Leben nagen, ein Ende setzen wollen. Die gleichen Beschwerden sind auch von einigen Intellektuellen zu hören, die versuchen, den Ruhm und die Bedeutung von Nation, Freiheit und Patriotismus hervorzuheben.

Ich denke, sowohl alte als auch neue Beschwerden sind sinnlos. Eine Idee zu verhindern, die sich zu formen beginnt, bedeutet, sich der Natur zu widersetzen.
Es ist nicht möglich, die nicht fällige Zeit gewaltsam herbeizuführen und die fällige Zeit gewaltsam zurückzudrängen. Gesellschaftliche Ereignisse sind wie Naturereignisse. Bäume grünen nicht, bevor der Frühling kommt und der Frühling kommt erst an, wenn die Bäume grün werden. Nachts zu schlafen und zu ruhen und tagsüber aufzuwachen und zu arbeiten gehören auch zu den Regeln der Natur.

In einer Zeit, in der die Idee der Demokratie aufstrebt, können vitale Völker nicht länger im Bett der Despotie, auf dem Rücken und über die Rechte und Lebensweise der Nation liegen bleiben. Das Gebrüll der Nationalität und der Glanz der Freiheit hindert sie am Schlafen. Beispielsweise können Menschen, die in Häusern an den belebtesten Straßen New Yorks leben, dort in der Stille der Nacht bequem schlafen. Aber kann man an einem solchen Ort mitten am Tag schlafen? Auch wenn man schlafen will und die Decke der Faulheit ganz nach oben zieht, wird der Lärm von Zügen und Straßenbahnen, der Lärm von Autos, das Klappern von Kutschen und Pferden und der Trubel des Einkaufens einen zum Schlafen bringen?

Das Erwachen von Nationen zu ihrem Recht auf ihre Freiheit ist auf zwei Wegen möglich. Der erste Weg ist durch hohes Wissen und der Nutzung des Verstandes gekennzeichnet. Der zweite erfolgt durch den Druck und die Zumutungen von Zeit, Geografie und schlechter Verwaltung. Diese Rückschläge erzwingen die Erweckung einer Nation.
Vor dem 18. Jahrhundert wurde in England unter dem Einfluss von Wissenschaft und Vernunft die Demokratie, d. h. die Idee der Volksherrschaft geweckt. Doch der Geist der nationalen Souveränität kam in Frankreich aufgrund des Drucks des schlechten Regierens stärker zum Vorschein, was zur Großen Französischen Revolution führte, die der Welt ein Beispiel gab.

Die Deutschen hingegen lebten damals nicht wie uns in der Verzweiflung und Spaltung in drei oder vier Teile, sondern waren in einige hundert Fürstentümer gespalten, von denen einer versuchte, den anderen zu erschlagen. Verzweiflung und Armut als Folge von Kämpfen und Auseinandersetzungen zwangen sie dazu, sich von Tier- und sogar Menschenkadavern zu ernähren. In ihrer Heimat gab es, abgesehen von einer schrecklichen Situation, keine Spuren von Wissenschaft, Kunst und Handel.

---

[166] *New Assyria*, Jahrgang 2, Nr. 22, 15.Juni 1918. Artikel in Garschuni-Osmanisch weist im Original keine Überschrift auf.

Für die Ausdehnung des britischen Territoriums war einerseits der Fortschritt der Wissenschaft der Grund; auf der anderen Seite waren es die einzigartigen Entwicklungen im Handel. In Frankreich waren hingegen die Revolution und der Aufstieg des französischen Nationalismus, die Armee und die Siege Napoleons, der die kleinen deutschen Staaten im Norden einnahm und schließlich in Berlin und in das Potsdamer Schloss einzog.

Kurzum, all diese sozialen Erschütterungen ließen die unwissenden und faulen Deutschen nicht länger schlafen. Also warfen sie die Bettdecke der Faulheit weg und erwachten aus ihrer Nachlässigkeit und dachten zuallererst an ihre Einheit und Solidarität. Danach wandten sie sich der Bildung, Industrie und Handel, bis sie zum heutigen Status gelangten. Die Deutschen leugnen dies nicht, im Gegenteil. Selbst ein berühmter deutscher Gelehrter sagte: *"Wir Deutschen verdanken unseren gegenwärtigen Fortschritt eher den Franzosen als unserer eigenen Intelligenz. Hätte Napoleon uns nicht unterworfen, wer weiß, wie lange wir in unserer Trägheit geblieben wären?"*

Der Geist der nationalen Souveränität blieb nicht nur auf Deutschland und Nordeuropa beschränkt. Er breitete sich auch vom Norden Europas nach Süden und vom Süden bis zu den Balkanstaaten und vom Balkan bis nach Asien aus.

Zuvor hatte der religiöse Fanatismus der Türken den nicht-muslimischen Völkern viele Verfolgungen und Härten zugefügt. In letzter Zeit hat ihre extrem fanatische Herrschaft mit politischer Unterdrückung und Misswirtschaft dazu geführt, dass der Geist des Nationalismus und der Freiheit in allen anderen Völkern mit Ausnahme der Assyrer im Nahen Osten erwacht ist. Die Ideologie der Ittihadisten, die auf die Ausrottung anderer Sprachen und Völker abzielt, hat nicht nur die Albaner, Griechen, Juden, Armenier, Kurden und Drusen, sondern sogar die arabischstämmigen Völker, die die Grundlage und die Begründer des Islams sind, gegen ihre Glaubensgenossen, die Türken, aufgebracht.

Einst Rumelien[167] und nun Anatolien, Arabien, Palästina, Syrien, Mesopotamien und Kurdistan haben sich in Landstrichen verwandelt, an denen Menschen abgeschlachtet wurden. Ist es uns möglich, inmitten dieser Flut von Verlangen und diesem vorapokalyptischen Geschrei bequem in unserem Bett großer Gleichgültigkeit zu legen, wenn alle bis an die Zähne für die Nationalität bewaffnet sind, in ihr Leichentuch der Freiheit gehüllt, versuchen, die Ketten der Sklaverei zu sprengen, und bereit sind, ihr Leben zu opfern? Nicht nur das, sondern auch die Undankbarkeit und die schlechte Regierung, dem wir verbunden sind, reichen aus, um uns in unserer Lethargie verharren zu lassen. Denn während der Revolution und der Verwirrung benutzte der eine den anderen als Vorwand und zerstörte uns mit ihnen.
Vor einigen Jahren haben wir bereits in einigen Ausgaben von *Sawto d Othuroye* über die Schäden, die die Assyrer aufgrund der Wirren im Zusammenhang mit den Armeniern erlitten haben, geschrieben.

Die Vernichtung der Assyrer von Kharput sowie denen an den Toren von Mossul und bis hinein in den Iran, aber insbesondere in den assyrischen Bergen hat uns einen schweren Schlag versetzt, dass es nicht schlimmer sein kann.

---

[167] Mit Rumelien bezeichneten die Türken seit dem 15. Jahrhundert den europäischen, auf der Balkanhalbinsel gelegenen Teil des Osmanischen Reiches.

Wir, die staatstreuen Assyrer, tragen auf diesem Wege zur Vernichtung der illoyalen chaldäischen und maronitischen Assyrer bei, mit der Begründung, dass sie mit den Franzosen sympathisieren würden, und der Nestorianer und den Menschen im Iran, da sie die russische Politik unterstützen würden. Das Messer, das man diesen Menschen gleicher Herkunft wie uns in den Rücken sticht, kommt jedoch aus unserer Brust raus.

Können wir angesichts dieser endlosen Tritte und Ohrfeigen noch schlafen?

Was für ein Gewissen kann es sein, das der Geschichte, der Nationalität oder der Menschlichkeit keine Dankbarkeit entgegenbringt, damit so ungerechtfertigt, unehrenhaft und schändlich handelt. Ist es in solch einer Situation möglich, dieses heilige Blut für die Nation oder für die Freiheit nicht zu vergießen?

Ist es mutig, den einfachen Menschen Sand in die Augen zu streuen und zu sagen, wir sind loyal dem Staat gegenüber und wir haben keinen Schaden erlitten?

Einige unserer Leute wollen die Moral derjenigen brechen, die sich für diese Sache einsetzen, mit Worten wie "die Griechen, Araber, Armenier..., sie sind Nationen und haben ein Recht alles zu verlangen, aber wir sind keine Nation, was haben wir und wen haben wir? Wir haben nichts."

Ist es nicht respektlos und beleidigend gegenüber den Seelen dieser Märtyrer zu sagen, dass wir keine Männer haben und deshalb keine Nation sind, solange das Blut unserer großen Märtyrer wie Addai Sher, Ashur Yousif, Galle Hermiz, Afrem Khan und Mar Benyamin Shimon, der die assyrische Armee mit einem Kreuz in der einen und einem Gewehr in der anderen Hand anführte, der seinen letzten Atem für das nationale Heil opferte, noch nicht getrocknet ist?

Ja, wenn wir denken, dass Assyrer nur Mitglieder der Kirchen von Harput, Diyarbakır und Mardin sind, dann sind wir wirklich keine Nation, wir sind nicht einmal eine Sekte oder ein Stamm. Nein, wenn wir diese farbigen Brillengläser von unseren Augen nehmen und uns mit einem nationalen Blick umsehen, werden wir eine beträchtliche Gemeinschaft innerhalb der Länder von Syrien bis zum Iran, vom Kaukasus bis zu den Toren Bagdads sehen. Ja, wir haben vieles verloren, doch wenn wir uns zusammenschließen, werden wir noch viel mehr bekommen. Warum sollten wir uns nicht vereinigen?

Gott schickte den Deutschen einen wie Bismarck, der Hunderte von deutschen Teilen zusammenführte. Kann er uns nicht Männer schicken, die fähig sind, drei oder vier Fraktionen der Assyrer zu vereinen?

Ich verstehe sehr gut, dass die Arbeit, die unsere Bemühungen so sehr behindert, die Angst ist, dass die Türken als Sieger aus diesem Krieg hervorgehen könnten. Der Türke wird nicht siegreich aus diesem Krieg hervorgehen, und selbst wenn er es tut, kann er die erwachten Seelen nicht wieder einschläfern. Solange die Idee auf die Zerstörung des Nationalbewusstseins [der Völker] basiert, kann dieses Vorhaben niemals erreicht werden.

Obwohl Napoleon viele Völker vernichten wollte, griffen diese ihn mit großer Rachsucht an. Die russische Unterdrückungsherrschaft, die die Welt erschütterte, verschwand, aber die Völker, die es vernichten wollte, sind wieder auferstanden.

Senharib Balley

Es ist elf Uhr. Lasst uns Kerzen kaufen[168]

So wie die Wirbelstürme im Herbst Stängel, morsche und vertrocknete Blätter von den Bäumen reißen, schrumpfen die am weitesten entwickelten Städte, Dörfer und Burgen, die Jahrhunderte lang von den Türken überrannt und verwüstet worden waren, eine nach der anderen weg. Dann fielen sie, weil sie den Angriffen verschiedener Völker nicht standhalten konnten. Wie die Füchse und Hasen, die das Brüllen des Löwen hörten und zu den Bergen und Bächen flohen, so flohen die Mörder, die für das Massaker an den Unschuldigen verantwortlich sind, die Beschmutzer der Ehre, die Unterdrücker und Tyrannen vor dem Löwen von England.

Auch die skrupellose Regierung der Türken, die rechtlich betrachtet wie ein Verbrecher den Befehl zum Schießen, Brandschatzen und Zerstören gab, fiel auf die Knie und bat um Hilfe. Die Enkel von Dschingis[khan], die der östlichen Menschheit und Zivilisation zur Plage wurden, erschüttern augenblicklich den Thron der Tyrannei. Das Kreuz, das tausendmal am Tag verflucht und beschimpft wurde, nahm wieder seinen ehrenvollen Platz ein.

Die Halbmondflagge, die Blut und Schwert symbolisiert, wurde geknickt und das Banner der Freiheit und Gerechtigkeit erhob sich an ihrer Stelle; das Horn der vier despotischen Monster wie das der Romanows, Habsburgs, der Hunnen und Osmanen wurde gebrochen. Das [Schicksal] liegt nicht mehr in den Händen der großen Sultane, Schahs, Könige und Kaiser der Völker, sondern jedes Volk kann seine eigene Zukunft gestalten, wenn es dazu willens ist!

Um die heutige Situation vorauszusehen, beschäftigten sich unsere Vorfahren mit der Analyse alter Bücher, Symbole und Träume. Aber wir sehen mit unseren eigenen Augen jenen glücklichen Tag, den sie mit Sehnsucht erwarteten. Die eiserne und feurige Barriere der Freiheit, die vier Jahre lang zwischen uns und unserer geliebten Heimat und unseren Verwandten stand, ist von den Helden niedergerissen worden; die Tore sind geöffnet worden und der Bräutigam und die Gäste ziehen ein.

Sind unsere Öllampen voll?

Welche Gaben bereiten wir vor, um den Schmerz und das Leid unseres verwüsteten Heimatlandes und unserer verzweifelten Landsleute zu lindern? Der gegenwärtige große Krieg hat vielen Völkern Schaden hinsichtlich Eigentum und Leben zugefügt. Aber wir werden bald erfahren, dass aufgrund der geografischen Lage unseres Heimatlandes und unsere Unzulänglichkeiten unser Volk den größten Anteil an diesem Schaden erlitten hat, wie es auch in anderen Zeiten der Fall war.

Gewiss, unsere Nachbarn, die Araber, Juden und Armenier erfuhren während des Weltkriegs ebenso die Tyrannei der Türken. Aber immerhin erzielten die Araber, die in der Beduinenwüste lebten, die an nichts als ihre Pferde und Kamele dachten und die Bedeutung der Nationalität nicht kannten, als Gegenleistung für ihre Verluste und Leiden ein autonomes arabisches Kalifat im Hedschas.[169]

---

[168] *New Assyria*, Jahrgang 3, Nr. 27, 15. November 1918. Originalartikel in Garschuni-Osmanisch *"Saat On Bir'e Geldi Mum Alalım"*. Der Titel bezieht sich auf Gleichnis von den zehn Jungfrauen (Matthäus 25:1-13).
[169] Der Hedschas oder Hidschāz ist eine Gebirgslandschaft im westlichen Saudi-Arabien, in dem die beiden heiligen Stätten des Islams, Mekka und Medina, liegen.

Die Juden, die in alle Himmelsrichtungen zerstreut waren, erreichten die Wiedererrichtung von Davids Sitz in Jerusalem. Die Armenier wiederum interpretieren heute die sechs Aussagen über die Armenier in Artikel 64[170] des Vertrags von Ayastefanos in Bezug auf die Unabhängigkeit von sechs [östlichen] Provinzen.[171] Zerrissen zwischen den eisernen Klauen dreier mächtiger despotischer Monster wie Russland, Österreich und Preußen, erlangte Polen seine Unabhängigkeit zurück und etablierte seine Vorherrschaft in Warschau. Viele kleine Völker, deren Namen wir bis vor kurzem nicht einmal gehört hatten, haben gerade neue Republiken ausgerufen.

Jeden Tag kann man sehen, dass diese bettelnden und flehenden Völker mit Ausnahme von uns Assyrern, ihren Anteil als Gegenleistung der türkischen Unterdrückung und für ihre Verluste erhalten.

Es besteht kein Zweifel, dass die Beendigung der Unterdrückung und Verfolgung der Türken ein großer Segen für die gesamte Menschheit ist, insbesondere für die nah-östlichen Völker. Aber wir dürfen nie vergessen: Sind wir Assyrer nur Gefangene der Türken?

Sind wir nicht, mehr noch als die türkische Gefangenschaft, Gefangene und angekettete Sklaven unserer eigenen Unwissenheit, unseres eigenen Konservatismus, unseres eigenen Hasses und unserer eigenen Sturheit?

Sind wir nicht die Sklaven, die oft die Ideen und großen Wahrheiten umstoßen, die ein paar weise Menschen in Monaten und Jahren zum allgemeinen Nutzen der Völker entwickelt haben, indem wir und blindlings dem Wort eines unwissenden und bösen Menschen unterwerfen und eine große Wahrheit in fünf Minuten umstoßen? Was sollten wir dazu sagen und tun?

Weder die Briten noch die Franzosen noch die Amerikaner können uns aus dieser Knechtschaft befreien. Wenn wir uns nicht von diesen Ketten befreien, die unsere Füße in Bezug auf den Fortschritt binden, ist die Hilfe von Feuerwehrleuten von außen nutzlos, wenn die Brandstifter dieses Feuers und jene im Haus tot sind. Der folgende Spruch eines Literaten ist sehr wahr: *Einerseits haben uns unsere derzeitigen sinnlosen Streitereien und Kämpfe dazu gebracht, unsere heiligsten nationalen Rechte zu verlieren und die wertvollsten Gelegenheiten zu verpassen. Aber auf der anderen Seite wird der Aufstieg unserer Nachbarn morgen in der Politik ein tiefer Abgrund für unsere Zukunft darstellen, und wir sollten sicher sein, dass unser Name in kurzer Zeit im Zusammenhang mit einem schmerzhaften Desaster bekannt sein wird.*

Trotz all unserer hässlichen Seiten ist es klar, dass kein Assyrer damit einverstanden sein kann, unsere arme Nation in eine so hässliche Zukunft zu treiben, auf die oben hingewiesen wurde.

---

[170] Tatsächlich ist dies Artikel 61.

[171] Der Vertrag von Ayastefanos ist ein Waffenstillstands- und Friedensvertrag, der am Ende des Osmanisch-Russischen Krieges (1877-1878) unterzeichnet wurde. Die russische Armee erreichte Yeşilköy (ehemals Ayastefanos) von Westen her und Erzurum von Osten her. Das Osmanische Reich bat um Frieden. Nikolaj, der Oberbefehlshaber der russischen Armeen, akzeptierte diese Bitte unter der Bedingung, dass die Grundsätze des Friedens zusammen mit dem Waffenstillstand besprochen würden, und dieser Vertrag, der für das Osmanische Reich harte Bedingungen enthielt, wurde am 3. März 1878 im Istanbuler Stadtteil Yeşilköy unterzeichnet.

Deshalb müssen wir alle Arten von Missetaten und unwichtigen Angelegenheiten beiseitelassen, um den Schmerz und das Leid zu lindern und um unserer Nation auf angemessene und gerechte Weise einen Anteil aus dem Land der Türken zukommen zu lassen. Männer und Frauen, Kleine und Große, Arme und Reiche, Gelehrte und Unwissende, Hand in Hand, Herz an Herz, müssen wir wie andere Völker, eine von allen unseren Gesellschaften gewählte starke und weitsichtige nationale und politische Kommission bilden, die ausreichende materielle Möglichkeiten erhält, um uns zu vertreten. Wir sollten diese Kommission mit ausreichenden finanziellen Mitteln ausstatten und mit all unseren materiellen und moralischen Mitteln an vorderster Front vorangehen.

Seien wir uns bewusst, dass für schlechte Tage erspartes Geld an schlechten Tagen zu verwenden ist. Niemals in der Geschichte der Menschheit gab es deutlichere und dunklere Tage als diese. Eine so große Umwälzung hat es selbst in den Revolutionen noch nie gegeben. Mit anderen Worten, dieser Krieg und Frieden werden die Brücke des Schicksals für die Gemeinschaft der Völker sein, die teils zu Freiheit, Glück und teils zu Knechtschaft, Demütigung und Elend führen wird.

Daher bedeutet die Bildung der oben genannten Kommission die Schaffung eines neuen nationalen Lebens. Je schneller und organisierter diese Kommission gebildet wird und je eher sie ihre Arbeit aufnimmt, desto mehr wird sie der Nation einen tausendfachen Nutzen bringen.

Andernfalls werden wir mehr als die Türken, die Mörder unserer Märtyrer und der Fluch unserer Waisen sein. Jetzt sollen Waffen und Freiwillige für die Heimatidee dieser Gemeinschaft geschickt werden. Eine solche Idee und Handlung ist gefährlich für diejenigen von uns, die in der Heimat bleiben. Entschuldigungen jeglicher Art, die Angst verbreiten, sind nicht angebracht.

Lasst uns nach Kerzen suchen, solange es Licht gibt, und bevor der Friedenstisch gedeckt ist, lasst uns dafür arbeiten, unsere fähigen Männer aus Indien, Persien, dem Kaukasus und Bethnahrin nach Europa zu schicken. Lasst uns das Ministerium, das für arabische, jüdische und armenische Propagandisten zuständig ist mit Jammergeschrei über unsere Verluste und Einbußen überhäufen, die wir für die Freiheit geopfert haben, die unsere Soldaten, Kommandeure etc. erlitten haben. Lasst uns arbeiten und uns bemühen, damit wir frei und unabhängig leben können.

Senharib Balley

Vergeltung[172]

So wie für jedes Problem in der Welt ein Heilmittel und jedes Heilmittel für ein Problem geschaffen wurde, wurde das Mittel „Vergeltung" gegen Sklaverei und Unterdrückung geschaffen. Es ist schade, dass wir, um von Sklaverei und Unterdrückung befreit zu werden, Rache und Unsterblichkeit aufgeben und das Heil nur auf der Grundlage von Einheit, Wissen, Intelligenz und Reichtum suchen!

Eine Einheit, die weit von der Idee der Vergeltung entfernt ist, bedeutet eine Einheit einer Schafsherde. Die Schafherde ist immer zusammen. Und doch reicht nur ein einziger Wolf aus, um diese Herde aufzubrechen und jede von ihnen auf einen Berggipfel zu treiben.

Wenn es möglich wäre, allein mit Intelligenz und Reichtum aus der Knechtschaft zu entkommen, wäre das jüdische Volk nicht erst heute, sondern vor vielen Jahren zu den Geretteten gezählt worden. Da die Juden neben ihrer Intelligenz und ihrem Reichtum jedoch keinen Sinn für Rache haben, wurden sie bisher fast überall verfolgt und vertrieben.

Das Wort Vergeltung sollte nicht dahingehend interpretiert werden, dass ein Mensch, von fast allen Merkmalen der Menschlichkeit und Zivilisation losgelöst, sich in ein Wilder verwandelt. Nein, Gehorsam gegenüber Anstand, Menschlichkeit und Zuneigung zu anderen Menschen ist eine heilige Tugend, die religiös und moralisch immer akzeptabel ist.

Allerdings sollte beachtet und im Hinterkopf behalten werden, dass es für „Zuneigung zwei Seiten bedarf". Wenn dich jemand liebt, solltest Du ihn umso mehr lieben, und wenn er Dir hilft, solltest Du ihm mit Deinem ganzen Wesen helfen. Aber wie soll man denjenigen, der Deinem Eigentum, Deiner Ehre, Religion, Deinem Land, Deiner Sprache, Geschichte und Deinem Leben gnadenlos feindlich gesinnt ist, blind als Freund lieben? Wenn Du dem Feind, der Dir ins Gesicht schlägt, die andere Wange ohne Widerstand hinhältst und Du ihm Deine Kleider gibst, wenn er nach Deinem Hemd verlangt, wird dieser Mann Mitleid mit Dir haben und Dir zurückgeben, was er genommen hat?

Oder wenn er Dich als einen elenden, ängstlichen Feigling sieht, der nicht in der Lage ist, sich zu wehren, wird er dann nicht seine Härte steigern? Wird er nicht zuerst Deinen Besitz und dann Dein Leben nehmen?

Daran besteht kein Zweifel, dass Dein Feind, der sich Dir nähert, um Dich zu schlagen, sich zurückhalten wird, wenn er sieht, dass Du entschlossen und bereit bist, ihm einen Schlag zu versetzten. So wirst Du weder geschlagen noch verlierst Dein Kleid, Hemd oder Leben. Lasst uns nicht unterstellen, dass wir Rachegefühle als neue Religion predigen. Das Konzept der „Rache" ist jedoch ewig und es ist wie ein Glauben, der auch heute in den zivilisiertesten Nationen präsent ist.

Nach Professor Jordan Hara sind die benachteiligen Menschen von heute, die von den Unterdrückern von gestern unterdrückt wurden! Seine Worte, wonach "ein Mensch, der immer das Gefühl der Rache in sich trägt, wird selten verfolgt" wird, sind das lebendigste Zeugnis für unsere Behauptung. Ebenso sagt ein Französischlehrer: „Menschen, die nach

---

[172] *New Assyria*, Jahrgang 3, Nr. 28, 15. Dezember 1918. Originalartikel in Garschuni-Osmanisch „İntikam".

einem Schlag aufstehen wollen, haben als erstes Ziel den Schmerz aus diesem Schlag loszuwerden." Diese Person versucht hart seinem Feind schließlich einen Schlag zu versetzen. Trotz manchen Ausnahmen, so scheint es, dass jeder von diesem Gefühl berührt und eingenommen wird. Sogar unter Tieren existiert dieses Gefühl. Sie haben eine Reihe von Verteidigungswerkzeugen erfunden, um auf die Widrigkeiten von Wasser und Wind zu reagieren. Palak sagt, dass *"ein Mann, der in einer lebenswichtigen Angelegenheit besiegt wurde, verstummt irgendwo."* Mit anderen Worten, der Mann verliert etwas von seiner Widerstandskraft, wenn er viel verfolgt wird. Muss dieser Mann nun in diesem Zustand bleiben, oder muss er seine Kräfte steigern, um seine Existenz zu bewahren?

Der Mensch kam auf diese Welt, um seine Existenz zu schützen. Nach einem Zustand des Schweigens will er sich erheben. Zur Verwirklichung dieses Zwecks gibt es kein anderes Mittel als die Vergeltung.

Einer der römischen Dichter sagt: „*Wenn ich mich nicht gerächt hätte, würde ich ewig Schmerzen fühlen. Die Menschen wollen nun einmal Genuss. Dann können sie nicht von der Rache getrennt werden, die eine der köstlichsten Delikatessen ist. O Rache! Wann immer ich denke, dass Du präsent bist, scheue ich mich vor keinem Wagnis zurück! Denn ich weiß, dass es Rache gibt, die mich retten und meinen Schmerz lindern wird.*"

Das bedeutet, dass wir Assyrer, die alle Arten von Unterdrückung erlebt haben, auch das Mittel der Vergeltung benötigen.

Senharib Balley

Ein chaldäischer Kämpfer in der französischen Armee[173]

Das Bild oben, das unsere Zeitung schmückt, ist Yusuf Ashjy (türk. Aşçı) Efendi, ein Unterstützer der Freiheit und Bruder des Dichters und Schriftsteller Hanna Ashjy, einer der Aktivisten der Assyrian National Association (ܫܘܬܐܣܘܬܐ ܐܘܡܬܢܝܬܐ - Shawtofutho Umthonoyto). Während Hanna Ashjy Efendi hier mit seinen Gedanken und Schriften im Rahmen nationaler Angelegenheiten beiträgt, beweist sein Bruder den Franzosen, dass die Assyrer für die Unabhängigkeit sterben, um den Ruhm derer zu mehren, die auf den Schlachtfeldern kämpfen und um das Horn der absolutistischen Herrschaft zu brechen.

Yusuf Ashjy war zu Beginn des Ersten Weltkriegs in Diyarbakir und sah mit eigenen Augen die schlechten Praktiken der türkischen Unionisten, die sich als Feinde der Zivilisation gegenüber nicht-muslimischen Gruppierungen verhielten. Nicht ahnend, dass diese schönen Tage bald zu Ende sein würden, verließ er seine Freunde und Heimat und floh angesichts von Hunderten von Hindernissen an die Grenzen Russlands.

Nachdem er eine Weile durch Russland, den Iran und Indien gereist war, fand er sich in Ägypten wieder. Wie ein Vogel, der nicht weiß, auf welchem Ast er landen soll, beschließt er, als Freiwilliger in der Armee des französischen Staates zu dienen, um die Gräueltaten zu rächen, die er in seiner Heimat durch die Türken begangen sah.

Schließlich meldete er sich als Freiwilliger und reiste nach Frankreich. Nach einer kurzen Ausbildung wurde er an die Front geschickt. Er bewies seine Kompetenz und Tapferkeit im Kampf, was die Militärführung dazu veranlasste, ihn an die Front von Verdun[174] zu schicken, eine der blutigsten und längsten Fronten des Krieges.

Yusuf Ashjy wurde in den blutigen Kämpfen an dieser höllischen Front zwei- oder dreimal verwundet. Er wurde mehrmals ins Krankenhaus eingeliefert. Beim letzten Mal war er Giftgas ausgesetzt und verlor für einige Zeit sein Augenlicht. Nach langen Behandlungen erlangte er sein Augenlicht wieder. Er ging anschließend wieder zurück auf das Schlachtfeld. Heute dient er in einer Militäreinheit in Deutschland.

Yusuf Efendi wurde für seine großen Verdienste im Krieg mit der Ehrenlegion (*Légion d'honneur*) ausgezeichnet, und sein Rang wurde vom Gefreiten zum Leutnant erhöht. Außerdem wurde er mehrfach von französischen und britischen Zeitungen besonders gelobt.

Leider wurde dieser heldenhafte chaldäischer und assyrischer Löwe in den genannten Zeitungen manchmal als Araber und manchmal als Armenier vorgestellt, was jedoch später korrigiert wurde.

Yusuf Ashjy

---

[173] *New Assyria*, Jahrgang 3, Nr. 32, 15.April 1919. Originalartikel in Garschuni-Osmanisch *"Fransa ordusunda bir Keldani Mücahit"*.

[174] Die Schlacht um Verdun war ein Gefecht während des Ersten Weltkrieges zwischen Deutschland und Frankreich. Sie begann am 21. Februar 1916 und endete am 19. Dezember 1916 ohne Erfolg der Deutschen. Die Schlacht markiert einen Höhepunkt der großen Materialschlachten des Ersten Weltkrieges.

Ja, unsere Nachlässigkeit und unser Schweigen, die Unzulänglichkeit unserer Medienorgane haben nicht nur die Ehre und den Ruhm dieses geschätzten jungen Mannes aus den Händen genommen, sondern auch die Ehre vieler unserer Helden, sowie sie es mit der Ehre des Volkes getan haben. Möge der allmächtige Gott ihn beschützen und ihn in Frieden in seine geliebte Heimat zurückführen.

Profitieren von Syrischen Christen von Indien[175]

Die Welt hat sich in einen Vulkan verwandelt, Siedlungen sind zerstört worden, der Schmerz und das Leid der Menschheit hat den Himmel zum Stöhnen gebracht, und dieser Krieg, der die Zivilisationsgeschichte des zwanzigsten Jahrhunderts zur brutalsten und höllischsten Periode der Menschheit gemacht hat, ist nicht mehr nur ein Krieg zwischen Kaisern und Sultanen, Sultanen und Königen. Die aristokratische Regierungsform wurde abgeschafft und durch eine junge demokratische Regierung ersetzt. Wir haben in der heutigen Presse die offiziellen und inoffiziellen Äußerungen und Erklärungen vieler politischer Diplomaten gelesen, wonach dieser Krieg der letzte Krieg ist, da jede Nation, ob klein oder groß, ihrer freien Selbstbestimmung überlassen wird.

Auf der Grundlage dieser offiziellen Erklärungen werden auch wir von der muslimischen Unterdrückung befreit werden, unter der wir seit Jahrhunderten leiden. Mit diesem Glauben und dieser Überzeugung gründeten wir eine politische Organisation unter dem Namen "Assyrian National Association" und erklärten der zivilisierten Welt, dass wir als eines der unterdrückten Völker das Ziel vieler Gräueltaten geworden sind.

Demnach wird jede Nation den Anspruch haben, ihre eigene Zukunft zu gestalten. Werden also die Versprechen der großen Männer und die oben erwähnte Organisation die Ursache für unsere Unabhängigkeit sein?

Weil manche Nationen in Europa vor einem halben Jahrhundert ihre Forderungen übertrieben haben, zögern andere Nationen heute immer noch in der Friedensversammlung einfach Gerechtigkeit und Rechte einzufordern.

Wird es uns Assyrern, die seit Jahrhunderten unserer Existenz gegenüber gleichgültig und uninteressiert gegenüberstehen und im Zusammenhang mit [Forderung von] Recht schweigsam waren, leichtfallen, plötzlich vor der Friedenskonferenz zu stehen und Recht und Gerechtigkeit zu fordern?

---

[175] *New Assyria*, Jahrgang 3, Nr. 32, 15.April 1919. Originalartikel in Garschuni-Osmanisch „*Hindistan Süryanilerinden İstifade*".

Denkt man, dass es leicht sein wird mit unserer kleinen Stimme unsere Behauptungen und großen Forderungen in der Friedensversammlung, die als das große Gericht angesehen wird, Gehör zu verschaffen? Um das Ziel zu erreichen, müssen wir daher auf unsere Weise nach einer eigenen politischen und vernünftigen Lösung suchen. Wie oben erwähnt, die Aufmerksamkeit großer Persönlichkeiten allein reicht nicht für unser Heil!

Insbesondere sollte man wissen, dass die Politik kein Herz und kein Gesicht hat. Wenn es eine Sache in der Welt gibt, die sich am schnellsten wendet und verändert, dann ist es das Gesicht der Politik. Man ist sich einig, dass das Bündnis, das für den Schutz des zuletzt formulierten Rechts der kleinen Nationen auf der ganzen Welt kämpft – man darf nicht vergessen, dass das Bündnis in den Händen der Staaten ist, die sich gegenüberstehen – auf das Recht der unterdrückten Nationen mit einem Auge blickt, während es mit tausend Augen auf die eigenen Interessen starrt. Das englische Sprichwort *„there is no dishonesty in interest"* [Es gibt keine Unehrlichkeit in Interessen] ist keine leere Floskel.

Ist es nicht überraschend, dass die Russen heute wegen der Russischen Revolution keinen Platz auf der Friedenskonferenz haben? Es waren doch die Russen, die beim ersten Ausbruch dieses Krieges den größten Teil der jungen und neuen deutschen Militärmacht vernichtet, Paris vor einer zweiten deutschen Invasion gerettet und vor allem die größten Verluste des Krieges erlitten haben.

Die Russen suchen immer noch nach diplomatischen Wegen, um das Interesse der amerikanischen Politik zu gewinnen, damit sie einen Platz in der Friedenskonferenz bekommen und somit sich Gehör verschaffen.

Um die himmlische Welt zu gewinnen, bereiten die Menschen eine Reihe von Bittstellern und Helfern von Schutzheiligen vor, bevor sie vor dem Antlitz Gottes treten.

Warum sollte ein Volk, das unter Unterdrückung leidet, nicht mächtige Unterstützer und Helfer haben, deren Gesetz eine Versammlung des Friedens erfordert und auf deren Wort gehört wird, um seine Freiheit in der Welt zu erlangen?

Nicht erst heute, sondern schon immer konnten kleine und schwache Völker, die Freiheit verdienten, ihre Freiheit nicht ohne die Hilfe eines der großen Staaten erlangen. Die Freiheit der Völker des Balkans hat sich stets auf diese Weise entwickelt.

Die Russen erklärten der osmanischen Regierung 1877 den Krieg nicht aus Eigeninteresse oder aus eigenem Wunsch, sondern zum Schutz der Rechte und der Freiheit der Christen, die unter dem Joch des Islam und des Osmanischen Reiches unterdrückt wurden. Nach einiger Zeit gewannen sie den Krieg und zwangen die Osmanen, die harten Bedingungen des Vertrags von San Stefano zu akzeptieren.

Da der erwähnte Vertrag, der der osmanischen Regierung[176] ein Ende setzen sollte, einigen britischen Diplomaten unter dem Gesichtspunkt der britischen Interessen im Nahen Osten nicht passte, drohte erneut ein schrecklicher Krieg zwischen den beiden Großmächten auszubrechen. Um den Ausbruch eines höllischen Krieges zu verhindern, wurde beschlossen,

---

[176] Im Garschuni-Osmanischen Original verwendet der Verfasser den Begriff Türkisch statt Osmanisch. Tatsächlich existierte die Türkei als Staat zu diesem Zeitpunkt noch nicht.

in Berlin einen Kongress einzuberufen, ähnlich der jetzigen Friedenskonferenz um die Nahost-Frage, sei es die Freiheit der Unterdrückten auf dem Balkan oder andere politische Fragen, zwischen den Staaten zu erörtern und zu lösen.

Der Kongress trat 1878 zusammen. Damals existierte keine arabische, armenische, assyrische oder jüdische Frage. Die Unterdrückten waren damals Griechen, Bulgaren, Serben und Rumänen.

Auf dem Kongress wollte der Diplomat Alexander Gortschakow,[177] der die russische Regierung vertrat, die Bulgaren, die vom slawischen Volk anerkannt wurden, auf Kosten des Osmanischen Reiches vollständig befreien und vergrößern. Er setzte seine ganze Macht ein, um die Vertreter der genannten Völker in die Versammlung zu bekommen und ihre Forderungen durchzusetzen. Die Griechen, eines der unterdrückten Völker, wollte dieser russische Diplomat jedoch nicht betonen. Denn auch die Griechen wollten Vertreter in der Versammlung haben, um ein weiteres Stück der damaligen osmanischen Teilung zu schnappen.

Gegen [Alexander] Gortschakow, der insistierte, den griechischen Abgeordneten den Zutritt zur Versammlung zu verweigern, trat der britische Abgeordnete Lord Beaconsfield[178] nachdrücklich entgegen und forderte die griechischen Abgeordneten in die Sitzung einzubeziehen und ihren Anträgen stattzugeben. Letzterer machte seinen Anspruch gegen Gortschakow wie folgt geltend: „Seine Heiligkeit Zar Alexander behauptete, er habe diesen verhängnisvollen Krieg begonnen, um die Freiheit und die Rechte aller Christen unter osmanischer Herrschaft zu schützen; sind denn die Griechen keine Christen?" Auch die französischen Vertreter, die den Griechen wohlwollend gegenüberstanden, stellten sich ebenfalls auf die Seite der Griechen.

Die Bedeutung dessen, dass eine schwache Nation einen großen Beschützer in der Friedensversammlung braucht, wird aus den oben genannten historischen Erzählungen leicht verständlich. Es gibt nichts, worauf man sich nicht verständigen kann. Ein bekannter Spruch sagt: „Man schlug das Waisenkind ins Gesicht, ah, mein Rücken [schmerzt]!" sagte er. Das Problem endet nicht damit, die Bedeutung des Rückens zu kennen. Das Wichtigste ist, dass das Problem gelöst wird, indem Maßnahmen ergriffen werden, damit vernünftige Mittel gefunden werden, um Unterstützung von einem großen Staat auf der Friedenskonferenz zu gewinnen.

Da unsere Presse schwach ist und wir unserer Stimme in der Versammlung Gehör verschaffen wollen, müssen wir uns vor allem die Aufmerksamkeit der Vormacht des ganzen Nahen Ostens und Held der politischen Welt, nämlich des großen britischen Staates, auf uns ziehen. Ich denke, die einzige Lösung für dieses Problem kann die Vermittlung der Syrischen Christen in Indien sein.

Im Gegensatz zu den indischen Muslimen, die sich aufgrund der Idee der Einheit der Muslime immer in Aufruhr und Rebellion gegen die christliche britische Verwaltung befinden, unterliegen die einheimischen syrischen Christen der Wertschätzung der britischen Verwaltung, da sie unter der oben genannten Verwaltung immer treu und in einem friedlichen

---

[177] Fürst Alexander Michailowitsch Gortschakow (1798-1883) war russischer Diplomat, Außenminister und Kanzler.

[178] Benjamin Disraeli, 1. Earl of Beaconsfield (1804-1881), war ein konservativer britischer Staatsmann.

und harmonischen Zustand leben. Sie genießen ein großes Vertrauen der oben genannten Verwaltung.

Deshalb hätten Forderungen und Initiativen der syrischen Christen in Indien gegenüber der britischen Verwaltung weit mehr Wirkung als tausend Bitten und Wünsche der unter osmanischer Herrschaft lebenden Assyrer, die nur ein wenig mehr Freiheit für ihre Glaubensgenossen in Mesopotamien erlangen wollten.

Die Forderungen der Muslime in Indien gegenüber der britischen Regierung zugunsten der Türken haben die muslimisch-türkische Regierung wiederholt vor politischen Schwierigkeiten bewahrt. Dass eine große Stadt wie Edirne im Balkankrieg 1912 den Türken zurückgegeben wurde, liegt daran, dass sich die Muslime Indiens an den britischen Staat wandten. Es war nicht die besiegte Armee der Türken, die dies ermöglichte. Es ist auf den Einfluss der Muslime Indiens zurückzuführen, dass die türkische Herrschaft fortgesetzt und Istanbul immer noch in den Händen der Türken gehalten wird. Warum sollten wir also nicht vom Einfluss der syrischen Christen Indiens profitieren?

Aber wir sollten nicht denken, dass diese wichtige Angelegenheit ein leichtes Spiel ist, das nur dadurch gelöst werden kann, dass man von hier aus ein oder zwei Briefe nach Indien schreibt. Die Angelegenheit erfordert viel Aufmerksamkeit und sorgfältige Arbeit wie die Entsendung von Personen nach Indien von hier oder von der Heimat.

Ähnlich, wie man einen Diplomaten wie Metropolit Afrem Barsoum nach London und Paris entsandte, sollte man zunächst mit Unterstützung eines Patrioten die Überlegungen der geistlichen Führer [der syrischen Christen] Indiens zuerst in diese Richtung lenken. Vergessen wir allerdings nicht, dass die syrischen Christen Indiens uns in Bezug auf Ethnie und Volksangehörigkeit nicht so nahestehen. Da sie uns konfessionell und im Glauben eng verbunden sind, sollte unser mächtiger Klerus in der Türkei sie zur Unterstützung unserer Sache einladen. Als die Assyrian National Association gegründet wurde, reichte ich diesen Vorschlag dem Hauptquartier der Organisation ein. Irgendwie gelang es jedoch nicht, den Vorschlag mit Ernsthaftigkeit zu verfolgen.

Auch wenn es schon spät ist, appelliere ich dennoch an unsere Vertreter in Paris. So wie die Armenier von einer Nubar-Pascha-Dynastie in Ägypten profitierten, warum sollten wir nicht von den Möglichkeiten der syrischen Christen in Indien profitieren, die viele Privilegien und Reichtümer haben?

Senharib Balley

Said Shamsi: Mann der Nation[179]

Vor ungefähr zehn oder zwölf Jahren hielt ich eine Rede bei einem Treffen der Intibah-Gesellschaft in Diyarbakir mit dem Titel *Notlage in Bezug auf Männern in unserer Nation*. In dieser Rede sprach ich so gut ich konnte die Probleme aus, die durch die oben erwähnte Notlage verursacht wurden, sowie die enorme Zerstörung, die eine Nation der eigenen Existenz zufügt, wolle sie in diesem Zustand verharren. Heute jedoch empfinde ich Ehre und den Stolz über die Qualität eines jungen, meinungsstarken Mannes wie Said Shamsi [türk. Şemsi] Efendi zu schreiben, dessen Foto und vor allem sein gut geschriebener Artikel, der seine Ideen und seinen Geist widerspiegelt, die Zeitschrift *New Assyria* bereichert.

Das Aufkommen von Nationalgefühlen und der Idee des Patriotismus innerhalb unseres Volkes in dieser kurzen Zeitspanne hat die Wolken der Trägheit, der Verzweiflung und der Selbstgefälligkeit, die unsere Nation zuvor in jeder Hinsicht verdunkelt und eingehüllt hatten, ein Stück weggedrängt. Ob klerikal oder nicht klerikal, leuchtende Sterne wie Said Shamsi Effendi, die unsere Hoffnungen wecken, den Kampf aufnehmen und die Nation auf eine völlige Umgestaltung vorbereiten, sind Zeichen einer großen strahlenden Zukunft.

Said Shamsi Efendi ist ein Nachkomme des assyrischen Notabeln Irmush Efendi Shamsi aus Diyarbakir. Er ist ein Mann der Stärke, des Wissens und des Weitblicks, der mehrere Sprachen spricht und an der großen Universität von London ausgebildet wurde. Möge Gott der Allmächtige die Zahl von Menschen wie ihn in unserer Nation steigern.

Wir betrachten Shemsi Efendi nicht nur aufgrund seines Könnens im Schreiben oder seines Wissens und seiner Fähigkeiten als einen Mann der Nation, sondern auch wegen seiner Tugenden, sein Wissen, seine Zeit und seine Ressourcen dem Wohl seiner Nation zu widmen: „Schaut auf unsere Werke, sie offenbaren, wer wir sind."[180]

Said Shamsey

Viele seiner wichtigen Artikel über die Vergangenheit, Gegenwart und Zukunft seiner hilflosen Nation wurden in den Spalten der größten Londoner Zeitungen veröffentlicht. Darüber hinaus zeigen seine Petitionen und Bitten betreffend die Existenz und die Verfolgung unseres Volkes an so große Männer wie Präsident Wilson, Lloyd George, Clemenceau und den Bischof von Canterbury, seine Verbundenheit mit der Sache, seine Bemühungen und seine Unterstützung. In diesem Fall ist es rechtens, dass sein Name mit Priorität vor unseren anderen hart arbeitenden Personen erwähnt wird.

Die Existenz eines Volkes kann nicht nur von Lehrern und Professoren geschützt werden, die alles vergessen und nur an sich selbst und ihre persönliche Würde denken. Auch nicht

---

[179] *New Assyria*, Jahrgang 3, Nr. 33, 15. Mai 1919. Originalartikel in Garschuni-Osmanisch „*Milletin Adamı Said Şemsi Efendi*".
[180] „*Inzaru ila atharna, atharna tûdal álayna*" (arabisches Sprichwort).

von denen, die dank der Nation ihren Lebensunterhalt verdienen, oder aber von Philosophen und große Denker, die ihre Meinung vor Ausländern äußern. Er ist mit den Selbstlosen. Es waren die Söhne Jakobs und die Ältesten des Hauses Israel, die Joseph und das Volk Israels in die Sklaverei Ägyptens brachten! Und dennoch war es nicht der Waise und der lispelnde Moses, der dieses Volk aus der Sklaverei befreite?

„Schaut nicht auf die, die sprechen, schaut auf die, die es tun."
„Wissen ohne Handeln ist wie eine Biene ohne Honig."
„Freund ist derjenige, der Dir in Zeiten der Not die Hand reicht. Am Tag des Überflusses gibt es viele die nach Paris laufen wollen."
"Jene Quelle, die nicht dem Durstigen und Besitzlosen dient, selbst wenn sie die Siloamquelle[181] wäre, bleibt sie für die Menschheit nutzlos!"
Unsere Nation braucht heute viele Dinge. Vor allem aber braucht sie Freiheit und Menschen, die ihr helfen können.

Ohne aufopferungsvolle Menschen kann die Freiheit nicht errungen werden. Wenn es keine Freiheit gibt, ist es nicht möglich, andere Dinge zu haben, und man verliert selbst das, was man hat. Die Türken beraubten uns vieler Güter und Menschen, aber sie gaben uns die Vorstellung von Unabhängigkeit und sind die Ursache für das Aufkommen einer neuen Generation [fähiger] Menschen.

Senharib Balley

---

[181] Siloam (im Originaltext auf Syrisch ܫܝܠܘܚܐ erwähnt) ist ein Teich im Süden Jerusalems in der Nähe des Westhangs des Kidrontals. Im A.T. wird erwähnt, dass er „beim Garten des Königs" lag, als die Mauern Jerusalem unter Nehemia wieder aufgebaut wurden (Neh 3,15). An anderer Stelle wird dieser Teich erwähnt, in dem sich ein Blinder auf Anweisung Jesu Christi waschen sollte, um wieder sehen zu können (Joh 9:6, 7, 11).

Lobpreisung und Anregung[182]

Sehr geehrter Chefredakteur von *Babylon*,

ich lese gelegentlich Ihre Zeitung, die Sie unter dem schönen Namen *Babylon* herausgeben. Es ist eine sehr wichtige Hilfe, dass Sie einigen Assyrern, die ihre gemischte Sprache nicht verstehen, ihre Situation und nationale Nachrichten in der Sprache erklären, die sie verstehen. Ihnen gebührt Anerkennung für einen so wichtigen Dienst und für Ihren Beitrag zur internationalen Verbreitung des Nationalgedankens.

Diese Haltung hat der Achtung Ihrer Assyrian Five Gesellschaft, die in gewissem Umfang bereits nationale Dienste geleistet hat und nun mit der Herausgabe Ihrer Zeitung eine weitere Ehre hinzufügt. Sie ist auch ein gutes Beispiel für eine Reihe anderer Vereinigungen, die große Namen und Programme haben, aber in der Praxis untätig bleiben wie ein nutzloses Stück Materie.

Egal, wie oft es in guter Absicht gesagt wurde, lassen Sie uns noch einmal wiederholen, dass Vereinigungen, ob groß oder klein, einem lebendigen Organismus gleichen. Die Entstehung und der Fortschritt eines jeden von ihnen unterliegt dem Gesetz der Reifung. Ein Organismus, der sich nicht ständig weiterentwickelt und wächst, ist im Grunde tot – selbst wenn er am Leben ist. Mit anderen Worten: Die Organe eines Körpers, die nicht handeln und sich nicht bewegen, werden in Zukunft gelähmt sein. Ebenso können sich soziale Organisationen der Lähmung nicht entziehen, wenn sie sich nicht von der Stelle bewegen, auch wenn sie basierend auf schöne Ideen gegründet worden sind.

Einige unserer Vereine, die vor vielen Jahren mit guten Absichten gegründet wurden, aber heute nichts anderes im Sinn haben, als Geld auf Bankkonten anzusammeln und weder dem Volk noch der Nation irgendeinen Nutzen bringen, befinden sich mittlerweile auf derselben Stufe wie Rom.

Ich höre, dass die Zeitschrift *Babylon* nicht nur für ihre Leistungen auf diesem Gebiet nicht geschätzt wird, sondern auch kritisiert wird, weil sie in einer Fremdsprache erscheint.
Die Wahrheit ist, dass es für eine Nation mit einer einst erfolgreichen Sprache, die bei vielen Völkern bekannt war, eine Schande für ihre nationale Ehre ist, wenn sie heute in einer Fremdsprache kommuniziert.

Es sollte jedoch bedacht werden, dass wir viele Völker und Nationen kennen, die jahrhundertelang fremde Sprachen und Schriften verwendet haben, aber sobald sie sich ihrer Situation bewusst wurden, entwickelten sie ihre Nationalsprache und machten sie innerhalb eines halben Jahrhunderts zu einer internationalen Bildungssprache.

Als die Türken stark waren, gab es in und um Izmir einige griechische Mönche, die einigermaßen Griechisch lesen und verstehen konnten. Heute gibt es nicht nur Griechen in Izmir, sondern auch keinen einzigen Türken, der nicht Griechisch kann. Das Gleiche gilt für die Armenier im kaukasischen Georgien und die zionistischen Hebräer in Palästina.

---

[182] *Babylon*, Jahrgang 1, Nr. 6, 2. Oktober 1919. Originalartikel in Garschuni-Osmanisch „*Tebrik ve Takrir*".

Über die Wahl des Namens *Babylon*

Es gibt einige mutige Schriftsteller und Journalisten, die die gesamte Bedeutung einiger Seiten eines Artikels oder eines umfangreichen Buches im Titel dieses Artikels oder Buches zusammenfassen, der aus wenigen Worten besteht. Wenn Sie nur den Titel des Buches lesen, ist es, als ob Sie den Inhalt des ganzen Buches gelesen und verstanden hätten. In diesem Sinne wird auch Ihre Zeitung *Babylon* genannt. Das Wort Babylon drückt zwei völlig gegensätzliche Bedeutungen und zwei unterschiedliche soziale Situationen aus.

Daher bedeutet Babylon sowohl Einheit, Stärke, Wort und Idee, eine große Gemeinschaft, ein Freund, der die Bastion von (Nimrod) baut, bis sie einen Gipfel der Macht erreicht. Babylon bedeutet eine große Nation an den Ufern von Tigris und Euphrat, die mit ihrer Weisheit, ihrer Politik, ihrer Wissenschaft, ihrem Handel, ihrer Landwirtschaft und ihren Künsten die Grundlage der orientalischen und westlichen Zivilisationen bildet und die höchste Stufe der Ehrentreppe (Assur-Chaldo) erreicht hat; deren zentrale Verwaltung entsprach dem London und Paris des Ostens jener Zeit.

Babylon steht auch für eine trockene Wüste, und die Verwirrung und Aufteilung eines Volkes in mehrere Sprachen und Gruppen, die einander nicht verstehen. Verwirrung, Selbstsucht, Egoismus, gegenseitiger Neid, die Arbeit des einen wird durch die des anderen zerstört. Folglich bedeutet Babylon, dass man sich nicht einig ist, zersplittert ist und die Worte und Ideen des anderen nicht versteht. Das Wort "Babylon" und seine beiden Bedeutungen in unserer Sprache und an unserem Ort, in unserer Heimat sowie in unserer geistigen und sozialen Lage entsprechen voll und ganz unserer vergangenen und gegenwärtigen Situation.

Der Inhalt Ihrer Zeitung und die Bezeichnung *Babylon* offenbaren das Bild der vergangenen Geschichte und der Gegenwart unserer Nation. Ich beglückwünsche Sie und Ihre Bemühungen zu einer so erfolgreichen Arbeit.

5. September 1919 Paterson New Jersey   **Senharib Balley**

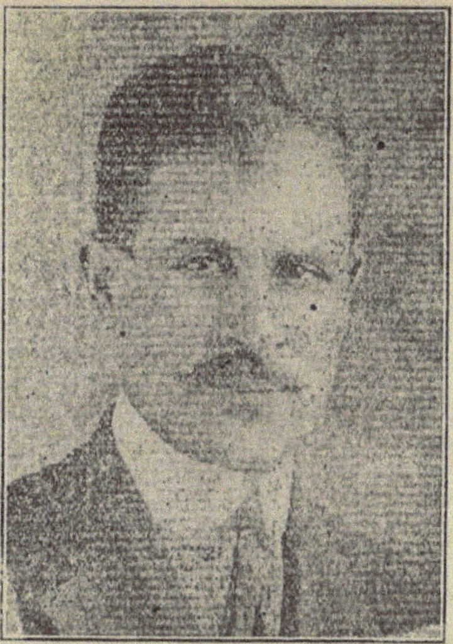

[illegible]

Said Raji und Aram Abdullahad,
die für die Assyrer in Paris kämpfen[183]

Verehrte Herren!

Zuallererst möchte ich Ihnen meinen aufrichtigen und besonderen Gruß aussprechen: Sie haben viele Gefahren auf sich genommen, um die Nationalbezeichnung unseres Volkes zu schützen. Dieses Volk leidet seit Jahrhunderten unter der Verfolgung und Unterdrückung der Muslime, den Türken und Kurden. In diesem höllischen Krieg, in dem wir Hunderttausende von Märtyrern beklagen, die in der Geschichte kein anderes Verbrechen begangen haben, als das sie sich und ihre Nation verteidigen wollten.

Sie sind mit einer heiligen Mission nach Paris gereist, um auf der Friedensversammlung über unsere Verfolgung zu berichten. Die freudige Nachricht, dass Sie mit unseren anderen Delegierten fleißig arbeiten, hat vielen Assyrern und insbesondere der Assyrian National Association (*Shawtofutho umthonoyto* ܫܘܬܦܘܬܐ ܐܘܡܬܢܝܬܐ) große Freude bereitet. Dies gilt allgemein, abgesehen von einigen Personen, deren nationales Gewissen und Menschlichkeit verdorben und unwürdig sind, den großen Namen des Assyrertum zu tragen.

Aram Abdelahad, Said Raji (sitzend),
Dr. Abraham K. Yoosuf
in Paris 1920

Ich möchte Ihnen mit den aufrichtigsten Gefühlen gratulieren und feststellen, dass Ihre Entsendung in die Istanbuler Nationalversammlung [Nationalrat][184] eine Belohnung für Ihre Mühen und Ihr patriotisches Wirken darstellt. Versuchen Sie bitte zusammen mit dem folgenden von mir geschriebenen Glückwunschschreiben die folgenden Zeilen zu lesen.

Geehrte Herren!

Die Abgeordneten, die jahrhundertelang als Vertreter des Vaterlandes galten, die der nationalen Politik völlig fernstanden und denen der Schutz und die Verteidigung der nationalen Rechte völlig gleichgültig war, sind so wertvoll für die Nation, dass zur Strafe für die Vernachlässigung einer so gefühllosen Nation ihre Vertreter und diejenigen, die für sie kämpfen, plötzlich große Schwierigkeiten haben werden, wenn sie versuchen, sich bei den Diplomaten in der [Pariser] Friedensversammlung Gehör zu verschaffen und ihre Rechtsansprüche durchzusetzen. Aber Sie und all diejenigen, die sich abmühen, müssen sehr entschlossen sein und sich vorstellen, wie die Witwe im heiligen Buch das bekam, was sie

---

[183] *Babylon*, Jahrgang 1, Nr. 17, 4. März 1920. Originalartikel in Garschuni-Osmanisch *'Paris'te Asuri Mücahedeninden Rıfatlı Said Raci ve Aram Abdullahad Efendiler Hazretine'*.
[184] Dies war der Milletrat der syrisch-orthodoxen Kirche in Istanbul.

wollte, indem sie unablässig bettelte und den hartherzigen Richter, der keine Angst vor Gott und keine Scham vor den Menschen hatte, lautstark bedrängte.[185]

Nun hat diese Nation durch Vernachlässigung viele Dinge verloren und viele wertvolle Chancen vertan. Aber wenn sie sich auch um das kümmert, was übriggeblieben ist, wird sie immer noch viel gewinnen.

Selbst wenn es sich um die Trümmer eines riesigen assyrischen Reiches handelt, selbst wenn es ein einsames Haus ist, in dem wir auch natürlich wohnen werden, können wir es reparieren. Es heißt: "Je eher man den Verlust überwindet, desto mehr gewinnt man".

Es ist keine Schande zu fallen, es ist eine Schande, auf dem Boden zu bleiben. Es ist ein großer Fehler, negativ und mit entmutigenden Worten wie "Unsere Bevölkerung hat nicht die Millionengrenze erreicht", über unser Zustand zu sprechen, oder "es ist zu spät" und so ähnlich zu denken.

Wenn eine Nation ihre eigene Situation vollständig erkennt, dann ist es kein großer Verlust, wenn sie früher oder später aufwacht. Die Japaner zum Beispiel sind mit Bezug auf ihren eigenen Zustand spät aufgewacht. Heute haben sie enge Beziehungen zu den fortschrittlichsten und gleichzeitig ältesten Nationen aufgebaut. Wir haben die Namen vieler Nationen erfahren, von denen wir vor dem Krieg nicht einmal gehört hatten, und wir sehen nun die Erlangung ihrer Freiheit.

Es gibt zwei Wege, wie Nationen sich ihrer eigenen Lage bewusst werden: Ein Weg ist durch Wissen und der andere durch Unterdrückung. Aber diejenigen, die durch Unterdrückung zu einer Nation erwachen, sind aggressiver und langlebiger als diejenigen, die durch Wissen erwachen. Einst griffen die Franzosen immer wieder das Deutsche Reich an, doch die militärischen Schläge Napoleons weckten die Deutschen auf, die viele Jahrhunderte geschlafen hatten, und brachten sie dazu, sich zu organisieren.

Die Völker des Balkans, die einst von den unerträglichen Grausamkeiten der Türken unterdrückt wurden, folgten demselben sozialen Gesetz. Kommen wir zu den Armeniern. Die Armenier sind in diesem letzten Jahrhundert so sehr verfolgt worden, dass sie [deswegen] im Vergleich zu anderen Jahrhunderten in einem halben Jahrhundert mehr Fortschritte erzielt haben.

Sie wissen, dass im dreiundsechzigsten Artikel des Vertrags von Ayastefanos[186] ein paar Hinweise auf die Armenier[187] stehen. Es ist die Verfolgung, die dafür gesorgt hat, dass diese Worte hier Eingang gefunden haben. Obwohl man ihre Stimmen in den türkischen Städten nicht hören will, beschäftigt die armenische Frage heute die politischen Zentren der Großmächte. Ich lese Ihnen nicht die armenische Geschichte vor, ich möchte nur sagen, dass Verfolgung, Schwert und Messer für verfolgte Völker wie das Beschneiden der Äste eines

---

[185] Gleichnis vom ungerechten Richter (Lukas 18,1–8).

[186] Der Frieden von San Stefano (auch Vorfrieden von San Stefano, heute Yeşilköy im Westen Istanbuls am Marmarameer) beendete am 19. Februar / 3. März 1878 den Russisch-Türkischen Krieg 1877–1878.

[187] Es handelt sich um Artikel XVI, in dem sich die osmanische Hohe Pforte, d.h. die Regierung, verpflichtet, „ohne weitere Verzögerung die von den örtlichen Erfordernissen geforderten Verbesserungen und Reformen in den von den Armeniern bewohnten Provinzen zu verwirklichen und ihre Sicherheit vor Kurden und Tscherkessen zu gewährleisten."

alten Baumes sind. Wenn die Äste eines alten Baumes abgeschnitten werden, wachsen neue Schösslinge. Das Blut, das auf dem Boden einer Nation vergossen wird, ermöglicht es einem Volk, eine Nation zu werden, und lässt neue Ideen sprießen und entstehen. Die Geschichte der Freiheit jeder unterdrückten Nation ist mit Blut geschrieben.

Meiner Meinung nach sind wir eine Nation, die genauso viel oder sogar mehr verfolgt wurde als die Armenier oder viele andere Nationen in unserer alten Geschichte; wo sollte sonst unsere Millionenbevölkerung hingegangen sein? Sie sind sicherlich nicht lebendig in den Himmel aufgestiegen, oder?

Wenn man die Geschichte der kurdischen, arabischen oder irgendein anderes Volk um uns herum analysiert und ihr Blut untersucht, werden wir nicht Assyrer und assyrisches Blut unter ihnen finden?

Das sind nicht alle, die vor der Verfolgung und den Schwerthieben der Muslime flohen. Selbst wenn man die Sandkörner an den Ufern von Tigris und Euphrat analysiert, wird man feststellen, dass es sich immer um Überreste assyrischer Städte handelt.

Es muss hier jedoch klargestellt werden: Wenn ein Volk keine Ideen hat, die bestimmten Zweck und Ziel dienen, dann führen Verfolgung und das Blutvergießen eines Volkes nicht immer zur Freiheit. Denn wie bereits gesagt, gibt es kein Volk unter den Völkern, das so viel Unterdrückung erlitten hat wie das assyrische Volk.[188]

Da alle Verfolgungen und Benachteiligung, die es erlitt, als nicht auf einen weltlichen und sozialen Zweck zielend betrachtet wurden, sondern nur an dessen Träume vom Jenseits verbunden waren, zog man leider keine sozialen und nationalen Lehren aus diesen unzähligen Verfolgungen. Um es deutlicher auszudrücken: Während es nur daran dachte, seine Religion zu schützen, verlor das assyrische Volk in beiden Fällen sowohl seine Religion als auch seine Welt. „Die Welt ist der Acker des Jenseits, wer seine Welt verliert, verliert auch sein Jenseits."

Wenn die assyrischen Nachkommen für das weltliche so viel gekämpft hätten, wie sie für ihre Religion geopfert haben, hätten sie zweifellos ihr altes Reich erneuern und ihre Religion den Menschen im Osten lehren können. In einer Welt, an der man nie geglaubt hat, löste man sich von Nationalität und Politik ab.

Ein Volk wird auch im Zusammenhang mit seinem religiösen Glauben gescholten. Die irdisch-weltliche Herrschaft schützt die geistlich-religiöse Herrschaft. Es sind nicht die papsttreuen Missionare, die den Katholizismus in Afrika, China und Japan verbreitet haben, auch nicht die Engländer, die den Protestantismus in die Welt hinaustrugen, sondern ihre irdischen Regierungen, die einander in ihren Schwertern, Rüstungen und materiellen Mitteln ähneln. Die Tatsache, dass in den Ruinen von Hunderttausenden unserer Kirchen und Klöster in Indien, Ägypten, Hedschas [Saudi-Arabien], Iran und China die Eulen heulen, heißt nicht, dass unsere Religion nicht wahrhaftig ist, sondern weil wir keine irdische Organisation haben, die diese religiösen Werte schützt.

Das assyrische Volk ist beim Schutz seines Rechtes auf Leben und nationale Existenz zahnlos gegen seine Feinde, die wie Wölfe und Bestien sind. Anstatt zu versuchen, das Schwert des

---

[188] *Asuri milleti.*

Feindes zu zerbrechen, schärfte es das Schwert des Feindes mit eigener Hand. Es gab sich selbst die Schuld für jede Katastrophe und sagte: *„Es ist Gottes Befehl, und kein Blatt fällt ohne Gottes Wille von einem Baum; wir akzeptieren alles was von Gott kommt. Gesegnet sind die, die für meinen Namen leiden, und ich sende euch wie Schafe unter Wölfe."* Damit schrieben die Assyrer ihre eigenen Unzulänglichkeiten ihrem Gott zu. Sie achteten nie auf die Bedeutung dessen, was Gott auch befahl: "O Israel, dein Heil liegt in deinen Händen." Armes Volk! Sie verstanden nicht, dass Tauben nicht unter Raubvögel nisten und Schafe nicht unter Wölfe weiden können.

Es ist nun völlig klar, dass ein Volk seine Freiheit nicht durch sinnloses Opfern erlangen kann. Denn eine Nation, die nur den Wunsch zu sterben hat, ist wie ein Schaf, und ein Schaf ist ein Geschöpf, das nur dazu benutzt wird, den Appetit von Wölfen und sogar von Menschen zu stillen.

Ein Volk, das nur aus der Gefahr des Tötens und Schlachtens handelt, kann nicht überleben. Denn Töten, Schlachten oder Verbrennen ist ein wildes und monströses Gefühl, das eine Gräueltat darstellt und der Feind der ganzen zivilisierten Welt ist.

Um seine nationale Existenz in der Welt zu bewahren, muss ein Volk die Gefühle des Sterbens und des Tötens kennen, damit es leben kann. Nach dem Spruch: *"Wenn du Frieden willst, mach dich bereit für den Krieg".*[189] Dieser Spruch „Wer Frieden und Sicherheit will, muss zum Krieg bereit sein" wird eindeutig zu diesem Zweck gebraucht. Gott sei Dank erkennt das assyrische Volk jetzt seine Fehler, wenn auch nicht ganz. Es hat die Gesetze des Lebens als Nation auf der Erde verstanden und wendete einiges davon im Ersten Weltkrieg an, wenn auch nur geringfügig. Wir haben der ganzen Welt gezeigt, dass auch wir das Gefühl kennen, für das Wohl der Nation zu töten und zu sterben.

Wenn es etwas gibt, was die Assyrer nicht kennen, dann ist es das Mittel der Propaganda. Da sie in dieser Hinsicht unwissend sind, wurden sie während des Ersten Weltkrieges vieler nationaler Führer beraubt, und viele von ihnen sprachen im Namen anderer Nationen. Wir hoffen, dass diese Nation bald lernen wird, in ihrem eigenen Namen Propaganda zu machen.

Egal ob Sultan oder Patriarch, es gibt keinen aus anderen Völkern, der sich mit Mar Shimon vergleichen lässt. **Mar Benyamin Shimon** legte sein Amt und seine Bibel beiseite, griff zu den Waffen, bildete Armeen und kämpfte Tag und Nacht gegen die brutalen Türken und Kurden für den Schutz seines Volkes und der Freiheit in den Bergen von Assur und Chaldo, die mühsamer als die Burgen von Verdun [zu verteidigen] sind.

Welcher Metropolit eines anderen Volkes ist vergleichbar mit dem Metropoliten Mar Yaballah von Amadiye,[190] der dreißigtausend Krieger aus assyrischen Stämmen organisierte, die Hunderte von Kilometern marschierten, um die Assyrer zu retten, die von Türken und Kurden in Urmia belagert worden waren? Andererseits war die Verteidigung von Azikh,[191] Aynverd und Midyat gegen die wilden Angriffe der Türken und Kurden ebenso beispiellos.

---

[189] *Si vis pacem para bellum* ist ein lateinisches Sprichwort. Wörtlich übersetzt lautet es: *„Wenn du (den) Frieden willst, bereite (den) Krieg vor."*

[190] https://de.wikipedia.org/wiki/Amediye

[191] Ortschaft im östlichen Teil des Tur Abdin (im syrischen Beth-Zabday, im Türkisch Idil genannt).

Da wir die Mittel der Propaganda nicht kennen, ist diese nationale Ehre nicht nur in der zivilisierten Welt, sondern sogar in unserer eigenen Gemeinschaft noch unbekannt.

Darüber ausführlich zu schreiben bedeutet, ihnen zu erklären, was bereits bekannt ist. Auf jeden Fall sind unsere Delegierten, die sich zu diesem Zweck in Paris für unsere nationale Sache versammelt haben, im Besitz von Tausenden offiziellen Dokumenten über die von mir genannten Beispiele über unsere Existenz und unsere Viktimisierung. Bringen Sie dies ohne Zögern vor Gericht.

Konfrontieren Sie damit Ministerpräsidenten, Präsidenten und Diplomaten. Stellen Sie die von den Türken begangenen Katastrophen der Welt so weit wie möglich durch die Presse vor. Achten Sie darauf diese wertvolle historische Zeit nicht zu vergeuden.

Lassen Sie nicht zu, dass die Größe und der Glanz von Paris und London das traurige Bild unserer Heimat, die in einen Friedhof verwandelt und in Trümmer gelegt wurde, aus Ihrem Gedächtnis streichen.

Lasst Eure Ohren dem Schmerz und dem Stöhnen von unschuldigen Waisenkindern und von Müttern und Vätern lauschen, die sich in gekrümmte Skelette verwandelt haben und die vom Schrei nach Brot zerrissen sind. Besonders unsere Märtyrer aus dem Jenseits, die zornig sind und uns und Euch mit ihren Augen anstarren und anflehen: *„O Kinder Assyriens! Wenn wir gewollt hätten, hätten wir unsere Nation, Ehre und Religion aufgeben und verleugnen können, und wir hätten schamlos und verächtlich leben können. Aber wir fanden es ruhmreicher und ehrenvoller, frei begraben zu werden, statt versklavt in einer Heimat in Ketten zu leben. Wir haben unser Blut für die Freiheit der Heimat vergossen. Wir haben unsere Pflicht erfüllt. Arbeitet daran, damit unser vergossenes Blut als Keim zu nationaler Unabhängigkeit für Euch wirkt. Wenn nicht, befragt den Baum der Unterdrückung und Grausamkeit nach dem Blut, das unsere Vorfahren vergossen haben."*

Hören wir uns ihre leisen, aber sehr realen und schockierenden Worte an.
Lasst uns also alle unsere Pflicht tun.

25. Januar 1920   **Senharib Balley**

Wen haben wir? Lasst uns sie kennenlernen![192]

Mit Ausnahme der Assyrer im Iran und Kaukasus, die über eine eigene nationale und sehr bekannte Presse sowie Publikationen verfügen, hat uns die Tatsache, dass wir Assyrer mehrere Sprachen sprechen, nicht nur daran gehindert, über eine eigene Presse und entsprechende Publikationen zu verfügen, in denen wir unsere allgemeinen Gefühle zum Ausdruck bringen können, sondern hat uns auch von vielen Fortschritten und nationalen Initiativen abgehalten.

In anderen Völkern werden nicht nur die großen Schriftsteller, sondern auch einfache Schriftsteller der eigenen Gemeinschaften geschätzt. Unsere Schriftsteller hingegen werden nicht einmal von ihren eigenen Landsleuten, den Assyrern, anerkannt.

Assyrer, die Armenisch und Arabisch sprechen und lesen, kennen nicht eine einzige Zeile nützlicher Ideen aus der Feder eines Intellektuellen, der die türkische Sprache beherrscht, so wie andere Assyrer nichts von den Ideen eines Assyrers wissen, der auf Arabisch schreibt.

Daher sind sich weder unsere Denker, Schriftsteller, engagierte Leute noch die Nation als Ganzes der neuen Situation bewusst, die sich dadurch ergeben hat. Deshalb ist es nicht einmal notwendig und möglich, die entstandenen materiellen und moralischen Schäden zu benennen.
Ich möchte das gerne überprüfen und frage Sie jetzt, indem ich einen Namen nenne: Kennen Sie Daniel Khuri aus Azikh?[193]

Ich denke, dass dieser Name den Assyrern, die Türkisch und Armenisch lesen, nicht sehr vertraut sein wird. Vielleicht ist es ein Name, den sie zum ersten Mal hören. Diejenigen jedoch die Arabisch lesen, und insbesondere jene, die arabische Tageszeitungen wie *Bethnahrin,*[194] "*Al-Hoda*"[195] und "*Mira'at al-Gharb*"[196] lesen, kennen diesen Namen sehr gut und er ist sogar sehr bekannt.

---

[192] *Babylon*, Jahrgang 1, Nr. 18, 18. März 1920. Originalartikel in Garschuni-Osmanisch *"Bizde Kimler Var Tanyalım"*.

[193] Daniel Khuri Malihe (1890-1961), Sohn des Chorepiskopos (Khuri) Hanna Malihe aus Azikh. Die Familie flüchtete während des Genozids nach Ägypten und kehrte später nach Azikh zurück. Daniel hingegen emigrierte in ca. 1916 in die USA und lebte in Youngstown/Ohio. Dort nahm er u.a. Kontakt mit Naum Faiq auf und schrieb zahlreiche Artikel in *Bethnahrin* und *Huyodo* (Siehe ausgewählte Artikel in Arabisch in Abboud Zeitoune (2020) und Übersetzungen ins Deutsche (2022). Er kehrte im Jahr 1947 nach Qamishly zurück und nahm an der kulturellen Entwicklung neben Shukri Charmukli und anderen aktiv teil. Er starb im Jahr 1961 in Qamishly.

[194] *Bethnahrin* wurde von Naum Faiq in den Jahren 1916-1921 und 1923-1929 herausgebracht.

[195] *Al-Hoda* [الهدى, Die Rechtleitung] war die langlebigste der frühen arabischen Zeitungen und erschien von 1898 bis 1972. Sie zeichnete sich durch ihre weite Verbreitung - die sich über ganz Nordamerika erstreckte, aber nach einigen Angaben auch über 40 Länder weltweit - und ihren entsprechenden transnationalen Einflussbereich aus. Herausgeber dieser Zeitschrift waren der Maronit Naoum Antoun Mokarzal und später sein Bruder Salloum Antoun Mokarzel. Sie wurde zuerst in Philadelphia und ab 1902 in New York publiziert.

[196] *Mira'at al-Gharb*, [مرآة الغرب, Spiegel des Westens], war eine arabische Zeitung, die in den Vereinigten Staaten von 1899 bis 1961 erschien. Sie wurde von Najeeb Diab (1870-1936) gegründet und befand sich bis zu ihrer Schließung im Besitz seiner Familie. Mira'at al-Gharb bietet wertvolle Einblicke in die religiöse, politische und intellektuelle Vielfalt der frühen Einwanderer aus Großsyrien.

Meiner Meinung nach ist Daniel Khuri ein junger assyrischer Denker, dessen Beispiel nicht nur bei den Assyrern Amerikas, sondern vielleicht sogar im Heimatland schwer zu finden ist. Er ist ein bewundernswerter Schriftsteller und Kämpfer, dessen Methode und die Technik seiner Schriften, insbesondere seine Zivilcourage beim Ausdruck nationaler Gefühle bewundernswerte Beachtung finden.

Daniel Khuri Malihe
(1890-1961)

Diejenigen, die seine in arabischen Zeitungen New Yorks veröffentlichte Artikel gelesen und analysiert haben, wissen sehr gut, was für ein mutiger assyrischer Botschafter dieser junge Mann war, wie furchtlos er über wichtige Themen schrieb und wie energisch er die assyrische Sache verteidigte. Da nur sehr wenige von uns die oben genannten Zeitungen lesen, hat das assyrische Volk diesen ungewöhnlichen jungen Mann leider noch nicht wahrgenommen.

Ich habe es mir zur nationalen Aufgabe gemacht, Daniel Khuri und seine Ideen anderen Assyrern vorzustellen, und ich werde seine Schriften ins Türkische übersetzen, wann immer ich die Gelegenheit dazu habe. Ich muss auch darauf hinweisen, dass es, wie in jeder Nation, viele Menschen gibt, die, wenn sie sich selbst für ein bestimmtes Thema kompetent halten, keine zweite Person mit denselben Kenntnissen in ihrer Gemeinschaft sehen wollen! Das ist bei uns besonders ausgeprägt.

Meiner Meinung nach sind diese krankhaften Gedanken und der Neid die Ursache für viele Streitigkeiten und Konflikte, die sich in unserem Volk ausgebreitet haben. Ich denke, dass es völlig falsch ist, eine solche Einstellung zu haben. Wenn ich sehe oder höre, dass ein kluger Kopf aus unserem Land hervorgegangen ist, möchte ich ihn mit den mir zur Verfügung stehenden Mitteln bekannt machen und fördern, damit ihn die ganze Nation erkennt.

Mein Ziel ist es, zu zeigen, dass wir auch eine Nation sind, dass wir auch denkende Köpfe haben. Meine Erwartung ist, dass die Ehre, die durch die vorgetragenen Gedanken entsteht, nicht nur dem Denker gehört, sondern, wie ich glaube, dass diese Ehre auch der Nation und in geringerem Maße auch mir gehört. Das heißt, wenn es in meinem Volk Menschen mit überragenden Gedanken gibt, ist es nur natürlich, dass die Ehre unseres ganzen Volkes zunimmt. Wenn die Ehre meines Volkes zunimmt, wird auch meine Ehre zunehmen, da ich zu diesem Volk gehöre. Mit anderen Worten: Es ist besser, der Diener eines intelligenten und ehrenhaften Volkes zu sein als das Oberhaupt und der Sultan einer unehrenhaften, unwissenden und unzivilisierten Nation.

Ich habe den Artikel "Ein offener Brief an die Assyrer im Lande des Exodus" von Daniel Khuri übersetzt, der kürzlich in den Zeitungen *Bethnahrin* und *al-Hoda* veröffentlicht wurde. Ich muss darauf hinweisen, dass es nicht möglich ist, die Bedeutung und Schönheit des Originals in einem übersetzten Artikel oder Buch vollständig wiederzugeben. Wie ein Schriftsteller sagte, ist der Unterschied zwischen der Übersetzung und dem Originaltext so groß wie zwischen der Vorderseite und der Rückseite eines Textilstoffes.

Zu einer Zeit, als sich der Weltkrieg ausdehnte, begann die türkische Regierung ihre christlichen Bürger mit einer Brutalität abzuschlachten, wie sie in der Geschichte und in den vergangenen Jahrhunderten beispiellos war. Die großen Mächte der Welt, beschäftigt mit ihrem repressiven Verhalten und ohne Worte der Barmherzigkeit und des Mitgefühls in ihrem Vokabular, nahmen sich nicht einmal die Zeit, solche Gräueltaten der barbarischen Türken zu verhindern. Diese Wilden zogen ihr Schwert sogar gegen unschuldige Kinder, die noch an der Brust ihrer Mütter hingen. Das unschuldige Kind, das denkt, dass es ein glänzendes Spielzeug bekommen wird, lächelt und streckt sogar die Hand nach dem Schwert aus, um zu merken, dass das Spielzeug des Türken ihn in zwei Teile gerissen hat. Einige von ihnen wurden vom Schwert nicht berührt, der Hunger holte sie ein; und diejenigen, die den Hunger überlebten, starben an Pest- und Typhusepidemien.

Die Katastrophen trafen zu Beginn der Geschichte unterschiedslos Assyrer, Syrer [Suriyeliler], Armenier, Libanesen und Griechen, aber die Assyrer hatten mehr Pech als alle anderen. Denn es gab Leute, die der zivilisierten Welt die Not, Tränen und Schreie der Armenier, Syrer [Suriyeliler], und Griechen Gehör verschafften. Während die unglücklichen Assyrer nicht weniger litten als die Armenier, konnte ihr Schicksal nicht die zivilisierte Welt erreichen, und (selten) hatte jemand Mitleid mit ihnen. Aus diesem Grund waren die Widrigkeiten, die ihnen widerfuhren, unerträglich groß und schwer.

Gleichgültig, wie viel wir über diese Angelegenheit nachdenken, es lässt sich nur eine Schlussfolgerung daraus ziehen, nämlich dass die amerikanischen Missionare in Mardin und anderen Orten das Massaker an den Assyrern ebenso wie die Massaker an den Armeniern hätten publik machen können, was sie aber nicht taten. Der Grund dafür ist, dass die Missionare die nicht-protestantischen Assyrer nicht als Christen anerkennen. Zugleich erkennen sie protestantische Assyrer nicht als Assyrer an. Deshalb schwiegen sie zu den Massakern an nicht-protestantischen Assyrern. Denn die Tötung von „nicht-christlichen" Assyrern, die von Muslimen massakriert wurden, lag ihrer Meinung nach außerhalb ihrer Prioritäten. Sie verbreiten sogar die Ermordung protestantischer Assyrer unter dem Begriff Massaker an Christen, nicht unter dem Namen Assyrer."

Da die amerikanischen Zeitungen dem christlichen Namen einen armenischen Namen hinzufügten, wurden die assyrischen Massaker in armenische Massaker umgedeutet. Diese Situation wurde so weit getrieben, dass der assyrische Name völlig in Vergessenheit geriet.

Das soll nicht heißen, dass die Missionare froh waren, dass die Assyrer getötet wurden. Nein, im Gegenteil, sie waren traurig, aber ihre Traurigkeit war nicht groß genug. Sie war so groß wie das Mitgefühl einiger älterer Missionare für die Türken, die von den Griechen und Armeniern in Anatolien und Russland getötet wurden.

Die Missionare hatten Mitleid mit dem Unglück der Türken und führten ihren Auftrag aus. Armenier und Griechen unterdrücken und töten Türken. Außerdem protestierten sie gegen das Vorgehen der Griechen. Leider haben die Missionare von Mardin weder die Ermordung der Assyrer publik gemacht, noch ein einziges Mal dagegen protestiert.

Sobald die Kriegswirren abflauten, strömten Hilfsgüter und Spenden in unsere Heimat; wie es von hier aus schon oft gesagt wurde, anerkennt jeder den Beitrag und die Großzügigkeit der Amerikaner in dieser Hinsicht an. Jeder weiß jedoch, dass die Amerikaner dies nicht in einem konfessionellen oder religiösen Sinne getan haben, sondern nur im Namen der Menschlichkeit. Wir bedauern jedoch, dass diese Hilfe durch die Hände von äußerst voreingenommenen Meinungsmachern verteilt wurde.

Der Anteil an Nicht-Protestanten an den genannten Leistungen war gleich null oder sehr gering. Dafür gibt es unzählige Belege. Ich kann hier nur das Dokument zitieren, das in der Zeitung Al-Ahdi veröffentlicht und vom katholischen Patriarchat von Mardin offiziell bekannt gegeben wurde. Darin heißt es: "Das Amerikanische Rote Kreuz hat den Katholiken in Mardin und Umgebung kein Geld aus der amerikanischen Hilfe gegeben." Wir glauben, dass die Situation der orthodoxen Assyrer nicht besser war als die der Katholiken. Denn nach dem Verständnis der Missionare, die die Hilfe verteilten, sind beide keine Christen.

Die Amerikaner spendeten diese Hilfe jedoch für Christen oder Nichtchristen. Wo ist jene Gerechtigkeit, die ein besonderes Symbol der amerikanischen Gesellschaft ist? Ist es das Christentum, das die amerikanischen Missionare verkündet haben? Wir überlassen die Antwort den Menschen, die ein Gewissen haben.

Nun, O Assyrer, die zerstreut sind im Land der Migration? Wisst und versteht, dass Zehntausende unserer Brüder und Schwestern in Bethnahrin keinen Platz zum Schutz haben. Die Erde ist ihr Bett und der Himmel ihre Decke. Sie haben keine Helfer mehr außer Gott im Himmel und Euch auf Erden.

Ihr wisst, dass weder Gold noch Weizen vom Himmel regnen kann. Eure hungrigen Brüder haben niemanden außer Euch. Deshalb eilt Eurem Volk mit Großzügigkeit zu Hilfe, um diejenigen vor Hunger zu retten, die dem Schwert entkommen sind. Sonst wird ihre Verantwortung für immer auf Euch lasten.

Ja, es ist schwierig, so viele Familien in einer solchen Zeit zu ernähren. Aber es ist nicht akzeptabel, sie so lange mit dem Hunger allein zu lassen. Da die Verantwortung uns überlassen wurde, gibt es außer uns niemanden, der diese Verantwortung trägt. Deshalb müssen wir dieses Problem aus der Welt schaffen. Andernfalls verdienen wir das, was amerikanische Missionare über uns sagen; dass wir keine Christen wären!

In einer der nächsten Ausgaben werde ich die fünf Heldentaten von Azikh während dieses Krieges und die hundertjährige Geschichte der Chaldo-Assyrer von Azikh aus der Feder von Daniel Khuri übersetzen und veröffentlichen.

Senharib Balley

Ehrenvolle Verteidigung[197]

Der obige Titel ist eine Übersetzung des Artikels von Daniel Khuri, aus Azikh [Beth Zabday], der in der Zeitung *Al-Hoda* unter dem Titel „*Ehrenvolle Verteidigung*" veröffentlicht wurde.

Nach den Schriften Seiner Eminenz Metropolit Tuma,[198] dem geistlichen Oberhaupt der Stadt Mossul, und von Yusuf Agha Hazo aus Azikh sowie anderen, schickte die türkische Regierung während des Weltkriegs eine Truppe von etwa zwanzigtausend kurdischen Kämpfern und reguläre Soldaten mit militärischer Ausrüstung nach Azikh [türk.: Idil],[199] um Azikh zu zerstören. Azikh ist eine der assyrischen Städte im Bezirksgouvernement Cizre in der Provinz Diyarbakir, die für die Tapferkeit ihrer Einwohner berühmt war. Obwohl die Türken die Stadt neun Monate lang belagerten, erkannten sie, dass sie ihr Ziel nicht erreichen konnten, und zogen sich schließlich nach Tausenden von Opfern aus der Umgebung von Azikh zurück.

Die Bewohner von Azikh, die zehntausend Einwohner zählten, erlitten während der gesamten Kämpfe und der Belagerung nur einhundertvierzig Todesopfer. Azikh erzielte diesen glorreichen Erfolg vor allem aus zwei Gründen. Erstens kämpften nicht nur die Männer, sondern auch die Frauen von Azikh, die seit ihrer früher Kindheit im Umgang mit Waffen vertraut waren und sich in dieser Hinsicht ein großes Geschick angeeignet hatten. Ein Mädchen, das ein Ei auf die Handfläche ihres Bruders legte, schoss aus dreißig Schritten Entfernung mit einem Gewehr auf das Ei, während es auf der Handfläche ihres Bruders lag, was ein Beweis für die Geschicklichkeit aller Azikh-Bewohner im Umgang mit Waffen andeutet.

Zweitens sind die Jugendlichen aus Azikh großartig hinsichtlich ihres Intellekts und ihre Tapferkeit. Mit anderen Worten, die jungen Leute aus Azikh, die während der Mobilmachung zum Militärdienst eingezogen wurden, beobachteten das Verhalten der Türken gegen die christlichen Soldaten in den Kasernen. Sie verstanden, wohin das Ende dieses türkischen Spiels führen würde. Sie entscheiden sich, einen ehrenvollen Tod zu sterben, anstatt verächtlich vernichtet zu werden. Sie ergriffen gemeinsam Initiative und desertierten mit ihren Waffen nach Azikh.

Sie strukturierten und organisierten umgehend die Stadtbewohner. Wegen ihrer klugen und tapferen Vorgehensweise wird die Geschichte der Jugend von Azikh mit einem unsterblichen Ruhm niedergeschrieben werden. Daher möchte ich hier eine kleine Geschichte von Azikh festhalten.

---

[197] *Babylon*, Jahrgang 1, Nr. 24, 10. Juni 1920. Originalartikel in Garschuni-Osmanisch *"Şerefli Müdâfa'a"*.

[198] Bischof Mor Athanasius Tuma Qasir (1870-1951).

[199] Idil, 64 km östlich von Midyat gelegen, ist heute eine Kleinstadt mit ca. 26.000 Einwohnern, in der Mehrzahl Kurden. Zu Beginn des 20. Jahrhunderts war Azikh ein mehrheitlich von syrisch-orthodoxen und syrisch-katholischen Christen bewohntes großes Dorf mit ca. 10.000 Einwohnern. 1915 erlangte Azikh durch seine erfolgreiche Verteidigung gegen massive Angriffe türkischer Truppen und kurdischen Stämmen aber auch als Zufluchtsort vieler vor den Massakern geflohener Christen, überragende Bedeutung.

Nicht erst heute, sondern vor einem Jahrhundert, zur Zeit des Helden Shammas Stayfo[200], der im 18. Jahrhundert für seine Einsicht und seinen Mut berühmt war, erreichte Azikh den Gipfel der großen Ehre. Im Jahre 1808 kamen Kurden zusammen und leisteten einen Eid, Azikh zu zerstören und seine berühmte Kirche in eine Moschee umzuwandeln. Yusuf Agha (Çalıkâ) aus den Aznavur-Dörfern organisierte etwa zehntausend Kämpfer aus den kurdischen Stämmen um Nisibin und Mardin herum, um gegen Azikh zu ziehen. Bevor er jedoch Mardin erreichen konnte, musste er in einem verzweifelten und elenden Zustand zurückkehren, nachdem er Hunderte von Opfern zu beklagen hatte.

Als im Jahre 1820 Shammas Stayfo erkannte, dass der Zeitpunkt des Todes nahte, versammelte er viele Stadtbewohner an einem Ort und nach einigen Ratschlägen sagte er zu ihnen: *„Meine Kinder, es scheint mir, dass ich nur noch wenige Tage zu leben habe, und ich bin überzeugt, dass kurz nach meinem Tod ein Unglück über Euch kommen wird. Eure Häuser werden geplündert und zerstört, Eure jungen Leute werden getötet, Eure Mädchen und Frauen werden gefangen genommen und nach Bagdad verschleppt."* Diese Worte von Shammas Stayfo, der vom Volk genauso respektiert wurde wie ein Prophet, trafen sie wie ein Blitz.

Sie warteten auf das Unausweichliche. Genau drei Monate nach dieser Rede verstarb Shammas Stayfo. 1827 rebellierten die Einwohner von Azikh gegen den Agha von Cizre. Obwohl der Agha mehrere Versuche unternahm, sie zu unterwerfen, war er in keinem von ihnen erfolgreich. Der Agha, der von dieser Situation sehr beunruhigt war, ging nach Rawanduz in der Region Bagdad und bat einen der berühmten Beys um Hilfe. Er versammelte eine kurdische Armee von zehntausend Menschen aus den Stämmen um Bagdad und Mossul und begann Azikh anzugreifen. Als die Bewohner von Azikh, die bis dahin weder Enttäuschungen kannten noch je eine Niederlage hinnehmen mussten und stets mutig und siegreich gegen ihre Feinde antraten, bemerkten, dass der Feind sich näherte, stellten sich 1500 junge Krieger aus Azikh ihm entschlossen entgegen. Sie wählten dazu einen Ort namens Zariki, etwa anderthalb Stunden von der Stadt entfernt, und verhinderten so, dass der Feind die Stadt überhaupt erreichen oder umzingeln konnte. Die beiden Kräfte, die nach dem Blut des anderen dürsteten, standen sich gegenüber und begannen zu kämpfen.

Zum ersten Mal in ihrer Geschichte legte sich nach langwierigen Konflikten Müdigkeit über die Kämpfer von Azikh. Sie wurden schwer besiegt. Neun von zehn ihrer Kämpfer wurden getötet. Als die Nachricht von der Niederlage die Stadt erreichte, griffen die Alten sogar die Mädchen und Frauen zu den Waffen und bereiteten sich darauf vor, die Stadt zu verteidigen. Nachdem jedoch Azikhs Streitkräfte, die sehr geschwächt waren, nicht umfassend auf die große Streitmacht des Feindes reagieren konnten, schafften sie es dennoch, den Kurden große Verluste zuzufügen; die meisten Menschen von Azikh, die sich in der Defensive befanden, wurden allerdings getötet. Die Stadt wurde niedergebrannt und zerstört. Gemäß der Vorhersage von Stayfo wurden die Mädchen und Frauen als Gefangene nach Bagdad und nach Rawanduz gebracht.

Meine Großmutter, die den oben beschriebenen Vorfall von Azikh mit eigenen Augen gesehen und persönlich erlebt hatte, sagte Folgendes, während sie über die Einzelheiten des Vorfalls sprach: *„Eines der gefangen genommenen Mädchen – Ali Pascha war damals Gouverneur von Bagdad – informierte den französischen Konsul, der als der einzige Beschützer der orientalischen Christen galt. Der Konsul hielt Treffen im Herrenhaus des Gouverneurs ab und arrangierte die Freilassung von*

---

[200] Zu Shammas Stayfo, vergl. Otto Jastrow: Zeitschrift für arabische Linguistik 77,1 (2023), Seite 86-99.

Gefangenen an anderen Orten, die Rückkehr der Gefangenen an ihre Herkunftsorte und die Erteilung von Befehlen des Gouverneurs zum Wiederaufbau von Azikh. Darüber hinaus erzielte er wichtige Ergebnisse, wie die Hinrichtung des Beys aus Rawanduz und die Verbannung der Beys aus Cizre."

1848 kam es erneut zu Problemen zwischen den Bewohnern von Azikh und den Stämmen des Aghas aus Cizre, die großen Feinde von Azikh waren. In einem Zusammenstoß nahmen die Bewohner Azikhs erfolgreich Rache.

Bedirhan Bey,[201] einer der berühmten Aghas der Botan Region, der 1847 [sic. 1874] gegen die türkische Regierung rebellierte, belagerte Şırnak, nachdem er sich zuvor mit den Bewohnern von Azikh vereinigt hatte. Dank den Assyrern von Azikh wurden bei dieser Belagerung große Erfolge erzielt.[202]

Im Jahr 1900 kam es zu einem Streit zwischen dem Kommandeur der Hamidiye Truppen von Cizre und den Leuten von Azikh über die Frage einer assyrischen Bäuerin, die von den Kurden beleidigt wurde. Fünfhundert Hamidiye-Soldaten griffen das seinem Namen nach bekannte assyrische Dorf Kuvakh an und töteten viele Einwohner. Die Leute von Azikh griffen das Dorf Kharabe Beriye an, eines der Dörfer der Hamidiye und belagerten es, um ihre Landsleute zu rächen. Trotz des erbitterten Widerstands der Belagerten eroberten die Azikhis das Dorf und töteten die Bewohner, nachdem sie selbst 45 Verluste erlitten hatten. Um die anhaltenden Probleme zwischen den Kurden und den Assyrern von Azikh zu lösen, wurden die Parteien durch einige neutrale Stämme versöhnt. Einige der wichtigsten Bedingungen des Friedens lauteten: *„Niemand von beiden Seiten sollte die Religion und Ehre der anderen beleidigen, und wenn der Beleidiger getötet wird, sollte keine Blutfehde geltend gemacht werden."*

1908 töteten Kasrukis[203] zwei Männer aus Azikh. Als Reaktion darauf töteten die Leute von Azikh einige Kasrukis und brannten das Dorf bis auf die Grundmauern nieder. Die Zahl der Assyrer von Azikh war gering im Vergleich zu den türkischen Streitkräften, dennoch, und wie am Anfang des Artikels erwähnt, agierten sie heldenhaft während dieses Konflikts gegen die türkische Regierung. Wir haben jedoch bereits zwei der Gründe genannt, warum sie so lange gegen eine so gut ausgerüstete Streitmacht standhalten konnten.

Der dritte Grund war ihr Versprechen und ihr Eid, sich dem Feind niemals zu ergeben und bis zum letzten Atemzug mit den Waffen in der Hand zu kämpfen. Solche Tapferkeit wie die der Assyrer von Azikh hat man nirgendwo sonst in der Türkei beobachtet. Obwohl die Verluste der Assyrer nicht geringer sind als die anderer Völker, berichten leider fast alle Zeitungen von den Verlusten anderer Völker. Trotz der gefallenen Assyrer und der Tatsache, dass dieses tapfere Volk im Kampf für seine Freiheit und sein Land heldenhaften Mut bewiesen und über seine Kräfte hinaus Opfer gebracht hat, spricht niemand darüber.

Einmal waren in der Stadt Midyat die Menschen aufgebracht über die türkische Regierung, töteten zunächst den Bezirksgouverneur, den Landrat und andere türkische Offiziere und Gendarmen in der Stadt und beschlagnahmten das Waffendepot. Auf diese Weise

---

[201] Bedirhan Bey oder Beg (1802-1868) war ein kurdischer Agha.

[202] Vgl. Shabo Talay/ Anna-Simona Barbara Üzel (2021), *Gorgis von Azəx, Mimro über den Angriff des Muhammad von Rawanduz, Mīr-ē Kor, auf Azəx und Asfəs im Jahre 1834*. Erschienen in Den Orient erforschen, mit Orthodoxen leben: Festschrift für Martin Tamcke zum Ende seiner aktiven Dienstzeit, Harrassowitz Verlag.

[203] Kasrik ist ein Dorf nördlich von Cizre.

widersetzten sie sich lange und hartnäckig einer großen Streitmacht, die sie belagerte, und sie verteilten die Leichen der getöteten Türken und Kurden um Midyat herum.

Al-Hoda Zeitung zitiert dies aus der ägyptischen Zeitung *El-Muqadem*. Abgesehen davon ist der Mut der assyrischen Stämme von Julemarek [Hakkari], Jilu und Tiyyari im Norden ebenso lobenswert.

Letztere, die aus ihrem Land geflüchtet waren, erreichten die russische Grenze, nachdem sie Hunderte von Kilometern zu Fuß zurücklegten und dabei mit kurdischer und türkischer Infanteriesoldaten kämpften. Sie überquerten die türkische Grenze nach Russland. Nachdem sie die Kinder und ihre Familien dort angesiedelt hatten, bildeten sie mit Unterstützung Russlands eine Armee und griffen die türkischen Soldaten an.

Das assyrische Heimatland ist stolz auf solche assyrischen Märtyrer und Helden. Der glückliche Tag wird kommen, an dem jeder Assyrer aufstehen und mit lauter Stimme sagen wird: *„Ich bin Sohn einer freien Nation"*.

O meine Landsleute, unsere Märtyrer, die für die Freiheit starben, werden uns voranbringen; dies auch mit Unterstützung und Mühe unseres alten Freundes England sowie unseren Delegierten in Paris.

Manche bezweifeln den großen Mut der Menschen von Azikh und Midyat sowie der Assyrer an der iranischen Grenze. Aber im Ernst, es gibt keinen Raum für Zweifel. Warum sollte daran gezweifelt werden? Gibt es einen Tod jenseits des Todes? Todesfälle sind gleich, aber der Unterschied besteht darin, ob man mit zusammengebundenen Händen und gestrecktem Hals wie ein Huhn vom Schwert eines anderen getötet wird oder ehrenhaft stirbt, nachdem man im Kampf ein paar Feinde mit einer Waffe in der Hand niedergeschlagen hat.

Iranshahri[204] sagt: *„Es ist möglich, ohne Eigentum und Reichtum zu leben, weil niemand an Armut stirbt. Denn der von Armut geplagte sieht sich nicht als schuldig oder ist nicht beleidigt. Solange ihm nicht Schlechtes widerfährt, was sein Denken und seine Seele zerstört. Aber es ist nicht richtig, in einer unehrenhaften, schamlosen Lethargie zu leben, weil die Ehre und Würde des Menschen zerstört wurde. Mit dem Schrecken der Grausamkeit und Erniedrigung, in der man sich dann befindet, hängt man sich an den Tod und begrüßt den Tod. Trotzdem sollte man nicht vorausdenken. Was auch immer passiert, sterben muss man, nachdem man sich gerächt hat."*

Für den Mann, der vor nichts Angst hat, ist es leicht, alles zu tun. Ein persischer Dichter sagt: *„Die Katze, die das Gefühl hat, von Hunden in die Enge getrieben und auseinandergerissen zu werden, streckt ihre Löwentatze aus."*

Während der Mobilisierung und unter dem Vorwand des Sammelns für Armeeausrüstung beraubten sie die Menschen, die eigentlich arm waren, nahmen ihnen ihre Töpfe und Wasserschüsseln, ihre Steppdecken sowie die Matten vom Boden. Sie zogen einen Teil ihrer Jugendlichen zum Militärdienst, teils für Arbeitsbataillone, einige für Eisenbahnarbeiten, während andere ins Exil getrieben oder in Flüssen und Gefängnissen getötet wurden. Als dann die Menschen von Azikh und Midyat auch noch sahen, dass die Ehre ihrer Mädchen

---

[204] Abu al-Abbas Iranshahri (persisch: أبو العباس ايرانشهرى) war ein persischer Philosoph, Mathematiker, Naturwissenschaftler, Religionshistoriker, Astronom und Autor aus dem 9. Jahrhundert.

und Frauen zum Verkauf stand, entschieden nicht länger so leben zu wollen und hatten keine Angst um ihr Leben mehr. Der Tod ist süßer, als im Schmerz zu leben.
Hätten doch nur alle Christen in der Türkei so gedacht wie die Assyrer von Azikh und Midyat.

Während des Massakers von 1896 [sic. 1897] in Qaterbel,[205] Ali Pınar und Urfa wurden die Christen, die in Kirchen Zuflucht gesucht hatten, grausam ermordet, indem man ihnen die Köpfe abschlug. Sie riefen zu Gott und beteten und ergaben sich, ohne einen Schuss abzugeben, getäuscht nur von Predigen und Erwartungen von der angeblichen Hilfe des Staates.

Wenn einige in Rauch und Feuer,
und andere nicht wie Hühner geschlachtet wurden,
wie die Leute von Azikh, wir die Jugend von Azikh,
sind Frühlingsrosen,
wir sind der Flutwind,
unsere Wolke ist Schießpulverrauch,
unser Regen ist Schießpulver und Blei,
unsere Hochzeit ist Krieg,
unser Wein ist Feindesblut,
wir schlafen nicht, bis wir nicht siegreich sind,
wenn wir schlafen, sind die Leichen der Feinde unsere Kissen...

Wenn sie solche ermutigenden Gedichte gesungen und mit ihren Waffen in der Hand die Häuser gefüllt hätten, wäre es beides gewesen, eine Zierde unserer Geschichte und eine Lehre für diesen abscheulichen Feind.

Senharib Balley

---

[205] Kıtılbıl (älterer Name Qaterbel ܩܬܪܒܝܠ) ist eine Ortschaft östlich von Diyarbakir.

Ich weiß nicht, ob dies Zeichen des Lebens oder des Todes sind[206]

Eine Reihe von Krankheiten, deren Ursache und Inhalt jahrhundertelang nicht verstanden wurden, sind dank der Studien auf dem Gebiet der Bakteriologie und der Mikrobenkunde aufgeklärt worden.

Dank der oben erwähnten Wissenschaften wurden viele Krankheiten, wie zum Beispiel die Farbenfehlsichtigkeit[207] bekannt. Gleichzeitig ist die medizinische Wissenschaft immer noch hilflos, andere Krankheiten vollständig zu verstehen.
Eine Person, die aufgrund einer Reihe von festgestellten Symptomen und Störungen als vollständig mit Tuberkulose infiziert gilt, hat diese Krankheit hingegen nicht wie erwartet. Andererseits kann auch eine andere Person, die nicht im Verdacht steht, krank zu sein, vollständig infiziert sein. **Die tödlichen Keime höhlen Sie aus!**

Mit den oben genannten Beispielen soll angedeutet werden, dass die Psychologie, ähnlich wie die Bakteriologie, die Geheimnisse vieler sozialer Krankheiten entdeckt hat, die das Leben vieler brillanter Leute und Staaten in der Geschichte beendet haben. Das bedeutet, dass die Psychologie wie die Bakteriologie nicht in der Lage war, in die Seele, die Ideen und die Moral der Nationen einzudringen und die Geheimnisse vieler sozialer Krankheiten aufzudecken, die die Geschichte zerstört haben. Aber es ist immer noch schwierig, die sozialen Krankheiten einiger Völker vollständig und genau zu bestimmen, wegen der Kontraste in ihren mentalen Zuständen.

Es ist nicht nötig, sich andere Völker anzusehen. Heute ist es sehr schwierig, die psychologische und soziale Situation des assyrischen Volkes zu bestimmen. Es zeigt sowohl Zeichen von Leben als auch von Tod. Es ist jetzt sehr schwierig zu bestimmen, welches dieser beiden Symptome dominant, welches schwach, welches wahr und welches falsch ist.

Celal Nuri Ileri
(1881-1938)

Einige meinen, dass die Charakteristika, die das Assyrertum ausmachen, inzwischen gealtert sind, dass ihr Licht verblasst und ihr Glanz verschwunden ist. Unabhängig davon, was sie denken, sind diese Züge so bewundernswert, hoffnungsvoll und erfreulich, und es gibt solche Lebenszeichen in ihnen, dass man, wenn man sie sieht, sofort entscheidet, dass es viele nationale und patriotische Züge sowie Schätze in den Adern und im Charakter dieses Volkes gibt.

Gleichzeitig gibt es auch so eine negative Reaktion, dass eine Person sie sieht und entscheidet, dass es in diesem Volk absolut kein Lebenszeichen und keine Hoffnung mehr gibt; man bekommt den Eindruck, dass sich das Blut in seinen Adern in Schlamm verwandelt hat und die nationalen Nerven dünner als ein Spinnennetz geworden sind.

---

[206] *Bethnahrin*, Jahrgang 5, Nr. 7, 1. Juli 1920. Originalartikel in Garschuni-Osmanisch *"Ölümün mü, Hayatın mı İşaretleridir Bilmem?"*.
[207] Störung bei der Farbunterscheidung von Schwarz von Weiß und Rot von Blau.

Im zweiten Band seiner "Geschichte der Zukunft" (*Tarih-i İstikbal*)[208] verwendet der nationalistische türkische Schriftsteller Celal Nuri Bey[209] bei der Erörterung der arabischen Frage Ausdrücke wie "die Schwarzhäutigen sind das verachtenswerteste Volk" und "die Überbleibsel der Rassen der Semiten und Israeliten", um sie zu beschreiben. Dies sind zwar abfällige und emotionslose Äußerungen, aber er hält sie für völlig zutreffend.

Nachdem wir nun einige Beispiele für die Zeichen des Lebens und des Todes, der Erneuerung und der Verzweiflung angeführt haben, die für die Assyrer charakteristisch waren, überlassen wir das endgültige Urteil dem geschätzten Leser oder vielmehr der Zukunft.

Leben und Erneuerung

Erstens: Es gibt keinen Unterschied zwischen den Kapiteln und Versen des östlichen Christentums beziehungsweise zwischen der östlichen Bibel und der westlichen Bibel. Aber es gibt große Unterschiede in der Interpretation und Ausführung. *„Wer sein Leben finden will, soll es verlieren. Eltern, Ehepartner, Kinder, die meine Schüler sein wollen, geben ihr Eigentum auf, handeln und folgen mir mit ihrem Kreuz auf dem Rücken."*[210]

Auch wenn nicht mit Waffen, um sich dem Bösen und dem Feind zu widersetzen, aber zumindest mit beiden Händen und Handflächen, die die Natur dem Menschen gegeben hat, Fäuste zu machen und dem Feind auf Mund und Augen zu schlagen, wenn es nötig ist; geschweige denn, sie zur Selbstverteidigung zu benutzen. Dies ist jedoch von Versen wie *„wenn dir einer auf die linke Wange schlägt, dann halte ihm auch die rechte hin"* unterdrückt worden.

Die Tapferkeit, die die Assyrer, ob Bewohner von Azikh, Midyat oder aber die Ostassyrer während dieses höllischen Krieges dem Feind entgegenbrachten, und vor allem die Tatsache, dass assyrische Patriarchen und Metropoliten wie bei keinem anderen Volk die Waffen in die Hand nahmen und sich auf die Schlachtfelder begaben, ist ein klares Zeichen dafür, dass die assyrische Nation noch immer das Kriegerblut und den Kampfgeist ihrer alten Vorfahren in ihren Adern hat.

Zweitens: Vor einem halben Jahrhundert demonstrierten Persönlichkeiten wie die verstorbenen Patriarchen Yacoub und Petros - der Himmel möge der Ort sein, an dem sie ruhen - und später Metropolit Abdulnur, Ashur Yousif, Pastor Circis, Pastor Emanuel Iwanis ein sehr tiefes nationales Denken und riefen zur Erneuerung auf. Der Eintritt einer Reihe von anerkannten geistlichen und zivilen Personen in der letzten Zeit, wie Addai Sher, Metropolit Yacoub und Metropolit Afrem Barsoum in die politische Arena ist eine gute Sache für die Zukunft dieser Nation.

Drittens: Diese Nation hat nie eine nationale und moderne Erziehung und Ausbildung erhalten, außer einer Reihe von unstrukturierten Geräuschen in Form von Kirchenpredigten, die bis in die Schulen und Schulbüchern wirkten und die zur Erziehung von Papageien geeignet waren. Dennoch hat sie in diesen letzten Jahren, auch wenn nicht immer

---

[208] Celal Nuri Ileri, *Tarih-i istikbal*, Yeni Osmanlı Matbaa ve Kütüphanesi, 1912.

[209] Celal Nuri Ileri (1881-1938) war ein türkischer Schriftsteller und Politiker, der eine wichtige Rolle beim Übergang der Türkei von einer konstitutionellen Monarchie zu einer Republik spielte.

[210] Das Evangelium nach Markus (8/34) *"Und er rief zu sich das Volk samt seinen Jüngern und sprach zu ihnen: Wer mir nachfolgen will, der verleugne sich selbst und nehme sein Kreuz auf sich und folge mir nach".*

angemessen, offenbart, dass so große Ideen wie die Errichtung nationaler und patriotischer Gemeinschaften wie *Cirutho* (ܚܹܐܪܘܬܐ) und *Umthonoyto* (ܐܘܡܬܢܝܬܐ),[211] voranbringen kann. Dadurch hat sie die Ideen der Einheit, der nationalen Heimat, der Rache am Feind, der Propaganda zum Schutz der Rechte der Nation, die Anerkennung ihrer Existenz und sogar den Wunsch nach Freiheit und Unabhängigkeit angenommen. Wenn diese Nation eine angemessene Erziehung erhält, wird sie viele nationale und patriotische Talente hervorbringen.

Viertens: In der gegenwärtigen kurzen Zeitspanne haben einige Einwanderer große finanzielle Opfer für die oben genannten Ideen im Verhältnis zu ihren Jobs und Berufen gebracht. Sind die Zeichen sowie die Tatsache, dass viele unserer Landsleute, die ihr tägliches Brot aus den Zahnrädern großer Maschinen ziehen und sogar des Lesens beraubt werden, Hunderte von Dollar als Hilfe für die Gemeinschaft geben, kein vollständiger Beweis dafür, dass diese Nation am Leben ist?

Fünftens: Trotz der Gewohnheiten der Hoffnungslosigkeit, der Nachlässigkeit, der ausländischen Bewunderung, der Vorziehung persönlicher Interessen gegenüber des Nutzens der Gemeinschaft, hat dieses Volk dennoch versucht, eine nationale Institution zu eröffnen, die einerseits an unsere Waisenkinder denkt, die von Grausamkeit und Schwertfeuer übrig geblieben sind, und es somit geschafft, sie an einem Ort wie Adana zu sammeln.
Auf der anderen Seite ist es lobenswert und ermutigend zu sehen, dass es Unterstützung für diejenigen gibt, die neben der Beschäftigung mit ihren Gedanken und ihrer Feder für einen Lohn, den man nicht einmal mit Recht Lohn nennen kann, viele andere Gefahren in Kauf nehmen, ihr Geld, ihre Zeit, ihre häusliche Bequemlichkeit und ihr Glück in den Dienst der Nation stellen, die Politik Tag und Nacht verfolgen und Zeitungen herausgeben, indem sie ihre Hände und Arme an ihren großen Maschinen einsetzen, um die Ideen der Nation wiederzubeleben, welche unter den Qualen des Analphabetismus eingerostet sind.

Anzeichen von Tod oder Aussterben

Der indische Dichter Rabindranath Tagore[212] schrieb eine Anekdote in einem Artikel mit dem Titel "Europa tanzt auf seinem Grab", die wir hier wiedergeben, weil es sehr gut zu unserer heutigen Situation passt; danach fahren wir mit unseren Beispielen fort. Der Dichter sagt: *„Europa, das zehn Millionen junge Menschen im Krieg verloren hat, vergisst immer noch nicht die Möglichkeiten, die es hat, mit Priorität zu nutzen. Ihre Gleichgültigkeit hält an. Vor allem die Frauen! Und besonders die Pariser Frauen, um sich schön und hübsch aussehen zu lassen, rupfen sie Rosen und Blumen, die auf den Gräbern ihrer eigenen Brüder, Verlobten und Ehemännern gepflanzt wurden, die auf dem Schlachtfeld gefallen sind, schmücken ihre Köpfe und ihre Brust damit und rufen zu uns."*

Erstens: Unser Vaterland, dessen Häuser samt den Bewohnern in einem elenden Zustand sind, lassen das Herz jedes wahren Assyrers schmerzen. Unsere Waisenkinder werden in den Villen und Harems von Türken, Kurden, Araber und Perser bloßgestellt, wie kleine Lämmer, deren Mütter und Väter von menschlichen Metzgern geschlachtet wurden und die erschöpft entlang den Mauern von Kirchen und Moscheen weinen und um Nahrung betteln. Vom [Gewicht] der Leichen unserer Märtyrer brechen die Brücken über die Flüsse, und aus den Knochen unserer Märtyrer baut man Eisenbahnen, damit der Türke sie weiter zerstören kann;

---

[211] Assyrian National Association (ܫܘܬܐܣܐ ܐܘܡܬܢܝܬܐ ܐܬܘܪܝܬܐ).
[212] Rabindranath Tagore bzw. Rabindranath Thakur (1861-1941) war ein bengalischer Philosoph, Dichter, Maler, Komponist und Musiker.

in einer so schwierigen und historischen Zeit für diese Nation gibt es Karriere und Ämter liebende Menschen wie Tagore sagt, die auf die Gräber unserer Märtyrer – es existieren oft nicht mal welche – und ihren Knochen tanzen!

Nichtsdestoweniger gibt es Leute, die von einer so blutigen Regierung Rang, Orden, Staatsdienst und Auszeichnungen erwarten, und einige von ihnen meinen, dass für ein Staatsamt für sie oder ein paar ihrer Verwandten, die jetzt im Dienste der Türken stehen, in Zukunft kein Schaden zugefügt werden und deshalb Loyalität gegenüber dem Staat zeigen. Dienen nicht solche Handlungen dazu, das nationale Denken der Nation im Ansatz zu ersticken? Dem türkischen Konsul die Geheimnisse der Nation und der Gesellschaft gegen ein sehr geringes Honorar zu melden, ähnelt den dreißig Silberlingen Judas. Ist dies nicht ein Zeichen dafür, dass das nationale Gewissen dieses Volkes völlig verfallen ist?

Zweitens: Ist die Tatsache, dass ein Assyrer es nicht ertragen kann, einen anderen Assyrer unter keinen Umständen auch nur im Geringsten als überlegen zu betrachten, und andererseits die Grausamkeit und das Geschwätz eines Kurden, der unsere Heimat zerstört, und der Türken, die unsere Brüder und Schwestern hinrichten, toleriert, nicht ein vollständiger Beweis dafür, dass Eifersucht und Geringschätzung in den Knochen dieser Nation verwurzelt sind?

Drittens: Insbesondere einige der kleinen Initiativen der Assyrian National Association sind legendär, ihr Ruhm wird in den Himmel gepriesen, und jeder gibt viel Geld für harte und zukünftige Arbeit aus. Heute, als ob jene Träume wahr geworden wären und halboffizielle Versprechungen der französischen Regierung an unsere autonome Verwaltung gemacht würden, sind die früheren Wünsche und Enthusiasmus der Mitglieder der Gemeinschaft leider verblasst, ihre Zungen, die schöne Geschichten erzählten, sind verstummt, und eine Kälte und Gefühllosigkeit hat sie alle überwältigt.

Anstatt dass die Nation, insbesondere die Gesellschaft hinsichtlich Einigkeit, Geld, Ordnung, Presse und Organisation, mehr Aktivität als früher zeigt, um vital zu wirken und einer autonomen Verwaltung würdig zu sein, scheinen alle Bemühungen umsonst und ohne Ergebnis zu sein. Angefangen bei den Offiziellen bis hin zu den Privatpersonen haben alle ihre Linie nicht korrigiert, sondern im Gegenteil, sie haben auch ihre frühere Gangart verloren.

Die Tatsache, dass die Gesellschaft so geworden ist, ist zum Teil auf die Schwäche der Zentrale zurückzuführen. Ist der Vorstand nicht ein Vorbild für die ganze Gemeinschaft? Eine Handvoll Weizen deutet auf eine ganze Schiffsladung hin.

Ist nicht diese Lage, auf die immer wieder aufmerksam gemacht wird, ein grausames Beispiel für das moralische Schweigen der Nation?

Viertens: Die Tatsache, dass unsere verschiedenen Gesellschaften, die seit Jahren auf Wohltätigkeit, Bildung und Prinzipien aufgebaut sind, in einer so schwierigen Zeit unseren nationalen Waisenhäusern in Deyrulzafaran und Adana nicht die Hilfe leisten, die sie verdienen, sei es in Form von Geld oder als Buchspenden, ist ein klares Zeichen dafür, dass diese Nation völlig mittellos ist - obwohl sie so tut, als ob ihre Taschen voll wären.

Ich sag es, da es der richtige Zeitpunkt ist; das Geld und das Kapital unserer Gesellschaften, die basierend auf Ideen der Bildung, der nationalen Ehre und der Hilfe gegründet wurden, bereichern eine Reihe von Banken. Auf der anderen Seite lebt der siebzehn- oder achtzehnjährige Toma in einem armenischen Waisenhaus und schreibt Briefe auf Armenisch nach Amerika. Er ist der einzige Sohn des Märtyrers, dem verstorbenen Najar Shammas Yawnan, der unter den Assyrern von Diyarbakir unter dem Spitznamen Bar Hebraeus bekannt war, weil er sehr kenntnisreich, fleißig und patriotisch war, vor allem wegen seiner besonderen Art zu schreiben, für die es unter allen Assyrern heute niemanden gibt, der seine Feder ersetzen könnte.

Ähnelt dieser erbärmliche Zustand nicht der Situation eines nicht armen, aber unfähigen Mannes, der auf einen Getreidespeicher liegt, während er seine Kinder vor seinen Toren weinend oder bettelnd sterben lässt?

Ist es nicht Faulheit, mit eigenen Augen zu sehen, dass dieses kranke Volk aus dem Leben gerissen wird und sich nicht bemüht, die Medizin einzunehmen, die vor ihm steht? Gibt es auf der Welt ein größeres Verbrechen als dieses?

Fünftens: Was Sprache, Zeitungen und Presse betrifft, so haben die geschätzten Autoren von *Bethnahrin* ihre Bedeutung bereits viele Male offenbart, besonders in den letzten zwei oder drei Ausgaben, als wären sie Sozialarbeiter.

Ich werde so viel zu diesem Thema sagen; ich werde nicht argumentieren, dass nicht nur die Syrer,[213] Armenier, Griechen, sondern auch die Kurden, die wir als Barbaren kennen, Zeitungen wie *Roj Kurd d. h.* 'Kurdischer Tag', und *Jin*, 'kurdische Frau' haben, welche sie seit einigen Jahren in Istanbul veröffentlichen. Aber im heutigen Amerika hat nicht nur eine Gemeinde oder ein Unternehmen, sondern auch ein Gastronom eine richtige Druckpresse, um die Liste der täglichen Mahlzeiten zu drucken. Ist die Tatsache, dass wir westliche Assyrer mit Ausnahme der iranischen Assyrer, bis heute nirgendwo in Amerika eine gedruckte Zeitung haben, kein lebendiger Beweis für unseren Bankrott und unsere Unterlegenheit im Vergleich zu den kurdischen Stämmen?

Ist es nicht eine Farce, wenn ein solches Volk die Freiheit beansprucht? Einige Bürger und Freunde werden wahrscheinlich an dieser letzten Bemerkung und an unserer kleinen Kritik an der Gemeinschaft Anstoß nehmen, aber sie sollten nicht gekränkt sein. Nationale Ehre bedeutet nicht nur die guten Eigenschaften der Nation, der Gemeinschaft oder der Gesellschaft, der ein Mensch angehört, zu berücksichtigen oder sie mehr zu verherrlichen, als sie wirklich sind und ihre Fehler zu vertuschen. Man sollte die Fehler der Nation ebenso aufdecken wie ihre Schönheiten, und man sollte sie vollständig aufdecken, damit die Nation sowohl ihre Mängel als auch ihre Güte sehen und verstehen kann.

Wie wahr ist der Ausspruch eines Schriftstellers: *„Auf der Wunde sitzen heißt auf dem Heilmittel sitzen".* Wie zutreffend sind auch die Worte eines anderen Schriftstellers, der sagte: *„Die Fehler der Nation vor der Nation zu verbergen, ist keine nationale Ehre, sondern Dummheit, ja sogar Mord".* Es ist schwierig und schmerzhaft, sich die wahren Fehler anzuhören. Aber sind nicht bittere Medikamente, ja sogar Gift, oft besser für die Gesundheit der Menschen als Honig?
Im Glauben an diese Tatsache haben wir mit einigen Beispielen die völlig widersprüchlichen Zustände der Nation veranschaulicht. Sind die bisherigen hoffnungsvollen Zeichen nun der Anbruch einer nationalen Morgendämmerung? Oder deuten die neueren Zeichen auf die

---

[213] Hier sind die arabischsprechenden Syrer (Suriyelileri) gemeint.

Verwirrung eines Patienten, der an einem Zustand der Angst leidet? Die Zukunft wird die Antwort auf diese beiden Fragen geben.

Kurz gesagt: Die assyrische Nation nutzt solche Qualitäten, um entweder die erste Seite einer jungen und neuen assyrischen Geschichte aufzuschlagen oder mit der letzten Seite der assyrischen Geschichte zu enden. Gott ist allmächtig und allwissend, und die Lebenden werden es erleben.

Astoria Long Island   **Senharib Balley**

Appel an Patriarch Elias Shaker[214]

Kürzlich sah ich einen privaten Brief unseres ehrenwerten Patriarchen, Seiner Heiligkeit Mor Ignatius Elyas und eine begleitende Erklärung, die von Chorepiskopos Hanna unterzeichnet und mit einem Mimeographen reproduziert wurde. Der Brief des Patriarchen war sehr bewegend. Als ich den Brief las, konnte ich ehrlich gesagt mein brennendes Herz nicht mit meinen Augen zusammenhalten, sondern vergoss ein paar Tropfen emotionaler Tränen. Der Grund für meine emotionale Reaktion lag nicht darin, dass ich in dem oben genannten Brief zum ersten Mal von den Katastrophen hörte, die unser geliebtes Heimatland und unsere Nation heimgesucht haben, sondern darin, dass ich diese Ereignisse vorausgesehen hatte, sobald die Nachricht von den Unruhen in der Türkei auftauchte.

Es bedarf keiner Prophezeiung oder Weissagung, um dies zu wissen. Denn seit 1897 und den beunruhigenden Ereignissen in Kilikien habe ich erkannt, dass die Politik der Türken darauf abzielt, die eigene und die verschiedenen anderen Nationen durch den Nationalismus zu vernichten. In der Absicht, unser ganzes Volk vor solchen ruchlosen Ideen der stürmischen Zeiten zu warnen, insbesondere die Führer, die unser Volk leiten, habe ich vor dreizehn Jahren, als ich noch in der Türkei lebte, mit einigen Worten in der Zeitschrift *Murshid Athuriyun*, die gerade erst zu erscheinen begann, auf diesen Punkt aufmerksam gemacht. Diejenigen, die den ersten Jahrgang des *Murshid* besitzen, können darin nachlesen.

Kommen wir zum Thema:
Zwei Gründe erregten meine Gefühle und brachten mich zum Weinen [als ich den Brief las]. Der erste war, dass eine solche Person [wie der Patriarch], die neben ihrer sanften Persönlichkeit auch kompetent und patriotisch ist, hochgeachtet, gnädig, edel und hoch angesehen, sich heute in einer schlimmen Situation an der Seite seines Volkes befindet.
Zweitens die Duldung der hässlichen und beleidigenden Ausdrücke, die von den Türken häufig verwendet werden wie "O Steueruntertan, o schwacher Sklave" oder in einem noch

---

[214] *Babylon*, Jahrgang 2, Nr. 6, 14. Oktober 1920. Der Originalartikel in Garschuni-Osmanisch enthält keine Überschrift.

unhöflicheren Türkisch, "Die letzte Rose der Ungläubigen soll mein sein",[215] durch unsere Führer, die als große Häupter der östlichen Christen gelten.

Während die Assyrer am meisten unter den unangenehmen Ereignissen des Jahres 1895 zu leiden hatten, dachte der verstorbene Patriarch Abdulmessih nicht nur nicht daran, Europa und der zivilisierten Welt von unserer Schikanierung zu berichten, sondern verkaufte er alle unsere nationalen Rechte im Tausch gegen nur ein paar Goldmünzen. Darüber hinaus verzichtete er auf jedes offizielle Protokoll [für nicht-muslimische Minderheiten] und bestätigte unter die offiziellen Dokumente des Sultans, in denen er behauptete: "Die öffentliche Sicherheit ist in Ordnung." Indem er sie abstempelte, wurde er zu einer verirrten Beute in der Wildnis; er erkannte, dass er gefangen und in einer Kiste eingesperrt war, aber es gab kein Entkommen mehr für ihn.

Die Idee Seiner Heiligkeit Patriarch Elyas heute, Europa und Amerika zu besuchen, ist ähnlich. Wo immer Unzulänglichkeiten und Fehler zu spüren sind, sollte die Korrektur von dort aus beginnen. Es ist nicht so, dass die künftigen Besuche des Patriarchen in Europa keinen Nutzen bringen würden, aber wie das Sprichwort sagt *„eine Rose ist eine Rose, welche zur rechten Zeit blüht".*[216]

Eine vernünftige und nützliche Politik für unser Heimatland wäre es gewesen, gleich zu Beginn der Ereignisse in der Türkei, in der ersten Phase der Vertreibung und der Massaker einige prominente Persönlichkeiten nach Amerika und Europa zu schicken.

Diejenigen, die [als Vertreter] entsandt wurden, hätten rechtzeitig und lautstark an Machthabern und Politikern appellieren sollen, dass auch wir der Verfolgung ausgesetzt sind, vielleicht sogar mehr als die anderen ethnischen Gruppen, die Opfer der Gräueltaten der Türken sind, sodass unsere Stimme heute in gewissem Maße auf diesen Plattformen gehört worden wäre. Auf diese Weise wären unsere nationalen Rechte gewahrt worden, und unsere unglücklichen Waisenkinder hätten besondere Hilfe aus wohltätigen Quellen bzw. Hilfsorganisationen in Europa erhalten.

Patriarch Elias Shaker III
(1867-1932)

Leider wurden diese Punkte nicht ein einziges Mal in Betracht gezogen. Stattdessen suchten unsere Führer zum Wohle einiger weniger Männer und in gewissem Maße unter der Führung einiger weniger, die von persönlichen Gewinn und der Sicherung offizieller Positionen für sich selbst angetrieben

---

[215] Ein abfälliger Ausdruck für religiöse Minderheiten, der impliziert, dass man sich ihrer Frauen aneignet.

[216] Ein anderer Ausdruck, der bedeutet, dass der Zeitpunkt entscheidend ist.

werden, das erste und letzte Wohl unseres Volkes [vorrangig] im Rufen "Es lebe unser Sultan!" sehen.

Es erübrigt sich zu sagen, dass der Schaden, der von dieser Art von Politik ausgeht, den Verlust unserer nationalen Rechte verursacht und die Hilfe für unsere Waisen behindert hat.

Doktor Le Bon[217] sagt: „*Die Stärke einer Nation wird nicht an ihrer Bevölkerungszahl gemessen, sondern an den Verdiensten ihrer auserwählten Männer. Wenn eine Nation oder ein Land seiner weisen Männer beraubt ist, wird diese Nation in ewigem Elend und Dunkelheit leben.*"

Weisheit und Größe zeichnen sich dadurch aus, dass man in der Lage ist, Probleme vorauszusehen, bevor sie entstehen, und nicht erst, wenn sie sich bereits im Endstadium befinden.

Es lässt sich nicht leugnen, dass die Gründe für unsere derzeitige Notlage, und die Tatsache, dass wir heute bevölkerungsmäßig und kulturell sehr klein sind, nicht nur an den Türken liegen, sondern auch an der mangelnden Politik unserer Führer und dem Verhalten unserer Machthaber. Aus anderen Gründen haben sie unseren bedauernswerten Zustand und den Zusammenbruch unserer Bevölkerung verursacht.

Es lässt sich nicht leugnen, dass auch andere Nationen unter dem Elend und der Dezimierung ihrer Bevölkerung gelitten haben, aber dank ihrer Führer haben sie sich kulturell erheblich weiterentwickelt.

Nachdem unsere nationalen Rechte mit Füßen getreten und ein großer Teil unserer Waisen ermordet worden war, hörte die Weltpolitik nur noch die Stimmen über die armenischen Massaker, der armenischen Unterdrückten, der armenischen Einwanderer und Waisen. In allen Kirchen Europas und Amerikas riefen Mönche und Priester zur Hilfe für die armenischen Waisenkinder als Opfer der Katastrophe auf.

Nachdem die wohltätigen Hände es leid waren, für diesen Zweck weiter Geld zu spenden, begaben sich vor allem unsere großen Persönlichkeiten wie der Metropolit Afrem Barsoum nach Europa und hielt sich lange Zeit dort auf, als es schon zu spät war. Wie oben erwähnt und nach der Feststellung, dass die Ohren der Wohltätigen nur für Appelle für die armenischen Unterdrückten empfänglich wurden, dachte unser Patriarch daran, Europa zu besuchen. Er kehrte zurück, nachdem er dafür fünftausend Dollar ausgab. Ich fürchte, dass die Botschaft an unseren Patriarchen während eines möglichen Besuchs in Europa leider wie folgt wäre:
"Wo warst du, o Gerechter, der liebste der Großmütter? Doch du kamst am Ende der Zeit".[218]
Die Zurückhaltung des Patriarchen, rechtzeitig nach Europa zu reisen, sowie seine Politik die Türken zu beweihräuchern, mögen unvermeidlich sein, aber wir müssen auch zugeben, dass er entschuldbar ist, denn er ist dazu verpflichtet.

---

[217] Gustave Le Bon (1841-1931); Obwohl er Medizin studierte, wandte er sich den Sozialwissenschaften zu. 1895 veröffentlichte er sein Werk „*Psychologie der Massen*", das ihm großen Ruhm einbrachte und zu den Pionierarbeiten auf seinem Gebiet gehörte.

[218] Die Transliteration des arabischen Originals lautet: *"Venak 3adel YaYa 3amru, Wa lâkin jit fi zaman al-Akhir"* Dieser poetische Ausdruck wird verwendet, um jemanden zu kritisieren, der Gerechtigkeit oder eine Lösung sucht, wenn es zu spät ist.

Über die Erklärung von Chorepiskopus Hanna,[219] welche die heutige Politik, unsere Waisenkinder, unsere Delegierten sowie das Fehlen propagandistischer Zeitungen erwähnt, können wir nur lachen. Bis gestern hat er sich nicht nur geweigert, mit denjenigen zusammenzuarbeiten, die sich in jeder Hinsicht bemühten, unserem Unmut in der zivilisierten Welt Gehör zu verschaffen, sondern er hat auch nicht aufgehört, denjenigen, die sich für diese Sache einsetzten, Hunderte von Hindernissen in den Weg zu legen.

In einem Land der Freiheit wie Amerika hat Khuri Hanna Efendi alles in seiner Macht Stehende getan, um die Entsendung von Delegierten nach Paris zu verhindern und einige unserer Zeitungen zum Schweigen zu bringen, die zu Propagandazwecken veröffentlicht wurden.

Griechische, syrische[220] und armenische Mönche und Priester sammelten jeweils für ihre eigenen Waisenkinder Hunderttausende von Dollars von

Khuri Hanna Khourie
(1862-1929)

verschiedenen Kirchen und vor allem von wohlhabenden Menschen. Sie griffen auf alle Methoden und Mittel zurück, um dabei erfolgreich zu sein. Aber unser [Khuri Hanna] hat nicht nur keinen Cent für diese Sache gesammelt, sondern wenn er stattdessen sein Verhalten aufgegeben hätte, die Taschen der Anwälte mit den Tausenden von Dollars zu füllen, die sich in den Kassen einiger Vereine und in den Taschen einiger unserer naiven Bürger befanden, um in seinem Eigensinn und Egoismus zu triumphieren und sich selbst zu erhöhen, würden wir heute vielleicht den Worten in seiner Erklärung Glauben schenken. Dann würde es eine gewisse Wirkung auf unsere Nation haben. Aber ach!

Wer würde von Pfarrer Hanna erwarten, dass er an die Waisen, die Märtyrer, die nationalen Rechte, die Repräsentanten, die Zeitungen, das Vaterland, die Nation oder die Einheit des Volkes denkt, wenn der Kessel des Eigennutzes noch heftig kochte? Wir sollten nicht vergessen, dass Pfarrer Hanna Efendi die Früchte seiner Taten geerntet hat. Aber das nützt nichts; mehr als der Pfarrer selbst haben unsere Nation und unsere Waisen den Schaden erlitten.

Auch in seiner Erklärung versucht Khuri Hanna Efendi immer noch, "die Kuh zu schlachten, die unserer Nation Milch gibt."

Er versucht, die Bemühungen und die Würde des Nationalvereins, der den Namen unserer Nation nach besten Kräften fördert, zunichtezumachen. Folgendes wollen wir von Khuri Hanna Efendi verstehen:

---

[219] Hanna Khourie (1862-1929) entstammt einer Priesterfamilie in Diyarbakir. Vor ihm waren 15 Vorväter Priester der Yoldath Aloho Kirche (Meryem Ana) von Diyarbakir. Sein Vater war Priesters Mirza Khourie. Hanna emigrierte bereits im Winter 1893 in die USA und wurde 1907 nach Jerusalem zwecks Ordination als Priester geschickt. Unmittelbar danach kehrte er zurück und diente als erster syrisch-orthodoxer Priester in den USA und starb 1929 in New Jersey.

[220] Suriyeli: Syrer im Sinne von Bewohner von Syrien.

Wenn Bischof Afrem nur der Vertreter des Patriarchen war, warum hat er dann seine Telegramme nur an die Nationale [Vereinigung] [221] geschickt, um Geld für die Kosten seiner Reise nach Paris usw. zu sammeln?

Wenn er nur der Vertreter des Patriarchen war, ist der Patriarch dann nicht auch der Vertreter des ganzen Volkes? Warum also wurden die Ausgaben des Bischofs nicht vom ganzen [Kirchen-]Volk, sondern nur von der Nationalen [Vereinigung] bezahlt?

Nein, wenn der Bischof als Repräsentant des Patriarchen und des ganzen Volkes den Auftrag hatte, zu kommen, warum wird dann dem [Nationalen] Verband dieses Recht und diese Ehre gestohlen? Hätte der Patriarch nicht wenigstens einen zweizeiligen Dankesbrief an die Vereinigung schreiben müssen, die so viel für seinen Vertreter geopfert hat? Dennoch hat bisher die Nationalvereinigung weder die Frage der Stellvertreterschaft noch die mangelnde Sensibilität des Patriarchen gegenüber der Gemeinschaft angesprochen. Wenn diejenigen, die nur Freunde ihrer eigenen Taschen und Ausbeuter ihres Volkes sind, zu Beratern des Patriarchen werden und sich lauter äußern als diejenigen, die heute ihr Geld und ihre Zeit für ihre Nation aufwenden, wer wird dann dieser Nation in ihrer schwierigen Zeit beistehen?

Sind diese endlosen Diebstähle nicht genug? Ist es nicht genug der mangelnden Politik? Nehmen wir an, dass der Bischof nur mit der Unterstützung des Patriarchen und des Pfarrers nach Europa gekommen ist. Wenn dieser Besuch der Nation einen wohltätigen oder politischen Nutzen gebracht hat, was ist dann der Zweck des erneuten Besuchs des Patriarchen? Nein, wenn der Bischof in diesem Bemühen scheiterte, welchen Nutzen würde dieser [Patriarchen-]Besuch dann bringen?

Mit diesen Empfehlungen und Erklärungen will ich nicht sagen, dass es für das Volk von Vorteil wäre, wenn Seine Heiligkeit der Patriarch nicht nach Europa und Amerika reist, sondern ich will dem verehrten Pfarrer erklären, dass ich nicht mehr so gleichgültig bin, dass ich mich jede Minute wie eine kaputte Windmühle hin und her drehe.

Im Gegenteil, ich bin der Meinung, dass unsere Geistlichen, Intellektuellen, Kaufleute und Handwerker nicht nur jetzt, sondern selbst wenn die Welt in Frieden und Sicherheit ist, immer nach Europa und Amerika reisen und das, was sie dort beobachten, in unserer Heimat berichten sollten.

Von nun an:

"Verlasst diese Tempel, ihr Frommen! Seht die Welt!
Beobachtet, wie schön die Zeit des Reiches vergeht!
Seht den Pessimismus und die Verzweiflung in denen, die untätig sind!
Seht die Ehre und den Ruhm bei denen, die ständig aktiv sind!" [222]

Wir müssen die Worte des Dichters hören, der dies gesagt hat.

Das ist das Ergebnis, wenn diejenigen, die hinter den dicken Mauern der Klöster wohnen, schwarz gekleidet [als Mönche], einsam, unwissend über die Wege des Reiches, der Politik

---

[221] Hier sind die Mitglieder der Assyrian National Association gemeint.

[222] Zwei Strophen aus einem Gedicht mit dem Titel "Görün" des osmanischen Schriftstellers und Dichters Muallim Naci 1850-1893.

und der Verwaltung der öffentlichen Angelegenheiten plötzlich eine Position als Führer einnehmen.

Einer der Gründe für unsere Demütigung ist auch, dass wir sowohl intellektuell als auch geografisch weit von Europa entfernt gewesen sind.

Wir sollten auch darauf hinweisen, dass unser ehrenwerter Patriarch nicht glauben sollte, dass er allein durch seinen Besuch in Europa in der Lage sein wird, eine wirksame Hilfe zu versprechen, die die materiellen und geistigen Bedürfnisse unseres Volkes und unserer Waisen lindern kann.

Denn Europa selbst ist heute in Aufruhr. Außerdem können die nicht protestantischen und nicht katholischen Gemeinschaften heute nur sehr wenig Hilfe von den Wohltätigkeitsorganisationen der europäischen und amerikanischen Kirchen erhalten – außer die Armenier.

Deshalb sollte er [der Patriarch] sofort ein paar ehrliche und einflussreiche Leute, gleichgültig ob Geistliche oder Zivilisten, nach Ägypten, Abessinien[223] und Indien schicken; Hilfe sollte von denen gesucht werden, die einen gemeinsamen Glauben haben. Ich bin mir absolut sicher, dass unsere einflussreichen Personen, wenn sie dorthin gehen, uns materielle, vielleicht sogar politische Vorteile verschaffen könnten. Assyrer in Amerika sollten ihre Pflicht gegenüber ihrem Heimatland und ihrer Nation nicht vergessen.

15. September 1920   **Senharib Balley**

---

[223] Das Kaiserreich Abessinien war eine Monarchie in Ostafrika auf dem Gebiet der heutigen Staaten Äthiopien und Eritrea. Es bestand zum Schluss als konstitutionelle Monarchie bis 1974.

Schreiben an die Assyrian Five Association[224]

An die verehrten Mitglieder der Assyrian Five Association (Shawtofutho d Hamsho d Othuroye)!

Die geschriebenen Medien, insbesondere die Zeitungen, sind die Grundlage dafür, dass die Menschen zusammenkommen und miteinander kommunizieren. So wie ein Körper, der sich nicht bewegt, von Tag zu Tag schwächer wird und dem Tod geweiht ist, ist es unvermeidlich, dass eine Nation ohne Zeitungen in Unwissenheit zerfällt.

Genauso wie die Position und der Status einer Person, die stumm in einer Mitgliederversammlung nicht spricht, sind die Position und der Status einer Nation ohne Zeitung vielleicht noch schwieriger. Daher werden die Probleme und sozialen Leiden einer solchen Gesellschaft und Nation von anderen Nationen nicht wahrgenommen.

Indem sie jedoch ihre eigenen Schmerzen und Nöte in ihrem Herzen verschließt, geht eine Nation erwartungsgemäß unter. In der zivilisierten Welt von heute ist es für eine Nation ohne Zeitung nicht möglich, unter den Nationen zu überleben.

Lange Zeit haben unsere Schriftsteller, die einen Stift in der Hand halten, gelächelt über die vielen Vorteile von Zeitungen und etliche Ausreden gehabt. Was bisher über Zeitungen geschrieben und ausgeführt wurde, ist ausreichend. Es ist Zeit, leeren Versprechungen ein Ende zu bereiten.
Für ein Volk, das in Amerika lebt, ist es eine Zeitverschwendung, über die Notwendigkeit von Zeitungen zu sprechen. Es ist sogar eine Schande und beschämend. Heute ist die Existenz von Zeitungen sogar für die Wilden, die unter den Feuerrosen Afrikas leben, eine Notwendigkeit geworden. Wer von uns kann leugnen, auf welchem [niedrigen] Niveau sich die Assyrer in Bezug auf die Druck- und Zeitungspresse befinden? Zugegeben, wir haben durch den Weltkrieg große materielle und geistige Verluste erlitten.
Lassen wir unsere politischen Rechte beiseite. Liegt es nicht an der Achtlosigkeit des assyrischen Volkes, das Tausende von Waisenkindern, die sich unter den Mauern in fremden Orten befinden, keinen Zugang zu den entsprechenden Waisenhäusern und zur Sonderhilfe der großen Staaten und Wohltätigkeitsorganisationen wie [Near East] Relief und dem Roten Kreuz hatten, wie die Waisen anderer [Völker]?

Ist es nicht gerade der Mangel an neuen und ausgezeichneten Zeitungen, der die Menschen zum Teil aus Unverständnis empört?

Abgesehen von der Notwendigkeit der Gründung einer substanziellen nationalen Organisation unter den Assyrern in Indien, Iran, Kaukasus, Assyrien, Ägypten, Kilikien, Istanbul, Europa und Amerika bleibt die Tatsache, dass sich die Assyrer, die im Norden und Süden Kanadas und in Amerika leben, bis zu diesem Zeitpunkt nicht um ein bestimmtes Ziel organisiert haben. Auch dies ist ein Ergebnis des Mangels an Zeitungen.

---

[224] *Babylon*, Jahrgang 2, Nr. 10, 9. Dezember 1920. Originalartikel in Garschuni-Osmanisch *"Suryoye d'Hamşo Cemiyeti Heyet Muhteremesine"*.

Der Kampf für die Nation muss gewissermaßen ein Marsch für eine nationale Sache sein. Menschen, die behaupten, Patrioten zu sein, müssen zumindest über einige edle und rechtschaffene Instrumente für die Förderung und den Schutz der Nation verfügen. Sie müssen mit den Völkern, die um sie herum leben, gemeinsam gehen, sie müssen leben, indem sie auf ihre Schritte achten, sonst wehe denen, die zurückbleiben.

Ist es im zwanzigsten Jahrhundert in einem aufgeklärten Kontinent wie Amerika nicht eine Schande für amerikanische Verhältnisse, dass wir Zeitungen und Bücher mit einem einfachen Druckgerät, dem Mimeographen, veröffentlichen?

Was ist der Unterschied zwischen diesem Zustand und dem eines Menschen, der sehr kräftig ist, aber vor Durst in Ohnmacht fällt?

Wir können nicht leugnen, dass die Söhne und Töchter der Nation sehr traurig über unsere derzeitige Situation sind. Der Gedanke über eine geeignete Zeitung beschäftigt heute fast jeden Assyrer. Er ist bereit, jedes mögliche Opfer zu bringen, um sie zu schaffen.

Obwohl es der einzige Wunsch der Assyrian National Association war, dieses zwingende Bedürfnis des Volkes zu befriedigen, hat sich aufgrund dessen, dass unsere Delegierten nach Europa reisten, sowie auch unsere anderen Ausgaben, die Herausgabe der Zeitung leider bis zu diesem Moment verzögert. Auf der aktuellen vierten Konferenz der Vereinigung in Yonkers wurde dem Thema der Zeitung jetzt größte Bedeutung beigemessen. Unter den Konferenzteilnehmern wurden sechshundertfünfzig Dollar gesammelt, damit die Zeitung so schnell wie möglich erscheinen kann. Darüber hinaus wurde ein spezieller Ausschuss gebildet, der sich ausschließlich mit der Zeitungsfrage befasste und im Vorstand der Gesellschaft vertreten ist.

Der Sonderausschuss, der vom Vorstand der Assyrian National Association gebildet wurde, beschloss, ein Budget für die Zeitung aufzustellen. Das erwähnte Gremium traf sich aktuell mit allen Linotype-Unternehmen in New York und hielt auch private Treffen mit einigen sehr erfahrenen Leuten ab, sowohl zum Thema Linotype als auch im Zusammenhang mit Journalismus.[225]

Die Zusammenfassung der bisherigen Ergebnisse des Ausschusses zu Maschinen- und Zeitungsrechten lautet wie folgt: Notwendig werden fünftausendsechshundert Dollar und der Kauf einer Linotype-Maschine, Druckletter für West- und Ostassyrisch, Arabisch und Englisch sowie andere Werkzeuge und Instrumente. Um jetzt loszulegen, muss der Vorstand mindestens dreitausend Dollar; mehr als die Hälfte des oben genannten Betrags bereitstellen. Genau eineinhalb Monate nach der Sicherstellung von dreitausend Dollar kann eine komplette achtseitige Zeitung mit zwei neuen assyrischen Druckbuchstabentypen sowie englischen und arabischen Druckletter produziert werden.

Daher ist dieser Betrag für die Angehörigen eines Volkes, die von klein bis groß eine anständige Zeitung haben wollen, zu unbedeutend, um ein Thema zu sein. Nun, im Namen der Ehre und Würde der Nation und im Vertrauen auf die nationalen Ziele der geschätzten Vereinigung, die die Idee hat, die nationale Literatur zu fördern, klopft das Zeitungsgremium

---

[225] In diesem Artikel werden die Vorbereitungen für die Herausgabe der Zeitschrift *Huyodo* angesprochen.

an Ihre Türen, um die Zeitung zu unterstützen. Es möchte, dass diese Erwartung so schnell wie möglich mit Entschlossenheit verwirklicht wird.

Abschließend möchte ich noch anmerken, dass die Namen derjenigen, die die Ehre haben, als Einzelpersonen oder als Gemeinschaft zu helfen, in der ersten Ausgabe der Zeitung, die auf internationaler Ebene ein Zeichen setzen wird, entsprechend Anerkennung erfahren werden. Diejenigen, die einen Beitrag leisten möchten, sollten das Geld an den neuen Finanzverwalter Donabed Evakim in Worcester schicken. Sie können sich diesbezüglich auch an Charles Dartley wenden.

Senharib Balley

THE FIRST ANNUAL MEMBERS OUTING OF THE ASSYRIAN FIVE ASSOCIATION   BOSTON JULY 25 1920

Assyrian Five Association 1920
Stehend von links nach rechts: Peter Safer, Gasper Dasho, Eddie Kander, H.C. Elbey, Albert Safer
Sitzend: Charles Chavor, Thomas Elbag, Barsam Dasho, George Quoyun (Hoyen), Safer, George Safer.
Vordere Reihe: Dick Safer, John Chatelbash, Nishan Quoyon (Hoyen), David Eskander, Yuhanna Chatelbash.

Editorial[226]

In einem Land, das mit unzähligen ausländischen Gemeinschaften übersät ist, aber in einem Volk, das nicht mehr als eine oder zwei repräsentative Wochenzeitschriften produziert, erfordert das Erscheinen einer neuen Veröffentlichung nur wenige Erklärungen und keine Entschuldigung. Die redaktionellen Richtlinien und Ziele dieser neuen Zeitschrift werden vielfältig und abwechslungsreich sein.

Wir werden uns bemühen, uns vom Gewirr interner Streitigkeiten frei zu machen, das unser Volk ständig in die stürmische See der internen Grabenkämpfe stürzt. Wir gehören keiner einzigen Fraktion an und setzen uns für keine Partei ein. Wir werden die Rolle eines unparteiischen Beobachters einnehmen und so mit allen Seiten fair umgehen.

Wir werden keine böswilligen Skandale und keinen unbegründeten Klatsch veröffentlichen. Wir werden alle Anstrengungen unternehmen, eine Publikation aufrechtzuerhalten, bei der sich unsere Leute sicher darauf verlassen können, zuverlässige, unvoreingenommene Informationen zu erhalten - und die absolute Wahrheit. Unsere Rezensionen und Kritiken werden verständlich, fundiert, sorgfältig vorbereitet, breit gefächert und tolerant im Umgang mit den neueren Ideen und Bewegungen sein.

Wir werden versuchen, eine Zeitschrift zu präsentieren, die sowohl den entspannungs-suchenden Leser als auch den intelligenten Kritiker interessieren wird. Dieses Organ soll sich zu einer Institution entwickeln, die von unschätzbarem Wert für unser ganzes Volk wird. Aber zuerst und letztendlich werden wir unsere Aufmerksamkeit auf die Idee lenken, dass dies die Zeitung unseres Volkes ist, dass sie in erster Linie für unser Volk bestimmt ist und der Förderung seiner Ziele und Wünsche dient. Mit dieser klar definierten Vorgabe und dem Gefühl, berechtigt zu sein, die Unterstützung aller zu erbitten, die das wahre Wohlergehen unseres Volkes über den persönlichen Nutzen zu stellen, bieten wir der lesenden Öffentlichkeit diese erste Ausgabe der *Union* an.

Vorstellung der *Union (Huyodo)*

Sehr geehrte Damen und Herren, erlauben Sie uns Ihnen, unser neugeborenes Kind, *The Union* vorzustellen. Dieses Baby kann zu Recht als legitimer Nachfolger von *Bethnahrin*[227] und direkter Nachkomme von „*Der Aramäer*"[228] bezeichnet werden. Wir verbannen *Bethnahrin* in der Geschichte unserer Veröffentlichungen auf ein hohes Regal, aber wir tun dies mit tiefem Respekt und einer guten Wertschätzung für ihren schönen Dienst. Und doch ist der Anlass frei von Trauer und Wehmut. Wir vergleichen das Ende dieses Papiers mit dem Tod eines Lebens, das seine Mission erfüllt, seine Arbeit gut gemacht und in den Herzen seiner Freunde Platz gefunden hat. Es ist nur natürlich, dass wir für *Bethnahrin* eine Träne vergießen, so wie wir das vermutlich tun, wenn wir einen Mantel in den Schrank hängen, der unseren Körper erwärmt hat und uns jahrelang ein treues Kleidungsstück war - aber nun in ein anderes Alter kommt und durch einen neuen Stil ersetzt wird, der besser passt und perfekter geschnitten ist. Für mehr als fünf Jahre ist *Bethnahrin* vorangegangen und hat einen guten Einfluss ausgeübt.

---

[226] *Huyodo*, Jahrgang 1, Nr. 1, 28 Mai 1921. Originalartikel in Englisch.

[227] *Bethnahrin* von Naum Faiq wurde mit Erscheinen von *Huyodo* im Mai 1921 eingestellt.

[228] Das Magazin von Senharib Balley mit dem Namen *Sawto d Oromoye* wurde kurz vor seiner Schließung in *Sawto d Othuroye* umbenannt. Es wurden insgesamt 18 Ausgaben zwischen 1913 und 1915 herausgebracht.

Wir sind der Meinung, dass wir uns mit dieser Änderung keine Freiheiten herausnehmen, sondern im wahrsten Sinne des Wortes eine Zeitschrift mit größeren Möglichkeiten und breiterem Umfang für Sie entwerfen. Wir glauben, dass auf diese Weise unser Einfluss auf eine größere Anzahl von Menschen übertragen werden kann, und wenn dieser Einfluss einen aufbauenden Charakter aufweist, dann wird unsere Mission von größerem Nutzen sein.

Die *Union* wird gründlich, aber nicht ausschweifend sein; freimütig, aber nicht unanständig sein; kritisch, aber nicht unfair sein; applaudierend sein, ohne dafür gefördert zu werden. Alles in allem ein Forum für Leute mit Ideen, die keine Angst haben, zu diskutieren und die bereit sind, der anderen Seite Gehör zu schenken. Wir wissen auch, dass der Wert einer Zeitung in ihrem Inhalt liegt. Die Herausgeber müssen die Schuld oder das Lob auf sich nehmen. Die *Union* soll ihre eigene Antwort sein. Es handelt sich um eine eigenständige Publikation. Glauben Sie nicht, dass sie *Bethnahrin* ist, weil es zufällig Herrn Naum E. Palakh [Naum Faiq] in der Redaktion gibt. Aber die *Union* kann und wird die Ideale verbreiten, für die Herr Palakh stand und für die wir jetzt alle stehen.

Daher hoffen wir, mit der freundlichen Zusammenarbeit unserer Leser und einem Geist der fairen Kritik, die *Union* zu einer guten Kraft und zu den interessantesten Journalen unseres Volkes in Amerika zu machen.

Assyro-Chaldäische Nationaleinheit von Amerika (Assyro-Chaldean Unity of America)

Herausgeber der *Union*

Welche Bedeutung hat eine Zeitung?[229]

Zum Thema Nutzen von Zeitungen und die Nachteile der Zeitungslosigkeit sowie über die Bedeutung eines Volkes ohne Zeitungen unter den Völkern unserer Tage wurde zuvor schon oft von vielen Menschen hingewiesen und auch darübergeschrieben. In Übereinstimmung mit der Bedeutung des Sprichworts "Der Kebab wird in der Glut gebraten, während der Mensch mit Worten reift" hoffen wir, dass unser Volk aus all den Worten, die es über die Zeitung gehört hat, die notwendige Lektion gelernt hat und dass es nicht nötig sein wird, die Themen aus diesem Grund noch einmal ausführlich anzusprechen.
Auch wenn wir aufgrund der geografischen Lage, in denen sich unsere Heimat befindet, und aus vielen Gründen, die sich aus unserer völligen Unwissenheit ergeben, in einen sehr tiefen Schlaf der Achtlosigkeit gefallen sind, so verdienen doch die Resultate und die vielen nationalen Neuerungen, die wir in den letzten Jahren zu zeigen begonnen haben,

---

[229] *Huyodo*, Jahrgang 1, Nr. 2, 11. Juni 1921. Originalartikel in Garschuni-Osmanisch *"Bir Ceridenin Ehemmiyeti Nesindedir"*.

Anerkennung. Dabei sind Erweckung und Fortschritt sowie im Besonderen die Initiativen der geschätzten Gesellschaft in Amerika[230] (Assyro-Chaldean National Unity/*Shawtofutho Umthonoyto Othuroyto-Kaldayto*), besonders zu würdigen.

Daher verdienen es die Arbeiten an dieser Zeitung, die Bemühungen der oben genannten Gesellschaft und anderer Gesellschaften, die im Rahmen ihrer Kraft zur Schaffung dieser neuen Zeitung beigetragen haben und die wir heute mit großem Stolz sehen, mit goldenen Buchstaben in unsere Zukunft festgehalten zu werden.

Nachdem wir hunderttausende Male unsere Dankbarkeit gegenüber den geschätzten Gesellschaften zum Ausdruck gebracht haben, die eine so wichtige Lücke für die Nation gefüllt haben, werden wir heute der Nation die oben genannten Fragen stellen. Mit anderen Worten, die Existenz einiger weniger Zeitungen, auch wenn sie schwach sind, sollte uns glücklich machen. Aber werden wir von nun denken, dass wir keine Zeitung mehr brauchen? Oder fangen wir gerade erst mit dem Zeitungsgeschäft an und werden geduldig daran weiterarbeiten, bis wir daraus eine Zeitung im wahrsten Sinne des Wortes machen?

Wir Orientalen, besonders in der assyrisch-chaldäischen Gemeinschaft, haben eine Geisteshaltung, die der Welt des amerikanischen Denkens diametral entgegengesetzt ist, die uns unfähig macht, unseren Erfolg bei der Erzielung von Ergebnissen in irgendeiner unserer bisherigen Werke oder Unternehmungen nachzuweisen. Das heißt, in Eile mit der Arbeit zu beginnen und sich in Eile von der Arbeit zurückzuziehen.

Wir beginnen keine Arbeit, und wenn wir es tun, lassen alle unsere anderen Arbeiten stehen und klammern uns an die neue Arbeit, als hätten wir uns in die Arbeit verliebt, die wir gerade begonnen haben. Am Anfang sind wir erfolgreich, aber bevor wir den Gipfel erreichen, springen wir vor Freude in die Luft und denken, dass wir schon den Gipfel erreicht haben; wir ertränken uns im eigenen Applaus und sagen: *„Bravo, wir haben die Arbeit erledigt, wir haben sie abgeliefert."* Wir erleben die Freude des Festes, unsere Hände und Füße entspannen sich, wir gehen mit einer angenehmen Stimmung ins Bett.

Nach einer Weile, wenn wir aus dem Rausch der Freude erwachen, stellen wir fest, dass das Werk, das wir für vollendet hielten, nicht beendet ist, sondern in seinen alten Zustand zurückgekehrt ist. Noch schlimmer ist, dass wir nicht wie die Westler versuchen, den fehlerhaften Teil des Werkes zu untersuchen, ihn zu finden und die notwendigen Korrekturen vorzunehmen.

Bei einem kleinen Tritt kommen wir ins Wanken, ein kleiner Erfolg erfüllt uns mit Glück und Stolz, der kleinste Misserfolg führt zu Trauer und Verzweiflung. So wie wir eine sehr kleine Schwierigkeit nicht in ein großes Problem verwandeln sollten, sollten wir auch einen kleinen Erfolg nicht in einen stolzen Sieg umdeuten. Wir sollten wissen, dass es bei der Entwicklung der Zeitung und der Vollendung der Arbeit nicht nur um die Anschaffung von Druckbuchstaben oder einer Maschine geht.

In der Tat, eine Zeitung, die auf schönem, glänzendem Papier und Druck veröffentlicht wird, ist Ehre und der Ruhm eines Volkes. Die Ehre der Nation liegt jedoch nicht nur im Eisen und Bronze [der Druckbuchstaben], sondern die wahre Ehre liegt in den Ideen und Handlungen

---

[230] ܐܬܘܪܝܬܐ ܟܠܕܝܬܐ ܐܘܡܬܢܝܬܐ ܫܘܬܦܘܬܐ.

des Volkes. Ist nicht der Zweck einer Zeitung der Welt unsere Ideen zu zeigen und nicht nur unsere Schrift, aber auch uns selbst zu verstehen und zu erklären?

Unsere Zeitung sollte nicht nur der Selbstdarstellung dienen, sie sollte dem Verständnis und dem Ausdruck dienen. Sie sollte ein Spiegel unseres Denkens und Handelns sein. Fakt ist, dass der Spiegel auch für Ornamente und Schmuck verwendet wird, und wenn er uns [jedoch] von großen Aufgaben und Ideen ablenkt, die wir haben, dann ist das unsere Krankheit. Werden wir im Zusammenhang mit dieser neuen Zeitung genauso sein? Lasst uns ja nicht nach dem Besorgen von Druckbuchstaben und das Sichten von ein paar gedruckter Zeitungsseiten denken, dass das Thema Zeitung vollständig erledigt und abgeschlossen sei. Ist nicht die Erwartung der Menschen bei der Herstellung und Nutzung des Spiegels, ihre eigene Größe und ihr eigenes Aussehen, mit anderen Worten, ihre eigene Hässlichkeit mit eigenen Augen betrachten zu können?

Genau das passiert mit der Zeitung. Es ist ein sozialer Spiegel und ein moralisches Kriterium, das die Gedanken, den Verstand, die Seele und das Herz von Gesellschaften zeigt. Sie können die Errungenschaften eines Volkes in Zivilisation, Politik, Kunst und Handel nur in ihren eigenen Zeitungen sehen. So wie Künstler aller möglichen Völker in nationalen und internationalen Ausstellungen gesehen und anerkannt werden, so schreiben Literaten, Schriftsteller, Dichter, politische Denker eines Volkes Geschichten und Stückeschreiber, Übersetzer, Verwalter, kurz, Menschen aller Stände schreiben ihre Artikel in ihren eigenen Zeitungen. Die Intelligenz und Ideen der Völker werden nicht mit dem Meterstab gemessen, noch werden sie mit Waagen gewogen. Es sind die Bücher und Zeitungen der Völker, die die Überlegenheit ihres Intellekts und das Gewicht ihrer Spiritualität zeigen.

Auch wenn die Rahmen aus Gold sind, kann ein Spiegel, der das neue Aussehen seines Besitzers nicht zeigen kann, keinen Wert haben. Maschinen und Buchstaben aus Eisen und Bronze, Papier aus Baumwolle und Lumpen können die Spiritualität eines Volkes nicht darstellen. Die wahre Spiritualität des Volkes wird durch die Ideen repräsentiert, die geschrieben und zu Papier gebracht werden. Von nun an sollten wir in dieser Zeitung, die das Bild und der Spiegel unserer Nation sein wird, die Widerspiegelung unserer Ideen in unserem Kopf sehen.

Nicht nur wir, sondern auch fremde Völker sind neugierig darauf, die Tiefe und den Wert unserer Nationalität und Zivilisation zu sehen. Es ist ein richtiger und sehr heiliger Gedanke, Vertreter nach Paris und anderen Orten zu schicken, um bei den Friedensversammlungen Forderungen vorzutragen und Freiheit mit dem Anspruch auf Unabhängigkeit zu fordern. Aber sollten wir nicht wenigstens sensibel bei diesen Forderungen und Ansprüchen sein, damit unsere Gründe von der zivilisierten Welt akzeptiert werden? Dies können wir vor allem mit unseren Zeitungen erreichen. Wenn wir von unseren Zeitungen sprechen, darf man das nicht so verstehen, dass es uns nur darum geht, unser Alphabet zu präsentieren. Ich meine damit unsere wichtigen und lebhaften Gedanken mit verschiedenen Anzeigen in unseren Zeitungen. Um ein Beispiel zu geben: Wenn ein Mensch, der gar nicht lesen kann, oder ein Ausländer, der nur die großen Handelsanzeigen in den Zeitungen der Syrer[231] in Amerika sieht, auch wenn er die Hintergründe nicht versteht, wird begreifen, dass sie im Handel großartige Fortschritte gemacht haben.

Obwohl wir leider derzeit keine großen Handelsunternehmen haben, können wir sagen, dass wir viele weltoffene und sachkundige Schriftsteller, aber auch fähige Männer haben, die wir in

---

[231] Hier sind die Einwanderer aus Syrien gemeint (*Suriyelilerin*).

den von uns verwendeten Sprachen erreichen können. Selbst an den renommiertesten Universitäten Amerikas haben wir Leute, die wichtige Positionen innehaben und als Akademiker tätig sind. Doch leider haben die meisten dieser fähigen Leute bisher keine fünf Zeilen in unseren Zeitungen für die soziale Aufklärung unseres Volkes geschrieben.

Einige von ihnen wurden wiederholt gebeten, Artikel in unseren Zeitungen zu schreiben, aber sie antworteten: *"Mein Lieber, du sagst uns, wir sollen Artikel schreiben, aber in welcher Zeitung sollen wir schreiben? Nennst du diese auf einem Mimeographen produzierte Blätter Zeitungen? Sollen wir darin schreiben? Um Gottes willen, lass uns in Ruhe, schade um den Namen, den Status und vor allem um die Zeit und die Feder einer Person"*. Ja, wir geben zu, dass die fähigen Leute anderer Länder in ihren nationalen Zeitungen ständig über nützliche Themen schreiben. Zumindest übermitteln sie in ihren Zeitungen, die regelmäßig in der eigenen Sprache abgedruckt werden, ihre Gedanken an die Gesellschaft. Es gab viele Einwände; beispielsweise argumentierten manche, dass, "wenn wir eine schöne, glänzende Zeitung hätten, würden wir, ohne zu zögern schreiben". Unsere Denker haben Recht mit ihren Einwänden, für solche Einwände ist nun kein Platz mehr.

Wir hoffen mit unseren Vereinigungen, die sich mit Zeitaufwand und finanzieller Unterstützung für die Schaffung dieser Zeitung eingesetzt haben und dabei von ihrem Gefühl des Wohlwollens motiviert sind, dass von nun an unsere nachdenklichen und fähigen Autoren die Seiten dieser neuen Zeitung mit ihren schönen und klugen Artikeln schmücken und ihre Hilfe nicht scheuen werden, um die Zeitung mit ihrem Aussehen und Inhalt wachsen zu lassen und sie langlebig zu machen.

Wie bereits erwähnt, ist es der Inhalt der Zeitung, der die Aufmerksamkeit ausländischer Vereinigungen und der Öffentlichkeit auf sich zieht, und nicht das Erscheinungsbild ihres Drucks und Papiers. Die Kunden bevorzugen eher ein qualitativ gutes und schönes Produkt. Die Zuverlässigkeit und der Ruf eines Krankenhauses beruhen nicht nur auf der Fülle und Sauberkeit seiner Betten und Bediensteten, sondern auch auf der Anwesenheit von Fachärzten und Chirurgen, die dort verschiedene Krankheiten behandeln.

Eine nationale Zeitung ist wie ein soziales Krankenhaus. Je mehr professionelle Ärzte es gibt und je mehr nützliche Rezepte sie ausstellen, desto bekannter wird das Krankenhaus sein und desto rosiger wird seine Zukunft sein. Der Erfolg einer Apotheke liegt nicht in ihren glänzenden und bunten Flaschen, sondern in der Heilkraft ihrer Medikamente.

Selbst wenn das Papier unserer Zeitung aus Seide und die Tinte aus Gold wäre, kann sie den Geist und die Ideen unserer Nation, die seit Jahrhunderten angerostet sind, nicht zum Leuchten bringen. Die Erleuchtung unserer Gedanken wird durch die Schriften unserer fähigen Schriftsteller eingeleitet. Mit leeren und einfachen Worten kann man die Öffentlichkeit nicht informieren und versorgen. Ideen, die nicht informieren, wachsen nicht, im Gegenteil, sie schwächen die Gesellschaft und haben keine Zukunft. Eine Zeitung kann mit vielen Dingen wie Schule, Bibliothek und Garten verglichen werden. Wer sich für Poesie, Literatur, Sprache, Geschichte, Gesundheit, Reisen, Handel, Wissenschaft und Kunst interessiert, sollte diese Zeitung lesen oder zumindest neugierig darauf sein.

Ein Händler, der viel Gewinn anstrebt, sollte seine Kunden durch Anzeigen in diese Zeitung auf sich aufmerksam machen. Kunden wiederum sollten in den Anzeigen dieser Zeitung nach zuverlässigen und ehrlichen Händlern und Unternehmen Ausschau halten. Feiertage, Eheschließungen, Geburten, Trauerfälle, Feier und Trauer sollten in dieser Zeitung kommuniziert werden, damit die Zeitung nicht nur überlebt, sondern auch materielle und geistige Vorteile daraus erlangt. Sobald die Zeitung alle diese Bedürfnisse erfüllt, wird sie zu einer Zeitung, nicht zu einer Zeitung nur durch ihren Druckbuchstaben.

Es ist wahrscheinlich, dass unser Volk, das es in allen Angelegenheiten eilig hat, die Entwicklung, wie wir sie oben zu erklären versucht haben, in der ersten Ausgabe die Zeitung sehen möchte. Aber ist das möglich? Das ist überhaupt nicht möglich. Diese Zeitung ist gerade erst geboren, sie ist ein süßes kleines Kind, es ist nicht möglich, dass es plötzlich wie ein starker Mensch wirkt. Dieses Niveau kann nur mit Zeit, Geduld und harter Arbeit, Hilfe und Opferbereitschaft erreicht werden.

Ja, wir geben zu, dass man die Zeit nicht abwarten und verschwenden darf. Aber man sollte wissen, dass "derjenige, der in Eile vorangeht, seinen Anteil sicher erreichen wird". Die Idee, Zeitungen mit Druckmaschinen zu veröffentlichen, ist dem Volk seit der Zeit unseres nationalen Märtyrers, des verstorbenen Ashur Yousif Efendi, bekannt, als er „*Murshid Athuriyun*" veröffentlichte. Seitdem ist viel Zeit verloren gegangen und wir haben aus Mangel an Zeitungen große Verluste erlitten. Wir müssen jedoch wissen, dass all die Zeit des Geredes und der Argumente umsonst war. Der Gedanke, dass eine Zeitung notwendig ist, ist gewachsen und hat sich womöglich im Volk festgesetzt. Natürlich ist auch das Leben von Gräsern, die in kurzer Zeit treiben und wachsen, kurz.

Die Drucktechnik gibt es seit Jahrhunderten, aber wir haben heute damit begonnen. Warum? Weil unsere Gedankenwelt noch nicht den Punkt erreicht hatte, an dem wir die Bedeutung der Zeitung erkannten. Dies hat uns gehindert zu handeln. Es ist nicht möglich, die Zeit zu erzwingen. Eine Reifung wird mit der Kraft der Zeit möglich sein. Die Umstellung von Mimeographie auf Linotype wurde schon seit langem angestrebt, hat sich aber nicht bewährt. Im Laufe der Zeit hat geduldiges Arbeiten und das Erbringen von Opfern mehr Veränderungen bewirkt als die Schwierigkeit der Arbeit.

Wir müssen uns vor allem bewusstmachen, dass in diesem Bereich viele große Veränderungen stattfinden werden, nicht nur Dinge, die wir uns im Moment wünschen, sondern sogar Dinge, von denen wir nie geträumt haben, die aber rechtzeitig kommen werden. Ein großes Gebäude kann in ein oder zwei Stunden abgerissen werden, aber es kann nicht wieder in ein oder zwei Stunden wieder aufgebaut werden.

Es sollte kein Zweifel daran bestehen, dass der Druck, die Produktion und der Inhalt dieser Zeitung sehr gut sein werden. Wir werden hier die Gedanken und Bilder von vielen patriotischen und fähigen Menschen sehen, deren Namen wir [bisher] nicht kennen. Aber wie? Wir werden es mit Geduld und Opferbereitschaft sehen.

Senharib Balley

Erklärung an unsere Organisationen und Gemeinschaft in Amerika[232]

In unserer letzten Ausgabe erfuhren wir durch den Brief des Direktors des assyrischen Waisenhauses in Adana, Yuhanna Efendi[233] über die Arbeit eines unserer fleißigen Lehrer, des verehrten Mönchs Yuhanon Dolabani, der sich um einige Dinge und Bücher sowie Druckbuchstaben für die assyrischen Schulen in Adana bemüht. Ein wichtiger und bemerkenswerter Punkt in dem oben erwähnten Brief war, "dass, wenn das Geld, das dem Mönch Hanna Efendi gegeben wurde, ausreichen sollte, er versuchen wird, auch eine kleine Druckmaschine zu kaufen."

Wenn das Geld, das der Mönch hat, nicht ausreicht, um eine Druckerpresse zu kaufen, wird sich dann der erwartete Nutzen seiner Reise nach Beirut ergeben? Wenn die Druckerpresse nicht gekauft wird, welche Bedeutung haben dann die „paar Kilo" Druckbuchstaben? Kann man die Buchstaben auch ohne Druckerpresse verwenden? Wäre es daher nicht vorteilhafter für unser Volk, wenn die gesamte assyrische Gemeinschaft in Amerika einen kleinen Betrag ihrer Spendengelder für den Kauf einer kleinen Druckmaschine für die Schule in Adana zur Verfügung stellen würde, damit die schwierige Initiative des Mönchs in Beirut nicht zur Enttäuschung wird?

Wenn für die Adana-Schule eine Druckmaschine gekauft wird, sollte man nicht denken, dass der Nutzen, den sie bieten würde, nur auf diese Schule beschränkt bleiben würde. Es sollte nicht außer Acht gelassen werden, dass auch andere assyrische Schulen in der Heimat davon profitieren werden.

Auch im Hinblick auf die Bereitstellung von Büchern für unsere Schulen ist dies eine sehr gute Idee. Viele Bücher wurden geschrieben, vorbereitet und stehen zum Druck bereit; wenn nicht dort, wo sollten sie gedruckt werden? In Amerika? Haben wir die Kosten für das kleinste Buch, das in Amerika gedruckt wird, berechnet? Kann man mit einem Wochenlohn, den wir einem Arbeiter in unserer Druckerei in Amerika geben oder geben werden, nicht vier Männer in unserer Heimat beschäftigen? Kann man mit dieser Rechnung nicht ein Buch, das uns in Amerika zwei oder drei Dollar pro Stück kosten würde, in unserer Heimat zu einem Viertel des Preises bekommen?

Es geht nicht nur darum, Bücher günstig zu drucken. Wenn wir in Adana eine Druckerei haben, wird dort ein [zukünftiges] Arbeits- und Berufsfeld für die Schulkinder eröffnet. Auf diese Weise werden diese Kinder einen guten Beruf erlernen und Geschäftsleute werden. Anstatt ihre schulfreie Zeit zu vergeuden, könnten sie in der Druckerei arbeiten und bei Bedarf neben vielen Büchern auch eine Monatszeitung herausgeben. Da diese Bücher und Zeitungen

Mönch Yuhanon Dolabani
(1885-1969)

---

[232] *Huyodo*, Jahrgang 1, Nr. 7, 30. July 1921. Originalartikel in Garschuni-Osmanisch *"Amerika'daki Millet Ve Cemiyetlerimize Bir İḳtirâh"*.
[233] Hanna Haroun.

kostengünstiger sein werden wie unsere [hier in Amerika], könnten sie die Bücher günstig an unsere anderen Schulen und die Zeitung an das Volk verkaufen.

ܡܟܬܒܐ ܕܐܬܘܪܝܐ ܘܚܒ̈ܫܝ̈ܒܝ ܡܐ - ܘ - ܐ ܪܩܝ ܡ
Mawtbo d Othuroye dab Qiliqi, 11.4.1920
Sitzend: Hanna Harun (links), Aziz Chelico (Mitte)
(Bildquelle: Rima Harun, Montreal)

Wenn es in der Wirtschaft dieses Jahrhunderts Talent nötig ist, um Geld zu verdienen, braucht es hundertmal so viel Geschick beim Ausgeben. Mit dem Geld, das wir für den Druck eines Buches in den USA ausgeben würden, könnten wir in Adana eine Druckerei samt Gebäude kaufen, und die Bücher könnten in dieser Druckerei mit sehr geringem Aufwand gedruckt werden.

Es gab eine Zeit, in der wir uns darüber beklagten, dass wir keine Arbeiter innerhalb unseres Volkes haben, dass die Priester faul sind, dass sie dies und jenes sind. Jetzt haben wir, Gott sei Dank, ein paar Geistliche und Laien, die ihre Bequemlichkeit für das Wohl des Volkes aufgeben. Sie bitten das Volk um einen Arbeitsplatz, und das Volk sollte ihnen Arbeitsmöglichkeiten schaffen, damit sie arbeiten können.

Was sagen nun unsere zivilen Organisationen und Denker zu der Erklärung von *Huyodo*?

Zum Thema Schulbücher:

Die Korrespondenz zwischen George Qoyoun, einem Einwohner von Lowell und Senharib Balley Efendi, über die Vorbereitung der für unsere assyrischen Schulen notwendigen Bücher sowie der Austausch von Ideen und Erklärungen über Schulbücher der beiden Herren sollten zuvor in *Bethnahrin* veröffentlicht werden. Aufgrund des Wunsches von George Qoyoun und seiner Bereitschaft, seinen Beitrag in *Huyodo* zu veröffentlichen, verschoben wir sogar [die Herausgabe] *Bethnahrins* und die nützlichen Erklärungen beider verehrter Herren wurden zunächst nicht veröffentlicht. Deshalb veröffentlichen wir den Artikel heute über die Zeitung *Huyodo* und machen unsere Leser darauf aufmerksam.

Unser sehr verehrter Landsmann, George Qoyoun Effendi,

Ich bin auf einige Ihrer Artikel gestoßen. Während des Lesens kam mir der Spruch der Araber *„Der Weg von einem Herzen zum anderen" (min al-qalp eli al qalbi sebil)* in den Sinn. Denn es ist wahr zu sagen, dass deren Inhalt meine Gedanken aus dem Herzen wiedergaben.
Zunächst möchte ich Ihnen ganz besonders dafür danken, dass Sie uns in der Vergangenheit nicht vergessen haben, und dass Sie meine in *Bethnahrin* veröffentlichten Artikel zu schätzen wissen, die meiner Meinung nach dies nicht verdienen. Was ich schreibe, ist nicht schätzenswert, aber es spricht für Ihre Ehre und Großzügigkeit, dass Sie meine Schriften schätzen.

Es wäre nicht richtig zu sagen, dass es keine Männer gibt [die sich engagieren], denn es gibt Männer unter uns, die ziemlich fähig sind und die ihre Gedanken auf die genaueste und effektivste Weise zu Papier bringen können. Es liegt jedoch an der Gefühllosigkeit jener starken Federn, dass bedauernswerte Menschen wie wir die Gelegenheit finden und auf Zeitungsseiten kritzeln. Es gibt ein berühmtes Sprichwort: *"Wenn die Löwen in der Schlucht schlafen, wird natürlich der Fuchs dort der Herr sein."*
Mein Lieber; zum Glück, obwohl es patriotische und ehrenhafte Menschen in dieser Nation gibt, haben sie leider immer noch mehr gute Bekannte als echte Freunde.
Wenn sich die Gelegenheit ergibt, dass sie eine offizielle Position im Namen des Volkes ergreifen oder an eine Stelle gelangen, dann werden Sie sehen, dass viele Schriftsteller und Intellektuelle hervortreten werden, denen Blut aus der Feder fließt und die ebenso ungeheuren Patriotismus demonstrieren werden. Dann, wenn sie da sind, werden wir keinen Platz oder Gelegenheit haben, *bismillah*[234] zu sagen, geschweige denn eine Meinung in den Zeitungen zu äußern.

Ein entsprechendes Beispiel haben wir vor zwei Jahren beobachtet, als wir Repräsentanten der Assyrian National Association [Sawtofutho Umthonoyto ܐܘܡܬܢܝܬܐ ܩܠܐܣܘ] nach Paris [Pariser Friedenskonferenz -1919] schicken wollten, um die Rechte unserer Nation zu verteidigen. In jenen Tagen möge Gott ihre Zahl vermehren, gab es viele Nationalgelehrte, Philosophen und Professoren. Männer, die nicht nur nicht der Nation dienten, sondern sich schämten und Angst hatten, den Namen der Nation zu erwähnen, befanden sich in Sachen nationale Ehre und Nationalgefühl auf ihrem Höhepunkt.

Sie haben möglicherweise von Männern gehört, die vorgaben, Professoren für Orientalistik zu sein, die sogar ohne das Wissen des Volkes Positionen in den Bildungsministerien einnehmen würden, weil sie die großen Vertreter der assyrischen Nation seien, und ihre Nase, die länger ist als ihre Größe in Vereine der Wohltätigkeit und Nächstenliebe stecken. Wie viele Zeilen haben diese Professoren über die Aufklärung der Nation geschrieben? Nein, mein Freund, diese unter Vertrag stehenden Männer würden keinen Finger für ihre Nation rühren, ohne dafür bezahlt zu werden. Unter der Führung einiger Missionare eilen sie jedoch nach Paris, um die Ost-Assyrer in den Klauen rücksichtsloser Regierungen zu belassen.

---

234 Im Namen Gottes: Gedenken und Verherrlichung Gottes.

Sie stellen einige Fragen zu Schulbüchern. Ich weiß nicht, was ich Ihnen darüberschreiben soll. Mein Lieber, diese Frage ist so wichtig, dass sie sehr eng mit dem Leben unserer gesamten Gesellschaft verbunden ist. Wenn wir die Schulen in unserer Heimat nicht richtig organisieren, und wenn wir ihnen keine nationale Färbung geben können, ist es für diese Nation nicht möglich, ihre Existenz fortzusetzen. Die nationale Färbung unserer Schulen kann nur durch die Anwendung neuer, den Erfordernissen des Jahrhunderts entsprechender Methoden durch die Ausarbeitung von Büchern, die Informationen enthalten, die sich an der nationalen und zivilisierten Welt orientieren, und durch Lehrer, die in demselben nationalen Geist ausgebildet sind, erreicht werden. Es gibt keinen anderen Weg, dies zu erreichen.

Selbst wenn wir alle materiellen Mittel der Welt zur Verfügung hätten, selbst wenn die mächtigsten Gelehrten und Verwalter Amerikas und Europas unsere Nation leiten würden, würden sie immer noch von dem oben genannten Ansatz ausgehen, um unsere Nation grundlegend zu organisieren. Es wird nicht möglich sein, ein Gefühl der nationalen Einheit in dieser Nation zu schaffen, wenn die Bildung mit unterschiedlichen Büchern in Kharput, Diyarbakir, Mardin, Mossul, Urmia und Tiflis vermittelt wird.

Schlimmer als die Bücherfrage ist, dass jeder Lehrer in unseren Schulen an Einrichtungen unterschiedlicher Nationen ausgebildet wurde. Als Ergebnis ihrer Ausbildung werden die Gedanken und Gefühle unserer Kinder, die in den Händen von Lehrern mit anderen [nationalen] Gefühlen aufwachsen, auseinandergerissen.

An Hochschulen können Lehrkräfte aller Konfessionen und Gemeinschaften berufen werden. Wenn jedoch Lehrer, die in anderen Gesellschaften ausgebildet wurden und andere Gefühle haben, in die Grundschulen eines Volkes berufen werden, können die erwarteten Ziele in solchen Nationen nicht erreicht werden.

Das ist der Grund, warum unsere Gefühlswelt heute so verworren ist wie unsere Sprachen, die den Ruinen Babylons gleichen. Emotionen, die in der Kindheit voneinander getrennt wurden, können bis zum Tod nicht zusammenkommen. Deshalb sollte es neben dem religiösen Wissen auch Gemeinsamkeiten in den Ansätzen der nationalen Erziehung von den Städten bis zu den Dorfschulen geben, damit die ganze Nation eine Einheit im Denken und Fühlen erreichen kann. Damit Menschen in guten und schlechten Tagen das gleiche Gefühl empfinden können.

Wenn unsere Vereinigungen und die gesamte assyrische Gemeinschaft sich diese wichtigen Punkte zu eigen machen und versuchen, sie zu korrigieren, dann kann man glauben, dass eine Renaissance erreicht werden wird, das heißt, dass sie aus den Toten auferstehen werden. Andernfalls sind alle anderen Tools nutzlos.

Wir haben viele Male geschrieben und gesagt, dass, wenn das Problem der Sprach- und Grammatikbücher und der nicht richtig ausgebildeten Lehrer ungelöst bleibt, gleichen alle zu ergreifenden Maßnahmen wie das Legen des Fundaments und das Anbringen der Decke, der Renovierung eines morschen Gebäudes. Davon bin ich seit fünfzehn Jahren überzeugt. Das erste Thema, worüber ich schrieb, befasste sich mit diesem Problem und ich werde versuchen, diese Gedanken bis zu meinem letzten Atemzug meinem Volk zu vermitteln. Wenn Sie *Murshid Athuriyun* als auch *Sawto d Othuroye* (ܩܠܐ ܕܐܬܘܪܝܐ) Ausgaben alle gelesen haben, finden Sie auch dort meine hier formulierten Gedanken.

Sie fragen, welche Art von Büchern Sie der Adana-Schule schenken können oder wie viel *Olaf-Beth*-Bücher [Grundschullesebücher in Syrisch] kosten werden. Ist das auch eine wichtige Frage, mein Freund?

Wo können wir diese hundert *Olaf-Beth*-Hefte vorerst finden? Auch wenn sie gefunden werden, sind es keine Bücher, die der heutigen Zeit entsprechen und den Verstand der Kinder öffnen. Wir brauchen solche Bücher, die unseren Kindern in kurzer Zeit viel beibringen können, die ihnen die Regeln der Sprache beibringen können und sie gleichzeitig lehren, ihre Muttersprache leicht zu sprechen.

Die im ersten Teil der Lesebücher vorgestellten Wörter sollten möglichst einfach, kurz, harmonisch und flüssig sein. *Shawtofutho* ܫܘܬܦܘܬܐ [Partnerschaft], *Magnonutho* ܡܓܢܢܘܬܐ [Schutz], *B'eldbobutho* ܒܥܠܕܒܒܘܬܐ [Feindseligkeit] und ähnliche Wörter, jedes mit einem halben Dutzend Silben sollten gemieden werden.

Das Problem der Bücher endet nicht nur mit den *Olaf-Beth*-Heften. Wir sollten an Lesebücher mit mindestens drei oder vier Kapiteln denken. Die ersten paar Abschnitte sollten die Namen und Bilder der Gegenstände enthalten, die die Schüler zu Hause, in der Schule, auf der Straße, auf dem Markt, im Wasser, im Fluss, in der Luft sehen, lieben, sagen, mit ihnen spielen, und sie streicheln.

Es sollten Sätze, Gedichte und Geschichten sein, die von ihren Gegensätzen und Situationen erzählen. In anderen Teilen sollten die Bücher Erzählungen enthalten, die ein zunehmendes Maß an Informationen enthalten, mit denen das Kind innerhalb von zwei oder drei Jahren nationales, ziviles, literarisches, historisches und religiöses Wissen erwirbt. Das Kind sollte nicht sechs oder sieben Jahre seines Lebens damit verbringen, die endlosen poetischen Gebete Davids zu buchstabieren und die *Maqams von Shhimo, Beth-Gazo und Tekso* ohne Noten oder Punkte auswendig zu lernen, wie es heute üblich ist.

Zwischen der TMS-Niederlassung in Diyarbakir und Seiner Eminenz Metropolit Afrem Barsoum gab es Austausch über das Schreiben, Redigieren, Übersetzen und Drucken einer neuen Reihe von Schulbüchern. Wenn es gewünscht wird, dass der Metropolit die angeforderten Bücher schreibt und redigiert, wird dafür Zeit benötigt werden. Unsere Kinder hingegen leiden überall unter Büchermangel.

Sehen Sie sich die Gleichgültigkeit an: Niemand weiß, welche Art von Büchern man Kindern in Mossul, Deyrulzafaran, Adana zum Lesen vorlegt oder wie ihre Lehrpläne aussehen. Es würde nicht schaden, wenn eine Kopie davon in den Zeitungen veröffentlicht werden würde. Sollen wir dies auch unserer Armut zuschreiben? Klagen nur unsere armen Erzieher in Adana über den Mangel an Büchern?

Einige hundert Exemplare des Büchleins von Naum Faiq Efendi, die er zuvor für die Kinder der assyrischen Schule in Paterson zusammengestellt hat, könnte nun zu einem erschwinglichen Preis gedruckt werden, das für den Grundschulunterricht unserer Schulen in Adana und anderswo nützlich sein könnte. Es wäre sehr nützlich, wenn Sie und die Organisationen in Ihrem Gebiet in Betracht ziehen würden, den Druck dieser Bücher zu unterstützen.

Wenn es die finanziellen Mittel erlauben, wäre es großartig, wenn Sie mit dem TMS-Vereinigung (Assyrian National School Association) zusammenarbeiten könnten, um die Bücher, die unsere Schulen benötigen, so schnell wie möglich herzustellen. Wenn Ihre finanziellen Mittel nicht ausreichen, wäre es wie gesagt, sehr nützlich und eine Großzügigkeit, wenn Sie einige Exemplare von Malfono Naum Efendi herausgegebenes Buch oder vom assyrischen Priester[235] Ishaq Armaltos zweiteiligen Lesebüchern (*Regath Shabre* ܪܓܬ ܫܒܪ̈ܐ),[236] oder aber von Seiner Eminenz Metropolit von Mossul, Jakob [Awgin] Manna[237], editierten und sehr nützlichen, in der assyrische Sprache[238] geschriebenen Büchern (*Turos Mamlo* ܛܘܪܣ ܡܡܠܐ)[239] der Adana Schule schenken würden. Zusätzlich zu den genannten Büchern wäre es sehr vorteilhaft, wenn Sie einige Exemplare des in Beirut erschienenen Wörterbuchs „*El-Lobab*" von Gabriel Cardahi[240] schenken könnten, da es für Kinder, die Assyrisch[241] lernen und auch für die Lehrer sehr wichtig ist. Das Geschenk dieser Bücher kann hundertfünfzig Dollar kosten, aber der Nutzen wäre eine Million wert.

Mit dem Versprechen, das ich Ihre anderen Fragen in einem anderen Brief beantworten werde, schließe ich mit einem Gebet, in dem ich den Allmächtigen Gott bitte, Ihre Arbeit und Hilfe zum Wohle der Nation zu stärken.

19. April 1921   **Senharib Balley**

An Senharib Balley Efendi!

Da es in dem obigen Artikel, den Sie an mich adressiert haben, Ideen gibt, die unsere Nation erwecken werden, können wir, wenn der Autor es für angemessen hält und die Erlaubnis erteilt, diesen Artikel in der Zeitung *Bethnahrin* veröffentlichen lassen, damit sowohl wir als auch unsere Leser über die Schulbücher informiert werden.

Wir alle wollen, dass die genannten Bücher beschafft werden, unsere Vereine, die es wünschen, können sich zusammenschließen und die Herausgabe der druckfertigen Bücher übernehmen und sie an unsere Schulen schicken.

Ich weiß nicht, warum sich unsere Geistlichen nicht an diesem Thema engagieren. In *Bethnahrin* diskutierten wir nur über die Bereitschaft von Yuhanon Dolabani und Abrohom Haqwerdi Efendi, sowohl Kirchen- als auch Schulbücher zu drucken und herauszugeben.

Mein Bruder, jedes Land hat einen Generaldirektor und Organisator für seine Schulen. Die notwendigen Bücher und anderen Materialien werden von ihnen vorbereitet. Wir müssen noch sehen, dass unser Volk solche Maßnahmen ergreift und umsetzt. Jedenfalls hoffe ich, dass unsere Schulen in Mesopotamien, wenn schon nicht früher, so doch wenigstens in Zukunft organisiert werden und ihre Forderungen nach der Bereitstellung von Büchern erfüllt werden.

Es wäre gut, wenn die kleinen Bücher in syrischer und englischer Sprache, die der Lehrer Naum Efendi zuvor für die Kinder der assyrischen Grundschule in Paterson organisiert hatte,

---

[235] Im türkischen Original „*Asuri keşişlerinden*" – ܐܬܘܪ̈ܝܐ ܩܫܝܫ̈ܐ.
[236] Ishaq Armalto (1907/1908): *Kthobo d reghat shabre* - ܟܬܒܐ ܕܪܓܬ ܫܒܪ̈ܐ Beirut.
[237] Jakob Awgin Manna (1867-1927), chaldäischer Bischof.
[238] Im türkischen Original „*Asurice*" – ܐܬܘܪ̈ܝܐ.
[239] Jakob Awgin Manna (1901): *Morceaux choisis de litterature arameenne* – ܡܬܚ̈ܐ ܓܒ̈ܝܐ ܡܢ ܣܘܦܪܘܬܐ ܐܪܡܝܬܐ, Mossul.
[240] Gabriel Cardahi (1887/1891): Syrisch-Arabisches Wörterbuch veröffentlicht in zwei Bänden in Beirut.
[241] Im Original *"Asurice okuyan çocuklara"*.

zu einem vernünftigen Preis gedruckt und nach Adana und an andere Orte geschickt werden könnten. Aber da diese Broschüre in englischer Sprache ist, kann sie wahrscheinlich an einigen Orten nicht verwendet werden.

Gehören die von Metropolit Jakob Manna und Priester Ishaq Armalto geschriebenen Bücher Grundschulkindern oder höheren Klassen? Leider haben wir diese Bücher noch nicht einmal gesehen.

Sie schreiben, dass Seine Eminenz Metropolit Afrem und die geschätzten Verwalter der TMS-Vereinigung Ideen über die Vorbereitung, Übersetzung und den Druck einer Reihe von Schulbüchern ausgetauscht haben. Diese Bücher wurden jedoch noch nicht erstellt, und es ist noch nicht klar, wann sie fertig und verfügbar sein werden. Möge das Ende nicht so sein, als "hätte man nur gehört, jedoch nicht gesehen." Wir erwarten, dass die oben genannten Bücher so schnell wie möglich erstellt werden. Wir hoffen, dass sie von einigen Gesellschaften und Schulleitern gekauft und an die entsprechenden Schulen geschickt werden. Die Bücher sollten bereit sein, damit die Schulverwaltung die Schüler damit unterrichten kann.

Ich kenne einige Vereine und Wohltäter, die, wenn die Bücher fertig wären, jeweils 25-50 Exemplare kaufen und sie an assyrischen Schulen verschenken würden. Wenn sie bei einigen nationalen Banketten ihre Sicht zum Thema Bücher zum Ausdruck bringen würden, gäbe es einige unserer Patrioten, die fünf oder zehn Bücher spenden würden. Das Ziel ist es, etwas Nützliches zu tun, auch wenn man nur darüber redet.

George M. Qoyoun

****

So entstehen Patriotismus und Nationalismus

Herr Siftanidis, der in Alexandria lebte und zu den Mitgliedern des Vereins zur Förderung der griechischen Gesellschaft, d. h. der griechischen Nation und des griechischen Vaterlandes gehörte, hinterließ seiner Familie von seinem Vermögen, das sich nach seinem Tod auf zweihundertfünfzigtausend Lire belief, nur dreißigtausend Lire. Die restlichen zweihundertzwanzigtausend Pfund stiftete er für die Gründung einer Industrieschule in Athen.

Von Beispielen lernen

Huyodo dient als Beispiel dafür, dass die Reichen und Mächtigen unseres Volkes keine Wohltaten zeigen, selbst wenn es um die jährliche Spende eines Dollars an unsere Schule geht, oder ein Waisenhaus zu unterstützen; außerdem vermeiden sie es, fünf Dollar pro Jahr für eine Zeitung an den Herausgeber zu zahlen. In diesem Fall sollten unsere reichen und mächtigen Leute, die nicht einmal ein Hunderttausendstel von dem spenden, was der erwähnte Herr hergab, ihre Augen öffnen und auf die Großzügigkeit dieser Person blicken, in der Hoffnung, dass ihre Gefühle für Hilfe angeregt werden, auch wenn es ein wenig ist.

Der Fortschritt der Nation, der Aufstieg ihres Ruhmes und Ehre ist mit solch wichtigen großzügigen Spenden möglich. Andernfalls können all diese Dinge nicht erledigt werden, indem man auf seinem Stuhl sitzt und sich um seine eigenen persönlichen Interessen kümmert. Reiche Menschen, die ihrer Nation, Heimat, Schulen, Waisenhäusern und

Zeitungen nicht genug Geld spenden, werden von unseren Gelehrten „Postpferde" genannt. Wir sollten von Beispielen lernen.

❖

Farbe und Charakteristika einer Nation[242]

So wie man einen Baum an seiner Frucht, eine Blume an ihrem Duft, einen Gegenstand an seiner Farbe erkennt, so erkennt man auch Nationen an ihren Farben und Eigenschaften. Was ist das Merkmal einer Nation? Die Farbe und die Merkmale der Nationalität sind keine physischen Faktoren. Es sind auch keine Farben wie Blau, Gelb, Grün oder Rot. Die drei wichtigsten Farben und Merkmale der Nationalität sind: Erstens eine gemeinsame Sprache und ein gemeinsamer Wortschatz, zweitens die Form der Schrift und der Buchstaben, und drittens die Personennamen, die von den Angehörigen dieser Nation verwendet werden. Da bekannt ist, dass die Sprache oder der Wortschatz ein offizielles Kennzeichen der Nationalität ist, bedarf es keiner weiteren Erklärung.

Das zweite Merkmal, Schrift und Alphabet, unterscheidet eine Nation fast ebenso sehr wie die Sprache von anderen Nationen. In der Tat kann eine Nation, die ihr Sprache und Vokabular nicht bewahren kann, ihre Existenz bis zu einem gewissen Grad mit diesen Merkmalen bewahren, wenn sie die Art und Weise bewahren kann, wie ihre Schrift und ihr Alphabet verwendet werden. Die gegenwärtige Situation der Juden ist ein ausreichender Beweis für diese Behauptung. Unter den vielen Völkern gibt es kein anderes Volk, das so sehr über vier Kontinente verstreut ist wie das jüdische Volk. Abgesehen von einigen Tausend Juden in Palästina, dem jüdischen Heimatland, die die ursprüngliche hebräische Sprache sprechen, haben die Juden in der ganzen Welt seit Jahrhunderten ihre Muttersprache verloren und verwenden verschiedene Sprachen. Da dieses Volk jedoch seine religiösen Riten und insbesondere den Gebrauch der hebräischen Schrift bewahrt hat, konnte es seine nationale Existenz bis heute unter den stärksten und zivilisiertesten Nationen und Ländern zum Ausdruck bringen.

Da die Söhne Israels trotz Verfolgung und Erniedrigungen, die sie jahrhundertelang überall erlitten haben, nicht aufgehört haben, ihre nationale Schrift zu verwenden, haben sie heute in Europa, Amerika und sogar in der größten Stadt der Welt, wie New York, die hebräischen Schrift für jedermann bekannt gemacht. Wenn Sie eine Zeitung mit hebräischen Buchstaben oder ein anderes Druckwerk in den Händen eines Mannes sehen, brauchen Sie nicht neugierig zu sein, um herauszufinden, welcher Nation dieser Mann angehört, sondern Sie wissen aufgrund der Zeitung in seiner Hand, dass er ein Jude ist, obwohl Sie allein anhand seiner Kleidung und seiner Kleidung nicht unterscheiden können, welcher Nation er angehört. Der

---

[242] *Huyodo*, Jahrgang 1, Nr. 21, 12. November 1921. Originalartikel in Garschuni-Osmanisch „*Milletin Rengi ve Özellikleri*".

Jude kennt kein Wort seiner hebräischen Muttersprache und es macht ihm nichts aus, dass die Zeitung in seiner Hand, die mit hebräischen Schriftzeichen gedruckt ist, in Deutsch, Spanisch und einem Gemisch von zweiundsiebzig anderen Sprachen geschrieben ist. Es ist nur wichtig, dass die Zeitung in hebräischen Schriftzeichen gedruckt ist, was bedeutet, dass sie von anderen Nationen getrennt ist.

Das dritte Nationalitätsmerkmal, die Personennamen, sind nicht so von Bedeutung wie die Sprache und das Alphabet, aber für einige Nationalitäten sind sie in gewissem Maße ein besonderes Zeichen. Wenn man zum Beispiel in einer Zeitung auf eine Anzeige stößt wie Garabet Migirdiçhyan, ein Kaufmann in Izmir, Boghos Kirkoryan, ein Teppichhändler in Manchester, oder Ohannes Dikranyan, ein Juwelier in Marseille, muss man dann nachforschen, welcher Nationalität diese Kaufleute angehören? Denn es ist bekannt, dass die Namen Garabet, Dikran, Mihran, Ohan, Boghos, Toros, Nigoghos usw. Eigennamen sind, die dem armenischen Volk angehören. Genauso wie Yorgo, Yanis, Pauli, Petraki, Estavri, Gusti usw. Eigennamen des griechischen Volkes sind. Wenn wir die Namen Yorgi, Yanis, Pauli hören, können wir an kein anderes Volk denken als an die Griechen.

Kurz gesagt, dies sind die Farben und Merkmale der Nationen. Es wurde gesagt, dass *„der Tapfere derjenige ist, der seinen eigenen Kessel zum Kochen bringt"*. Die Völker haben viele Aspekte, aber was ist mit uns, was haben wir? Was und wo sind unsere nationalen Merkmale?

Nehmen wir an, Verfolgungen, die Zeit und viele andere Gründe haben dazu geführt, dass wir unsere Muttersprache an vielen Orten verloren haben. Aber was ist mit unseren beiden anderen Merkmalen passiert? Warum werden sie nicht verwendet? Sam, Aram, Ashur, Nimrod, Ninos, Sargon, Senharib, Esarhaddon, Bahtnasar, Ahikar, Sardanapal, Yudit, Belis, Sashan, Barsoum, Danho, Sulaka, Yaballah, Khnanisho, Sabryeshu, Sawme, Qawme, Malke, Shalito, Z'uro, Tbitho, Marta, Shafirto, Kawkabtho ... Was ist dies für ein Vergnügen, fremde Namen anzunehmen und über die schönen Namen zu lästern, die einst in den Geschichtsbüchern zu unserer Nation gehörten? Oder welche Regierung hat uns unterdrückt und uns ein Schwert an den Nacken gelegt, damit wir die nationalen Namen aufgeben und stattdessen fremde Namen verwenden?
Einige von uns verwenden armenische Namen wie Boghos, Bedros, Nigoghos ..., einige von uns verwenden jüdische Namen wie Elyas, Eyüp, Ibrahim, Yawsef, Petrus, Markus, Hanna, Samuel .... und einige von uns verwenden türkische, arabische und muslimische Namen wie Fethullah, Abdullah, Şhukrullah, Lutfi, Fehmi, Zihni, Tevfik, Shefik, Said, Jalil, Jemil, Halil, Selim, Süleyman, Muhammed, Mustafa, Ali und Veli. Als ob die oben genannten Namen nicht genug wären, haben wir in der Diaspora auch Namen wie Jack, John, George, Jo, Willi, Henry, Frank .... hinzugefügt!

Waren diese oder werden diese die Farben und Merkmale unserer Nationalität sein? Es wurde gesagt, dass Armut von Gott kommt. Aber was hindert uns trotz Armut das Richtige zu unternehmen? Angenommen, wir haben nicht genug Geld und Macht, um Schulen zu eröffnen, Lehrer zu finden, Bücher zu schreiben, sie zu übersetzen und zu drucken, aber brauchen wir Geld, einen Haushalt und eine Schatzkammer, um fremde Namen aufzugeben und unsere eigenen nationalen Namen zu verwenden? Oder brauchen wir die Erlaubnis der örtlichen Verwaltung, um bei der Taufe Dikran in Barsoum, Shukru und Lutfi in Sargon zu ändern?

Was soll man sagen oder schreiben, wenn es um unsere mangelnde Sensibilität geht, in unseren Briefen nicht unsere eigene Schrift zu benutzen? Das ist ein großer nationaler Fehler. Selbst wenn es eine Rechtfertigung für all unsere nationalen Unzulänglichkeiten gibt, können wir keine Rechtfertigung hierfür vorbringen. Selbst wenn viele unserer nationalen Sünden vergeben werden, gibt es nichts Verzeihliches an unserer Sünde, unsere nationalen Schriftzeichen nicht zu verwenden, da es sich um einen vorsätzlich begangenen Fehler handelt.

Viele Völker haben heute ihre eigenen Nationalstaaten und Regierungen, aber etliche haben keine eigene Landessprache und kein eigenes Alphabet. Wir hingegen, obwohl wir eine so große Chance haben, eine eigene Sprache und eigenes Alphabet zu besitzen, verwenden stattdessen leider fremde Schriften und Schriftzeichen und treten diesen großen Wert mit Füßen. Gibt es eine größere Blindheit als diese? Ich will nicht die reichen, intelligenten und bekannten Juden Europas und Amerikas erwähnen. Schauen Sie sich die Notizbücher, Briefe und Korrespondenzdokumente der Juden von Diyarbakir und Çermik an, der elendesten der Juden und ihrer bekanntesten Händler, der Straßenhändlern, die auf den Straßen und in den Dörfern Zigarettenpapier, Nadeln und Garn verkaufen; finden Sie da eine andere Schrift als die Hebräische? Diese Unglücklichen kennen keine andere Sprache als ein paar Worte Arabisch. Sie kennen nicht einmal das "ABC" des Arabischen, sondern nur hebräische Buchstaben.
Wir werden die Bücher, Dokumente und Kommunikationsdokumente unserer Handelsreisenden und Kaufleute nicht erwähnen. Leider sind nicht einmal die offiziellen Briefe unserer Patriarchen und Metropoliten in unseren nationalen Schriftzeichen geschrieben. Sie werden sehen, dass nicht nur griechische und armenische Kaufleute, Ärzte, Anwälte, sondern sogar Lebensmittelgeschäfte ihre Namen und Titel auf ihren Visitenkarten, Briefe und Umschläge in ihren nationalen Schriftzeichen bedrucken. Leider muss ich noch einmal betonen, dass heutzutage sogar ein offizieller Brief und ein zweieinhalbzeiliger Brief, der von unserer patriarchalen Vertretung in Istanbul an die Adresse der Zeitung *Huyodo* gesendet wird, in einer Fremdsprache und deren fremden Schriftzeichen verfasst sind. Auf dem Umschlag waren der Titel und die Adresse des patriarchalen Vertreters in türkischer und französischer Sprache abgedruckt. Aber auf dem fraglichen Umschlag war kein einziger Hinweis auf unsere nationalen Buchstaben zu finden. Was für eine Unsensibilität!

Ich wiederhole: Leider sind heutzutage sogar ein offizieller Brief und ein zweieinhalbzeiliger Brief, die von unserer patriarchalen Vertretung in Istanbul an die Adresse der Zeitung *Huyodo* geschickt wurden, in einer fremden Sprache und in fremden Buchstaben geschrieben. Auf dem Umschlag waren der Titel und die Adresse der Patriarchatsvertretung in Türkisch und Französisch aufgedruckt.

Wenn irgendjemand ein anderes Volk auf der Welt kennt, das genauso gemein zu seiner eigenen Nationalität handelt wie wir, soll er es uns bitte sagen. Wenn jemand jemals von einer Nation gehört hat, die Ausländer so sehr bewundert wie wir, soll er es uns sagen. Wenn diejenigen, die sich selbst als *assyrische* Beschützer, als Liebhaber der Assyrer und aramäische Führer betrachten[243], des Gebrauchs unserer Schriftzeichen schämen, oder wenn sie der Tatsache überdrüssig sind, da sie ein wenig schwer zu schreiben sind, wie sollte unser Volk dann auf seine eigene Sprache und seine eigenen Schriftzeichen blicken?

---

[243] Neutürkisch: Süryani koruyucuları, Asuri sevenleri, Arami önderleri.

Wenn auch nur der geringste Angriff auf die kleinsten Gesetze der Kirche erfolgen würde, würde die Hölle losbrechen, aber warum werden solche Angriffe und Verunglimpfungen der Farben und Merkmale der Nationalität akzeptiert? Hat denn die Verwendung unserer Schriftzeichen irgendwelche Auswirkungen auf die türkische Politik?

Lasst uns auch erwähnen, dass wir orthodoxe *Assyrer* [Süryani kadim] nicht die einzigen sind, die unsere nationalen Namen und Schriftzeichen verraten. Andere Gemeinschaften wie die syrisch-katholischen, die nicht Ostassyrer [*şark Asuriler*] sind, sind wie wir und schlimmer als wir. Wir haben zumindest ein paar hundert Leute, die unsere eigenen Schriftzeichen in der Schule und in der Kommunikation verwenden, aber bei denen gibt es nicht einmal eine Handvoll davon.

Fragen wir uns nun, wie der Apostel Johannes sagt: *„Wenn jemand seinen Bruder nicht liebt, den er gesehen hat, wie kann er dann Gott lieben, den er nicht gesehen hat?"*

Wenn wir Assyrer die fremden Namen nicht aufgeben und unsere nationalen Namen und Schriftzeichen nicht verwenden, die uns geschenkt sind, wer wird uns dann glauben, dass wir wiederholt versuchen, unsere Muttersprache zu verbessern, was viel Geld, lange Zeit und viel Mühe erfordert? Wer wird uns glauben, dass wir Blut vergießen werden, um zu unserer früheren Größe zurückkehren zu können? Ich erinnere mich nicht mehr, in welcher Ausgabe von *Murshid Athuriyun* unser nationaler Märtyrer Ashur Yousif einen Beitrag hatte, in dem er sagte: *„Assyrer sollten untereinander zumindest geloben, keine fremden Schriftzeichen zu verwenden."* Ashur Yousif, der einen großen Nationalgeist besaß, stach mit Nadeln in unsere Gedanken, die seither taub waren, aber leider werden wir von Nadeln nicht geweckt – ja nicht einmal von Kanonen dieser Kriegshölle!

Viele große Reiche brachen zusammen und starben, während kleine Nationen geboren wurden und wuchsen, aber an unserer Bewunderung für das Fremde änderte sich nichts Wesentliches. Tausendmal Schande, dass wir uns von unseren Nationalfarben und Merkmalen distanziert haben.

Senharib Balley

Assyrische Schule und Waisenhaus in Adana (11.04.1920)

ܚܕ ܡܕܪܫܬܐ ܘܐܝܬܘܢ ܘܝܬܡܐ ܒܐܕܢܐ

Das Waisenhaus von Adana[244]

Was gibt es Schöneres als das Glück, den Erfolg einer begonnenen Unternehmung oder einer Initiative in der Welt zu sehen, deren Vorteile zu erleben und zu spüren, sei es allgemein, speziell, national, individuell, kurz, was auch immer?

Umgekehrt gibt es nichts Schmerzlicheres als das Unglück, das Ziel nicht zu erreichen, das man sich auf dem Weg zu einem großen Erfolg gesetzt hat. Es ist in der Tat unglücklich für den Winzer, wenn der Weinberg, den er durch unzählige Mühen und Schwierigkeiten zur Ernte gebracht hat, durch ein Naturereignis verbrannt, zerstört wird oder ausgetrocknet. Genau das drückt die heutige Situation des Verwaltungsrates des Waisenhauses in Adana aus, dessen Bericht wir erst vor einem Monat mit großer Freude gelesen haben.

Infolge des großen Leides, den der höllische Krieg[245] der Menschheit in der Welt den schwachen Völkern, besonders unserem Volk, zugefügt hat, sind Hunderte unserer Dörfer mit ihren Bewohnern dort zerstört worden, Hunderte unserer Kirchen, Schulen und Klöster sind ruiniert worden. Während ich über den Schmerz derer nachdachte, die zurückblieben, weil sie aus Vernachlässigung und Mangel an Lehrern zugrunde gehen werden, wurde durch die Initiative und mit großer Hilfe der Assyrer von Adana eine kleine, aber nationale Zuflucht geschaffen. Sie rettete unsere Waisenkinder, die dem Schwert entkamen, aus allen Ecken und Winkeln und linderte somit unseren Schmerz ein wenig und brachte uns zum Lächeln. Als wir Tag für Tag in unseren Zeitungen über den Fortschritt des Waisenhauses lasen, begannen wir, in unserer Fantasie Villen und Paläste zu bauen. Wir sagten uns: *„Wenn Gott dieses Volk auf der einen Seite zerstreut, wird er auf der anderen Seite auch die Mittel schicken, damit es sich sammelt."* Uns tröstete die Tatsache, dass diese Einrichtung, falls der Fortschritt anhielt, bald wieder Hirten für unsere Kirchen, Lehrerinnen und Lehrer für unsere Schulen, Schriftsteller, Übersetzer und Leser für unsere Zeitungen hervorbringen würde. Es war nicht nur die Gründung des Waisenhauses, die zu unserer Freude beitrug. Was unsere Freude steigerte und unsere Hoffnung sehr stützte, war die Tatsache, dass dieses Waisenhaus von gut ausgebildeten, nationalistisch gesinnten Lehrern geleitet wurde. Denn unsere Nation hatte schon früher Schulen und Waisenhäuser gesehen, aber sie hatte noch keine Lehrer mit dieser Qualifikation gesehen.

Nach den Ereignissen von 1895 wurden dank der Bemühungen des verstorbenen Patriarchen Abdulmessih eine große Anzahl von Waisenkindern im Kloster Deyrulzafaran untergebracht. Da sie jedoch nicht ordnungsgemäß administriert wurden, blieb der erwartete Nutzen nach einiger Zeit aus und die Auflösung war unvermeidlich. Während der Amtszeit des verstorbenen Metropoliten Behnam [Semerci] wurde im Kloster Deyrulzafaran ein Internat eröffnet. Da die notwendigen Vorkehrungen dazu nicht getroffen wurden, musste auch diese Initiative das gleiche Schicksal erleiden wie die anderen.

Weil wir diese Dinge sahen und wussten, waren wir froh, im Adana-Waisenhaus mehr Administratoren und Lehrer zu haben. Selbst die Undankbarsten können die Stärke dieser Administratoren und Lehrer nicht leugnen, und selbst die Kritischsten können ihre Fähigkeit schon aus der Ferne erkennen.

Was auch immer es sein mag, das Abkommen zwischen den Türken und den Franzosen hat das Wesen unseres großen Traums nicht beschädigt, sondern nur seine Form und vielleicht auch seinen Standort. Es hat die Zerstreuung vieler Waisen verursacht. Genau das nennt man

---

[244] *Huyodo*, Jahrgang 1, Nr. 33, 4 Februar 1922. Originalartikel in Garschuni-Osmanisch *"Adana Yetimhanesi"*.
[245] Verweis auf den 1. Weltkrieg.

„Öffnen einer Wunde auf Wunde". Diese Situation ist für uns ein Problem, eine Katastrophe. Es ist jedoch auch ein guter Test, um unsere Liebe zu unserem Volk, unsere Gedanken, unseren Glauben an unsere Nation und unsere Geduld zu messen. Das assyrische Volk kann diese Prüfung bestehen. Es gibt kein anderes Volk, das so viel Ausdauer und Geduld bei der Aufrechterhaltung persönlicher Feindschaft aufbringt wie das assyrische Volk. Aber gerade in Zeiten wie diesen erkennt man die Unverwüstlichkeit und Ausdauer in nationalen Angelegenheiten.

Solche Umstände, Höhen und Tiefen und Veränderungen in der politischen Arena sind immer möglich. Eine Nation, die in persönlicher Feindseligkeit verharrt, ist selten. Aber gerade in Zeiten wie diesen ist es sinnvoll, in nationalen Angelegenheiten beharrlich und geduldig zu sein. Eine lebendige Nation hat keine Angst vor solchen politischen Höhen und Tiefen. Sie verfällt nicht in Trauer und Verzweiflung. Im Gegenteil, sie zeigt Ausdauer. Wenn eine Nation nicht weiß, was Willenskraft und Sturheit sind, sollte sie es vom Huhn lernen. Um den Nachwuchs auszubrüten, nimmt die Henne viele Eier unter ihre Flügel. Meistens verliert sie jedoch den Großteil ihrer Eier durch den Einfluss von Menschen, Schlangen und anderen Tieren sowie Schädlingen. Doch das Tier gibt seine Geduld und Hartnäckigkeit nicht auf; auch wenn ein einziges Ei übrig bleibt, wartet es darauf und hält es unter seinen Flügeln, bis das Küken schlüpft.

Nun, unser Ziel mit dieser Berichtigung und in dieser langen Einleitung ist, dass die Assyrer Amerikas für eine große Hilfe gebeten werden oder wurden, um das Waisenhaus in Adana an einen Ort zu verlegen, die unserem Volk zugutekommt, oder dass wir bereit sein sollten, dieses Opfer zu bringen, bevor man dazu aufgefordert wird.

Die Soldaten, die auf dem Schlachtfeld sterben oder verletzt werden, werden nicht von ihren überlebenden Kameraden mit Füßen getreten oder im Stich gelassen. Selbst wenn es Kugeln hagelt, nehmen sie die Leichen mit, um sie nicht in den Händen des Feindes oder an feindlichen Orten zurückzulassen. Werden wir in der Lage sein, die unschuldigen Märtyrer unseres Volkes und Heimatlandes an einen größeren, perfekteren und sichereren Ort als Adana zu bringen und diesen wieder aufzubauen, um damit unseren religiösen Feinden zu trotzen?
Oder werden wir nach all diesen Anstrengungen und Ausgaben nicht wie ein Soldat, sondern vielleicht sogar nicht mal wie ein Huhn Hartnäckigkeit und Geduld gegen den Feind zeigen, um unsere Nachkommen zu schützen und sie in den Händen der türkischen, kurdischen oder arabischen Feinden oder anderen Orten belassen und so vor dieser nationalen und humanitären Pflicht davonlaufen?

Einige assyrische Jugendliche, die vor einigen Wochen aus Diyarbakir nach Mossul geflohen waren, baten ihre Verwandten in Amerika per Brief um Hilfe. Sobald die hiesigen Verwandten die Nachricht erhielten, versuchten sie Geld zu leihen, um Hilfe per Telegramm zu überweisen. Ich frage mich, was wir als Volk für unsere eigenen Waisenkinder und ihre Zukunft getan und welche Maßnahmen wir in Betracht gezogen haben?

Welcher unserer Vereine würde es wagen, so viele Opfer zu bringen, wie sie es getan haben, um den Vorstand des Waisenhauses zu motivieren, im Sinne von *"Habt keine Angst, wir sind da"*? Die Katastrophe von Adana ist seit einem Monat in unseren Zeitungen zu lesen. Wurden so viele Telegramme verschickt, um diese Katastrophe zu beseitigen? Diese armen Menschen, deren Bäuche gefüllt sind, deren Gesichter und Augen etwas Lebendigkeit zurückgewonnen haben, deren Haut weicher geworden ist, deren Kleidung sauber und erneuert wurde – sollen wir sie wieder zu Skeletten machen und sie den Läusen zum Fraß vorwerfen?

Oh mein Volk, oh wohltätige religiöse und zivile Vereine, Organisationen, wo seid Ihr? Was macht Ihr? Werdet Ihr Euch erheben, nachdem das Volk [dezimiert und verstreut] im Kerzenschein zu suchen wäre? Wenn Euer Ziel Bildung oder Schule ist, steht dem der Name des Waisenhauses nicht entgegen. Es unterscheidet sich nicht und erfüllt damit alle Arten von Bedürfnissen des Volkes. Wenn Eure Absicht Güte und Dienst am Menschen ist, erwartet Ihr, dass eine größere Tür der Wohltat geöffnet wird, als die Waisen zu füttern und zu kleiden? Wenn wir solche nützlichen Gelegenheiten in dieser Zeit verpassen, wird uns danach nichts mehr nützen. Vergessen wir also deplatzierte Gedanken wie: „Heute essen wir kein Hühnchen, aber morgen essen wir Gans." Lasst uns arbeiten, solange es noch im Volk gewisse Vitalität vorhanden ist. Lasst uns sowohl für unsere Nation als auch für unsere persönlichen Interessen in der Welt demonstrieren, dass wir Widerstandsfähigkeit, Geduld und einen starken Willen haben.

Senharib Balley

Assyrisches Schul- und Waisenhaus in Adana
Im Vordergrund sitzend von links: Hanna Shamli, Hanna Harun, Mihael Bercel
(Archiv: Rima Harun, Montreal)

Trauer und Dank für unsere Liebe zu Adana[246]

Es wurde einst von Schande der Menschheit gesprochen, die Atilla, Dschingis [khan], Timur [Leng] und Hulagu, die Bastionen aus menschlichen Schädeln und Festungen aus Leichen füllten. Wenn wir die Geschichte solcher Erzählungen untersuchen, wonach ihre Pferde bis zu den Kniescheiben in Menschenblut tauchten, kann man nicht glauben, dass sie wahr sein könnten, und wir denken uns: "Was meinst du, es ist nicht möglich, dass Geschöpfe, die in menschlicher Erscheinung erschaffen wurden, so grausam sein können?", und dass die Erzählungen möglicherweise übertrieben sein könnten.

Aber als wir von den Gräueltaten hörten, die die türkische Regierung während dieses Weltkrieges an den Blinden, den Lahmen, den Alten, den Frauen und den unschuldigen Kindern beging, mit denen sogar der Teufel Erbarmen haben würde, da glaubten wir, dass das, was über Dschingis, Timur und andere geschrieben wurde, wahr war. Wir haben nicht den geringsten Zweifel daran, dass die heutigen Tyrannen die Erben jener zweibeinigen Monster sind. Wir beten für die Seele des Dichters, der sagte: *„Wenn du den Skrupellosen hunderttausendmal züchtigst, wird er nicht anständig sein, Talent ist die Gnade der Gerechtigkeit, es ist nicht jedem Knecht gegeben."*

Ein großer Teil des Byzantinischen Reiches fiel in die Hände der Türken, während die Armeen Mehmet des Eroberers die prächtige Stadt Istanbul, die Hauptstadt des griechischen Reiches, belagerten. Byzantinische fanatische Geistliche und Priester verschanzten sich während der Belagerung in Kirchen und Klöstern, anstatt ihre heilige Heimat zu schützen, und verbrachten ihre Zeit mit heftigen Debatten darüber, ob das Weihebrot „Bershan" ungesäuert oder mit Wein, mit oder ohne Olivenöl hergestellt werden soll, und ob gekochtes Fleisch Halal oder Haram sein sollte.

Sie konnten nicht atmen, weil sie sich gegenseitig über die unnötigsten und lächerlichsten Glaubensfragen an die Kehle gingen. Einerseits war es den damaligen Priestern wichtiger, den geschwächten Griechen ihre sektiererischen Ansichten aufzuzwingen, als um die Gefährdung des gesamten Christentums durch die türkische Invasion. Auf der anderen Seite, da Konstantin Palaiologos die östliche und die westliche Kirche vereinen wollte, um das Land von den Türken zu befreien, verursachten diese großen Ideen Konflikte. Als wir diese Erzählungen lasen, konnten wir sie bis zu einem gewissen Grad nicht glauben und dachten uns, dass es eine solche Bigotterie nicht geben kann.

In jüngster Zeit aber, weil die Franzosen Adana den Türken überließen, flohen die armen und verwirrten Christen wieder von dort, die Reichen dachten nicht an ihren Besitz, die Armen vergaßen ihren schwarzen Tag, der Priester verließ seine Kirche und Gemeinde, seine Waisen und sein Waisenhaus. Zu einer solchen Zeit und unter der Verwaltung eines fremden Staates hielt man es für angebracht, zwei Waisenhäuser derselben Familie zusammenzulegen.[247] Vierundzwanzig Stunden, nachdem die Waisenhäuser zusammengelegt worden waren, sagte ein Priester, der der Bigotterie verfallen war, in voller Übereinstimmung mit dem Spruch: *„Die Ziege ist besorgt um ihr Leben, der Metzger ist in Sorge des Fettes".* Er hatte die Vorteile der Einheit und Solidarität sowie die Bedeutung der Existenz der Nation in einer Zeit der Unsicherheit vergessen. Unter Berücksichtigung konfessioneller Differenzen hat er sich Possen

---

[246] *Huyodo*, Jahrgang 1, Nr. 38, 11 März 1922 Originaltitel in Garschuni-Osmanisch „*Adana Sevgimize Karşı Hem Üzüntü, Hem Teşekkür".*

[247] Hier bezieht er sich auf die Zusammenlegung des chaldäischen und des assyrischen Waisenhauses in Adana.

ausgedacht, die einen sowohl zum Weinen als auch zum Lachen bringen, wie z. B. die Herzen der Nachkommen eines Volkes zu vernebeln, die weißer als Schnee sind. Als wir es lasen, war unser Verdacht über die byzantinische Bigotterie ausgeräumt, was bedeutete, dass Völker entsprechend ihrer Intelligenz bestraft wurden.

Es ist unmöglich, nicht traurig zu sein oder darüber sogar zu weinen, dass unser Volk Fanatismus in einer Weise offenbart hat, die dem Mittelalter angemessen ist, in einer Zeit, in der unser Volk eine offensichtliche Belastungsgrenze erreicht hat, während selbst die großen Staaten, die Soldaten und Armeen haben, sich an das unzerreißbare Seil Gottes klammern, das Einheit und Solidarität genannt wird.
Die Tatsache, dass wir die Rose des Fanatismus, die in den entwickelten Gesellschaften schon lange tot und mit Büschen bedeckt ist, zum Leben erwecken wollen, ist nichts anderes, als Olivenöl auf die blutigen Schwerter der Türken zu gießen, damit sie uns den Hals abschneiden.

Sogar Kinder anderer Völker in der Wiege haben die Regel verstanden, dass "die Haut nicht ohne Leben und die Heimat nicht ohne Einheit leben kann", während unsere Ältesten es immer noch nicht verstehen oder es nicht verstehen wollen.
Warum wird die Geschichte mit Blindheit betrachtet? Ist es nicht diese blinde Bigotterie, die dazu führte, dass das riesige Oströmische Reich und die byzantinische Zivilisation, wie oben erwähnt, in die Hände einer Handvoll türkischer Stämme fielen? Ist das nicht eine fatale Folge dieser Bigotterie, die dazu geführt hat, dass in einem berühmten christlichen Tempel wie der Hagia Sophia der Gebetsruf fünfmal am Tag erschallt?

Schauen wir uns zunächst die Geschichte unserer Kirche an. Nur Gott weiß, welche Konsequenzen die akzeptierten und nicht akzeptierten Entscheidungen des Konzils von Chalcedon hatten und wie viel sie diese Nation gekostet haben. Konnte eine Seite die andere überzeugen? Es gab konfessionelle Auseinandersetzungen, die nicht nur dazu geführt haben, dass unser Volk, sondern auch das gesamte Christentum im [Nahen] Osten auf den Kopf gestellt wurde, dass [schließlich] die Araber, die in Zelten lebten, unsere Heimat nahmen und unsere Sprache zerstörten.

Welchen Nutzen haben wir aus der Verlogenheit gezogen, abgesehen von den großen Verlusten, die sie verursacht hat, sodass wir auf den Gewinn nicht verzichten wollen? Was blieb intakt, was wir mit dieser sozialen Katastrophe zerstören wollen? Ja, Bigotterie hat jede Nation geplagt. Es mag große Kontroversen ausgelöst haben oder auch nicht, aber sie starb nach kurzer Zeit, und niemand hat es für immer so am Laufen gehalten, wie wir es taten.
Einst waren auch die Franzosen von konfessionellen Auseinandersetzungen berauscht und schlachteten sich gegenseitig ab. Sie entdeckten Orte des Mordens, wie die in der Bartholomäusnacht,[248] und vergossen sehr viel Blut. Doch bald wachten sie auf und versuchten sich im Namen der Nation und des Vaterlandes zu vereinen, um das zu kompensieren, was sie verloren hatten. Jene Franzosen, die heute Katholiken, Protestanten, Juden, Freimaurer und Atheisten sind, vereinten sich unter der Trikolore unter dem Namen Staatsbürgerschaft und besiegten das Deutsche Reich.

---

248 Die Bartholomäusnacht (auch Pariser Bluthochzeit genannt, französisch Massacre de la Saint-Barthélemy) war ein Massenmord an französischen Protestanten, den Hugenotten, in der Nacht vom 23. zum 24. August 1572, dem Bartholomäustag.

Lassen wir die Europäer beiseite und schauen wir uns die Muslime an, unter denen wir leben. Es gab eine Zeit, in der sie sich unter den Namen Sunniten, Schiiten, Rafizi und Hanbali gegenseitig wie Wölfe zerfleischten. Heute vereinen sich Türken, Araber, Iraner, Kurden, Tataren, Tscherkessen, Afghanen, Inder, Ägypter und Nordafrikaner, die sich hinsichtlich Konfession, Heimat, Sprache und ethnischer Zugehörigkeit sehr unterscheiden, unter der Flagge des „Panislamismus" und fordern die Großmächte Europas heraus.

Es wird angenommen, dass wir durch den Schmerz dieses jüngsten Schlags auf unseren Kopf aus den Veränderungen der Vergangenheit und der aktuellen Situation geweckt wurden. Wenn man bedenkt, dass andere eine Einheit bilden, obwohl sie sich hinsichtlich ethnischer Zugehörigkeit, Konfession und Heimatland sehr stark voneinander unterscheiden, wird unsere angestrebte Einheit mit der Kirche des Ostens nicht sehr schwierig sein, wenn man berücksichtigt, dass wir die Kinder einer gemeinsamen Religion, Sprache und Ethnie sind. Das Blut unserer Märtyrer hat unsere Herzen vollständig von den bigotten Gedanken befreit, die unsere Einheit zuvor verhindert haben.

Nichts hat sich verändert, das heißt der alte Fanatismus und die Parteilichkeit haben vielleicht noch mehr zugenommen. Trotz der von allen Seiten erfolgten Aufrufen zur Einheit und Solidarität in den letzten fünf Jahren, sodass dieses Volk eine große Teilhabe zeige, wird das Ganze heute durch die Schande von Adana bloßgestellt.

Jetzt wird es klar, dass es nicht nur das Schwert der Türken oder Muslime war, das uns verlieren ließ, sondern dass wir selbst die Unterdrücker unseres eigenen Volkes wurden. Denn andere Völker standen auch unter dem Joch der Muslime, aber sie gerieten nicht in die gleiche Situation, wie wir.

Was auch immer Dir Böses widerfährt,
denke nicht, dass es Deine Schuld ist,
Gehe nicht davon aus, dass die ganze Schuld bei dem Tötenden liegt,
die Schuld liegt beim Verstorbenen.

Dieser Vers drückt genau unsere Situation aus. Wir wissen, dass solche Worte keine Wirkung auf fanatische Herzen und Ohren haben können. Wir haben jedoch bekräftigt, dass das Sektierertum uns spaltet, und möge die Einheit der Nation und des Vaterlandes uns vereinen. Andernfalls, was den Fanatismus betrifft, soll der Priester gut wissen, dass er in dieser Sache nicht einmal unser Schüler sein kann, denn diese Diskussionen stammen von uns, wir haben auf diese Weise ganze Imperien verloren.

Deshalb bitten wir alle unsere Angehörigen und alle unsere Schullehrer beim Unterrichten nationaler Geschichte in Schulen nicht zu vergessen den Schülern, die aus unserer syrisch-orthodoxen Gemeinschaft stammen, die Bedeutung der allgemeinen Einheit unseres Volkes zu lehren und nicht die konfessionelle Einheit mit anderen Gemeinschaften. Wir sollten jedoch nicht vergessen, unsere Kirchengeschichte sehr sorgfältig und gewissenhaft zu lehren, damit unsere Kinder ihrer Mutterkirche treu bleiben. Es sind diese Wolken, die heute den Regen der Spaltung und Feindseligkeit auf unsere Köpfe niederprasseln lassen, weil diese letzten beiden Punkte weder in unseren Schulen noch in unseren Kirchen beachtet werden.

Wer waren Ahican,[249] Jarweh[250] und Semhir? Sind es nicht unsere Kinder, die in unseren Taufbecken gereinigt und in unseren Schulen und Kirchen erzogen wurden? Da unsere Sonntagsschulen keine solide religiöse Bildung und Ausbildung boten, blieben ihre Gedanken schwach und sie verkauften ihre Würde und ihre Unschuld für einen kleinen Gewinn oder persönlichen Groll an Fremde.

Da wir in unseren Kirchen keine Sonntagsschulen haben und der Vermittlung unserer Kirchengeschichte nicht die gebührende Aufmerksamkeit geschenkt wird, bleibt das Denken unserer Kinder in dieser Hinsicht sehr schwach. Wenn sie erwachsen sind, ist es für sie sehr einfach, ihre Konfession zu wechseln. Dieser krankhafte Zustand hat dazu geführt, dass die Lebensgeschichten einiger weniger Geistlicher sauber geblieben sind. Diese Unsittlichkeit ist längst aus unserem Volke ausgerottet, und sie wird hoffentlich auch in unserem Klerus vollständig ausgerottet sein.

Um es kurz zu machen: Obwohl wir sehr traurig darüber waren, dass der katholische Priester in Adana zu einer solchen Zeit so viel Fanatismus an den Tag legte, erinnerte es uns andererseits an unsere Fehler und unsere Ignoranz. Wir danken ihm für seinen Dienst.

Senharib Balley

Auszug aus dem Originalartikel in *Huyodo*

---

[249] Als katholische Missionare nach Mardin kamen, katholisierten sie einen syrischen Jakobiten namens Abdulgal Ahijan aus Mardin und schickten ihn zur Ausbildung nach Rom. Im Jahr 1656 wurde er auf Empfehlung des französischen Konsuls vom maronitischen Patriarchen zum syrisch-katholischen Bischof von Aleppo ernannt.
[250] Mar Ignatius Michael III Jarweh ibn Ni'matallah (1730-1800) war syrisch-orthodoxer Bischof von Aleppo, der in 1781 zum syrisch-orthodoxen Patriarchen gewählt und in 1783 entthront wurde. Er wurde vom Papst zum Patriarch von Antiochien der syrisch-katholischen Kirche ernannt und bekleidete dieses Amt von 1783 bis zum 4. September 1800.

Interview mit Seiner Eminenz Metropolit Afrem Barsoum über Assyrer- oder Syrertum[251]

Ein Brief von Abdelmajid Saati erreichte den werten Senharib Balley, der hier authentisch wiedergegeben wird.

Über das Ansinnen sowie das Engagement des Erzbischofs Afrem Barsoum, der gesagt haben soll, dass „wir keine Assyrer" seien, habe ich schon in der Vergangenheit geschrieben. Deshalb war es mir ein grundlegendes Anliegen, dies gewissenhaft zu überprüfen, ob dies tatsächlich auch der Wahrheit entspricht, sodass ich Dir hierüber nun Auskunft erteile.

Nachdem der Patriarch nach Homs gereist war, blieb Afrem Barsoum hier in Aleppo, um eine Priesterweihe vorzunehmen. An einem dieser Tage stattete ich ihm sodann einen Besuch ab, um ihm ein paar Fragen zu stellen. Ein vormaliger Besuch hat bis dahin nicht stattgefunden. Im Vorfeld antwortete er mir, dass er allerdings nur beschränkt Zeit für mich übrighabe und wollte wissen, wie viel Zeit die Fragen in Anspruch nehmen würden. Ich erwiderte ihm, dass das Interview etwa 15 Minuten andauern wird. Es hat jedoch deutlich länger gedauert. Als ich begann, meine Fragen an ihn zu stellen, bemerkte er postwendend meinen intellektuellen Geist. Dadurch sah er sich gezwungen, ausführlicher auf meine Fragen einzugehen. Insofern dauerte mein Besuch bei ihm auch länger als eine Stunde. Er meinte, dass er in mir einen geistigen Bruder gefunden habe, der ihm sehr ähneln würde.

Wir sprachen und er sagte: *„Meine Grundhaltung diesbezüglich kann der hochgeschätzte Senharib selbst bezeugen. Das kann er selbst bestätigen"*.

Bis jetzt hatte sich allerdings noch nicht die Möglichkeit ergeben, ihn zu sehen: *„Seit mehreren Jahren habe ich keinen jungen intellektuellen Assyrer – der mir so ähnlich ist wie er – angetroffen."*

Er sehnt sich seit Langem, in die USA einreisen zu wollen, jedoch blieb diesbezüglich eine verbindliche Antwort noch aus: *„Ungeachtet meiner tiefen Trauer darüber wird es eines Tages so weit sein, dass ich mich in den USA einfinden werde."*

Die von mir gestellten Fragen lauteten wie folgt:

1. Sind wir Assyrer [Asuri] oder Syrer [Süryani]?

2. Haben Sie explizit gesagt, dass wir keine Assyrer seien, sondern Syrer?

3. Falls wir keine Assyrer seien, wie kommt es dann, dass Sie in Ihren Schriften darlegen, dass wir Assyrer sind?

Während Sie in Diyarbakir oder in Viranşehir Predigten abhielten, sagten Sie da etwa nicht: *„Oh Leute, die Denkmäler unserer Vorfahren der Assyrer[252] haben – voller Stolz – bis heute die Welt erstaunen lassen. Lasst uns diese Sichtweise nicht aus den Augen verlieren und ein Vorbild an diesen nehmen. Europa stellt sie mit Stolz zur Schau in ihren Museen und bereichert sich an unseren Denkmälern."*

---

[251] *Bethnahrin*, Jahrgang 7, Nr. 10, 15. Mai 1923. Originalartikel in Garschuni-Osmanisch „*Asurilik ve Süryanilik Hakkında, Faḍilat'lu Maṭran Afrem Barṣawm Efendi İle Bir Mukalama*".
[252] Asurilerin eserlerini.

Was ist aus diesen Worten heute geblieben, wo sind sie hin?

Der werte Erzbischof Afrem hat mir daraufhin mit folgenden Worten geantwortet. Dies könnte der Wahrheit entsprechen. Meine Hochachtung ihm gegenüber ist damit gewachsen. Denn all das, was über ihn gesprochen wurde, entsprach der Unkenntnis:
Wir können nicht leugnen, dass wir dem Ursprung zufolge von den Assyrern abstammen. Unsere Ethnie ist assyrisch. Aber heute wird unsere Bevölkerung syrisch genannt. Als Syrer haben wir Entwicklungen durchgemacht, die mit ihnen nichts mehr gemeinsam haben. Als Beispiel kann ich hier die Sprache anführen, die mit der alten assyrischen Sprache nicht mehr viel gemein hat. Denn während sie das Schriftsystem der Keilschrift verwendeten, haben wir mit der Buchstabenschrift begonnen.

Der heilige Ephrem hat uns nicht Assyrer, sondern Syrer genannt. Nichtsdestotrotz kann ich dennoch nicht leugnen, dass wir Assyrer sind. Die Artikel, die ich verfasst habe, belegen, dass ich dies so auch gesagt habe. All dies kann ich jedoch nicht jedem mitteilen, denn es wäre nicht der Sache dienlich. Auch kann ich nicht jedem meine Gedanken in dieser Form offenbaren. Der Grund liegt darin, dass die Worte, die aus meinem Mund entspringen, anders ausgelegt werden könnten. Mit all denjenigen, die meine Gedanken nachvollziehen können, bin ich imstande, viel Zeit zu verbringen, um mich mit ihnen auszutauschen – das wäre an dieser Stelle angebracht.

Heute ist es jedenfalls aus politischer Sicht unabdingbar, den Begriff Syrer zu verwenden – es ist notwendig, diesen zu verteidigen. Trotz der schlechten Vorzeichen kennt man uns in der Türkei mit dem Namen Assyrer, aber dieser beschert uns keinerlei Vorteil, wir müssen davon Abstand nehmen. Bisher konnten jedoch meinen Gedankengängen leider nur wenige folgen.

In dieser Situation war es mir nicht möglich, dieses Thema so offen zu kommunizieren. Mit einer Person wie dir kann ich aber Stunden verbringen, ohne dabei zu verdrießen, darüber hinaus ist es sogar möglich, weitere Gedanken mitzuteilen.

Das Verbot, die assyrische Geschichte in den Schulen zu unterrichten, habe tatsächlich ich brieflich angeordnet. Denn vorerst wird es uns keineswegs von Nutzen sein.

Dieser Gedanke erschien mir nicht so verwegen. Wenn unser einer nicht die Geschichte studiert hätte, woher wüssten wir denn dann, dass wir Assyrer seien?

Vor diesem Hintergrund sind meine Gedankengänge logisch. Wenn du nach Amerika zurückgehst, dann wirst du meine Gedanken besser nachvollziehen können. Denn der geschätzte Naum Faiq sowie der geschätzte Senharib Balley kennen die Hintergründe. Und mehr als zwanzig meiner Abhandlungen werden vom werten Naum Faiq aufbewahrt.

Darüber hinaus haben wir weitergesprochen, ihm gefiel meine Art, wie ich darüber nachdachte.

Er fragte mich Folgendes: „Weshalb hast du mir bisher keinen Besuch abgestattet?" Er wünschte sich von mir, dass ich ein Mönch werde. Und weiter sagte er: *„Weshalb bist du nicht zum Beten gegangen oder hast die heilige Eucharistie empfangen?"* Diesbezüglich hat er mich gebeten, den Bischof Hanna Abaji aufzusuchen, von dem ich weitere notwendige Hinweise erhalten solle.

Am Folgetag reiste er ab. Nach einem Monat kündigt er an, wieder nach Aleppo zurückzukehren, um diesmal einen Monat hier zu verweilen. Es war unser erstes Treffen, das wir zu einem späteren Zeitpunkt sollten.

Ich habe mich getraut, ihm all das zu sagen, was die Gesellschaft gegen ihn sagt, und ich habe mich auch getraut, einige Kritikpunkte anzubringen. Aber auch darauf hat er die richtigen Antworten gegeben. Die richtige Antwort: *Ein unwissender Mensch wird niemals die Gedanken und Handlungen eines weisen und intelligenten Menschen gutheißen. Das ist sehr wahr. Unsere Assyrer, insbesondere die aus Mardin, Hama, Homs, Aleppo und den Dörfern von Mardin, mögen nur Menschen wie Metropolit Mansour.*

Er war sehr verärgert über die Untätigkeit der Assyrer in Amerika und ihre Unfähigkeit, sich zusammenzuschließen.

Er hat mir zwei Bücher auf Syrisch zum Drucken mitgeschickt, die noch nicht publiziert wurden. Von ihm wird zusehends verlangt, dass er sie dort [in den USA] aufsucht, aber sie waren bisher noch nicht einmal in der Lage zusammenzukommen. Aus dem Kreise seiner Bekannten wurde ihm mitgeteilt, dass er nicht kommen brauche. Für den Fall, dass er kommen werde, könne er mit keiner finanziellen Unterstützung ihrerseits rechnen.

Nichtsdestotrotz wird er eines Tages den Weg in die USA finden. Sein Geist ist beseelt von Weisheit.

Bischof Afrem Barsoum 1923
(1887-1957)

Offene Antwort auf den offenen Brief[253]

Mein lieber Freund, Pastor Sarkis Effendi, ich habe Ihren offenen Brief in der zehnten Ausgabe von *Bethnahrin* gelesen.

Ein arabischer Dichter sagte: *„Rühre das bereits erloschene Feuer nicht, denn die Luft verstärkt seine Flamme"*. Sie hingegen rühren das Feuer nicht an, Sie fachen es an. Ohne es zu merken, regen Sie meine Gedanken an, die seit einer Weile still waren.

Viele Male wollte ich meine Gedanken über Ihren Brief niederschreiben und sie den Kindern unseres Volkes durch die wertvolle Zeitung *Bethnahrin* präsentieren, nahm sogar den Stift dazu in die Hand. Aber als ich das tat und begann, über etwas zu schreiben, wusste ich nicht, worüber ich schreiben sollte. Denn wie ein Dichter sagte: *„Sobald ich zu sprechen beginne, beginnt die Erinnerung anzugreifen. So sehr, dass die Zunge nicht in der Lage ist, es auszudrücken."*

Erinnerungen an die Tausenden von Bedürfnissen der Nation, ihre Hunderte von Problemen und unsere äußerste Gleichgültigkeit gegenüber diesen Problemen sowie Bedürfnissen beginnen meinen Geist zu überfallen. Ich weiß nicht mehr, was davon ich erwähnen und was ich weglassen soll.

Nun gut, ich möchte über jemanden etwas schreiben, aber an wen soll ich schreiben? Wer liest die Zeitungen, wer hört zu? Während ich mich an diesen Punkt erinnere, erstarrt mein Geist vollständig, mein ganzer Körper sackt zusammen wie ein Lumpen und der Stift fällt mir gegen meinen Willen aus der Hand. Das ist mir nicht nur einmal passiert, sondern oft.

Aber ich dachte, es wäre ein Verstoß gegen die zivilisierten Gepflogenheiten, Ihren offenen Brief unbeantwortet zu lassen; und ich habe es geschafft, die folgende klare Antwort zu schreiben.

Ich verstehe nicht ganz, ob Sie mir die Unfähigkeit zur Verbesserung unserer nationalen Angelegenheiten vorwerfen, die Sie in Ihrem Brief erwähnen, oder ob Sie sich beklagen.
Wenn es sich um eine Beschwerde handelt, so kann ich sagen, dass ich mich bereits über dasselbe Problem auch beschwert habe. Wenn es eine Schelte ist, ist es unangemessen, weil ich nicht die einzig verantwortliche Person bin. Wenn es irgendeine Verantwortung gibt, liegt sie bei uns allen.

Sie fragen: *„Warum ernennt Seine Heiligkeit, unser Patriarch, nicht Dr. Yoosuf Efendi als unseren Generalvertreter in Amerika? Wie lange werden unsere Organisationen ihr Geld in Banken aufbewahren?"*
Wer hat bis jetzt auf unseren Patriarchen gehört?
Welche Autorität oder welche geistliche Position habe ich, um dem Patriarchen zu befehlen, dies zu tun oder jenes nicht zu tun? In einem Volk ohne eine Autorität ist jeder frei, das durchzusetzen, was er weiß.

Ich bin nicht Russlands Lenin, Italiens Mussolini oder Mustafa Kemal der Türkei, um eine große Veränderung in unserer Nation zu bewirken.

---

[253] *Bethnahrin*, Jahrgang 7, Nr. 13, 15. Juli 1923. Originalartikel in Garschuni-Osmanisch "*Açık Mektuba Açık Cevap*".

Die Wahrheit ist: So sehr die oben genannten Personen ihr Volk und ihr Heimatland lieben, so gibt es auch diejenigen bei uns, die unsere Nation lieben. Aber wie viele sind es?

Eine oder fünf Rosen machen noch keinen Frühling, und die Nation kann nicht allein durch die Liebe einiger weniger Menschen wiederbelebt werden. Die Liebe zum Vaterland und zur Nation muss sowohl allgemein als auch handlungsorientiert sein, damit Veränderungen stattfinden können.

Die Veränderungen, die Russland und die Türkei durchgeführt haben, sind nicht auf den Patriotismus ihrer Führer zurückzuführen, sondern auf die Beteiligung des Volkes an den Gedanken der Führer ihrer Nation. Die Tapferkeit und Liebe im Bezug zur Nation von Agha Petros, Malik Khoshaba, Afrim Khan, Raphael Khan und Aziz Zazi ist viel größer als die von Mustafa Kemal und der anderen. Ihr Blut und ihre Moral sind rein.

Da das Volk diese Helden jedoch nicht unterstützte, konnten sie nicht revolutionär wirken. So wie das Sprichwort sagt, ist es der Schüler, der den Scheich zum Scheich macht.

Wenn ich wüsste, dass es durch das Opfer meines Lebens ein Erwachen in meiner Nation geben würde, so würde ich mich mit Stolz opfern. Aber wurde nicht das Blut von Mar Benyamin Shimon, Addai Sher, Ashur Yousif und Tausenden anderer vergossen, um diese Nation zu erwecken?

Wo bleibt die Wachsamkeit, wo ist die Veränderung?
Wir haben diese aufgegeben. Hat unser Ältester sie nicht in Ankara vor aller Augen aufgegeben, als ob er sich vom Blut eines Verbrechers oder Banditen abwenden würde?

Sarkis Efendi!

Was ist es, was Du in dieser unachtsamen Nation suchst?
Wessen Spiel [oder Einfluss] untersuchst Du?

Lassen wir unsere Märtyrer und nationalen Besonderheiten beiseite. Welche Haltung nehmen wir heute gegenüber unseren Brüdern und Schwestern ein, die über ganz Syrien verstreut sind, dem Eifer von Katholiken und Protestanten sowie anderem inakzeptablen Elend ausgesetzt sind? Was tun wir anderes, als uns die erbärmlichen Briefe, die wir von diesen Katastrophenopfern erhalten, gegenseitig zu zeigen, sie einander vorzulesen und trockenes Stöhnen, Seufzen und Sehnsucht zu äußern?

Eines der Dinge, die mir schwerfallen, ist das Wort „nationale Ehre" in dem Mund zu nehmen. Ja, für fortgeschrittene Nationen ist die nationale Ehre sehr wertvoll und wird geschätzt. In unserem Land hingegen ist die nationale Ehre eine Farce und, was noch bitterer ist, eine Trunkenheit.

Sind unsere ehrenhaftesten Menschen nicht jene wahren Patrioten von Adana? Die unglücklichen Menschen von Adana, die gestern unsere Waisenkinder aus den Ecken und Stadtteilen geholt und in ein nationales Waisenhaus gebracht haben, hungern heute und sind ohne Medikamente in den Dörfern und Wüsten Syriens. Das Elend ist so groß, dass die Menschen nun gezwungen sind, ihre Kinder und Lieben den Waisenhäusern von Ausländern zu übergeben. Wenn die Situation eine solche ist, wer von uns hört jenen Schrei der nationalen Ehre?

Wer ist es, der diese armen Menschen aus den Händen von Fremden mit einem Teller gekochter Suppe rettet? Wer ist es, der ihnen eine helfende Hand reicht? Jesuitenpriester, protestantische Missionare? Dies ist das Ende der Belohnung für unsere nationale Ehre.

Sarkis Efendi,
Hören Sie gut zu, ich möchte einen kleinen Teil eines Briefes wiedergeben, den ich von einem unglücklichen Assyrer aus Aleppo erhalten habe:

„In der Region Sfeir auf dem Libanonberg unterhält die Near East Foundation ein großes, nach den Armeniern benanntes Waisenhaus, in dem fünfzehnhundert Kinder leben. Von diesen fünfzehnhundert sind zweihundert reine Assyrer und Kinder von Assyrern. Aber wer wagt es sie dort Assyrer zu nennen? Sie alle werden gezwungen, Armenisch zu lernen. Sie werden ihres assyrischen Erbes (Süryanilik) beraubt, bis hin zu ihren Namen.

Eine Lehrerin assyrischer Herkunft, die dort ist, wollte nicht so viel Ungerechtigkeit tolerieren und schrieb mir viele Briefe, um es der Assyrian Women's Society of America und anderen Organisationen bekannt zu machen, damit diese Unschuldigen von dort gerettet und in ein nationales Waisenhaus gebracht werden. Ich schreibe Briefe an assyrische Studenten [Süryani talebelerine] in der Beiruter Kirche, um gegen eine solche Behandlung durch die Near East Foundation zu protestieren.

Aber lieber Bruder Senharib!

Warum sollten wir die Near East Foundation kritisieren? Es ist eine Sprache, die unter ihren eigenen Kindern keinen Wert hat und von der eigenen Nation wie ein Waisenkind aufgegeben wurde. Warum sollte diese Sprache für andere Anlass für Sorge sein? Wie auch immer, ich werde Briefe an die geschätzten Mitarbeiter der Women's Association in Amerika und sogar an andere Gesellschaften über die erbärmliche Notlage unserer Waisen schreiben ... "

Haben Sie zugehört? Wo ist Dr. Yoosuf, den Sie zu unserem Generalvertreter ernennen lassen möchten? Wo ist Khuri[254] Hanna, der in den Zeitungen verkündete, dass er dreitausendsiebenhundert Dollar (3.700) im Namen der Kirche in Detroit Michigan gesammelt hat?

Wo ist unser Patriarch?

Wo sind die Grundstücke und Kirchen jetzt?

Wo sind die Geistlichen, die vom Patriarchat nach Amerika, Ägypten, Abessinien [heutiges Äthiopien] und Indien geschickt wurden, um Spenden für die Waisenhäuser und die Bedürftigen zu sammeln?

Sie kennen den verehrten Francis Qoyoun, der sich unermüdlich und inbrünstig bei unseren amerikanischen Wohltätern für die Kirche eingesetzt hat.

Was ist mit den ehrenwerten Mitgliedern der „Kharput Union", die fünftausend Dollar für den Bau der Kirche in Worcester bereitgestellt haben? Wo sind die verschiedenen Organisationen und Unternehmen, deren Namen immer wieder in den Zeitungen auftauchen und die bekannt sind? Wo ist die assyrisch-chaldäische Gesellschaft, die viele Dollar für die Freiheit der Assyrer ausgegeben hat?

---

[254] Khuri ist die syrische Kurzform für Khuroyo (Chorepiskopos).

Während man die Heimat den Türken überlässt, versucht man die Unschuldigen zu retten, die um dieser Heimat willen gefallen sind und die Überlebenden aus den Händen der Missionare und Jesuiten zu retten, die unser Land mit ihren Bibeln und Kreuzen zerstört haben...!

Wo ist Jeremiah? Lass ihn auferstehen und ein wenig über das Elend und die Verwüstung meiner assyrischen Nation weinen. Denn dieses Elend, diese Leiden ist noch schwieriger.
Wo ist der große Schriftsteller Montesquieu, der die letzten Tage einer Nation wie die der byzantinischen beschreibt und sie der Menschheit vor Augen führt?

Sie und mein lieber Freund George Qoyoun [Hoyen] sind diejenigen, die sich am meisten dagegen wehren, dass unsere Organisationen ihr Geld in Banken halten. Bitte stellen Sie fünftausend Dollar für das Waisenhaus der Assyrian National School Association (TMS)[255] zur Verfügung.

Sie, Mor Afrem Barsoum, George Qoyoun Efendi, Mar Afram Vereinigung und Francis Qoyoun Efendi fügen das Geld der Mar Yakup Vereinigung zu dem von der T.M.S. zugewiesenen Betrag hinzu und versuchen dieses große Problem so schnell wie möglich zu lösen.

Sie sind nicht allein. Wenn es möglich ist, sollten die Menschen in Worcester, Central Falls und Detroit vorerst aufhören, Kirchen zu bauen, ihr Geld zusammenlegen und die Nation vor Schande und diesem Elend retten. Unser Volk ist vierzig Jahre lang in Amerika ohne eine Kirche ausgekommen, und der Nation ist dadurch kein Schaden zugefügt worden. Lasst uns noch drei oder fünf Jahre so weitermachen. Ein Jahr allein in fremden Waisenhäusern reicht jedoch definitiv aus, um diese unschuldigen Menschen ihre Muttersprache, Religion und Herkunft vergessen zu lassen.

Deshalb wäre es richtiger und angemessener gewesen, wenn Sie Ihren offenen Brief an diejenigen gerichtet hätten, die mit ihrem Geld etwas bewirken können.

(wird fortgesetzt)   Senharib Balley

---

[255] ܡܩܗܠܐ ܘܡܕܪܫܬܐ ܘܡܕܝܢ̈ܘܬܐ ܘܣܩܘܡ̈ܐ

Offene Antwort auf den offenen Brief (Teil II)[256]

Fortsetzung des vorigen Artikels aus der Ausgabe Nr. 13

Ich bin ohnehin der unsichtbare Bewunderer und das Opfer der Komplettierung der von Ihnen bereits veröffentlichten Themen. Wenn das, was ich zu diesen Themen gesagt habe, aufgezeichnet worden wäre, wüsste ich nicht, wie viele Bände der Enzyklopädie bereits produziert worden wären.

Die Amerikaner sagen, dass Zeit Geld ist. Wenn die Zeit, die ich verbrachte, bares Geld wäre, wäre ich heute ein angesehener Reicher der Nation. Ich habe mich für die Nation geopfert und konnte im Ergebnis niemanden erreichen. Wir dachten, dass es Feuer in den Herzen gab und bliesen mit unserem Atem, um zu erkennen, dass es kein Feuer war, sondern Asche, und nachdem wir geblasen hatten, erkannten wir, dass wir alle im Chaos steckten.
Natürlich bereuen wir nicht, was wir getan haben; wir werden bis zum Ende unseres Lebens so viel wie möglich arbeiten, in der Überzeugung, dass dieses Volk es trotz aller Widrigkeiten schaffen wird.

Nun, meine Beschwerden haben Ihre übertroffen. Ich glaube, meine Sorgen sind größer als Ihre. Aber was nützt das? Selbst der kleinste von uns weiß, wie man Probleme aufzählt. Wir kennen sogar die Heilmittel, aber keiner von uns weiß, wie man das Heilmittel an seinem richtigen Platz einsetzt. Das muss an unserer Unwissenheit liegen, oder vielmehr an unserer gelähmten Spiritualität. Der Verstand, die Emotionen, die Sehnsüchte und Wünsche eines gelähmten Menschen unterscheiden sich nicht von dem Verstand und den Emotionen eines gesunden Menschen. Der einzige Unterschied besteht darin, dass ein gesunder Mensch alles erreichen kann, was er will, während ein gelähmter Mensch denkt, sagt und wünscht, aber er kann keinen seiner Wünsche verwirklichen, weil er sich nicht bewegen kann.
Die Vernunft ist die Krone des Menschen. Deshalb unterscheiden sich Menschen nicht durch ihre Präsenz oder Zahl von anderen, sondern durch ihren Verstand und ihren Kopf. Ideen lassen sich nicht umwandeln, indem man den Kegel in einen Fez,[257] den Fez in ein Hut und den Şirwal (Shalvar)[258] in eine Hose verwandelt.

In diesen schwierigen Zeiten verpfänden weise und intelligente Nationen ihre Immobilien, verkaufen die Einrichtungen der Kirchen und versorgen nicht nur ihre eigenen Waisenkinder, sondern auch die Kinder anderer und machen sie zu ihren eigenen. Wir sehen sie und finden das, was sie tun, gut und schätzen es. Aber gleichzeitig lassen wir unsere Kinder in den Händen des Feindes, während wir an einem Ort wie Amerika große Summen ausgeben für den Bau einer Kirche in Gebieten mit fünf bis zehn assyrischen Einwohnern. Hier ist der Unterschied zwischen Einstellung und Haltung, hier ist das klare Zeugnis eines hohen Verstandes...!
In Ihrem Brief beklagten Sie, dass in Worcester, Fitchburg, Lowell und Boston einige Vereinigungen noch in Betrieb waren und andere geschlossen wurden.

---

[256] *Bethnahrin*, Jahrgang 7, Nr. 16, 15. August 1923, Originalartikel in Garschuni-Osmanisch „*Açık mektuba açık cevap*".

[257] Der Fes (auch Fez), arabisch Tarbusch (طربوش), ist eine früher im Orient und auf dem Balkan weit verbreitete Kopfbedeckung in der Form eines Kegelstumpfes aus rotem Filz mit flachem Deckel und mit meist schwarzer, blauer oder goldener Quaste.

[258] Şirwal ist eine orientalische lange und weite Pumphose.

Mein Lieber! Ich gehöre nicht zu denen, die den Dienst von Vereinen nicht einmal von Einzelpersonen für die Nation nicht zu schätzen wissen. Aber gleichzeitig, welche Art von Diensten haben wir Ihrer Meinung nach von den Vereinen gesehen, die immer noch aktiv sind und die das Volk weiterhin glücklich machen, sodass wir die vorherigen bedauern können. Ein arabisches Sprichwort sagt: *„Es macht keinen Unterschied, ob jemand lebt oder tot ist, wenn er nichts Gutes tut".*[259] Sollten wir nicht in den Zeitungen die Namen vieler Gesellschaften lesen, deren Stimmen hörbar jedoch gleichzeitig unsichtbar sind?

Die Tatsache, dass die Namen dieser Gesellschaften und Organisationen, die in den Zeitungen erscheinen, zwar schön, aber inhaltsleer sind, ist nicht nur bis zu einem gewissen Grad nutzlos, sondern schadet auch sehr. Denn die Stimme dieser Gesellschaften klingt in den Ohren unserer von Katastrophen geschädigten Brüdern und Schwestern auf der anderen Seite angenehm wie ein Trommelschlag, macht sie glauben, dass von ihnen Hilfe kommt, weil sie denken, dass in der "Pflanze Honig ist". Aber weil ihre Schreie nie erhört werden, wird ihre Moral gebrochen. Worauf warten wir, wenn wir so viele Gesellschaften und Vereine in Amerika haben, die uns nicht zur Hilfe kommen? Sie [die Waisenkinder] fangen an, das Assyrertum zu hassen und sich den Ausländern zuzuwenden.

Vor zwei Jahren veröffentlichten Sie eine Anzeige in der Zeitung (*Huyodo*), als wollten Sie die ganze Gemeinde fragen, wie Sie das Geld der Mor Barsawmo Vereinigung für unser Volk ausgeben. Ich schrieb Ihnen darüber einen langen Brief. Ich frage mich, ob Sie sich an den Inhalt des Briefes erinnern?

Auf meine Weise habe ich Ihnen einige Wege aufgezeigt, die für Sie hätten nützlich sein können. Ich schrieb: *„Verwenden Sie dieses Geld wenigstens für die Übersetzung von zwei oder drei Büchern, die für unsere Schulen sehr notwendig und nützlich sind. Es ist möglich, dass eine andere Organisation, die Ihre Bemühungen sieht, Ihnen helfen wird, diese Bücher zu veröffentlichen, und Sie werden die Ursache für eine gute Tat sein".*

Selbst wenn es auf der Welt keine nützlichen Bücher gäbe, die übersetzt werden könnten, wäre der Druck der syrischen Version von Nasrettin Hodschas[260] Erzählungen für die Nation von größerem Nutzen als die Zinsen, die das Geld heute auf der Bank bringt.
Lassen Sie uns zu Ihrer Aussage kommen, dass *„unsere Zeitungen nicht erscheinen können, weil wir keine Abonnementgebühr von einem Dollar pro Jahr zahlen ...".*

Dies ist in der Tat der wichtigste und entscheidende Teil der Gründe, warum dieses Thema diskutiert wird. Deshalb war es nicht richtig, ein solches Thema mit drei oder vier Worten abzuschließen. Auch wir haben Menschen gesehen, die der Zeitung zuliebe zehn Dollar mehr im Jahr geben, aber solche Menschen sind nicht zahlreich und können nicht mit anderen verglichen werden. Da sich die Zeitung mit allgemeinen Themen befasst, braucht sie ein Ereignis von allgemeines Interesse. Leider haben wir noch keine Gemeinsamkeit in irgendeinem Feld. Wo es keine Gemeinsamkeit gibt, gibt es auch keine Nationalität, und wo

---

[259] ‫من لا خير له إن عاش او مات على حد سواء‬.

[260] Nasreddin Hodscha ist der Name des prominentesten Protagonisten dessen humoristische Geschichten im gesamten türkisch-islamisch Raum vom Balkan bis zu den Turkvölkern Zentralasiens beeinflussten. Seine historische Existenz ist nicht gesichert; es wird angenommen, dass er im 13./14. Jahrhundert in Akşehir im südwestlichen Anatolien gelebt hat.

es keine Nationalität gibt, ist es falsch, eine Zeitung zu suchen oder über eine Zeitung zu sprechen.

Auch wenn ich emotional die Gründe verstehe, warum unsere Zeitungen nicht überleben, ist es immer noch hauptsächlich dieses Thema, das mich zum Nachdenken bringt und in jeder Minute mir Schmerzen bereitet. Ich wäre nicht so verärgert, wenn ich nicht in Amerika wäre. Aber während zivilisierte Völker sich nicht mehr nur damit begnügen, dass große Zeitungen täglich fünf oder sechs Mal Millionen von Seiten veröffentlichen, beobachten wir, dass sie anfangen, das neu erfundene und seltsame Instrument namens (Radio) zum Verstehen und Erklären zu nutzen und dass fast jedes Haus ein Radioapparat besitzt.

Zur gleichen Zeit ist zu beobachten, dass alle Assyrer zusammen eine einzige Zeitung haben und dass diese an einem Ort wie Amerika mit einem Mimeographen gedruckt wird, der noch aus der Zeit des Propheten Noah stammt. Dies schwächt so sehr meine Hoffnung auf die großen Erwartungen, die ich für meine Nation hatte; die Nation wird in meinen Augen so sehr degradiert, dass ich mich schäme, uns überhaupt einen Stamm oder Sippe zu nennen, geschweige denn ein Volk.

Wir haben noch nicht verstanden, was eine Zeitung ist und wie die Regeln zu ihrem Überleben sind; es wird noch Zeit brauchen bis wir das verstehen. Wir betrachten die Publikation einer Zeitung, als wäre sie eine Lachnummer des Volkes, ein einfaches Werkzeug, das gewissen Zielsetzungen und persönlichen Interessen dient. Zivilisierte Völker wählen sogar ihre Präsidenten aus der Journalistenklasse. Händler geben einen großen Teil ihres Einkommens für Zeitungsanzeigen aus. Wenn unsere Assyrer eine Firma oder einen Verein gründen, denken sie als Erstes daran, die Statuten des Vereins, zusammen mit einer langen Liste von Namen des ersten Vorsitzenden, wie die des zweiten Vorsitzenden, des Sekretärs, des Schatzmeisters und der Mitglieder an die Zeitung zu schicken um sie zu veröffentlichen. Aber sie denken nicht einmal daran, ein paar Dollar an Gebühren für die Spalten zu schicken, die ihre Ankündigung benötigt.

In Wirklichkeit steht die Zeitung in Diensten des Volkes. Aber gleichzeitig ist der Journalismus eine Kunst, fast ein Gewerbe. Wie ein Gewerbetreibender ist ein Journalist verpflichtet, Steuern an die Regierung zu zahlen. Wenn seine Einnahmen seine Ausgaben nicht decken, geht er in Konkurs.

Wenn es Geburten, Hochzeiten und Todesfälle gibt, sind es die Assyrer, die am meisten Geschenke und Schmuck geben, Rosen schicken und viel Geld ausgeben als andere Völker. Aber sie wissen nicht, wie sie ein paar Dollar geben können, um durch die Zeitungen Glückwünsche und Beileid auszusprechen, wie es die fortgeschrittenen Völker tun. Wenn ein Gast eines Abends in das Haus des ärmsten oder sogar des geizigsten Assyrers geht, wird dieser Gastgeber an diesem Abend alles tun, um sein Gesicht vor dem Gast zu wahren. Selbst wenn er kein Geld hat, wird er sich Geld leihen und ein paar Gläser zu trinken und ein paar Gerichte auf den Tisch bereitstellen. Aber für die Reichsten unter uns wären die Kosten eines Ein-Dollar-Abonnements so hoch wie die deutschen Kriegsreparationen.
Aber lassen Sie uns nicht alle Gründe für die Einstellung unserer Zeitungen darauf zurückführen. Diese sind immer Hindernisse. Die wahre Ursache, die wirkliche Krankheit, ist unsere allgemeine Unwissenheit. Das liegt daran, dass wir keine Sprache haben. Es geht nicht darum, wie viele Tausend, sondern wie viele hundert Zeitungsleser wir nicht in einer Sprache haben:

Eine reguläre Zeitung kann nicht mit ein paar Abonnenten für Arabisch, ein paar für Türkisch und ein paar für Assyrisch geführt werden. Der Zweck der Herausgabe einer Zeitung ist nicht, Papier zu schwärzen und die Papier- und Tintenverkäufer zu bereichern, sondern der Hauptzweck besteht darin, die Menschen miteinander zu verbinden und das ganze Volk über die Ereignisse in den entlegensten Winkeln zu informieren. Eine Zeitung, die wir in fünf Sprachen mit vier Schriftarten im Druck herausgegeben haben, fand kaum zweihundert Käufer. Darunter sind einige, die es des Respektes wegen tun, während andere dies tun, um Verlegenheit zu meiden. Es gibt keinen stärkeren Beleg für die Intensität der Unwissenheit unter uns.

Um die Unwissenheit in Form eines Oleanderbaumes auszurotten, brauchen wir eine Schule! Hätten wir eine Schule auf dem Niveau der Schule in Adana, würde sie uns in fünf oder zehn Jahren viele Hunderte Zeitungsabonnenten hervorbringen, die zumindest eine Sprache richtig lesen können. Dann wäre der Zeitungsmarkt nicht mehr so klein wie jetzt, und sowohl die Zeitung als auch der Journalist würden davon leben.

Sarkis Efendi!
Solange unser Volk diesen wichtigen Punkt nicht versteht, solange es nicht alles andere vergisst und seine ganze Kraft auf diesen Punkt konzentriert, ist es sinnlos, über eine Zeitung zu reden, oder sie herbeizusehnen; es ist auch nutzlos über die Ignoranz und den Mangel an Verwaltungsfähigkeit unseres Klerus zu sprechen. Nein, es ist unvermeidlich.
Vor ungefähr einem Monat wurden Lutfi Boyajy Efendi und ich vom Komitee, das gebildet wurde, um ein Waisenhaus oder eine Schule zu gründen, in die Distrikte von New England geschickt, um mit der „Union der Harput Gesellschaften" (*Harput Cemiyetleri Birliği*) über das Budget zu diskutieren. Als wir dort mit den Assyrern über das Waisenhaus sprachen, waren alle begeistert.

Aber in puncto welche Maßnahmen zu ergreifen sind, sind wir noch nicht zu einem Schluss gekommen. Denn in Boston, in Worcester, in Cenral Falls sind das Volk und die Gesellschaften mit dem Bau von Kirchen beschäftigt. In Boston wurde mir klar, dass sie in Central Falls beabsichtigen, eine Kirche für einige tausend Dollar wieder aufzubauen, während es unter den vierzig *Assyrern* mit ihren Protestanten kaum fünf von ihnen Zeitungsleser sind.
Nachdem ich solche Ideale gesehen und verstanden hatte, sagte ich nach meiner Rückkehr zum ehrenwerten Naum Faiq: Anstatt eine Zeitung unter dem Namen *Bethnahrin* herauszugeben, wäre es für unsere Lage angemessener, eine Zeitung unter dem Namen *Boş Boğaz* (Leere Kehle) herauszugeben.

Da ich in diesem Beitrag mich viel über den Kirchenbau geäußert habe, werden mich einige wahrscheinlich für einen Atheisten oder Kirchenfeind halten. Nein, mein Lieber! Seien Sie versichert, dass ich es nicht bin. Ich liebe unsere Kirche, die Patriarchen und Metropoliten genauso sehr, wenn nicht sogar mehr als manch einer. Sie mögen die Kirche für den Nutzen, den Ruhm und die Ehre lieben, aber ich liebe sie für den Schutz unserer Muttersprache, die die Farbe meiner Nation ist.

Meine Absicht ist, dass wir Kirchen, verantwortliche Priester, Sonntagsschulen, Klubräume, Bibliotheken, Zeitungen und Druckereien und vieles andere benötigen, um unser Volk in den Rang einer wahren Nation zu überführen. Aber nachdem wir all diese Dinge erworben haben, brauchen wir eine Schule, um sie für immer am Leben zu erhalten, eine Schule, die in irgendeiner Weise Bildung bietet!

Wenn es keine Schulen gibt, sind Kirchen und Vereine zur Schließung verurteilt, weshalb dann unsere Zeitungen gezwungen sind ebenso zu schließen.

Ich möchte mein Bedauern ausdrücken, weil in unserem derzeitigen Zustand weder unsere Gesellschaften noch unser Patriarch und unsere Metropoliten, noch irgendjemand von uns ein solches Erziehungsheim oder eine Schule durch ihr verbales Handeln realisieren werden können, denn die große Mehrheit von uns ist sehr unwissend.

Wenn die Schreiber von *Bethnahrin* nichts zu tun haben, sollen sie über Gott, den Glauben, der Gesellschaft und Hunderte ähnliche Beiträge schreiben; wer ist es, der liest und wer hört zu?

Selbst ein Genie wie Loyd George aus England ist nicht in der Lage, die Ideen eines Volkes, das diesen Grad der Unwissenheit erreicht hat, zu sammeln, um eine große Veränderung und ein nützliches Werk zustande zu bringen. Es sei denn, an der Spitze einer solchen Nation gibt es eine eiserne Hand, wie die des großen Peter von Russland.

Peter der Große bemühte sich die Russen verbal und mental zu europäisieren, aber als er sah, dass ihm das nicht gelingen konnte, brachte er sie mit eiserner Faust auf den rechten Weg.

Wir brauchen auch solche schwer bewaffnete Menschen, um uns zur Einheit und auf den [richtigen] Weg zu bringen. Sonst würden wir viel Zeit brauchen, um selbst erwachsen zu werden. Aber die Zeit wird uns nicht dorthin bringen. Gott möge es gewähren, sodass mich das Volk mit diesem Gedanken Lügen straft.

Senharib Balley

Senharib Balleys Rede beim Bankett im Worcester[261]

Bei dem Bankett, das in Worcester im Namen des Waisenhauses und der Emigranten gegeben wurde, war der verehrte Senharib Balley auch anwesend. Auf Wunsch der Gäste hielt er bei dem Treffen eine sehr freie Rede, ohne an einem Redetext gebunden zu sein. Diese wurde als angemessen und passend erachtet, um eine Zusammenfassung hier zu veröffentlichen.

* * *

Liebe Schwestern und Brüder!

Obwohl es nicht angebracht ist, etwas anderes als über den Zweck Ihres Festes zu sagen, erinnerte uns jedoch der verehrte Doktor Werda[262] irgendwie an die glorreichen Tage der Heimat der assyrischen Gesellschaft. Und weil dies in unseren Herzen ein Feuer entfacht hat,

---

[261] *Bethnahrin*, Jahrgang 8, Nr. 9, 1. Mai 1924. Originalartikel in Garschuni-Osmanisch „*Senharib Bali Efendinin Worcester'de Verilen Ziyafette Hitabı*".

[262] Joel E. Werda (1868-1941).

wird es nützlich sein, es weiter zu schüren. Deshalb möchte ich darüber zunächst einige Worte sagen.

Ein Volk ohne Regierung hat keine Botschafter und Konsuln, die ihre nationalen Rechte verteidigen und schützen können. Die Vertreter solcher Völker können Ihre Politiker aber auch ihre politischen Gesellschaften sein. Politische Gesellschaften deuten auf den Grad des Fortschritts der Heimat und Völker von Nationen hin, die ohne Regierungen sind. Daher stehen politische Gesellschaften für Völker ohne Staat auf der Ebene winziger informeller Regierungen. Genauer gesagt sind politische Organisationen an sich die Wegweiser einer Regierung. Ein Volk ohne nationale Organisation ist nicht bereit für die Unabhängigkeit. Selbst wenn er diese zufällig erlangt, verliert er sie schnell. Wir sehen keine Regierung, die neu entstanden ist, ohne dass sie nicht schon vorher politische, nationale und patriotische Organisationen hatte.

Wie viele von Ihnen wissen, hat die patriotische Organisation der assyrischen Gemeinschaft in kurzer Zeit viel geleistet. Aber es gibt diejenigen unter uns, die immer mit allem unzufrieden sind (klagen z. B., dass die Gemeinschaft so viel Geld ausgegeben hat, aber was hat sie dafür bekommen?) und dämpfen somit den **Enthusiasmus** mit ihren Fragen.

Eine dreijährige Organisation hat uns zwar keine Unabhängigkeit gebracht, aber es genügt zu antworten, dass die assyrische Gemeinschaft immer noch auf dem Antlitz der Welt existiert und ihre Tapferkeit und Opferrolle in offiziellen Treffen in Paris, London, San Remo und Lausanne erklärt und bewiesen hat.

Sie alle wissen, wie viele Schwierigkeiten, wie viele Türen man anklopfen muss, wenn man sich hier bei den Elks[263] und Freimaurern registrieren möchte oder bei ihnen Mitglied werden möchte.
Wenn es so sehr schwierig ist, einer Geheimgesellschaft beizutreten, wie schwierig ist es dann, die Existenz eines Volkes, das sich seit Jahrhunderten von der Arena der Nationen zurückgezogen hat, in das Register der Vereinten Nationen einzutragen. Heute steht der Name unserer Nation offiziell in den Vereinten Nationen. Das ist der Verdienst patriotischer Organisationen. Was wäre, wenn wir vor dreißig oder vierzig Jahren eine solche Organisation gehabt hätten, welche größeren Gewinne hätte sie uns gebracht?

Die türkische Regierung arbeitete mit aller Kraft daran, die armenischen und griechischen politischen Organisationen zu zerstören, aber sie konnte es nicht. Leider haben wir unsere Stimme eigenhändig verbrannt, ohne dass dazu andere nötig waren. Wir haben unsere Gemeinschaft der Hoffnungslosigkeit preisgegeben. Wir sind ein so launisches Volk, dass wir uns bei einem kleinen Erfolg in die Fluten der Freude stürzen und Traumpaläste und Schlösser bauen. Wenn wir einen kleinen Misserfolg sehen, schwimmen wir im Meer der Verzweiflung. Hoffnungslosigkeit ist ein Leiden, das, wenn es irgendeine Nation heimsucht, es verbrennt.

Wir sollten jedoch nie vergessen, dass der Mensch, der als Mieter lebt, immer damit rechnen muss, vom Hauseigentümer hinausgeworfen und mit seinem Hab und Gut auf die Straße gesetzt werden kann. Eine herrenlose, unorganisierte Nation wird immer Waisen auf dem

---

[263] Der Benevolent and Protective Order of Elks ist ein 1868 gegründeter amerikanischer Bruderorden, ursprünglich als Gesellschaftsverein in New York City.

Schoß, Witwen vor der Tür und Tränen in den Augen haben. Mit diesen Worten möchte ich Sie nicht von Ihren heiligen Gedanken von heute abbringen, sondern Sie an die Notlage der Opfer der Katastrophe erinnern.

Liebe Schwestern und Brüder:

Die Sonne ist wahrlich die Quelle des Lebens. Gleichzeitig ist sie die Ursache des Todes für diejenigen, die ihre Zeit nackt und unbedeckt in den feurigen Wüsten von Aleppo verbringen. Der leichte Wind, der auf dem schönen Gras, im Schatten der Bäume und am Wasser weht, ist sehr schön. Aber gleichzeitig ist es der Tod für die Flüchtlinge von Urfa, die ihre palastartigen Villen, Woll- und Federbetten dem Unterdrücker überlassen haben und bis zum Morgen unter den Blitzen auf den Plätzen von Aleppo dem Wind ausgesetzt sind. Es ist eine Tatsache, dass zu viel Essen den Magen verdirbt. Aber der Magen, der tagelang leer ist, verbrennt den geformten Körper. Er kann den Mikroben im Inneren nicht widerstehen.
Diesen hilflosen Menschen sollte geholfen werden, bis sie erwachsen sind und eine Arbeit aufnehmen. Diese fleißige, kaufmännische und handwerkliche Gemeinschaft wird bald wieder Herrenhäuser, Grundstücke und Immobilien besitzen und den Armen und unseren Waisenhäusern helfen.

Bekanntlich hatten wir keine Einheimischen [Assyrer] in Adana, sie waren alle Zugewanderte. Nachdem sie sich niedergelassen hatten, sahen wir, dass sie ein reguläres Waisenhaus für uns gründeten. Deshalb: Vergessen wir nicht Urfa und die Menschen von Urfa. Diese Stadt und ihre Bewohner sind in unserer Kirchengeschichte berühmt. Ein berühmter *assyrischer* reicher Mann aus Urfa namens Atanasi rettete während einer Schlacht fünfzigtausend Assyrer aus der Gefangenschaft, indem er für jeden fünf Dinar als Lösegeld zahlte.

Der Türke wird es bereuen, eine solche Gemeinschaft verloren zu haben. Er wird es nicht nur bereuen, sondern dafür bestraft werden. Die gleiche Dummheit wurde einst von der spanischen Regierung gegen die Juden begangen. Sie töteten sie, verbrannten und plünderten und vertrieben den Rest.

Aber dieses unterdrückte und fleißige Volk ging und ließ sich in anderen Ländern nieder, machte sie wohlhabend und belebte ihre Künste und ihren Handel. Spanien hingegen entwickelt sich heute zurück und ist bankrott. Heute sucht man nach jener hart arbeitenden Gemeinschaft, die für das Land unerreichbar ist. Nero brannte ganz Rom nieder, um ein paar Christen zu vernichten, aber bald kam Nero selbst ums Leben und sein Thron und seine Herrschaft wurden zum Zentrum des Christentums. Die Geschichte ist voll von solchen Ereignissen.

Ich bin sicher, dass Urfa eines Tages wieder ein assyrisches Zentrum sein wird, aber bis wir das sehen, müssen wir uns vorbereiten.
Es ist nicht notwendig, all unseren Reichtum für diese Zwecke zu opfern. Auch unser Essen muss nicht weniger werden. Bitte beachten Sie, was ich sage:
Die billigste Zigarette in Amerika kostet nicht weniger als einen Cent. Lasst uns ein oder zwei davon pro Tag opfern. Mit anderen Worten, wenn jeder Assyrer in Amerika ein oder zwei Zigaretten weniger am Tag raucht, wird pro Person ein Geld von vier bis sieben Dollar pro Jahr zusammenkommen, das ausgegeben werden kann, ohne eine Last zu spüren.

Der auf den ersten Blick unbedeutende Betrag, der aber eine beachtliche Summe erreichen kann, würde unsere Bedürftigen gut bis zu einem Jahr ernähren. Es kann keine leichtere Steuer als diese auf der Welt geben. Wenn wir nicht einmal den Genuss von ein oder zwei Zigaretten pro Tag für die Kinder unseres Volkes opfern, wie können wir dann das Rote Kreuz um Hilfe bitten?

Dass die Türken uns entwurzelt und vertrieben haben, ist eine Gräueltat, die es in der Geschichte selten gegeben hat. Wir sollten jedoch froh sein, dass sie uns entwurzelt haben, denn ein Baum, der entwurzelt wurde, kann an einem anderen Ort neu gepflanzt werden und dort Wurzeln schlagen. Es ist eine Tatsache, dass diese Art von Schlägen für uns im Vergleich zu unserer Schwäche gewaltig erscheinen, aber die großen Wellen der Ozeane sind auch winzig gegen den kleinen Felsen am Ufer. An Geduld und Beharrlichkeit unserer Vorfahren, die wie ein Fels in der Brandung standen, sind viele Wellen der Unterdrückung gebrochen worden.

Liebe Schwestern und Brüder!

Zumindest sollten wir eine Lehre aus der Natur ziehen. Wie Sie wissen, wehen im Wechsel der Jahreszeiten starke Winde. Stürme entstehen, Donner grollen, Blitze schlagen, Regen und Fluten fallen ein, als wären Erde und Himmel miteinander verwoben. In der Zwischenzeit werden wurzellose Bäume zu Boden getrieben, ohne dass sie sich wehren können, Gebäude ohne Fundament stürzen ein und die Starken vom Sturm im Gesicht ins Schwanken gebracht.

Und heute befinden wir uns in einem vollständigen gesellschaftlichen Wandel. Kriege, Massaker, Vertreibung und Erniedrigung, Gefängnisse, Seuchen, Entbehrungen, Grausamkeiten und Verfolgungen sind die Stürme gesellschaftlicher Veränderungen. Schwache Nationen fallen und zerbrechen, aber diejenigen, die geduldig und gesund sind, bleiben und leben weiter.

Senharib Balley

Sachlich notwendige Aufklärung[264]

Verehrter Herausgeber von *Bethnahrin*!

Mit großem Bedauern habe ich den Bericht des Komitees der assyrischen Waisen und Flüchtlinge (*Asuri Yetim ve Göçmen Komitesi*) in der zehnten Ausgabe der Zeitung und Ihren Kommentar dazu gelesen. Da ich Mitglied des besagten Komitees bin, sehe ich mich gezwungen, einige Worte über den Bericht und den Stand der Dinge des Komitees und seiner

---

[264] *Bethnahrin*, Jahrgang 8, Nr. 13-14, 1-15. Juli 1924. Originalartikel in Garschuni-Osmanisch „*Hakikat-i Matluba ve tenvir*".

Arbeit zu schreiben. Wenn Sie es für angemessen halten, bitte ich Sie, ihn in Ihrer Zeitung zu veröffentlichen.

Erstens: Das Überraschende ist, dass der im August veröffentlichte Bericht an *Bethnahrin* geschickt werden sollte, um Anfang Juni veröffentlicht zu werden. Es gab keinen Grund, dies so lange hinauszuzögern. Heute erweckt es den Anschein, dass die Nation alle ihre Angelegenheiten beiseitegelegt hat und ihre ganze Energie ausschließlich der Waisen und Einwanderern widmet.

Wenn die Angelegenheit nun wirklich so wichtig geworden ist, liegt das an dem veröffentlichten Bericht? Diejenigen, die die Arbeit der Waisen und Flüchtlinge in die eigenen Hände nehmen wollten, hielten sie für so wichtig und richtig, dass sie ihr drei Schriftführer statt einem zuwiesen. Die Liste mit den Namen der Schriftführer findet sich auf dem offiziellen Dokument des Vorstands. Wer möchte, kann sie einsehen. Wenn ein fünfzeiliger Bericht eines Ausschusses mit drei offiziellen Schriftführern zwei Monate lang auf sich warten lässt und dann der Öffentlichkeit präsentiert wird, dann möge Gott unseren Vereinigungen helfen, die keinen Schriftführer oder Drucker haben...!

Zweitens: Um die Aufmerksamkeit der Öffentlichkeit zu erregen, bekräftigte das gesamte Komitee, das separate Ankündigungen über die Lage der Waisenkinder und Flüchtlinge in *Bethnahrin* erfolgen sollen, wobei die Kosten dafür gezahlt werden sollten. Wie kommt es, dass die Entscheidung nicht umgesetzt wird und nur der Bericht zur kostenlosen Veröffentlichung gesendet wird, mit dem Lob der einzigartigen Zeitung und im Sinne von „gut gemacht"? Während die amerikanischen Near East- und Rotkreuzgesellschaften einmal im Jahr eine Handvoll Dollar für Anzeigen an Zeitungen und Werbung ausgeben, können wir die Idee der kostenlosen Werbung noch nicht aufgeben.

Wo nicht gesät wurde, kann nicht geerntet werden.

Amerikaner geben neun aus, um zehn zu bekommen, während wir nicht einen ausgeben wollen, um neun zu bekommen. Unsere mangelnde Bereitschaft den Einen auszugeben, um zehn zu verdienen, liegt nicht an unserem Geiz, sondern an der grundsätzlichen Denkweise.

Ist es nicht seltsam, dass für einige unwesentliche Dinge und ohne Kenntnis des Vorstandes eine Handvoll Dollar basierend auf private Meinung von ein oder zwei Personen ausgegeben werden, während bei fünf oder zehn Dollar für etwas Nützliches, das allgemein akzeptiert wird, gegeizt wird?

Drittens: Welchen Sinn hat es, die Gewinn-und-Verlustrechnung nicht zusammen mit der Ausgabenrechnung zu veröffentlichen und sie bis zum Jahresanfang aufzuschieben?

Welche Vorteile konnten wir unserer Nation in den letzten Monaten bieten, die wir in den nächsten Jahren bieten werden?

Was konnten wir anderes tun, als an einigen Stellen Bargeld in die Hand zu nehmen und es in unserem Namen per Scheck zu versenden?

Sich vorbereiten ist einfach.

Der Trick besteht darin, aus dem Nichts zu erschaffen.

Meine lieben Freunde sollten wissen, dass ich diese Worte nicht schreibe, um [jemanden] zu beleidigen, sondern um das Thema zu beleuchten. Niemand aus dem jetzigen Vorstand oder aus den Hunderten von Ausschussmitgliedern, die teilweise verstorben sind und sich um die Angelegenheiten des Volkes gekümmert haben, hat eine außergewöhnliche und denkwürdige Arbeit geleistet. Aber es gibt einen Unterschied zwischen der Gegenwart und der Vergangenheit, wobei die früheren Ausschüsse, wie es üblich war, in den ersten Tagen ihrer Tätigkeit Einsatz und Wille zeigten und des Lobes würdig waren. Die heutigen jedoch sind nicht so erfolgreich und machen den Eindruck einer Frühgeburt.

In den ersten ein oder zwei Sitzungen des Komitees wurde darüber diskutiert, wie man einfach und schnell Geld vom Volk beschaffen kann. Von meiner Wenigkeit wurden ihnen 95 Prozent der Möglichkeiten aufgezeigt, die zum Erfolg führen können. Da jedoch einige der Ausschussmitglieder die Gefühlswelt unseres Volkes nicht richtig verstanden sowie wegen der Ausgabenwünsche und falscher Vorstellungen einiger, sind meine Vorschläge behindert worden und konnten nicht von der Theorie in die Praxis umgesetzt werden. So konnten sie einige überzeugen, die sich leicht täuschen ließen:

Was ist Ihre Meinung? Ist es nicht einfach viel Geld zu sammeln? Nun, was ist einfacher als das? Zuerst investieren wir 400-Dollar in ein Ford-Automobil und verkaufen es für 1.400 Dollar. Damit machen wir einen Gewinn in Höhe von 1.000 Dollar.

Zweitens: Wir können einen Markt organisieren, indem wir Geschenke von überall her sammeln und damit einen Gewinn von ein- oder zweitausend Dollar machen. Dann hat jeder Ort seinen Vorsteher. Wir ernennen Männer in jeder *assyrischen* Gemeinde und durch sie sammeln wir wöchentlich, monatlich und jährlich Geld von den Menschen für die Waisen und die Flüchtlinge.

Wir machen es auf die eine oder andere Weise, glaubten sie, und wie es ein alter Spruch sagt,[265] interpretierten sie die Dinge so wie es ihnen passte. Mit einem Treffen dachten sie, dass sie die Waisen- und Flüchtlingskasse mit fünf- oder sechstausend Dollar füllen würden.

Die oben genannten Wege sind in der Tat ein geeignetes Mittel zur Geldbeschaffung. Aber sie in die Tat umzusetzen, erfordert guten Willen, ernsthafte Arbeit, Zeit und Geld. Herrschaften, die wissen, wie man verbal Honig produziert, wissen natürlich, dass sie in Wirklichkeit nicht einmal Teer herstellen können. Aber nicht aufgrund ihrer eigenen Fähigkeiten, sondern dank der Nachlässigkeit und Ignoranz des Volkes verkaufen sie den Abriss eines Gebäudes für ein Linsenkorn als Dienst und Hingabe für die Nation.

Wenn jeder *Assyrer*, der mit ein wenig Barmherzigkeit in seinem Herzen und nationales Ehrgefühl den Brief von Priester Ibrahim Halawji liest, der in der *Bethnahrin*-Zeitung veröffentlicht wurde, wird er, ohne zu zögern alles beiseite werfen und unsere Waisen und Bedürftigen, die den Schwert überlebten und dem Gift der Religion der römischen Makler[266] ausgesetzt sind, retten. Aber es gibt kein Heilmittel; Eifersucht, Feindschaft,

---

[265] *„Attım yün oldu, teptim keçe oldu, başıma koydum bir sivri külah oldu."* Es ist ein Spruch passend für diejenigen, die etwas zeigen oder interpretieren, wie es ihnen passt.

[266] Hier wird auf die zahlreichen ausländischen Missionen innerhalb der Assyrer verwiesen, die Menschen mit Hilfsmitteln ermuntern ihre Konfession zu wechseln.

Vergnügungssucht und vor allem Unwissenheit haben die Augen vieler von uns geblendet und unsere Herzen verhärtet, sodass wir nichts mehr sehen und kein Mitgefühl empfinden.

Wenn es etwas gibt, das mir in diesen Tagen Hoffnung gibt, dann ist es die harte Arbeit der Assyrer in New England.

Wenn das Komitee der Waisen und Flüchtlinge in unserer Gemeinde dem Volk in seinen letzten Tagen von Nutzen sein möchte, sollte es, ohne zu warten zurücktreten und sich Kritikäußerungen ersparen.

Senharib Balley

Ein nie da gewesenes nationales Bankett[267]

In der letzten Ausgabe von *Bethnahrin* wurde berichtet, dass am Sonntag, dem 7. Dezember, ein noch nie da gewesenes Bankett von der West New York und West Hoboken (*Terakkiyât-ı Mekteb-i Süryani*) Gesellschaft zu Gunsten des Beiruter Waisenhauses veranstaltet werden sollte; dieses Bankett sollte in pompöser und gehobener Weise mit Musik und Tanz nach amerikanischem Vorbild von drei bis sechs Uhr nachmittags stattfinden.

Um sechs Uhr verstummte die Musik, woraufhin fünf Reihen von Esstischen, eine für Kleinkinder und eine für Erwachsene vorbereitet wurden und diese mit Gemüse und anderen Speisen bedeckt wurden. Die von den Organisatoren des Banketts beauftragten Gastwirte servierten das Brathähnchen in perfekter Ordnung und versorgten die Teilnehmer mit reichlich Essen und ausreichend Bier, und bevor das Essen begann, begrüßte Dr. George Khedersha alle Anwesenden. Nachdem der Zweck dieses Banketts erläutert worden war, begann das Programm mit dem Vaterunser-Gebet (*Abun d'Bashmayo*) durch den ehrwürdigen Chorepiskopos Hanna, und alle Teilnehmer standen ehrfürchtig auf und beteten gemeinsam. Nachdem der Star-Spangled-Banner, die Hymne der Flagge[268] der großen amerikanischen Nation, unter deren gerechter Herrschaft wir leben, von den Teilnehmern respektvoll gesungen und von amerikanischen Instrumenten begleitet wurde, begann das Essen.

Während des Essens wurden Hymnen und Reden in der nachfolgend aufgeführten Reihenfolge gehalten.

---

[267] *Bethnahrin*, Jahrgang 8, Nr. 19-20, 1-15. Oktober 1924.Originalartikel in Garschuni-Osmanisch „*Benzeri Görülmemiş Milli Bir Ziyafet*".

[268] Das Stern Besetzte Banner ist seit 1931 die offizielle Nationalhymne der Vereinigten Staaten von Amerika; der Text wurde 1814 von Francis Scott Key geschrieben.

Zuerst wurde das syrische Gedicht *Taw Kul Othuroye* [Kommt alle Assyrer][269] von Frau Isabell Chilingar, Frau Agnes Khedersha, Frau Rose Kazanjy und Frau Rose Khedersha mit der Begleitung von Frau Merry Khedersha am Klavier und von Tomy Ishak an der Violine, unter großem Beifall vorgetragen.

Danach wurde das Gedicht *Emath Dal Hartho* von Yakup Terzi mit einer beeindruckenden und schönen Stimme vorgetragen, das Klavier wurde von Bashar Boyajy gespielt und die Violine wurde von Shukri Asfar und Tomy Ishak gespielt und sie wurden mit Applaus bedacht.

Anschließend trug Frau Agnes Khedersha ein Gedicht in englischer Sprache vor. Merry Khedersha spielte auf dem Klavier und Tomy Ishak auf der Violine; sie erhielten dafür viel Beifall.

Danach schloss Dr. Khedersha seine Rede mit ermunternde Aussagen über die Hilfe für das Waisenhaus. Dann ergriff der tugendhafte Pfarrer Hanna das Wort und ermutigte die Söhne der Nation, die notwendige Arbeit fortzusetzen, um den Fortbestand des Beiruter Waisenhauses zu gewährleisten.

Danach ergriff der eloquente Priester Naum das Podium und ermutigte und würdigte die Bemühungen der geschätzten Mitglieder von *T. M. S.*, sich um die Waisen zu kümmern und sie wie unsere Kinder zu begleiten.

Anschließend wurde das Gedicht *Satvetle Bahr ve Beri* von den oben genannten Damen vorgetragen.

Im Anschluss daran hielt der Gelehrte Naum Faiq Efendi eine sehr klare und zum Nachdenken anregende Rede, in der er die historischen Fähigkeiten der Assyrer einbezog und erklärte, dass die gegenwärtige Zivilisation des Westens aus den Trümmern der assyrischen Zivilisation entstand, ist.

Der nächste Redner, Lutfi Boyajy, verlas seine Rede und zog die Aufmerksamkeit der Anwesenden im Saal auf sich.

Anschließend trugen die Jugendlichen das Gedicht *Ya Bany Aram* – Söhne Arams - vor, das an die Anfänge des Aufbruchs erinnert.[270]

Dann betrat der verehrte Senharib Balley das Podium und hielt eine Rede in gutem Türkisch, in der er uns lautstark mitteilte, dass dieses Bankett für die Waisenkinder von Beirut organisiert wurde und dass sie auf diese Weise unsere Beiträge erwarten, was von den Teilnehmern mit Beifall aufgenommen wurde.

---

[269] Dieses Gedicht von Naum Faiq wurde 1917 verfasst und mit der Melodie von „My Country, ‚Tis of Thee", einem amerikanischen patriotischen Lied versehen. Siehe Naum Faiq (1917): Book of Revival Hymns or National and Fatherland Songs. Syrisch: *Kthobo d cunoye ciruthonoye aw zumore umthonoye w mothonoye* - ܟܬܒܐ ܘܚܡܠܐ ܚܬܡܐܠܐ ܐܘ ܪܘܡܪܐ ܐܘܡܚܐܬܠܐ ܘܡܚܐܬܠܐ, Paterson/New Jersey.

[270] Dieses Gedicht auf Arabisch wurde 1909 von Naum Faiq in Diyarbakir für die Intibah-Gesellschaft geschrieben. Siehe Naum Faiq (1913): Intibah Poetry Book (*İntibah-i ilmi cemiyetine mahsus methiyeler mücmelesidir*), Diyarbakir/New York.

Schließlich betrat Herr Joel E. Werda, der vom Komitee zu dem Bankett eingeladen worden war, in seiner bekannten Art das Podium und hielt eine sehr ansprechende und ermutigende englische Ansprache. Er lobte die von der *Tarrakiyat-Gesellschaft* (TMS) für die Einrichtung eines Heims für assyrische Waisenkinder in Beirut erbrachten Opfer und verkündete die gute Nachricht, sich mit der Ermutigung der Anwesenden für den Fortbestand dieser Einrichtung einzusetzen und dass die Assyrer auf diesem Wege Fortschritte machen könnten, was von der Menge mit begeistertem Beifall aufgenommen wurde.

Anschließend wurde von zwei Schreibern ein Spendenverzeichnis geführt, und die anwesenden Männer, Frauen und Kinder überreichten auf beeindruckende Weise ihre großzügigen Geschenke und Spenden zugunsten des Waisenhauses.

Danach wurde amerikanische Tanzmusik gespielt, bis es halb elf war. Die Gäste verließen sehr zufrieden den Saal und jeder ging nach Hause.

Die Spenden, die dann von diesem Bankettausschuss gesammelt und ermittelt wurden, sind unten aufgeführt.

Spenden im Saal eingesammelt	773,00 Dollar
Eintrittskarten	212,35 Dollar
abzüglich Kosten	-427,65 Dollar
Summe der Einnahmen	**557,70 Dollar**

Die oben erwähnten 557,70 Dollar wurden der *T.M.S.*-Kommissionskasse zugeführt.[271]

In der nächsten Ausgabe von *Bethnahrin* werden wir die Namen der Spender einzeln aufführen und gleichzeitig den ehrenwerten Söhnen unseres Volkes unseren Dank aussprechen.

West New York *T.M.S.* Gesellschaft
(Assyrian National School Association)
Bankettausschuss

Bethnahrin [Naum Faiq]:

Dieses Bankett war in der Tat ein Fest, das sich, wie oben erwähnt, von den vorherigen unterschied. Zum ersten Mal verzichteten unsere *assyrischen* Volksangehörigen auf das Trinken, und jeder speiste und spendete auf eine vernünftige Weise.

Unser Bankett verlief zudem reibungslos und problemlos, ohne den spöttischen Blicken und der Ablehnung der Amerikaner, die uns durch den Besitzer des Lokals entgegenschlugen. Denn bei unseren früheren Banketten, als die Gläser mit Raki und Whiskey gelehrt wurden, begann jeder zu sprechen, und die Betrunkenen nahmen die Form von Bettlern an; keiner wusste, was er aß, und wozu er zum Bankett gekommen war. In den Stunden des

---

[271] Entspricht heute einem Wert von etwa 10.000 Dollar.

Morgengrauens lehnte sich jeder von ihnen aus Schlaflosigkeit und Trunkenheit an eine Wand und neigte den Kopf vor sich her, ein anderer zog sich in eine Ecke zurück und erbrach sich, ein anderer schlief mit den Händen auf dem Tisch und machte seine Familie und Kinder unglücklich und unruhig. Die Bühne des Saals wurde zu einer Müllhalde aus Schalen von Melonenkerne, Pistazien, Äpfel und Orangen, sodass die Leute stolperten und fielen. Der Besitzer des Saals hasste es und vermietete uns diesen Saal nicht mehr.

Wir danken Gott, dass dieses Bankett keine dieser Abscheulichkeiten aufwies, und dass das Ende des Banketts Amerika und den Amerikanern in angemessener Weise sowohl jene im Himmel als auch die auf der Erde erfreut haben muss. Wir hoffen, dass in Zukunft solche Bankette unter uns in der Sache des Vertrauens geplant und abgehalten werden. Wir sprechen den Mitgliedern des Komitees, das die Idee zu diesem Bankett hatte und dessen Bemühungen es möglich machten, unsere Anerkennung aus.

Wir empfehlen den Veranstaltern von Banketten, sich in Zukunft überall an dieses Format zu halten.

Der Todesengel, Doktor Yoosuf und die assyrische Nation[272]

Zwei Tage waren seit dem Neujahrstag vergangen. Die Post verteilte noch immer Weihnachtsgeschenkpaket und Glückwunschkarten. Es klopfte an der Tür, der Junge öffnete; der Telegrafendisponent, der vor der Tür stand, steckte ein Telegramm in einen Umschlag, unterschrieb die Mitteilung und ging. Der kleine Hammurabi kannte den Unterschied zwischen Post- und Telegrammumschlägen nicht.

„Papa, der Heilige Nikolaus hat mir ein Geschenk geschickt?"
Ich sagte, warte und öffnete das Telegramm und las nur die ersten Worte.
„Doktor (A. K.) Yoosuf ist verstorben, die Trauerfeier findet am vierten Januartag statt." Unterschrift, Komitee der Kirche in Worcester.

Ich konnte nichts von den Worten verstehen, die mir wie irreal vorkamen, also las ich sie noch einmal. Ich kniff die Augen zusammen und dachte, dass ich noch verschlafen war. Ich las es erneut. Wieder das gleiche. *„Ashur, lies dieses Telegramm"*, sagte ich und er las es mit Entsetzen: *„Für mich ist Dr. Yoosuf gestorben!"* sagte er.

Er stand still: Die anderen sagten: *„Du verstehst es nicht richtig, lass es uns lesen"*, und begannen, an dem Telegramm zu zerren. Ihr Gedanke, so hofften sie, könnte die Bedeutung ändern.

---

[272] *Bethnahrin*, Jahrgang 9, Nr. 3, 1.Februar 1925. Originalartikel auf Garschuni-Osmanisch *"Melek-ül mevt, Doktor Yoosuf Süryani Milleti"*.

Doch nichts änderte sich: Als der Junge die schwere Botschaft vom Nikolaus begriff, trat er zur Seite.

Das Erste, was einem in solchen Momenten in den Sinn kommt, ist der Todesengel. Das waren die ersten Worte, die ich äußerte.

„Verdammt sei dieses Geschenk, das du überbracht hast, O Sankt Nikolaus!"

Verdammt seist Du altes Jahr; in den letzten Tagen Deines Lebens hast Du uns diesen bitteren Kelch geschenkt, und dann wirst Du verschwinden?

O grausamer Todesengel, du bist so erbarmungslos!

Du hast selbst diesen einen Mann als zu viel gesehen für diese unglückliche Nation, die von der Not versengt wird, und Du hast den Armen das Stück Brot aus den Händen geschlagen!

Du hast diesen einen Mann mitgenommen, der in der Heimat sich vor Freunden und Feinden gestellt hat?

Als ob das, was Grausamkeit und Ignoranz uns angetan haben nicht genug wäre, hast Du im gleichen Sinn deren einzige Lampe zerbrochen und ausgelöscht ...

Todesengel, da Du diese Art von Klagen oft gehört und erlebt hast, standest Du mit dem Tod als Freund lachend mir gegenüber und Ihr gabt mir folgende Antworten:

„O hirnloser und törichter Mensch! Was willst du damit sagen?
Willst du uns etwas mitteilen?"

Solche Zurechtweisungen hören wir seit jeher.

Weißt du nicht, dass wir weder den Sonntag noch das Fest weder den Anfang noch das Ende des Jahres kennen?

Es macht für uns keinen Unterschied, ob einer reich oder arm, König oder Sultan, Unterdrücker oder Unterdrückte, weise oder unwissend, Arzt oder ungebildet, *Assyrer* oder Jude ist.

Ist euch nicht klar, dass wir Diener sind, die die Befehle Gottes ausführen?

Wir können kein Individuum oder kein Volk respektieren.

Was kümmert es uns, ob er eine Stellung bei Euch hat?

Baut Fabriken die Männer auszubilden.

Ihr seid ein ungebildetes, ungerecht behandeltes und verfolgtes Volk. Ihr seid selbst schuld.

Weder der Unterdrücker wird gehängt noch der Unterdrückte weiterverfolgt; ihr seid arm und unwissend, wir können Euch nicht helfen.

Versteht die Gründe und werdet sie los. Ihr habt keine Männer, die sich vor anderen stellen können; schämt euch. Wir haben die Washingtons, Lincolns, Wilsons der mächtigen

Dr. Abraham K. Yoosuf
(1886-1926)

Amerikaner genommen, aber mit dem allbekannten Eifer und der Anstrengungen dieses Volkes ziehen sie tausend andere Männer auf im Austausch für einen Mann, den wir ihnen genommen haben.

Wir nahmen auch die Großen der Briten und der Franzosen wie Nelson,[273] Byron,[274] Gladstone,[275] Victoria,[276] Napoleon, Walter, Rousseau,[277] Hugo,[278] aber diese eifrigen und weisen Nationen sind wieder voller Größe und glauben wieder an Weisheit und Philosophie. Der allmächtige Gott hat Euch mit dem gleichen Aussehen und der gleichen Natur wie sie erschaffen. Arbeitet hart! Wir können keine Nation ihrer Bemühungen und Initiativen abhalten.

Wenn Ihr keine Männer habt, wird der allmächtige Gott Doktor Yoosuf und andere (wie er) nicht für Euch unsterblich machen.

Ja: Wir wissen, dass Doktor Yusuf ein wertvoller Mann war. Daher ist sein Tod so von Bedeutung wie sein Leben. Gott der Allmächtige hat als Gegenleistung für sein gutes Wirken für ihn einen guten Platz vorgesehen. Gott der Allmächtige ist mit dem, was er tat, viel zufriedener als Ihr und schätzt es.
Aber Ihr, Ihr undankbaren *Assyrer*!
Ihr seid ein so unwissendes Volk, wusstet nicht Eure Ältesten zu Lebzeiten zu schätzen, um von ihren Gedanken zu profitieren. Ihr habt immer hartnäckig versucht zu beleidigen und zu demütigen. Ihr habt viele Eurer Pioniere mit Schmerz begraben. Erst nachdem sie starben, wurden sie wertvoll in Euren Augen...

Auch die Einwände des Todesengels waren berechtigt. Aber wie berechtigt sie auch sein mögen, will ich noch einmal bekräftigen, dass der Tod von Dr. Yoosuf eine große Katastrophe für alle Assyrer ist, insbesondere für die Assyrer in Amerika. Es ist ein unwiederbringlicher Verlust.

Es ist ein irreparabler Schaden. Die Menschen sollten große Trauer für ihn empfinden; dazu ist wohl keine Empfehlung erforderlich. Es besteht kein Zweifel, dass jeder, der den Arzt gesehen und ihn gehört hat, um sein Ableben weinen wird. Aber es gibt einen großen Unterschied zwischen Weinen und Weinen. Jede Nation trauert und weint, wenn sie einen großen Mann verliert.

---

[273] Hugh Nelson (1830-1893) war ein kanadischer Politiker. Von 1871 bis 1874 war er Abgeordneter des Unterhauses, von 1879 bis 1887 vertrat er British Columbia im Senat, danach war er bis 1892 der vierte Vizegouverneur dieser Provinz.

[274] George Gordon Byron (1788-1824), bekannt als Lord Byron, war ein britischer Dichter und einer der wesentlichen Vertreter der englischen Romantik. Er war der Vater von Ada Lovelace und ist als Teilnehmer am Freiheitskampf der Griechen bekannt.

[275] William Ewart Gladstone (1809-1898) war ein viermaliger britischer Premierminister und einer der bedeutendsten britischen Politiker in der zweiten Hälfte des 19. Jahrhunderts.

[276] Victoria (1819-1901) war von 1837 bis 1901 Königin des Vereinigten Königreichs Großbritannien und Irland.

[277] Jean-Jacques Rousseau (1712-1778) war ein Genfer Schriftsteller, Philosoph, Pädagoge, Naturforscher und Komponist. Seine politische Philosophie beeinflusste den Fortschritt der Aufklärung in ganz Europa.

[278] Victor Hugo (1802-1885) war ein französischer Schriftsteller und Politiker.

Wenn fortschrittliche Völker durch den Tod ihrer Ältesten beraubt werden, sagen sie, hätte er gelebt, wäre er jemand gewesen, der in der Lage gewesen wäre, den Ruhm und die Ehre seines Volkes und seines Landes zu genießen. Kleine Nationen, besonders wie die unsere, würden deshalb um ihn weinen, weil sie denken, dass er uns Ruhm und Ehre erkauft hätte, wenn er gelebt hätte.

Sie sagen, wenn er gelebt hätte, wäre sein Volk stolz auf seine Anwesenheit gewesen.
Wir wären deprimiert, weil wir denken, er wäre gedemütigt und beleidigt worden, wenn er gelebt hätte.
Sie wären auch verzweifelt, würden aber sagen, dass ihm als Gegenleistung für seinen Dienst die Nation hätte dienen müssen.

Wir denken, dass er ein guter Diener fürs Volk gewesen wäre, wenn er gelebt hätte. Wenn er nur seine letzte Zeit mit uns verbracht hätte. Und wir hätten über seine Weisheit gelacht. Das ist der Unterschied zwischen dem Leiden fortschrittlicher und rückständiger Nationen ...!

Der große Altruist, weil er die Ideen der Jerusalemer Mädchen kannte, die über ihn weinten, sprach: *„Weint nicht über mich, weint über Euch und Eure Kinder"*. Die Seelen unserer Ältesten, die unseren Zustand vom Himmel aus anschauen und Mitleid haben, richten den gleichen Appell an uns.
Heute erheben alle *Assyrer* ihre Stimme, um gegen diese Behandlung des Todes zu protestieren und sagen *„Es ist ein Jammer"*.
Aber sie sollen sicher sein, dass ihr Weinen und ihr Protest vergebens sein werden. Das wird diesem Volk schon lange gesagt, nicht erst heute.

Wir haben Bedarf an Männer. Wir haben keine Männer, um die zu ersetzen, die gegangen sind. Lasst uns Leute ausbilden. Der Mensch fällt nicht vom Himmel herab und endet nicht auf der Erde. Männer können nur aus der Schule kommen.

Lasst uns Schulen eröffnen, Schulen!
Wo bleiben die Schulen?

Eine Nation, die keine 25.000 Dollar für eine Schule oder einen Kindergarten aufbringen kann, aber 100.000 Dollar für den Bau von vier Kirchen ausgibt, sollte nicht um Doktor Yoosuf oder sonst jemandem weinen. Sie soll nur um sich selbst, Ihren Verstand, Ihre Einstellung weinen.

Wir leben seit einem halben Jahrhundert in Amerika, dennoch haben wir die offensichtlichste Tatsache, die sich uns in jedem einzelnen Geschäft Amerikas aufdrängt, noch nicht verstanden.
Obwohl Amerika die reichste und christlichste Gesellschaft der Welt ist, gibt die Regierung, außer für Bildung keinen Cent ihres Budgets an die Kirchen ab. Sie gibt Milliarden für Bildung aus. Warum? Denn diese kluge Nation weiß, dass eine Gesellschaft ohne Bildung nicht überleben kann. Ein Mensch ohne Bildung kann seine Religion, seine Welt, sein Heimatland oder sein eigenes Leben nicht schätzen.

Wir wissen seit langem, dass diejenigen, die gehen, niemals zurückkehren werden. Wie sieht es mit den Maßnahmen aus, um die hinterlassene Lücke derjenigen zu schließen, die gegangen sind?

Haben wir nur Doktor Yoosuf verloren?

Seit Jahrhunderten verlieren wir [menschliches] Kapital. Nachdem wir Historiker, Schriftsteller, Theologen, Philosophen, Literaten, Redner und Dichter verloren haben, sind wir heute nicht nur auf einem Niveau angekommen, dass wir keinen haben, der ein einfaches Lesebuch schreibt, sondern auch sehr wenige, die es übersetzen könnten.

Verstorben. Von uns gegangen. Gott sei ihm gnädig. Leider hören wir sehr viele solcher traurigen Nachrichten.

Aber wann werden wir hoffnungsvolle Nachrichten lesen, die besagen, dass dieses Jahr so viele Studenten der *assyrischen* Hochschule oder des Waisenhauses ihre Diplome erhalten haben, dass einige von ihnen mit dem Geld der Assyrer von Amerika die theologische Fakultät der Harvard Universität besuchten, um Priester zu werden, während andere an Universitäten in Frankreich und England studiert haben. Wann werden wir motivierende Nachrichten lesen, dass eine der Druckmaschinen von Deyrulzafaran in unser Kloster in Jerusalem verlegt wurde und dass dort eine *assyrische* Zeitschrift veröffentlicht wird ...?

Seit fünfzig Jahren predigen unsere klugen Leute, dass wir Schulen brauchen. Mit dieser Sehnsucht gingen sie ins Grab.

Wo ist die Schule geblieben?

Wenn wir „Schule" sagen, meinen wir nicht Militärschulen, die Generäle, Offiziere und Piloten ausbilden, oder Universitätsschulen, die hervorragende Ingenieure ausbilden.

Bis auf weiteres kann das Beiruter Waisenhaus, wenn es richtig geführt wird, auch ein Heilmittel für unsere Wunden sein.

Unwissenheit hat uns so weit gebracht, dass ich zu behaupten wage, dass es in diesem Volk nicht nur keine Person gibt, die den gesegneten Doktor Yoosuf ersetzen kann, sondern auch niemand, der die Biografie des Verstorbenen richtig aufbereiten kann.

Wenn wir schon keine Historiker und Geschichtsschreiber mehr haben, sollten die Söhne unseres Landes wenigstens die Biografien unserer engagierten Leute in den Händen halten können. Da das Leben und Wirken von Dr. Yoosuf eine gute Lektion für die eingewanderten *Assyrer* sind, sollte seine Biografie geschrieben werden.

Besonders diejenigen, die aus der Heimat kommen und ihre Nationalität, ihre Konfession, ihre Schulen und Waisenhäuser, ihre Bekannten und Verwandten und sogar ihren Gott vergessen, sobald sie ein paar Cent in diesem gesegneten Land sehen. Sie sollten eine Lehre aus dem Leben des Verstorbenen ziehen, der in sehr jungem Alter in dieses Land kam. Er erlebte weder Schwert noch Grausamkeit und war mit den Amerikanern integriert. Obwohl er Wissenschaft und Kunst lernte und in vielen Kreisen bekannt war, schwand seine nationale Zugehörigkeit nicht aus seinen Augen, und als er aufwuchs, wuchs auch die Liebe seines Volkes in seinem Herzen. Mit der Zunahme seiner Leistungen wuchs auch sein Dienst an der Nation.

Assyrer, die keinen Cent ihres Geldes und keine Stunde ihrer Zeit für die Nation opferten, sollten von dem Verstorbenen lernen, dass er seine Arbeit und seine Bequemlichkeit für Monate und Jahre hintenanstellte, sich überall für die Nation engagierte und das *Assyrertum* mit seiner Kompetenz und seinem Rang im Militär ehrte.

Aber auch unsere westlichen Bewunderer, die ihre Namen aufgeben, die sie von der Taufe ihrer Kirchen erhalten haben und sich mit dem bedeutungslosen fremden Namen schmücken, sollten von dem Verstorbenen eine Lektion lernen. Er kam mit dem Namen Yoosuf aus der Heimat und verstarb auch mit diesem Namen und nicht mit dem Namen Joseph.

Diejenigen von uns, die stolz, arrogant, egoistisch und selbstsüchtig sind, sollten von ihm Demut, Barmherzigkeit und Mitgefühl lernen. Das Herz des Verstorbenen war so rein und gut wie ein kleines Kind. Selbst wenn er aufgrund der Natur seiner Schöpfung manchmal zornig war, wurde er umgehend wie das Maiwetter von Mitgefühl erfüllt und sein Gesicht begann zu lächeln.

Nicht nur das Leben von Doktor Yusuf, sondern auch sein Tod ist eine Lektion. In seinem Testament bedachte er der Schule, den Armen und der Kirche und damit sein Volk. Sein Wille reicht nicht aus, um ein Gymnasium oder eine Druckerei für unser Volk zu organisieren, aber wer sonst hat uns bisher mit einem Teil seines letzten Willens bedacht?

Was sah das Volk nach dem Tod derer, die den dreifachen Reichtum des Verstorbenen besaßen? Ihre Namen verschwanden mit ihrem Rückzug von der Bühne des Lebens. Allerdings hat Doktor Yusuf ein neues Abgabenbuch für unser Lebenden eröffnet. Er notierte seinen Namen ganz am Anfang. Solange das existiert, bleibt das Hauptbuch bestehen.

Jetzt schließen sich alle Kharput-*Assyrer*, die traurig über den Tod des Arztes, Redner, Führungsperson, hilfreicher Freund und Landsmann sind, zusammen. Wir nehmen Anteil insbesondere am Schmerz und Leiden, das seine verehrte Schwester und die Yusufs Familie durchmachen, und bitten den allmächtigen Herrn, sie durch den Heiligen Geist zu trösten und Barmherzigkeit walten zu lassen, die zum Geist des Verstorbenen gebührt.

Senharib Balley

A.K. Yoosuf – Parade in Watertown am 4. Juli 1922

Einige Sätze über das Buch "*Mamlo Suryoyo d'Omid*"[279]

Malfono Naum Faiq war seit langem damit beschäftigt, ein Buch mit dem Titel '*Mamlo Suryoyo d'Omid*'[280] vorzubereiten, das belegt, dass die arabische Sprache, die in Diyarbakir gesprochen wird, aus dem Syrischen abgeleitet ist und immer noch viele Wörter beinhaltet, die bis heute in Verwendung sind. Nun, in der achten Jahresausgabe der *Bethnahrin* [Nr. 19-20] habe ich zweimal hintereinander die Nachricht gelesen, dass der Druck des erwähnten Buches abgeschlossen wurde. Ich gratuliere dem Autor aufrichtig für den Erfolg des Druckes und der Veröffentlichung des Buches, und ich wünsche mir, dass das Buch gut verkauft und nachgedruckt wird.

Da mir vor der Veröffentlichung der Autor das Buch in Form einer Leseprobe und als Geste der Sympathie übermittelt hat, möchte ich [mit diesem Beitrag] meine Dankbarkeit für dieses literarische Geschenk zum Ausdruck bringen. Ich freue mich, dass ich nun in meiner Bibliothek ein solches Werk habe, das schwierige Themen unseres Volkes behandelt, ohne dass darin abfällige Aussagen über die Konfession und unsere Geistlichen zu finden sind.[281]

Ich habe das oben genannte Buch von der ersten Seite bis zum Ende mit großer Freude studiert und bewundere die Beherrschung der syrischen Sprache des Autors, seine Neugier und seinen Umgang mit dieser Sprache bis ins kleinste Detail.

Obwohl ich seit langem in der Pflicht war, etwas über dieses einzigartige Geschenk zu schreiben, warteten wir auf die Fertigstellung des Teils dieser Arbeit, die die syrischen Wörter enthält, die in türkischen, persischen, armenischen, kurdischen und anderen Sprachen vorkommen. Die Absicht war zunächst etwas in Form einer Rezension zu schreiben. Da es jedoch nicht angebracht ist, solange zu warten, bis die Fertigstellung des Buches vom Autor angekündigt wird, begnügen wir uns vorerst mit ein paar Zeilen und werden unser Versprechen hoffentlich einlösen, nachdem die anderen Teile fertiggestellt sind.

Ein Autor kann ein von ihm geschriebenes Buch ankündigen. Er darf jedoch sein Buch weder loben noch kritisieren. Diese Aufgabe obliegt denen, die Experten auf jenem Gebiet sind. Damit soll nicht gemeint sein, dass wir das Buch kritisieren. Nein, diese Aufgabe übersteigt unsere Kompetenz. Wir würden uns freuen, von Experten zu diesem Thema zu hören.

Unser Ziel ist es, unserem Volk in wenigen Zeilen den Inhalt des Buches zu erläutern, beziehungsweise was wir aus dem Buch verstanden haben. Allerdings tun wir uns immer noch schwer mit einer solchen Aussage. Denn wenn diese Bücher über Geschichte, Poesie und Literatur, Konfessionen und Religionen handeln würden, hätten sie einigermaßen leicht

---

[279] *Bethnahrin*, Jahrgang 9, Nr. 5-6, 1-15. März 1925. Originalartikel auf Garschuni-Osmanisch „*Mamlo Suryoyo d'Omid - Kitabi Hakkında Kaç Söz*".

[280] Naum Faiq (1924), The Ancient Assyrian Words Used in the Common Arabic Speech in Mesopotamia, especially in Amida. Arabisch: *Majmu' al-Alfaz al-Suryaniyya min al-Arabiyya al-cammiyya fi ma-bain-al-Nahrain wa khususan al-arabiyya al amidiyya*. West New York/New Jersey.

[281] Bis heute gibt es kein Buch oder keinen Artikel über das Assyrertum, der von konservativen Autoren der assyrischen und chaldäischen Konfession geschrieben wurde, der nicht am Anfang oder in den Fußnoten Kritik an unseren Kirchen und unseren Klerus enthält. Selbst Werke der Poesie, Literatur und Wörterbücher, die nichts mit Religion und Kirche zu tun haben, sind nicht frei davon.

erklärt werden können. Die Hauptschwierigkeit ergibt sich daraus, dass der Inhalt die Sprache selbst behandelt und das Buch zum Genre Wörterbuch gehört.

Wie soll man einem Volk, das keine allgemeine Sprache hat, nämlich seine heiligste Sache, die Nationalsprache, der sie vergessen und ihre wichtigsten sozialen Elemente ausgeschlossen hat, den Wert und Inhalt eines Buches erklären, das von einem Wörterbuch handelt? Kann man die Kunst in Michelangelos Gemälden und das Talent in Pietrowskis[282] Fingern einem Mann erklären, der von den schönen Künsten Malerei und Musik keine Ahnung hat?

Ein Orientalist schätzt den Inhalt solcher Bücher. Was nützt es, so viel Lob für dieses Buch auszusprechen, wenn ein Mann, der behauptet, *Assyrer* und Sohn eines *Assyrers* zu sein, der aber die syrischen Buchstaben und Silben nicht kennt oder sich dessen schämt und es satthat, diese zu benutzen!

Sie [die Bücher] belegen jedoch sehr gut die Stärke unserer assyrischen Sprache,[283] ihre sprachliche Einfachheit und welchen Sprachen sie Wörter verliehen hat und wie Tausende von syrischen Wörtern [uns] fremd geworden sind und sich von ihren nationalen Kontext getrennt haben. Obwohl es etwas langatmig ist, werde ich den Inhalt dieser Bücher zum leichteren Verständnis mit einem Beispiel aus der Zukunft erläutern.

Ein Mann stirbt, nachdem er mit seiner Arbeit und Mühe ein sehr großes und kapitalstarkes Unternehmen aufgebaut hat. Seine Söhne hingegen wissen und verstehen nichts von Geschäftsführung, Handel, Buchhaltung und Disziplin, und sie übernehmen das Erbe und den Betrieb. Sie kaufen teuer und verkaufen billig, sie schreiben nicht auf, was sie kaufen oder geben, sie lassen die exquisiten Waren in ihren Läden im Staub verrotten und nutzen die schlechten Waren von Ausländern, und sie leihen jeder beliebigen Person Geld, aber fordern es nicht wieder zurück.

In dieser Situation gehen sie bankrott und treten schließlich in den Dienst eines ihrer Schuldner ein und sind täglich tausenden Schelten und Beleidigungen ausgesetzt. Eines Tages macht sich einer der Söhne, sehr verärgert über diese Situation, daran und beginnt die Geschäfte zu durchsuchen und die Bücher zu überprüfen. Nach langer Erschöpfung stößt er auf Tausende von Diebesgut, das mit dem Stempel seiner Vorfahren versehen ist. Er erstellt eine Liste mit den Namen der Orte, an denen sich die Waren befinden, und legt sie seinen Brüdern vor.
Das Buch *Mamlo Suryoyo d'Omid* und ähnliche zukünftige Bücher sind die Notizbücher, die den Diebstahl jener gestohlenen syrischen Wörter bekannt machen.

Tatsächlich haben uns unsere Vorfahren eine weltberühmte Sprache hinterlassen, die international und im Grad ihrer Bekanntheit dem heutigen Französisch gleichkommt. Ich fürchte, dass wir mit unserer Apathie [der Sprache gegenüber] und unserer Bewunderung für das Fremde das wertvollste Kapital aus der Hand gegeben haben. Wir gaben die Perle für das Getreidekorn, wir gaben den Edelstein und nahmen den trivialen Stein, und schließlich wurden wir Diener unserer Schuldner und Diener. Wir leben ohne eine große Sprache, nicht mit unseren Worten in Wörterbüchern, sondern mit den Worten, die wir Fremden geliehen haben.

---

[282] Karol Pietrowski (* um 1760; † nach 1800) war ein polnischer Komponist.
[283] Im Türkischen Original „*Asuri lisanımızın*".

Malfono Naum Faiq Efendi legt uns mit diesen Büchern diese schmerzhaften und unbestreitbaren Wahrheiten vor Augen.

Gott bewahre, wenn ein solches Buch von einem katholischen Priester oder Geistlichen geschrieben und in leuchtenden Lettern veröffentlicht worden wäre, würden wir als Fans der Fremden zweifellos verwundert sein und unsere Hüte vor dem umfassenden Wissen und den detaillierten Schriften des Autors ziehen und sagen: *„Bravo, es gibt Leute unter dem Volk, die das Thema beherrschen und eine solche Sprache kennen."* Aber da der Autor einer von uns ist, ist es uns ganz egal. *"Das Gras, das vor der Tür wächst, ist unschön."*

Wenn es einen offensichtlichen Fehler in diesem Buch gibt, dann, dass es mithilfe des Mimeographen gedruckt wurde. Das oben erwähnte Buch wird einigen *assyrischen* Gelehrten geschenkt, die nicht unserer Kirche angehören, aber ich befürchte, weil es mit einem Mimeographen gedruckt wurde, sowohl den Autor als auch die Nation entwerten wird.

Ich habe es schon oft gesagt, und ich werde es noch einmal sagen: In den Vereinigten Staaten von Amerika hat jedes der großen Restaurants und Unternehmen seine eigene Druckerpresse, während wir als ganze Nation, obwohl wir in Amerika sind, nicht in der Lage waren, eine einzige Druckerpresse zu haben. Wenn die Schule und die Druckerpresse, die das Leben der Nation sind, erwähnt werden, fangen wir an zu weinen und über unsere Armut und Ohnmacht zu sprechen.

Stattdessen können wir hunderttausend Dollar für den Bau von Kirchen bereitstellen, die in zwanzig Jahren mangels Lehrer, Pastoren, Diakone und Gemeinden zweifellos geschlossen werden. Diese Worte beziehen sich auf Kirchen, die in Amerika gebaut wurden. Es ist unbedingt erforderlich, dass wir Kirchen an Orten wie Aleppo, Beirut und Ägypten haben. An den genannten Orten ist uns eine Kirche ebenso wichtig und nützlich wie eine Schule.

Wenn wir eine Druckerei hätten, wäre es nützlich, sowohl die fraglichen Bücher als auch das Lesebuch, das von einem jungen Mann namens Elyas Behnam Donabed aus Kharput aus dem Englischen ins Syrische übersetzt wurde, das auf der neuesten [didaktischen] Methodik basiert, die in den Schulen der Vereinigten Staaten gelehrt wird, sowie das syrische Silbenmagazin editiert von Hanna Tiglat Efendi, zu drucken.

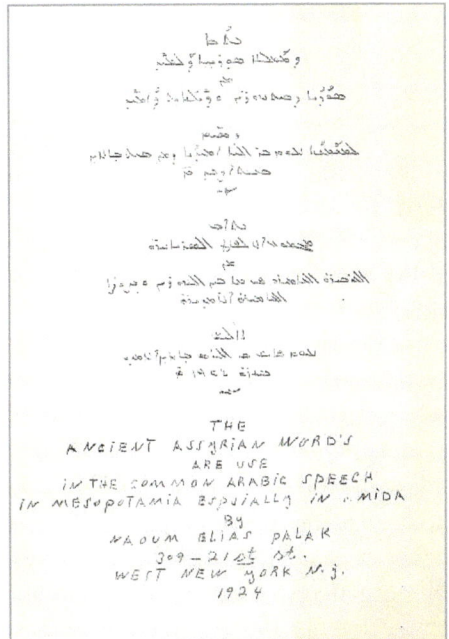

Buchcover

Neulich fragte ich den Lehrer Naum Faiq Efendi, wie viele Bücher er bisher verkauft habe, und er sagte nichts. Ich interpretierte sein Schweigen so, dass es ihm entweder peinlich war, weil er möglicherweise nichts verkauft hatte, oder dass er Angst hatte, nicht glaubhaft zu werden, weil er viele Bücher verkauft hatte:

Ich hoffe, dass meine erste Vermutung nicht wahr ist. Viele erheben Einwände, wonach z. B. das Buch auf Arabisch sei. Mehrheitlich verstehen wir Arabisch nicht. Wenn es in einer der Sprachen wäre, die wir verstehen, würden wir jeder eines kaufen. Meiner Meinung nach sind dies sinnlose Einwände. Können diejenigen, die es nicht lesen, es nicht denjenigen schenken, die es lesen?

Kann es nicht den Schulen und Lehrern in Mossul, Mardin, Diyarbakir, Aleppo, Beirut und anderen Orten sowie unseren Bibliotheken in Jerusalem, Deyrulzafaran und anderen Orten geschenkt werden?

Wenn das Fest der Geburt Christi kommt, geben Reiche und Arme, selbst diejenigen, die Schulden haben, Geld aus und schenken ihren Freunden und Verwandten Seide, Wolle, Baumwolle und Pappe. All diese Dinge sind verdorben, bevor ein Monat vergangen ist, und landen auf dem Müll. Auch der Name des Schenkers wird vergessen. Aber literarische Gaben wie Zeitungen und Bücher, die in Gedanken und Bibliotheken Einzug halten, lassen die Erinnerung an ihre Schöpfer nicht so leicht verblassen. Jedes Mal, wenn sie gelesen werden, und jedes Mal, wenn sie ins Auge fallen oder in die Hand genommen werden, werden sie erwähnt.
Wir hoffen, dass der Nachwuchs unseres Landes die Werke unserer befähigten Schriftsteller und Autoren verbreiten und so zu ihrem Erfolg beitragen wird. Erfolg steigert Lust und Mut, während Misserfolg Lust und Mut bricht.

Senharib Balley

Kommentar von *Bethnahrin* [Naum Faiq]:

Unser Bruder Senharib Efendi schrieb den obigen Beitrag im Sinne einer Kritik über das in diesen Tagen veröffentlichte Wörterbuch *Mamlo Suryoyo D'Omid* ܡܡܠܠܐ ܣܘܪܝܝܐ ܘܐܡܝܕ, das den Herkunft und den Transfer von Wörtern aus dem Syrischen ins Türkische, Persische, Armenische, Kurdische und Englische belegt, ihre Ursprünge analysiert und Erläuterungen beinhaltet. Damit hat er zu Recht sein Bewusstsein für die herausragenden Qualitäten dieser Bücher und ihren Nutzen für die Welt der syrischen Sprache und Literatur unter Beweis gestellt.

Da aber leider die Mehrheit derjenigen, die den Inhalt solcher Artikel und Bücher, die in diesem Land veröffentlicht werden, lesen oder darüber hören, die inneren Vorhänge ihrer Augen und Ohren nicht öffnen, d. h. nicht erkennen, wie wichtig sie sind; so bleiben die geschriebenen und veröffentlichten Worte und Schriften ungewürdigt und werden in den Ecken der Obskurität vergessen.

Wir sind nicht daran interessiert, diese Werke zu veröffentlichen, um uns damit zu brüsten, dass sie uns gehören. Denn wenn dies die Absicht wäre, hätten wir nicht nur fünfzig Exemplare des ersten Arabischen, d. h. des Garschuni-Teils gedruckt, sondern viel mehr.

Seit der Erfindung des Buchdrucks gehört der Druck von nur fünfzig Exemplaren eines Buches zu den Merkwürdigkeiten und sogar Farcen, die es in keiner Sprache und in keinem Volk gegeben hat. Aber die Gewohnheit unserer Landsleute nicht zu lesen, hat uns gezwungen, nur fünfzig Exemplare dieses Buches zu drucken.

Wie oben gesagt, können wir diese Werke nicht dafür loben, weil sie unsere sind, aber wir können mit Trost und Stolz sagen, dass sie für unsere Sprache und Literatur und sogar für unsere Geschichte sehr nützlich sein können.

Es wäre keine Übertreibung zu sagen, dass seit der Entstehung unserer assyrischen Sprache[284] und dem Tag, an dem sie sich an fremde Sprachen verlieh, weder gesehen noch gehört wurde, dass solche Werke von einem der Nachkommen dieser Sprache geschrieben wurden. Wir führen das nicht auf unsere eigene Stärke zurück. Selbst in den früheren Perioden, als unsere Sprache von ihren eigenen Menschen aufgegeben worden war, wurde es zu einem Einwanderer [in andere Sprachen]; und dies, obwohl sie als die Mutter aller Sprachen der Welt gilt, mit ihrer Ehre und Würde, ihrer Heiligkeit und ihr Reichtum andere Sprachen hervorgebracht und sie dies der Welt gezeigt hat. Wir, als die demütigen Söhne dieses Volkes belegten diese Wahrheit durch unser Werk. Wir bekennen, dass dies eine gerechte Gunst und Errungenschaft Gottes ist.

Aber wer liest und wer hört zu?
Senharib Efendi! An wen sind diese Worte gerichtet?

Wenn Sie sich fragen, wie viele der fünfzig Bücher, die wir gedruckt haben, wir verkaufen konnten, sagen wir es Ihnen. Bisher haben wir nur zwei Exemplare gegen Geld verkauft, und fünfzehn haben wir verschenkt. Wir verschicken weiterhin welche. Das Geld für die beiden verkauften Exemplare haben wir nicht in die eigene Tasche gesteckt, sondern es für das Porto ausgegeben.

Es genügt zu sagen, dass wir, um des hohen Ruhmes und der Ehre unserer Sprache willen unsere syrischen Wörterbücher wiederholt überarbeitet und auf den Kopf gestellt haben, und zwar auf Kosten von Essen und Schlaf, die nützliche, köstliche und sogar überlebenswichtige Bedürfnisse der Welt sind. Wir studierten immer wieder Wörterbücher, Sprach- und Geschichtsbücher anderer Sprachen, standen auf und setzten uns manchmal für ein Wort zehnmal in unserer Schreibstube hin und verbrachten viel Zeit damit, dieses oder jenes Buch zu nehmen und ein einzelnes Wort zu analysieren, um das Original zu finden. Wir konnten nicht einmal die Hälfte der gedruckten Exemplare dieses arabischen Wörterbuchs, das fünfundzwanzig Büchern entspricht, an unsere Volksangehörige verkaufen; trotz der Schwierigkeiten, die wir durchmachen mussten, erhielten wir nicht einmal eine kleine Anerkennung, um die Mühen zu vergessen, die wir dafür investiert haben.

Darüber hinaus befinden sich die Exemplare dieses Buches, die syrische Wörter enthalten, die ins Türkische, Persische, Kurdische, Armenische und Englische übersetzt wurden, gerade im Druck. Obwohl wir angekündigt und erklärt haben, dass wir die Namen derjenigen, die sich daran beteiligen, nur in der Zeitung veröffentlichen würden, hat sich außer vier oder fünf jungen Leuten niemand aus unserer Gemeinschaft auf diese Ankündigung hin gemeldet und seinen Namen eintragen lassen.

Welcher kurzsichtige Mensch würde heute danach streben, ein Werk für ein solches Volk zu schaffen?

---

[284] *Asuri dilimiz.*

Unsere zehn bis fünfzehn Vereine in Amerika, die mit klingenden Namen für die hohe Ehre der Nation und die Belebung der Sprache gegründet wurden, werden fast froh sein, dass sie kein einziges Exemplar dieses Buches, das wir herausgebracht haben, kauften, und dass sie sich nicht an den Ausgaben beteiligten oder ihren Namen daraufsetzten. Sind dies nicht die Ursachen, die eine halbwegs funktionierende Idee abstumpfen und zerstören können? Wenn diese Vereine solche Möglichkeiten nicht unterstützen, welchen Sinn hat es dann weiterhin Vereine zu bilden?

Auf jeden Fall werden wir die Arbeit bis zum Ende vorantreiben, um den hohen Stellenwert unserer Sprache zu zeigen, und wir werden es nicht aufgeben, all unsere Kraft darauf zu verwenden, sie nutzbar zu machen. Wenn unsere geschätzten Vereine uns finanziell unterstützen, werden sie dazu beitragen, dass in kurzer Zeit eine große Anzahl von Werken gedruckt und veröffentlicht werden kann. Andernfalls würden wir uns damit begnügen, wieder vierzig-fünfzig Exemplare zu drucken und damit unsere Pflicht erfüllen.

Schaden und Nutzen der Migration[285]

Zum Anlass der Feierlichkeiten zum fünfundzwanzigsten Jahrestag der *Terakkiyat Mekteb-i Süryaniye* Gesellschaft [Assyrian American National School Association; TMS], halte ich es für meine Pflicht, ein paar Zeilen als Erinnerung zu schreiben.

Da die Geschichte der genannten Gesellschaft eng mit unserem Leben als Einwanderer verbunden ist, halte ich es für angemessener, über die Einwanderung zu sprechen.

Obwohl bei unseren Abendessen oder Hauptversammlungen einige Reden über Einwanderung gehalten werden, hinterlassen sie keine Wirkung in den Herzen und keine Spuren in den Zeitungen, auch wenn sie an solchen öffentlichen Anlässen gehalten werden. Der Grund ist, dass wir leider keine geeigneten Kommunikationsmittel und keine Zeitungsreporter haben, die über solche Ereignisse berichten.

Um das Thema der Migration zu diskutieren, muss man die Aspekte der Geschichte, Ursachen, Vorteile und Nachteile sowie deren Phasen in Betracht ziehen.

Geschichte und Ursachen der Migration

Die Geschichte der Einwanderung ist so alt wie die Geschichte der Menschheit. In der assyrischen Welt wurde das Konzept der Migration und deren Bedeutung jedoch erst nach dem vierten Jahrhundert wahrgenommen und verstanden.

---

[285] *Bethnahrin*, Jahrgang 9, Nr. 13-14, 1-15. Dezember 1925. Originalartikel in Garschuni-Osmanisch „*Muhaceretin Mażarrat ve Faydaları*".

Basierend auf einigen mündlichen Überlieferungen wanderten die Assyrer, die sich heute angeblich in Indien aufhalten, aufgrund des einstigen Drucks und der Angriffe [in der Heimat] ebenfalls aus und ließen sich dort nieder. Über die Herkunft unserer Brüder in Indien und die Gründe ihrer Auswanderung kann ich leider nichts sagen, da wir in unseren historischen Quellen keine Hinweise darüber gefunden haben.

Lässt man die Migrationsgeschichte der indischen Assyrer außer Acht, können wir sagen, dass die heutigen Assyrer eine sehr frühe und kurze Migrationsgeschichte haben. Aber die Geschichte der Migration ist so alt wie die Geschichte der Menschheit. Wenn man Darwins berühmte Theorie von der „Entstehung und Ausbreitung der Arten" ignoriert und nur religiöse Bücher berücksichtigt, wurden die Urgroßeltern (Adam und Eva) von Millionen von Menschen, die über den Planeten Erde verstreut sind, auf einem kleinen Stück Land erschaffen.

Nach einer Weile vermehrten sie sich und es wurde zunehmend schwieriger, für das zu sorgen, was nötig war, um über die Runden zu kommen. Als es schwierig wurde, den Lebensunterhalt zu verdienen, entstanden die Ideen von Hass, Feindschaft, Neid, Wut, Gier, Unersättlichkeit, alles zu haben und Sklaven zu erwerben. Infolge dieser Ideen entstanden auch die Zivilisation und die Bedingungen der Zivilisation wie Religion, Staat, Politik, Freiheit, Unterdrückung, Kampf und Krieg ...

Dann geschah es, dass die Kinder und Söhne des Mannes, die in derselben Hütte lebten und am selben Tisch aßen, anfingen, sich gegenseitig zu unterdrücken. Natürlich waren die Freien gezwungen, sich von den Unterdrückern zurückzuziehen, wie die Schwachen von den Starken, die Verfolgten von ihren Peinigern, die Unterdrückten von ihren Unterdrückern; sie verließen ihre Heimat und suchten ihren Lebensunterhalt an fernen Orten.

Zusätzlich zu den angeführten Gründen haben eine Reihe von natürlichen Ursachen wie Erdbeben, Hungersnöte, Preissteigerungen und Krankheiten in Verbindung mit sozialen Gründen dazu geführt, dass Menschen und Gesellschaften ihre Heimat und ihre Wohnorte verlassen haben.

Mit anderen Worten, so wie die Winde, die in der Herbstsaison mit heftigen Stürmen wehen, den Staub, die Erde und die Körner der Ernte sowie die Samen von Blumen aufwirbeln, verursachten soziale Stürme, dass Menschen und Völker von Land zu Land und von Region zu Region zogen.

Wie sehr die Zivilisation und die Menschheit auch vorgeben, Fortschritte gemacht zu haben, wie höflich die Worte und Ausdrücke auch sein mögen und wie dünn die sozialen Verhältnisse auch getarnt sind, so haben sie leider die Ursachen der Migration nicht verringert. Einige Vertreter fremder Länder haben neue Tragödien über unglückliche Völker gebracht, wie die historisch beispiellose Vertreibung [der Minderheiten] aus Anatolien und Urfa.

Nachdem wir die historischen Gründe für Migration aufgezeigt haben, wollen wir uns nun der Frage nach den Vorteilen und Nachteilen der Einwanderung zuwenden.

Für Nationen kann die Migration Auswirkungen wie die Veränderung ihrer Rasse, die Aufgabe ihrer Sprache, die Reduktion ihrer Bevölkerung, der Zwang zum Glaubenswechsel und Schäden durch Wirtschaftskriege zur Folge haben; es kann genauso viel Schaden anrichten wie bei einer Choleraepidemie, vielleicht sogar mehr. Da Katastrophen wie Krieg, Hungersnot und Cholera in einer Nation und einem Land nicht dauerhaft sind, können die Schäden, die sie verursachen, nach einer Weile kompensiert werden. Auch wenn im Vergleich die Migration harmloser erscheinen mag, sind ihre anhaltenden Auswirkungen für die Zukunft ziemlich schwerwiegend, ähnlich einer Krankheit wie Tuberkulose und deren Folgen.

Nutzen und Schaden der Migration stehen in direktem Verhältnis zur Bevölkerungszahl der einwandernden Gesellschaft und ihrer Fähigkeit, sich selbst zu organisieren. Große Gruppierungen können stark unter der Einwanderung leiden, doch nach einer gewissen Zeit werden ihre Gewinne größer sein als ihre Verluste. Kleine und schwache Gemeinschaften hingegen leiden stark unter diesen Umständen.

Wenn zehn oder fünfzehn Millionen Mitglieder eines Volkes ein Land mit einer Bevölkerung von sechzig oder siebzig Millionen verlassen während die Zahl der Geburten die Zahl der Sterbefälle übersteigt, verringert sich natürlich die Gesamtbevölkerung [des Landes]. Aber die Struktur der Nation wird dadurch nicht grundlegend erschüttert. Wenn ein großer Fluss ins Meer fließt, verliert er nicht so leicht seine Spur.

Wenn eine Bevölkerungsgruppe von zehn bis fünfzehn Millionen Menschen in irgendeine große Gesellschaft migriert, kann sie ihre Existenz in jeder Hinsicht aufrechterhalten, unabhängig davon, ob sie sich der großen Gesellschaft anschließt. Sie wird vor allem von Wissenschaft und Technik, Kunst und Handel ihrer neuen Heimat profitieren und auch in dieser Hinsicht ihrer alten Heimat zugutekommen.

Wenn jedoch einige tausend Menschen von der Gesamtbevölkerung eines schwachen und rückständigen Landes auswandert, wird die Gesellschaft dauerhaft erschüttert und ihre soziale Struktur wird gestört. Auch diejenigen, die die Gemeinschaft verlassen, verschwinden wie ein Wassertropfen im Meer. Die syrischen Griechen und Armenier sind zahlenmäßig sehr wenige und schwache Bevölkerungsgemeinschaften, aber da sie in ihrer Heimat recht aufgeklärt waren, wissen sie, was die Mittel sind, ihre Existenz trotz Auswanderung zu sichern.

Darüber hinaus sind die Vorteile, die sie erhalten, größer als die Nachteile, da sie durch ihre Zeitungen, nationalen, geistigen und kommerziellen Büchern, aber insbesondere spirituellen und zivilen Führern gewarnt wurden, sich von Ausländern fernzuhalten; auch sind sie sich der Rache ihrer Vertreibung bewusst.

Das Problem ist, dass mehr als eine halbe Million der Menschen aus Syrien, deren Bevölkerung mittlerweile dreieinhalb Millionen erreicht hat, ausgewandert sind. Gemessen an der Gesamtbevölkerung ist die Abwanderung von einer halben Million Menschen ein Schlag für Syrien, aber wenn man die materiellen und ideellen Vorteile der Abwanderung dieser halben Million Menschen mit den Verlusten vergleicht, sind die Gewinne viel größer als die Verluste.

Wir können annehmen, dass es in Ägypten und Frankreich keine syrischen Migranten gibt. Die Vorteile der weniger als vier Millionen Migranten in den Vereinigten Staaten sind bemerkenswert; ein Beispiel:

Vielleicht gibt es in ganz Syrien, außer ausländischen Banken und Bankiers, nur wenige einheimische Bankiers und Millionäre, während in Amerika diese Handvoll Einwanderer, einige Bankiers und viele Millionäre haben, und mehr als fünfundzwanzig gut organisierte Tages-, Wochen- und Monatszeitungen, wissenschaftliche, literarische, geisteswissenschaftliche und kommerzielle Zeitschriften, die mit den amerikanischen Magazinen konkurrieren, dazu große Druckmaschinen, die Tausende von Exemplaren in einer Stunde drucken, verschiedene Setzmaschinen, große Handelshäuser, Fabriken, Studenten in verschiedenen Universitäten, brillante Waisenhäuser, große Kirchen und großstädtische Gebäude, Gelehrte, Metropoliten und Priester, die mit ihren Gemeinden verbunden sind und mehrere Sprachen sprechen. Sie haben Schriftsteller und Dichter, die ein Buch pro Tag schreiben können, politische und wissenschaftliche Vereinigungen, Handels- und Industrieunternehmen, von denen es in ganz Syrien nicht ein Viertel davon gibt. Wie sehr Syrien von den Fortschritten profitiert hat, die diese Migration mit sich gebracht hat, lässt sich nicht besser erklären.

Als ich kürzlich mit einem Zeitungsbesitzer aus Syrien sprach, erzählte er mir, dass seit dem Ersten Weltkrieg von Migranten aus Syrien als auch von anderen [Gruppen] mehr als drei Millionen Dollar als Hilfe für verschiedene Zwecke nach Syrien geschickt wurden, zusätzlich zu der Hilfe, die von den Auswanderern selbst an ihre Bekannten und Verwandten in der Heimat entsandt wurde.

Die Frage der Auswanderer bringt das griechische Patriarchat[286] und die griechische Regierung ebenso zum Nachdenken wie andere Patriarchate und Regierungen. Der Nutzen der griechischen Einwanderer für ihr Heimatland ist jedoch größer Nutzen als der Schaden, der durch ihre Auswanderung verursacht wird.

Vor drei Jahren war der Direktor der Bank von Athen in Amerika, um Geld zu leihen. In einer Erklärung zum griechischen Haushalt habe ich gelesen, dass fünfzig Millionen Dollar pro Jahr von griechischen Auswanderern an griechische Bildungseinrichtungen und nationale Hilfsorganisationen gespendet werden. Es ist unnötig, mehr über die Vorteile der Auswanderung für die Griechen zu sprechen.

Jüdische Migranten

Wie kann man den Fortschritt dieses speziell gesinnten Volkes erklären? Dazu sei nur so viel gesagt, dass der jüdische Einwanderer, der aufgrund politischer, religiöser Unterdrückung und Verfolgung nackt, barfuß, plötzlich aus dem Land seiner Vorfahren vertrieben wurde, dominiert heute die Weltwirtschaft. Der Jude, der überall beschimpft, verfolgt und geächtet wurde, baut heute in seiner Heimat Davids Thron und den Tempel Salomos wieder auf.

Senharib Balley

---

[286] Das Griechisch-Orthodoxe Patriarchat von Antiochien und dem gesamten Morgenland ist eine autokephale orthodoxe Kirche der byzantinischen Tradition. Sie wird bisweilen auch als Rum-Orthodoxe Kirche („Rum" steht arabisch einerseits für „Rom" – gemeint ist Konstantinopel [„das neue Rom"] –, andererseits für „Byzantiner"), als Antiochenische Kirche oder auch als Antiochenisch-Orthodoxe Kirche bezeichnet.

Schaden und Nutzen der Migration[287]
(Teil II)

Die jüdische Gemeinde, die zu Zeiten der Römer und sogar [früher] unter Salmanasar unfreiwillig oder gewaltsam zur Auswanderung gezwungen wurde, zerstreute sich in die ganze Welt. Da aber genügend Volksangehörige in ihrem Heimatland blieben, haben sie möglicherweise Recht mit ihrer Behauptung, dass es sich jetzt um ein jüdisches Heimatland handelt. Die Assyrer hingegen waren zwar das letzte Volk, das in den Strudel der Völkerwanderung geriet, erlitten aber leider auch die schlimmsten Schicksalsschläge.

Abgesehen von Mossul und seiner Umgebung gibt es in anderen Teilen Assyriens keine einheimischen Assyrer mehr. Sie sind über viele Länder und Nationen wie den Kaukasus, Syrien, Ägypten, Griechenland, Frankreich, Kuba, Kanada, Nord- und Südamerika verstreut. Daher können wir sagen, dass, wenn es heute eine staatenlose Nation auf der Welt gibt, es die assyrische Nation ist. Nach solchen Schwierigkeiten ist es unnötig, hier die allgemeinen Schäden zu erwähnen, die den Assyrern durch die Immigration entstanden sind. Denn ihnen sind weder ihre nationalen Institutionen noch ihre religiösen Überzeugungen geblieben; es gibt auch keinen mehr, der von ihnen spricht.

Da wir bereits erklärt haben, dass das Thema dieses Artikels die assyrischen Einwanderer in Amerika sein werden, überlassen wir es den Historikern und der Geschichte, die Gründe für unsere Migration im Allgemeinen und die Schwierigkeiten, die die Einwanderer erlebt haben, aufzuzeichnen und zu beschreiben.

Es ist jedoch eine bedauerliche Tatsache, dass unsere erstklassigen Historiker wie Johannes von Ephesus,[288] Dionysius von Tell-Mahre,[289] Mor Michael Rabo,[290] Gregorius Bar Hebraeus[291] und des Unbekannten von Edessa[292] einst die religiöse und politische Lage nicht ihres eigenen Volkes, sondern anderer Nationen im Allgemeinen aufgezeichnet haben. Heute haben wir keine angehenden Historiker, die ein Tausendstel der Ereignisse aufzeichnen können, die allein unserem Volk widerfahren sind. Falls es sie gibt, sind sie zumeist unsichtbar. Der Schaden, der durch die Auswanderung der Assyrer verursacht wurde, ist offensichtlich. Im Folgenden, lassen Sie uns nun versuchen, unsere Gewinne aus der Migration aufzeigen.

In Kanada sowie in Süd- und Nordamerika werden syrische Maroniten nicht berücksichtigt – weil sie ihr *Assyrertum* bereits an ihre Besitzer zurückgegeben haben. Die *assyrische*

---

[287] *Bethnahrin*, Jahrgang 10, Nr. 3-4, 1-15. Februar 1926. Originalartikel in Garschuni-Osmanisch „*Muhaceretin Mažarrat ve Faydaları*" (Teil II).

[288] Johannes von Ephesos (ca. 507-589), auch bekannt als Johannes von Asien, war ein spätantiker Bischof und syrisch-römischer Kirchenhistoriker.

[289] Dionysius von Tell-Mahre bzw. Dionysius Telmaharensis (773-845) war von 818 an Patriarch der Syrisch-Orthodoxen Kirche und ein Chronist der östlichen Christenheit.

[290] Michael I. Rabo (1126-1199) Patriarch und Historiker, vor allem einer Welt -Chronik. Er war eine dominante Figur in der intellektuellen Geschichte des Syr. Orth. Kirche während des 12. Jahrhunderts.

[291] Gregorius Bar Hebraeus (1226-1286) war ein Universalgelehrter und Metropolit des Ostens der syrisch-orthodoxen Kirche.

[292] Die syrische Chronik des Unbekannten von Edessa (Chronik von 1234) ist eine wichtige Quelle für die Zeit vom frühen Islam bis zu den Kreuzzügen.

Bevölkerung verschiedener Konfessionen wird auf etwa sechzigtausend geschätzt. Die Mehrheit von ihnen sind syrisch-orthodoxe und nestorianische *Assyrer*.

Von all diesen Bevölkerungsteilen scheinen nur die *Assyrer* von Diyarbakir und Kharput, einige aus Midyat und teilweise auch die Ostassyrer, die mit nationalem Eifer in Erscheinung treten und ihre Präsenz an den Orten spürbar machen – auch wenn nicht überall. Die wichtigsten nationalen Merkmale der genannten Assyrer sind wie folgt:

Erstens: Sie geben Zeitungen unter verschiedenen Namen heraus, um die Gesellschaft aufzuklären und eine Einheit basierend auf gemeinsame Gefühle zu schaffen.

Zweitens: Als die Türken noch schliefen, dachte man nicht daran, eine nationale Einheit, eine kulturelle Gemeinschaft unter den in einer Stadt oder einem Ort lebenden Assyrern verschiedener Konfessionen zu schaffen. In Amerika sollten die meilenweit voneinander entfernten Assyrer eine nationale Einheit bilden und so ihre Stimmen in sehr weite Ferne tragen.

Drittens: Obwohl mehr als zweitausend Jahre lang die Assyrer weder das Wort der Freiheit in ihrer Sprache hatten noch die Idee von Nationalität oder Unabhängigkeit in ihren Herzen trugen, wurde mit Bemühungen assyrischer Einwanderer ein wichtiger Anspruch in der Nahostfrage geschaffen, ähnlich wie die armenische politische Frage.

Viertens: Mit Hilfe der amerikanischen Assyrian National Association (ANA) wurde bekannt gemacht, dass nicht nur die Armenier, sondern auch die Assyrer der Verfolgung durch die Türken ausgesetzt waren; und dass das assyrische Volk niemandem etwas schuldet, wie es [generell] angenommen wird. Diese Ideen sind oft in Amerika und Europa verbreitert worden.

Fünftens: Während bei uns in der Heimat seit Jahren die Druckmaschinen, die Druckschriften und die Räume, in denen gedruckt wird, verwahrlost und zum Tode verurteilt sind, sind in Amerika mit beträchtlichen Kosten mehrere brillante neue syrische Druckschriften angeschafft worden.

Sechstens: Die große Hilfe für Waisen, Bedürftige und Einwanderer, die von den Frauen- und Männervereinen in den Vierteln von New York und New England geleistet wird.

Siebtens: Als die Juden eine der wichtigsten Gemeinschaften im babylonischen Exil waren, saßen sie an den Ufern des Tigris, blickten in Richtung ihrer Heimat, dachten an Jerusalem und legten Schwüre und Gelübde ab, es nicht zu vergessen. Vor achtundzwanzig Jahren stellten sich einige Assyrer vor den Gartengewässern auf, die durch die Stadt Sterling [New Jersey] flossen, und wandten ihr Gesicht nach Osten. Sie dachten an die Zerstörung ihrer Heimat, an das Leiden ihres Volkes aufgrund von Unwissenheit, für sie war der einzige Ausweg aus dieser Situation Bildung. Deshalb gründeten sie den Verein *Terakkiyat Mekâtib-i Süryani* -TMS- [Assyrian American National School Association] und bemühen sich seit etwa einem Vierteljahrhundert mit Geduld und Solidarität, ihre heiligen Gedanken in die Tat umzusetzen.

Achtens: Was wichtiger und heiliger ist als die obige Idee, ist die Umwandlung des privaten Denkens der Gemeinschaft in einen sozialen und allgemeinen nützlichen Gedanken. Dazu kommt, dass damit gelang die Überlebenden des Schwertes, unsere Waisenkinder aus den [Straßen]Ecken und aus der Obhut von Ausländern zu retten und sie mithilfe unserer eigenen Gemeinschaft in eine Institution in Beirut unterzubringen. Aus dieser Institution werden für unsere syrischen Kirchen talentierte Geistliche, moderne Lehrer für unsere Schulen, Autoren für unsere Zeitungen, Übersetzer und Leser hervorgehen. Sie werden zu Buchhaltern für unsere Unternehmen, zu Rednern für unsere Versammlungen, zu Schriftstellern und Historikern, die künftigen Generationen unsere Situation vermitteln, und zu talentierten Mitgliedern, die unsere Gemeinschaft bestmöglich leiten.

Darüber hinaus werden daraus sicherlich noch weitere Vorteile erwachsen.

Wahrscheinlich gibt es diejenigen, die behaupten, dass einige der oben genannten nützlichen Werke heute nicht mehr existieren. Auch darauf haben wir eine Antwort. Die Vorteile, die andere Nationen aus der Einwanderung gezogen haben, von denen wir einige oben erwähnt haben, sind recht gering. Hätte die Mehrheit der Einwanderer versucht zu arbeiten, anstatt faul zu sein, wäre der Nutzen wesentlich größer gewesen. Der Grund, warum die meisten von ihnen in einem Zustand der Faulheit und Untätigkeit verharrten, ist erstens der Mangel an qualifizierten Führern, auf den wir gleich noch eingehen werden. Zweitens hätten ihre Gedanken in ihrer Heimat korrigiert und aufgeklärt werden müssen.

Griechische, armenische, jüdische und vor allem japanische Einwanderer, die die Bedeutung von Nation, Heimat, Handel, Kunst und Wirtschaft in ihrem Heimatland wussten, begannen mit nützlicher Arbeit, sobald sie in Amerika ankamen, wie ein erfahrener Mensch, der wusste, wie man arbeitete. Von dem Moment an, in dem sie in Amerika Fuß fassten, lernten sie die soliden Prinzipien und Verfahren der Kunst, des Handels und der Nation kennen, mit der Absicht, sie in ihrer Nation und ihrem Heimatland anzuwenden. Tatsächlich gibt es in den letzten Jahren unter unseren jungen Leuten Ärzte, Doktoranden, einige Anwälte und Anwaltskandidaten, Elektroingenieure, Fotografen, Immobilienmakler, Kaufleute, Seidenfabrikanten und auch Fachleute in anderen Bereichen. Aber wie wir bereits erwähnt haben, sollte es im Verhältnis zur Gesamtbevölkerung mehr Menschen geben, die sich für moderne Berufe interessieren.

Senharib Balley

Schaden und Nutzen der Migration[293]
(Teil III)

Die erste Migrationsphase ist die Zeit, die es ermöglicht, am meisten von der Migration zu profitieren. Mit anderen Worten, es ist die Zeit, in der der Einwanderer seinen Geburtsort verlässt und sich in seiner neuen Heimat niederlässt. Da er gerade seine Heimat verlassen hat, hat er noch ein starkes Gefühl der Bindung gegenüber allen religiösen, nationalen, familiären Bräuchen und Traditionen seiner früheren Heimat. Dieses Gefühl ist so wirksam, dass er sich sogar nach manch einer ihrer Gemeinheiten sehnt. Seine sensiblen Gefühle und Moral gelten

---

[293] *Bethnahrin*, Jahrgang 10, Nr. 5-6, März-April 1926. Originalartikel in Garschuni-Osmanisch „*Muhaceretin Mażarrat ve Faydalarɩ*" (Teil III).

weniger den Verwandten und Menschen, die in seinem Heimatland leben, sondern den Vorfahren, die auf Friedhöfen liegen. Denn in der Erinnerung des emotionalen Migranten gewinnen selbst Friedhöfe an Heiligkeit. Diese Träume und Sehnsüchte, die von der Liebe zum Heimatland genährt werden, wachsen im Herzen des Einwanderers in dem Maße, wie er seiner Heimat fernbleibt.

So wird beispielsweise ein Assyrer, der von Diyarbakir nach Ägypten auswandert, mehr Liebe zu seinem Volk und seinem Heimatland empfinden als ein Assyrer, der nach Syrien auswandert. Bei einem Assyrer, der nach Amerika auswandert, ist diese Liebe intensiver als in Ägypten.

Es ist unvermeidlich, dass die Soldaten einer besiegten und demoralisierten Armee in einem verwirrten und verzweifelten Zustand auf verschiedene Seiten verstreut werden. Wenn der Kommandostab und die Offiziere der besiegten Armee jedoch vorsichtig und umsichtig sind, können sie ihre besiegten und sich zerstreuenden Truppen schnell wieder organisieren und eine neue Verteidigungslinie bilden.

In einer ähnlichen Art und Weise, während auf der einen Seite der Einwanderer, dessen Herz mit dem Feuer der Sehnsucht brennt, weil er seine Heimat verlassen hat; auf der anderen Seite, wie man aus dem Ausdruck „*Der Fremde ist blind*" (*Al-Gharib A'ma* /الغريب اعمي) verstehen kann, der Einwanderer, der nicht weiß, in welchem Viertel der neuen Heimat er seinen Fuß gesetzt hat, welcher Nation und Sekte, deren Ideen verworren sind, er sich anschließen soll, weil er keine Führer und Verwalter hat, die Verantwortung übernehmen, die ihn in einer Weise aufklären, die sowohl für seine Nation als auch für ihn selbst in dieser Zeit von Nutzen wären.

Nach kurzer Zeit werden diese Migranten nicht nur für sich selbst von der aktuellen Situation profitieren, sondern auch ihre Landsleute, indem sie aufgrund der neuen Situation die Angehörigen ihres eigenen Volkes lieben.

Wenn es keine Organisationen und Verantwortliche gibt, die sie richtig anleiten, wird zweifellos eine große Zahl von ihnen schließlich in die Netze fremder Völker und Kirchen geraten und verschwinden. Selbst diejenigen, die am festesten in ihrer Religion und Konfession stehen, verbringen ihre Zeit vergeblich mit dem Bau von Kirchen, die nur aus vier Wänden bestehen und keinerlei Mittel zum Schutz von Religion und Ethnie bilden.

Am Ende werden sich auch diese in einem fremden Land auflösen, nicht mit ihren Kindern der ersten, aber vielleicht mit der zweiten und dritten Generation, zusammen mit ihren Kirchen, kurz: mit ihrer Vergangenheit und Zukunft. Denn von den Gefühlen der Verbundenheit und der Liebe zum Vaterland und zur Nation des Vaters sind nur noch fünf Prozent im Sohn zu finden, der am Ort der Migration geboren wurde. Und bei den Nachkommen der Nachkommen der Nachkommen sind sie nicht mehr vorhanden. So wie ein Ire oder ein amerikanischer Indianer einen Assyrer mit fremden Augen anschaut, so wird es auch die zweite und dritte Generation der assyrischen Kinder tun.

Das griechische, armenische und maronitische Patriarchat und das jüdische Rabbinat haben die oben erwähnten Aspekte der Auswanderung längst erkannt, weshalb sie nach der ersten Welle von Einwanderern ihnen die besten und sorgfältigsten religiösen und weltlichen Führer und Ratgeber sowie Bücher und Zeitungen von nationalen, moralischen und religiösen

Inhalten zur Verfügung gestellt haben. Und sie haben mit dieser [hiesigen] Regierung zusammengearbeitet, sodass sie ein Vielfaches an Unterstützung für die genannten Patriarchate und ihre Völker erhielten. Sogar das nestorianische Patriarchat, das angeblich von uns getrennt ist, glaubte an diese Wahrheit und sandte seinen fähigsten Metropoliten aus Indien namens Mar Timotheos nach Amerika. In kurzer Zeit erzielte der besagte Metropolit bedeutende Erfolge, die seiner Gemeinschaft zugutekamen.

Schande, hunderttausendfache Schande, dass unser gesegnetes Patriarchat wie die sieben Schläfer in der Höhle, seinen Schlaf diesbezüglich noch nicht beendet!
Es ist nicht erforderlich, dass unser Patriarchat die Methoden anderer Patriarchate zum Schutz von Religion und Volk nachahmt. Es hätte diese Methoden durchaus aus der Geschichte unserer eigenen Kirche lernen können. Denn was bedeuten die Wörter weltweites *Maphrianat (Maferyono Tibeloyo/* ܡܦܪܝܢܐ ܬܒܝܠܝܐ)? Ineffizienz, Untätigkeit?

In früheren Zeiten wusste unser Patriarchat sehr gut, wie man die Kirchen in Indien und Ägypten fördert, nicht nur wie man ihre religiösen Traditionen bewahrt. Trotz Reisestrapazen jener schwachen Menschen und der Stärke und Macht der Feinde zögerten sie nicht, ihre besten und engagiertesten Männer zu jenen Orten zu entsenden.

In der unter niederländischer Herrschaft stehenden Region Malabar in Indien akzeptierten fast zwei Millionen assyrische Nestorianer die katholische Konfession. Aus Rom wurden ein Metropolit namens Manaz und einige lateinische Jesuitenmissionare entsandt, um sie auszubilden. Da sie von Rom keine Erlaubnis bekommen konnten, den syrischen Kirchenritus (*tukso* ܛܘܟܣܐ) ins Lateinische zu übersetzen und von den einheimischen Metropoliten zu ernennen, entstand ein großes Problem zwischen ihnen.

In der Zwischenzeit sandte unser Patriarch Abdulmessih I 1665 seinen Metropoliten Grigorios Petrus von Jerusalem nach Malabar, um die Gelegenheit zu nutzen und für die nationale Sache zu werben.[294] Infolgedessen kehrten Hunderttausende von Menschen zu unserer Kirche zurück. In unserer Kirchengeschichte gibt es viele solcher Beispiele für gute Verwalter.

Seit dem Tag, an dem diese gute Art der Administration aufgegeben wurde, begann sich die Situation unseres Volkes und unserer Kirchen zu verschlechtern. Verluste statt Gewinne! Kurz gesagt, im Land Ägypten, das es verdient, das zweite Assyrien[295] genannt zu werden, ist das *Assyrertum*[296] vollständig ausgestorben.

Laut einem arabischen Historiker lebten siebzigtausend Mönche der syrischen Kirchentradition in ägyptischen Klöstern. Wie viele Millionen Einwohner sollte ein Volk mit siebzigtausend Mönche in Klöstern haben? Wenn nur jeder dieser Mönche **ein Stock** anstelle eines Schwertes gehabt hätte, was hätten sie dann nicht mit denen gemacht, die diese Klöster verbrannten und in Moscheen verwandelten und die Gemeinde abschlachteten?

All diese Menschen wurden Opfer von Misswirtschaft, Unwissenheit und geistiger Verwirrung. Und in unserer Gedankenlosigkeit bringen wir weder die Behandlung unserer

---

[294] Hier ist die Rede vom Syrisch-Orthodoxen Patriarchen Abdulmessih I (1661–1686).
[295] Im Original „*ikinci Asuristan*".
[296] *Süryanilik.*

sozialen Probleme noch unsere Erziehungs- oder unsere Organisationsmethoden in Ordnung.

Was den *Assyrern* in Amerika bis heute gelungen ist, ist mehr oder weniger den Bemühungen und der Arbeit der Einwanderer selbst zu verdanken, ohne den Beitrag anderer.

Mit dem Eintritt in die Phase der zweiten Generation hat sich die nationale Solidarität und der Zusammenhalt vulkanartig abgekühlt.

Wenn es also eine Hoffnung und einen Glauben für die Einwanderer gibt, die sich selbst überlassen sind wie Gras, das von allein wächst, dann ist es die Schule oder das Waisenhaus in Beirut. Die Nation würde wieder aufleben, wenn es auf moderne Weise geführt würde, wenn geeignete Lösungen für unsere Probleme gefunden würden und wenn allen Flüchtlingen geholfen würde, bevor sie in die zweite Phase eintreten.

Auch wenn es bei den Einwanderern nach einigen Generationen religiös und national zu Stagnation kommt, bleiben einige nützliche Beispiele im Volk. Sollte sich diese Institution [Kirche] aber mit der altmodischen Art und Weise, dem überlieferten System und alten Köpfen begnügen und die Entwicklung ihrer fremden Sprache nur mit Kirchengebeten, den Lebensgeschichten von Metropoliten und Priestern, den Übersetzungen wie *Abo* und *Emo Abo* (احا ,احد احا) *em* (إمو) *aho* (اسا) aḫ (اس) weitertreiben, werden die auf der anderen Seite mehr als die Immigranten für immer [für den Verlust] verantwortlich bleiben.

Heute sammeln armenische Einwanderer aus Diyarbakir in Amerika große Geldsummen für die Entwicklung der Stadt. Das Geschenk der TMS (*Taw Mim Simkat*, Assyrian National School Association) an die *Assyrer* in der Heimat ist wichtiger als das Geschenk der Armenier, weil dieser Institution große Bedeutung für die Erziehung und Bildung unserer Waisenkinder beizumessen ist. Erziehung und Bildung werden diese Nation retten! Wie Shakespeare sagte, ist Unwissenheit eine Katastrophe, die Menschen vernichtet. Wissen ist der Flügel, der in den Himmel hebt.

Bevor ich abschließe, bete ich zum gütigen Gott, dass denjenigen, die der TMS vom ersten Tag ihrer Gründung bis heute mit ihren Ideen, Stiften, Geld und auf welche Weise auch immer gedient haben, sowie den verstorbenen Seelen Barmherzigkeit gewährt, den Hinterbliebenen ihre Wünsche erfüllt und dass die Gesellschaft goldene und diamantene Jubiläen feiert.

West New York/NJ   **Senharib Balley**

215

Die Hymne der lebenden Toten[297]

ܦܘܫ ܒܫܠܡܐ، ܐܡܬ ܕܠܚܪܬܐ

So wie eine Struktur nicht ohne Fundament und der Körper ohne Unterstützung nicht stehen kann, können Nationen nicht ohne Glauben leben. Daher besitzen Völker zwei Heimatländer: ein materielles und ein spirituelles, ähnlich wie die Welt und das Jenseits. Jede Nation hat dabei ihre eigenen, mehr oder weniger unterschiedlichen Überzeugungen und Vorstellungen darüber. Ihre weltliche Literatur, Poesie, National- und Heldenmythen, Lobgesänge, Gesänge, Gebete und Hymnen über das Jenseits sind ebenfalls zahlreich.

Unter den Völkern ist das assyrische Volk das einzige, das dieser sozialen Regel und diesem Gesetz widerspricht.

Ja, es ist das assyrische Volk, das mit einem Überbau ohne Stütze und Körper mit einem Bein laufen will. Das assyrische Volk hat Millionen von Gedanken sowie Hunderttausende von Schriften und Anordnungen über den Kosmos, das Jenseits, Himmel und Hölle, Heilige, Engel, Dämonen, Gräber, den Tod, die Qual und vieles mehr – über Dinge, die es selbst nie gesehen hat. Es hat jedoch nie Gedanken und Ausdrücke über die Welt, in der es lebt und über sein Heimatland gehabt, das der Grund für die Existenz des Volkes ist und zu der es gehört.

Es ist, als ob diese Menschen Engel sind, die vom Himmel gefallen sind, oder Tote, die aus ihren Gräbern auferstanden sind, die diese Welt und ihre Zukunft mit einem so kalten Blick betrachtet haben und dies immer noch tun.
Deshalb heißt es zu Recht: Auf den Friedhöfen gibt es viele Tote, die im Geiste lebendig sind, während unter den Lebenden auf der Erde viele geistig Tote existieren.

Das assyrische Volk muss zu der letztgenannten Gruppe gehören, denn es hat die für diese Situation durchaus angemessenen Begriffe und Todessprüche wie *Fush ba shlomo* ܦܘܫ ܒܫܠܡܐ *[Bleib' in Frieden, Abschiedsgruß]* ܐܡܬ ܕܠܚܪܬܐ - *emath dal-hartho, shubho l-tobo [Gott sei Dank am Tag des Gerichts]* als seine Nationalhymne bestimmt. Von Beerdigungs- bis Hochzeitszeremonien, von Vergnügungsversammlungen bis nationale Banketten bis gesellschaftliche Begegnungen, kurzum, bei allen Arten von gesellschaftlichen Zusammenkünften, ist das Erste, was einem in den Sinn kommt, *(Fush ba shlomo* ܦܘܫ ܒܫܠܡܐ*)* und ähnliche Sprüche, die den Tod zum Ausdruck bringen.

So seltsam wie das Krächzen von Eulen und Krähen in einem Rosengarten oder der Gesang von Nachtigallen auf einem Friedhof, so befremdlich und beschämend ist es, wenn intellektuell lebendige Völker in ihren nationalen und zivilen Versammlungen Gedichte für Beerdigungszeremonien vortragen.

Wie recht hat der berühmte Psychologe Dr. Gustave Le Bon[298], wenn er sagt: *„Der Maßstab, der Nationen voneinander unterscheidet, ist nicht ihre physische Erscheinung, sondern ihre psychologische Verfassung."*

---

[297] *Bethnahrin*, Jahrgang 11, Nr. 1, Januar 1927 veröffentlicht. Originalartikel in Garschuni-Osmanisch „*Diri ölüler marşı* ܦܘܫ ܒܫܠܡܐ ܐܡܬ ܕܠܚܪܬܐ".
[298] Gustave Le Bon (1841-1931).

Es sind meist die Charaktereigenschaften, die über Jahrhunderte genetisch von Vorfahren an Nachkommen weitergegeben werden – nicht die Details der Struktur –, die die Geschichte und Einflüsse von Völkern bestimmen und verändern. Mit anderen Worten, sie befähigen sie, Zivilisationen zu erschaffen und zu transformieren. Um die Vorstellung zu beweisen, dass es Hinweise darauf gibt, dass diese ihre Mentalität ist, geben wir hier die unsterblichen und zukunftsweisenden Aussagen des genannten Arztes aus seinem Werk mit dem Titel „Psychologie der Massen" wieder.[299] *„Es ist verständlich, dass das Verhalten von Völkern, deren physisches Erscheinungsbild sehr unterschiedlich ist und somit die Zivilisationen, die Überzeugungen und die Künste die Quellen ihrer Perspektiven sind, die sie aufgebaut haben."* Ist es möglich, einen Spanier und einen Araber in dieselbe Gemeinschaft aufzunehmen? Ist es nicht auffällig, dass der Unterschied zwischen ihnen in ihrem Intellekt besteht?

Was uns die Wissenschaft zur Erklärung der heiligen Bücher, der Beredsamkeit sowie der sozialen Gruppenbildung, die uns die politische Klasse nicht geben konnte, hat uns die Wissenschaft der Psychologie gegeben. Die Wissenschaft der Psychologie hat gezeigt, dass der Charakter einer Gesellschaft ihre sozialen Strukturen, künstlerischen Ideen, den geschichtlichen Hintergrund ihrer kulturellen Übermittlungsformen, ihre Interpretation von Situationen sowie ihre moralischen und rationalen Positionen widerspiegelt. Das, was man *„die Seele einer Nation"* nennt, ist die Summe dieses Charakters.

Jedes Volk hat einen sozialen Geist, der so langlebig ist wie sein strukturelles Skelett. Dieser soziale Geist und das Gedächtnis haben auch Beziehungen zu den kleinsten Einheiten, von denen einige besonders organisiert sind. Wissenschaftliche Studien sind jedoch noch nicht weit genug fortgeschritten, um diese besondere Struktur aufzudecken.

Aus diesem Grund ist es uns nicht möglich, die betreffende Struktur einer Regelung zu unterwerfen. Die Kenntnis dieser besonderen Struktur des Geistes wird jedoch nicht in der Lage sein, das Ausmaß der mentalen Struktur, die aus dieser Form hervorgeht und durch Beobachtung entdeckt wird, auszudrücken und ihr Maß genau zu bestimmen.

Der moralische Charakter und der Intellekt, die zusammen den Geist eines Volkes ausmachen, spiegeln dessen gesamte Vergangenheit wider: das Erbe seiner Vorfahren, ihre Haltungen, Handlungen und Entschlossenheit. Sie verkörpern die Einheit von Denken und Handeln.

Betrachtet man diese Aussagen genau, wird man verstehen, welch große Rolle der Nationalcharakter im Leben anderer Völker spielt. Zu diesen wissenschaftlichen Erkenntnissen von Doktor Le Bon gibt es absolut nichts zu ergänzen. Hätte der erwähnte Arzt einige assyrische Personen in seine Untersuchung einbezogen, wäre er zu keinem anderen Urteil als demselben gekommen.

Natürlich ist die assyrische Gemeinschaft keine elende Gemeinschaft auf der Ebene der Naturvölker. Mit ihrer großartigen Zivilisation in den Regionen von Tigris und Euphrat, ihrer brillanten Geschichte und ihrer verständlichen Sprache besteht kein Zweifel daran, dass sie eine der fortschrittlichsten Gesellschaften mit starkem Niveau und solider mentaler Struktur war. Später, besonders nach Christus, wurde diesem starken Geist eine andere Ordnung

---

[299] Gustave Le Bon (1895): *Psychologie der Massen* (im französischen Original Psychologie des foules), Paris.

eingeflößt und verlor deshalb seine alte Zivilisation, die jedoch nicht in ihren Grundfesten erschüttert wurde.

Die Funktionsweise einer Uhr hängt davon ab, wie ihre Teile angeordnet sind und wie sie funktionieren. Je nachdem, in welche Richtung die Feder der Uhr gebogen wird, beginnen die Stunden- und Minutenzeiger der Uhr, sich in diese Richtung zu drehen. So ist es auch bei Nationen. Wie auch immer ihre Sozialpsychologie [als Gemeinschaft] beschaffen ist, werden sich ihr Stolz, ihre Sensibilität, ihre Worte und ihr Verhalten in dieser Weise entwickeln.

Die Völker des Nahen Ostens, insbesondere die Assyrer, ignorierten nach der Annahme des Christentums jene Aspekte der Religion, die Freiheit, Zivilisation und weltlichen Fortschritt förderten. Stattdessen verloren sie sich in einer Vielzahl philosophischer Ansichten, falscher Lehren und Interpretationen. Weil sie das Christentum als eine Art Gefangenschaft und das Leben in Armut als erstrebenswert betrachteten, begannen sie eine einzige Struktur, eine schwere Kuppel mit dem Namen „Leben im Jenseits" zu bauen und zerstörten die beiden festen Strukturen und das oben erwähnte rationale Denken, die ihrer Vorfahren mit harter Anstrengung von Jahrhunderten hervorbrachten.

Nachdem die Assyrer eigenhändig ein Auge, das auf die Welt und das Heimatland blickte, geblendet hatten, wandten sie ihre Sicht von den städtischen Zivilisationen Ninevehs und Babylons ab und begannen zu den Ruinen, Massakern und Friedhöfen zu gehen, Gebete und Hymnen von „Fush ba shlomo" und ähnliches zu singen und nur einäugig in den Himmel und die Luft zu blicken. Von diesem Tag an bis heute ist in den Kirchen dieser Nation bei ihren Gebeten, Hochzeiten, allen Arten von gesellschaftlichen Zusammenkünften und Familientreffen kein anderer Laut des Lebens zu hören als das Stöhnen und Wehklagen über die Toten.

Hätte dieses Volk, tot oder lebendig, kein Grab in seiner Heimat gehabt, wären eine Handvoll beduinischer Araber – ohne Waffen außer einem krummen Schwert und einem Glaubensbekenntnis[300] – niemals nach Mesopotamien gekommen und hätten mit Leichtigkeit das große Assyrien, Chaldäa, Syrien und Iran innerhalb von fünf bis zehn Jahren erobern und unter ihre Kontrolle bringen können. Allerdings konnten eine Handvoll Araber keinen einzigen Mann unterwerfen, geschweige denn ein Grab mit Füßen treten.

Unsere Absicht ist es nicht, das Christentum oder die kirchliche Theologie zu verharmlosen oder herabzusetzen.

Keineswegs. Wir glauben jedoch, dass alles, was am richtigen Ort und zu seiner Zeit und im Rahmen der Logik getan wird, von Nutzen sein wird. Exzess verwandelt sich in ein Gefühl, das eine Art Wahnsinn, eine Krankheit ist.

Die Worte des Augustinus, wonach der Missbrauch einer guten Sache das schlimmste aller Übel sei waren natürlich in Bezug auf Exzesse gedacht. Die Herabsetzung unseres Volkes von ihrem sozialen Niveau ist ein solches Übel.

In gewisser Weise kann hier gesagt werden, dass das Assyrertum bereits vor dem Christentum sein Unglück fand.

Gewiss, Assyrien erlitt vor dem Christentum einen schweren politischen Schlag und eine materielle Besetzung, aber es waren das assyrische Heimatland und die assyrischen Städte, die besetzt wurden. Es war nicht das assyrische Volk. Seine starke, mächtige Statur war immer

---

[300] Islamisches Glaubensbekenntnis.

noch da. Das Volk war präsent durch seine Gegenwart. Ein kleiner Ruck hätte es wieder in einen mächtigen Zustand versetzen können. Diese Situation ist vergleichbar mit einer Maschine, die plötzlich ausfällt, manchmal aufgrund einer kleinen Fehlfunktion. Mit einem leichten Ruck beginnt sie wieder zu funktionieren. Die Geschichte zeigt, dass viele Völker lange Zeit besetzt waren und dann zu ihren Machtpositionen zurückkehrten.

Die Niederlage von Völkern dient einem anderen Zweck. Das politische Verstummen eines Volkes heißt nicht, dass es seinen früheren Platz einnehmen kann. Solch ein Volk wird das Ziel von vielerlei Kritik. Generell wird es oft falschen Verleumdungen und Beleidigungen ausgesetzt.

Denn angesichts all jenen Beleidigungen gibt es ein „besiegtes Wesen". Dies verschwindet nicht und die Lage kann nicht revidiert werden. Unabhängig davon, ob ein Volk eine besiegte politische Struktur bleibt oder besetzt wird, wird dieses Volk leben und immer seine überlegenen Eigenschaften verfolgen.

Der Wert unseres Gedankens kann durch das folgende Gedicht eines polnischen Dichters[301] noch deutlicher demonstriert werden.

„Wenn die Sonne ihre letzten Strahlen auf diese lebendige Welt sendet, schwebt eine helle Hoffnung über einem toten Licht. Sie zeigt uns, den Armen, dass die Toten die Lebenden überdauern können. Denn diese Sonne hat eine solche Kraft, dass keine andere an diesem Ort denkbar ist."

Wenn die Macht eines Volkes innerhalb der Grenzen einer Nation existiert, wird sie, auch wenn sie zugrunde geht, wie die untergehende Sonne wieder aufgehen und über das Land erstrahlen.

---

[301] Der Name des Dichters wurde im Original nicht angegeben.

Die Hymne der lebenden Toten (Teil II)[302]

ܩܘܡ ܚܝ̈ܠܬܢܐ، ܐܚ̈ܝ ܘܚ̈ܝܢܬܐ

Deshalb sagen wir, dass auch nach dem Ende der assyrischen Herrschaft die Macht Assyriens nicht nur innerhalb seiner Grenzen, sondern auch weit außerhalb seiner Grenzen existierte. Mit anderen Worten, seine Sprache, Kunst und Zivilisation lebten weiter in der Welt. Obwohl ihre Macht nach der Annahme des Christentums fortbestand, schrieb der berühmte Constantin-François Volney,[303] dass die Assyrer, die einer himmlischen Heimat verfallen waren, mit ihrer ganzen Kraft leider die Form eines seelenlosen Körpers annahmen. Sie betrachteten die Natur nur oberflächlich, sahen die Welt als einen wertlosen Planeten und das Leben als einen schmerzhaften Traum. Für sie war der Körper ein Gefängnis, das Glück ein Hindernis und die Welt ein Ort des Exils.

Lange Rede, kurzer Sinn, seit die Assyrer begannen, in der Gestalt von Schafen in einer Schafherde zu leben, wurden ihre Nachbarn zu Wölfen und Schlächter. Weil sie die Welt verabscheuten, begann sie diese zu hassen. Weil sie die Welt hassten, begann die Welt sie zu hassen. Als sie begannen, der Welt *„fush ba shlomo"* zu sagen, erwiderte die Welt mit *„zel ba shlomo"*, was so viel bedeutet wie *„gehe in Frieden, lebe wohl"*.

Wenn wir unser Volk mit solchen Analogien beschreiben, wird dies wahrscheinlich gegen den Nationalstolz einiger unserer Bürger verstoßen. Ehrlich gesagt, es berührt auch mein Nationalstolz. Aber welchen Stellenwert kann die Verletzung von [persönlichen] Gefühlen im Vergleich zur nationalen Ehre haben? Wer kann eine Wunde heilen, indem er sie verbirgt?

Bekanntlich ist das wichtigste der nationalen Elemente die eigene Sprache eines Volkes. Obwohl wir eine breite und reiche Sprache haben, ist es deshalb sonderbar, dass unsere Vorfahren unseren Eltern beigebracht haben, *Khubz* (Arabisch für Brot) anstatt *Lahmo* (in Syrisch ܠܚܡܐ) zu sagen?
Wenn solches Verhalten kein Zeichen dafür ist, dass ihre Seelen und ihre nationalen Gefühle verrottet sind, was ist es dann?

Viele unserer Dichter haben mit unserer Sprache den Kosmos, den Himmel und die Hölle schöner und klarer erklärt als der berühmte Dante. Leider war keiner von ihnen daran interessiert, die Natur zu verstehen. Mit ihren klaren und kraftvollen Stiften versuchte keiner, den Auf- und Untergang der Sonne, das Flattern eines Schmetterlings, das Entspringen einer Quelle, das Plätschern von Wasser, Vogelgesang oder die Gefühle und Schönheit eines Mädchens, die Liebe und Zuneigung eines jungen Mannes zu beschreiben.

Lassen wir die Völker mit erhabener Literatur beiseite. Wenn wir die Kurden und noch weniger entwickelte Völker betrachten, sehen wir, dass sie Lieder, Epen, lyrische Gedichte *(Ghazal)* und Geschichten ihres Geschmacks in ihren lokalen Theateraufführungen und Hochzeiten einbetten. Abgesehen davon, dass wir nichts dergleichen in unseren alten und neuen Büchern finden können, haben wir dazu viele Assyrer aus dem Tur Abdin und Irak befragt; leider stießen wir auf keine Zeile solcher Gedichte. Ist das nicht der wichtigste Indikator dafür, dass unsere nationale Identität und unsere Natur im Sterben liegen?

---

[302] Teil 2 in *Bethnahrin*, Jahrgang 11, Nr. 2, Februar 1927 veröffentlicht. Originalartikel in Garschuni-Osmanisch „*Diri ölüler marşı* ܩܘܡ ܚܝ̈ܠܬܢܐ، ܐܚ̈ܝ ܘܚ̈ܝܢܬܐ".

[303] Constantin François Volney (1757-1820) war ein französischer Reisender, Orientalist und Geschichtsphilosoph.

Seine Seligkeit Abdisho Sawboyo (Bar Brikha bzw. Nsibinoyo)[304] zeigte mit seinem Buch (ܦܪܕܝܣܐ ܕܥܕܢ *Ferdayso d-'den*; Paradies von Eden) und mit seinem Talent für Poesie den Arabern den Reichtum der assyrischen Sprache.[305] Kein anderer unserer Dichter dachte daran, Texte in diese Richtung zu verfassen, um zu belegen, dass es unter den Assyrern auch Themen der Liebe zur Heimat, der Verteidigung des Rechts, des Glücks des Lebens und der Familie, der Liebe, des geliebt seins, der Zuneigung und ähnliches gibt. Ist das nicht ein Beweis dafür, dass wir in dieser Welt leben, ohne Gefühl und Verstand, fast wie ein Engel oder wie ein Toter?

Unsere Historiker füllten ihre Bücher mit Klagen, die beschreiben, wie die Iraner uns getötet, die Araber uns abgeschlachtet, die Türken und Kurden uns sehr weh taten und uns vernichteten. Keiner unserer Historiker hat die psychologischen und soziologischen Hintergründe dieser Vorgänge untersucht und dem Volk dargelegt, woher seine Fehler herrühren. Im Gegenteil, sie lehrten die Nation, sich selbst zu erniedrigen, indem sie alles auf unsere Sünden zurückführten, indem sie dies als Resultat unserer Fehler interpretierten, indem sie unsere Leiden als Güte und Freude für uns bezeichneten, lehrten sie das Volk, sich zu demütigen.

Wir können uns davon allerdings nicht befreien, indem wir diese Fehler immer der Handlungen der Vergangenheit zuschreiben. Man konnte dies in diesen modernen Zeiten und selbst im letzten Sommer bei der Prüfungszeremonie unserer Schule in Beirut beobachten. Anstatt die Moral unserer Gemeinschaft zu stärken und ihr Verlangen und Erwachen zu fördern sowie nationale und literarische Gedichte in unserer Muttersprache zu lesen, wurden leider Sprüche wie *Fush ba shlomo* (ܦܘܫ ܒܫܠܡܐ) geäußert, die eher Trauer und Leid mobilisierten, was der Grund dafür ist, diesen langen Artikel zu schreiben.

Nun fragen wir diejenigen, die vernünftig denken, ob diese Schule, die das Zentrum unserer Hoffnungen ist, zu einem Haus der Trauer *(Bayt el-Huzen)* wird. Werden diese Jugendlichen, die unsere Zukunft repräsentieren, sich mit *(Fush ba shlomo* ܦܘܫ ܒܫܠܡܐ) den Friedhöfen zuwenden und von der Welt Abschied nehmen, anstatt sich mit ihr auseinanderzusetzen? Auf wen sollte diese unglückliche Nation ihre Hoffnung setzen? Wie sollte sie ihr Geld ausgeben?"

Ebenso liest eines der Waisenkinder bei der Prüfungszeremonie in Anwesenheit des Hochkommissars ein wunderschönes Gedicht vor, das er über den französischen Krieg (Waterloo) geschrieben hat. Nachdem wir die Intelligenz all unserer Kinder gewürdigt haben, können wir sagen: der Hochkommissar hörte von der Schlacht von Waterloo aus den Schriften des größten Schriftstellers und Dichters Frankreichs, Viktor Hugo. Hätte er nicht aus dem Mund eines Assyrers etwas über den gegenwärtigen Zustand des Assyrertum, seine Geschichte und die Verdienste um seine Sprache hören sollen?

Wir sind nicht dagegen, dass unsere Kinder in arabischer oder französischer Sprache Fortschritte machen. Wir möchten jedoch, dass sie unsere Sprache mit anderen Sprachen

---

[304] Abdisho bar Brikha (ܥܒܕܝܫܘܥ ܒܪ ܒܪܝܟܐ gest. 1318) war spätestens seit 1291 „Metropolit von Nisibis und Armenien" der Assyrischen Kirche des Ostens. Er verfasste in syrischer Sprache und in Arabisch Bibelkommentare, Streitschriften gegen Häresien sowie dogmatische und juristische Schriften. Ebenso schrieb er Texte in metrischer Form, darunter einen Schriftstellerkatalog, der für die syrische Literaturgeschichte grundlegende Bedeutung besitzt.

[305] Im türkischen Original „*Asuri dilinin*".

erlernen, vielleicht ein wenig mehr, damit unsere Kinder in Zukunft wichtige literarische Produkte dieser Sprachen in unsere Sprache übertragen und übersetzen können.

Heute ist die Bedeutung der Übersetzung größer als das geschriebene Werk. Denn ein Übersetzer kann die Gedankenprodukte und Schriften von Gelehrten mit großer Intelligenz in seine eigene Sprache übertragen. Er ist möglicherweise nicht in der Lage, auch nur eines dieser Werke selbst zu schreiben.

Die Araber modernisierten sowohl ihr Volk als auch ihre Sprache, indem sie großartige Werke in griechischer Sprache durch assyrische Übersetzer in ihre Sprache übertragen ließen. So wie die Nadel dazu verhalf, Kleider zu nähen, um sich zu kleiden, dienten die Assyrer leider dazu, Zivilisation für andere zu schaffen, und sie selbst blieben nackt und elend.

Bevor wir zum Schluss kommen, wollen wir dem Schulleiter und den über ihm stehenden Verantwortlichen sagen, dass die TMS (Assyrian National School Association) mit dem Ziel gegründet wurde, das assyrische Volk und die assyrische Sprache zu fördern und weiterzuentwickeln. Zu diesem Zweck hat sie eine Handvoll Kinder aufgenommen. Wenn Tausende von Dollars ausgegeben werden, um die arabische Sprache zu erlernen und die Geschichte der arabischen Staaten zu lehren, während unser Volk mit der arabischen und französischen Kultur vertraut gemacht werden soll, um die Gunst der Franzosen zu gewinnen und ein paar Francs an Zuschüssen zu erhalten; wenn der Anteil der assyrischen Sprache sich nur aus einige ernste Stöhnen und fragmentarische Anweisungen wie *(Fush ba shlomo ܦܘܫ ܒܫܠܡܐ)* beschränken soll, sage ich, dass die Satzung dieser Institution geändert werden sollte. Es ist nicht richtig, dass dieses Volk sich auf Kosten derer verbrennt, die kein Licht brauchen, während sie selbst des Lichts bedarf.

Die Yazıjıs, Bustanis,[306] Sabuncus,[307] Cheikos[308] und Tausende anderer genialer Assyrer spendeten ihre Intelligenz und sorgten für die Erleuchtung anderer. Sie ließen ihre Nation, der sie angehören, in Unterdrückung und Finsternis.

Lassen Sie uns zumindest unser eigenes Haus reparieren und die Lampe unserer Nation, die kurz vor dem Erlöschen steht, wieder zum Leuchten bringen – dies wird mit Hilfe der Assyrer aus Amerika möglich sein. Lasst uns nach vorne schauen, lasst uns aus dem Bett der Achtlosigkeit und Tod aufstehen und Vitalität demonstrieren.

Wie ein Gelehrter einst sagte: *„Sitzen ist besser als Liegen, Stehen ist besser als Sitzen, Gehen ist besser als Stehen, Lachen ist besser als Weinen, Leben ist besser als Sterben".*

Senharib Balley

---

[306] Butrus al-Bustani (arabisch بطرس البستاني, 1819-1883) war ein maronitisch-libanesischer Schriftsteller, Dozent, Herausgeber und Philologe der Nahda. Die Nahda auch als arabisches Erwachen oder Aufklärung bezeichnet, war eine kulturelle Bewegung, die in den arabisch besiedelten Regionen des Osmanischen Reiches, insbesondere in Ägypten, Libanon, Syrien und Tunesien, in der zweiten Hälfte des 19. und im frühen 20. Sein Neffe war der osmanische Politiker und Historiker Süleyman el-Büstani.

[307] Louis Sabuncu (1838-1931). Siehe Seite 30.

[308] Louis Cheikhô (1859 in Mardin; † 1927 in Beirut) war Orientalist, Theologe und Jesuit.

Die Rettung der Nation liegt in der Bildung von Mädchen[309]

Der wichtigste Aspekt der medizinischen Behandlung ist die Diagnose der Erkrankung. Sobald der Arzt die Krankheit des Patienten festgestellt hat, für deren Behandlung er verantwortlich ist, beginnt er mit der entsprechenden Therapie, und am Ende steht die Heilung.

So wie eine Nation Tausende von Mitteln hat, um voranzukommen und aufzusteigen, gibt es auch Gründe für Krankheiten, die soziale und administrative Störungen verursachen und die sogar ein Niedergang bedeuten können. Wenn die aufmerksamen Verwalter, Intellektuellen und Chefredakteure eines Volkes, das mit Rückentwicklung konfrontiert ist, die Hauptursachen dieser Entwicklung erkennen, die die Nation schwächen, diese Ursachen sorgfältig untersuchen und die verfügbaren Mittel einsetzen, um die Faktoren, die diese Situation hervorrufen, zu beseitigen, wird der Fortschritt von selbst eintreten.

Im Beitrag mit dem Titel „*Die Hand, die die Wiege schaukelt, regiert die Welt*“, in der zweiten Ausgabe von *Leshono d Umtho* [ܠܫܢܐ ܕܐܘܡܬܐ], wird sehr deutlich auf die wichtigste unserer Volkskrankheiten hingewiesen.

So wie Kontinuität für lebende Organismen essenziell ist, gibt es auch Kontinuität in Gedanken und Gefühlen. Auch wenn es diese nicht gibt, sagt man, dass es „*einen Weg von Herz zu Herz gibt*“.

Vor einem Jahr schrieb ich an einige Mitglieder des Verbandes - Huyodo - in Worcester und an den Jugendverein [*Knushto d clayme* - ܟܢܘܫܬܐ ܕܥܠܝܡܐ] in Boston und schlug vor, dass sie, wenn möglich, die Schule in Beirut unterstützen sollten, um ausschließlich Lehrerinnen für unser Land auszubilden, indem sie zumindest eine Klasse von Mädchen unterrichten. Diese Idee wurde angenommen, aber irgendwie nicht umgesetzt.

In unserem Land wurden viele Ideen zur Bildung und Ausbildung von Jungen vorangetrieben und einiges an Geld dafür ausgegeben. Es ist zu bedauern, dass für die Bildung und Ausbildung unserer Töchter nicht nur kein Geld, sondern nicht einmal Gedanken geäußert wurden. Doch egal wie sachkundig die Männer eines Volkes sind, wenn Mädchen und Frauen nicht zur Entstehung großer Emotionen in der moralischen Erziehung beitragen, können Fortschritt und Modernisierung nicht wie gewünscht eintreten.

Natürlich besteht die Hälfte der Bevölkerung eines Volkes aus Mädchen und Frauen. Die Gesamtbevölkerung unseres Volkes ist ebenfalls bekannt. Was bleibt uns als kleine Nation, wenn unsere Mädchen und Frauen, die die Hälfte unserer Bevölkerung ausmachen, in Unwissenheit verbleiben? Denn unsere Probleme können nicht gelöst werden, wenn ein unbedeutender männlicher Anteil unserer Bevölkerung sich auf der Ebene eines Plato befindet.

Die beiden Schalen einer Waage sollten das gleiche Gewicht haben, sonst wird, egal wie gelehrt der Mann ist und die Frau unwissend bleibt, die eine zerstören und verderben, was die andere getan hat, und das gewünschte Ergebnis kann nicht erreicht werden.

---

[309] *Leshono d Umtho*, Jahrgang 1, Nr. 10, 30. Juni 1927. Originalartikel in Garschuni-Osmanisch „*Milletin Necâtı Kızların Talimindedir*“.

Wenn das Gleichgewicht in der Familie gestört ist, wird auch die Nation solcher Familien aus dem Gleichgewicht geraten. Eine Nation, deren Mädchen und Frauen ungebildet sind, ist wie der Körper eines Mannes, dessen eine Hälfte gelähmt ist, von dem kein Nutzen erwartet wird. Wir können über den Nutzen und die Bedeutung von Schulen sprechen so viel wir wollen, wenn wir die Schule des Familienlebens vergessen, werden wir nicht den Fortschritt und den Aufstieg erreichen, den wir uns erhoffen.

Die Familie ist eine Schule, die den Einzelnen auf die Grundschulen der Nation und dann auf die höheren Schulen vorbereitet. Die erste Bildungsgrundlage beginnt in der Schule der Familie. Dies ist nur mit dem Beitrag gebildeter Mütter und zum Teil durch gebildete Väter möglich. Mütter, die dies bewerkstelligen können, sind gebildete Mädchen. Denn die Mädchen von heute sind die Mütter von morgen. Mädchen zu erziehen und zu unterrichten bedeutet deshalb auch, Männer zu erziehen. Die Hand, die die Wiege schaukelt, regiert nicht nur die Welt, sie regiert auch das Jenseits.

Ein gut ausgebildetes Mädchen ist so rein und keusch wie ein Engel. Das Zuhause einer gebildeten Frau ist ein Ort des Glücks wie der Himmel. Eine gebildete Mutter lehrt ihre Kinder Emotionen, Mitgefühl, Güte, Dienst und Hingabe für die Nation und das Land, Interesse an Religion und Konfession sowie Respekt und Hingabe an die Älteren. Sie kann ihnen das Denken und die Beherrschung ihrer Begierden besser beibringen als tausend Lehrer, ein Ratgeber oder einen Metropoliten. Wenn die Mutter die besagten Tugenden und Verhaltensweisen nicht in die Herzen ihrer Kinder legt, werden andere nicht in der Lage sein, dies zu tun.

Wir sind enttäuscht, dass unsere Nationalsprache unter uns nicht zur Anwendung kommt, ja das ist wahr, aber wir müssen wissen, dass Sprache und der Wortschatz, aus denen die Sprache besteht, nicht durch vergebliche Sehnsucht oder gar durch Tränen entwickelt werden können. Wir werden keinen zweiten Pfingsttag[310] erleben, an dem Geister vom Himmel auf uns herabkommen und wir plötzlich unsere Sprache sprechen können.
Zu wissen, dass einige unserer Priester und Lehrer unsere Sprache können, indem sie den *Shhimo*[311] [ܫܚܝܡܐ] und *Fanqitho*[312] [ܦܢܩܝܬܐ] in Kirchen rezitieren, werden die Seelen nicht wiederbelebt werden. Unsere Unkenntnis dieser Sprache kann nicht dadurch beseitigt werden, dass drei oder fünf Schülern Kenntnisse des *Sur'ofo* [ܣܘܪܥܦܐ - Silbentrennung] und *Semho* [ܪܡܙܐ][313] in Schulen beigebracht werden. Aber das einzige Mittel, das für die Wiederbelebung unserer Sprache notwendig ist, ist die Erziehung unserer heutigen Töchter, die Mütter zukünftiger Generationen sein werden.

Dieser heilige Schlüssel ist nur in den Händen unserer Töchter. Nur sie können unsere Sprache wiederbeleben. Wenn ein Kind aus den Schlafliedern seiner Mutter nicht hört, dass Brot *Lahmo* [ܠܚܡܐ] heißt und Wasser *Mayo* [ܡܝܐ] ist, selbst wenn dieses Kind [später] diese

---

[310] Pfingsten ist ein christliches Fest. Der Festinhalt ist die Sendung des Geistes Gottes zu den Jüngern Jesu und seine bleibende Gegenwart in der Kirche. Ikonografisch wird Pfingsten auch Aussendung des Heiligen Geistes oder auch Ausgießung des Heiligen Geistes genannt.

[311] Der Shhimo ist ein wöchentliches Gebetsbuch, das Bibellesungen, Hymnen und andere vorgeschriebene Gebete aus dem westsyrischen Liturgiesystem enthält.

[312] In den syrischen Kirchen der antiochenischen Tradition werden Gebetsbücher „Fanqitho" genannt.

[313] Grammatikbuch für klassisches Syrisch von Bar Hebraeus.

Sprache mit all ihren Regeln lernt, wird es in ihm nur vorübergehend haften. Der Lehrer kann ihn in der Schule nicht mit Zwang und Gewalt unterrichten, selbst wenn er es tut, bleibt es ohne Grundlage.

Da die entwickelten Länder erkannt haben, dass Mädchen und Frauen mehr als Männer zur Förderung hoher Emotionen beitragen, haben sie dafür gesorgt, dass alle ihre Grundschulen von Mädchen und Frauen als Lehrerinnen geleitet werden.

Während die Bildung unserer Mädchen an erster Stelle unserer nationalen Bedürfnisse stehen sollte, ist es doch schade, dass wir das noch nicht einmal umgesetzt haben:

Die Erziehung unserer Mädchen, die diesbezüglich über so viele wichtige Elemente verfügen, ist eigentlich viel einfacher als die von Jungen. Denn es ist nicht notwendig, unseren Mädchen ein halbes Dutzend Fremdsprachen und zusätzlich Chemie, Mathematik, Philosophie und Logik beizubringen. Es genügt ihnen, das Lesen, Schreiben und Sprechen unserer Nationalsprache beizubringen und ihnen ein wenig Allgemeinwissen und Grundlagen der modernen Hausarbeit beizubringen. Wenn dieser Schlüssel unseren Töchtern übergeben wird, werden sie uns die Tür zum Fortschritt und Aufstieg öffnen. Aus diesem Grund bitte ich unsere geschätzten Autoren immer die Bedeutung der Bildung unserer Mädchen zu thematisieren.

Senharib Balley

Viel Erfolg für unsere Zeitungen![314]

Die oben genannten Zahlen reichen zwar aus, um zu zeigen, dass die Amerikaner keine eifrigen Zeitungsleser, sondern Zeitungssüchtige sind, aber wenn man hinzufügt, dass es in jedem Dorf eine Zeitung, in jeder Stadt mehrere Zeitungen und Tausende von Zeitschriften gibt, und dass es einige andere Zeitungen wie die Times nur in New York gibt, wird die Größe und Überlegenheit der Amerikaner in jeder Hinsicht besser verstanden.
Ein arabisches Sprichwort sagt: *"Wer vierzig Tage bei einem Volk verbringt, wird einer von ihnen".*[315]

Es ist möglich, dass diese Aussage auf andere Völker zutrifft, aber meiner Meinung nach ist sie absolut falsch. Denn wir sind mit diesen bildungsliebenden Amerikanern seit vierzig Jahren zusammen, nicht vierzig Tage. Es ist ein Unterschied wie zwischen Himmel und Erde. Am Tag der Zeremonie zur Grundsteinlegung unserer assyrischen Kirche[316] in West New York war eine große Menschenmenge vor dem Kirchengebäude anwesend. Der Zweck der

---

[314] *Leshono d Umtho*, Jahrgang 1, Nr. 22, 1. Januar 1928. Originalartikel in Garschuni-Osmanisch „*Tarağı Ceridelerimizin Başına*".

[315] „*Man 'ashara kavman arb'ina yawmen sar minhum*"; من عاشر قوما أربعين يوما صار منهم.

[316] *Asuri kilisemizin.*

Zeremonie war es, etwas mehr Geld zu sammeln. Diese Leute, die zuvor Tausende von Dollar gespendet hatten, spendeten innerhalb einer Stunde während der Zeremonie noch mal achthundertfünfzig Dollar. Obwohl wir zu dieser Zeit das neu erschienene *Leshono d Umtho* vorstellten und es als notwendig erachteten, dass unsere nationale Presse unterstützt wird, konnten wir leider nur zwei junge Abonnenten aus dieser Gemeinschaft gewinnen, die in anderen Angelegenheiten sehr großzügig war.

Es ist nicht nötig, weitere Beispiele für die Gleichgültigkeit unseres Volkes gegenüber der Zeitung zu nennen, wie aus den beiden obigen Sprüchen hervorgeht. Es heißt ja auch, dass *„derjenige, der in der Nachbarschaft von Blinden Nadeln verkauft, verhungern wird."*
Der wichtigste Faktor, der ein Volk von anderen Völkern unterscheidet, ist nicht der physische Faktor, sondern die Art und Weise, wie sie grundlegende Situationen wahrnehmen. Wir zollen denen unseren Respekt, die dies zum Ausdruck gebracht haben.

Senharib Balley

Was hat der Missbrauch von Nationalismus und Konfessionalismus den Assyrern angetan?[317]

Der Heilige Augustinus sagte: *„Die Ausnutzung des Besten ist der schlimmste aller Missbräuche."*

Sir John Lubbock[318] wiederum sagt: *„Der Mensch leidet unter dem Gewicht von Ketten, selbst wenn sie aus Gold sind."* Zum Beispiel ist „Liebe" die größte Güte und Tugend, aber wenn sie ihre Grenzen überschreitet, verwandelt sie sich in Begehren. Begierde ist eine unsichtbare Krankheit, und Mangel an Liebe ist Abscheu. Mut und Tapferkeit sind Tugenden, wenn jedoch der Mut die Grenzen der Mäßigung überschreitet, dann wird er zu Banditentum.

Nahrung nährt den Körper und ist für das Überleben unerlässlich. Ein übermäßiger Verzehr von Lebensmitteln führt jedoch zu Verdauungsstörungen und ein Mangel an Nahrung zu Blutarmut (Anämie).

Die gleichen Gesetze gelten für „Nationalismus" und „Konfessionalismus". In Maßen sind sie gültig und akzeptabel. Deren Übertreibung und Missbrauch hingegen haben schwerwiegende Folgen.

---

[317] *Bethnahrin*, Jahrgang 12, Nr. 3, Mai 1928. Originalartikel in Garschuni-Osmanisch *„Milliyet ve Mezhebiyetin suistimalı Asuriliği ne hale koydu?".*
[318] John Lubbock (1834-1913) auch bekannt als Sir John Lubbock war ein bedeutender britischer Anthropologe, Paläontologe, Botaniker und Entomologe.

Die übermäßige Verehrung einer Nationalität oder religiösen Überzeugung wird als Fanatismus bezeichnet. Fanatismus hingegen ist eine solche soziale Katastrophe, die eine Gesellschaft in den Untergang reißt.

Eine konfessionelle Gesellschaft opfert jeden Wert, den sie außer ihrer Konfession hat, dem Konfessionalismus.

Eine sektiererische Gesellschaft weiß mit Bezug auf Nationalität, Sprache und Politik nicht, was Sanftmut und Kameradschaft sind. Sie sieht die ganze Welt nur in der Farbe ihrer eigenen Brille oder will sie so sehen.

Konfessionalismus oder Nationalismus hat es in jeder Nation zu verschiedenen Zeiten gegeben und existiert noch heute. Wir werden hier jedoch ein wenig über unseren sprechen.

Es gibt viele Gründe für das Ende der religiösen und zivilisatorischen Größe Assyriens. Unserer Meinung nach war der einzige Grund für dieses Ende, das die Assyrer viele Fehler in Bezug auf Nationalität und Religion hatten.

Die assyrische Geschichte von vor Christus zeigt, dass die Assyrer viele Spaltungen in ihrem Verständnis von „Regierung" und „Nationalität" erlitten haben. Sie vertraten ein so konservatives Verständnis von Regierung und Staat, dass sie kein anderes Volk auf der Welt neben ihrem eigenen anerkennen wollten. Diese fanatische Denkweise war so sehr in ihre Ideen eingedrungen, dass die Nachbarvölker oder Nachbarstaaten niemals daran denken konnten, mit Diplomatie zurechtzukommen. Denn sie wollten alle Völker und Staaten unterdrücken, zerstören und versklaven.

Als die anderen unterdrückten Nationen ihre Gelegenheit ergriffen, waren sie daher in der Lage, sich an dem Volk zu rächen, das sie unterdrückt hatte. So wie sich andere Nationen zusammenschlossen und Rache an den Deutschen nahmen, die die Idee hatten, alle Nationen und Regierungen der Welt unter ihre Herrschaft zu bringen.

Wenn Menschen etwas Gewohntes verlieren, wollen sie sich natürlich mit etwas anderem beschäftigen.

Nachdem die *Assyrer* ihre nationale Vorherrschaft verloren hatten, versuchten sie in der christlichen Ära eine religiöse Souveränität oder Konfession zu etablieren und waren damit erfolgreich. Im übertragenen Sinne erreichten sie damit sogar ein weit größeres Gebiet, verglichen mit der ihrer nationalen Herrschaft. Es gab eine solche Zeit, dass die Flagge der syrischen Kirche in den Ländern China, Tatarstan, Arabien, Indien, Ägypten und Abessinien[319] zu wehen begann. All diese riesigen Länder gerieten unter den Einfluss der assyrischen Kirche.[320] Leider wurde diese religiöse Dominanz später missbraucht. Sie endete in dem traurigen Zustand, in dem sie sich heute befindet.

Die Assyrer waren so abgöttisch besessen von Religion und Konfessionalismus, dass sie an nichts anderes mehr denken konnten: Sie vergaßen sogar, was Volk, Heimat, Sprache, Freiheit und Politik waren. Das assyrische Denken, das sogar an den Himmel dachte und davon

---

[319] Heutiges Äthiopien.

[320] Im türkischen Original „*Asuri kilisesinin*".

träumte, konnte den gefährlichen Abgrund, der sich durch den Arabismus und den Islam vor seinen Füßen auftat, nicht sehen.

Es besteht kein Zweifel, dass die *Assyrer*, die sich gänzlich zum östlichen Christentum wandten, das vollständige Aussterben des Christentums im Nahen Osten und dessen Übernahme durch den Islam verursachten; zudem wurde die Sturheit der *Assyrer* und Griechen, die in Konservatismus mündete, durch konfessionelles Verständnis verursacht. Hätten diese beiden Kirchen ein wenig verstanden, was Politik und religiöse Toleranz ist, wäre der Nahe Osten heute ein ganz anderer.

Es besteht kein Zweifel, dass, wenn das *assyrische* Volk seine Nation und seine Sprache nur zum Bruchteil dessen lieben würde, wie er seine Konfession verfallen war, dann würde es bis heute als große Nation im Nahen Osten existieren, vielleicht sogar im eigenen Staat leben.

Die feueranbetenden Iraner wandten ihre ganze Kraft auf, um die Assyrer unter ihrer Herrschaft dazu zu bringen, das heilige Feuer anzubeten. Doch ihr Bestreben war vergeblich. Im Gegenteil, die Assyrer hatten die Iraner und sogar die Söhne und Töchter ihres Schahs Chosrau zum Christentum bekehrt. Was wäre passiert, wenn die Assyrer in jener Zeit der Schwäche der Iraner ein Viertel ihrer religiösen Bemühungen auf die Nationalität gewidmet hätten? Die Stadt Seleukeia-Ktesiphon (arab. Al-Medain)[321] hätte der Regierungssitz der Assyrer sein können, anstatt Sitz des Patriarchen. Das griechisch-byzantinische Reich färbte die assyrischen Länder mit Blut, um den Assyrern die Glaubensformeln der Konzile von Ephesus und Chalcedon aufzuzwingen. Dennoch hielten die *Assyrer*, die alle erdenklichen Qualen auf sich nahmen, um ihre konfessionelle Unabhängigkeit zu bewahren, an der Freiheit ihrer Kirche fest. Sie trieben die Griechen aus dem Nahen Osten weg, nachdem sie der neu aufgetauchten Handvoll Arabern geholfen hatten, und waren somit der Grund, dass Kaiser Heraclius die traurigen Worte *„suzu Syria"* äußerte, was *„Auf Wiedersehen, o Syrien"* bedeutet.

Der Konfessionalismus hatte ein solches Ausmaß erreicht, dass es alles Nationale entwertete. Beispielsweise opferten die *Assyrer* Tausende Menschen, um den Ausdruck *„d'Estlept Hlofayn* ܘܐܝܠܚܕܐ ܣܝܦ"[322] bestätigen zu lassen und zum Ziel zu machen.[323] Andererseits, und ohne jeglichen Zwang fügten sie Tausende von griechischen Wörtern unnötigerweise in die syrische Sprache hinzu, die eines der wichtigsten Säulen darstellt, um eine Nation zu sein, und verwandelten ihre reine Sprache in ein Sammelsurium von Wörtern.

Die Araber, die die Griechen nur mithilfe der Assyrer aus dem Nahen Osten vertrieben hatten, verübten danach im Namen ihrer Religion jegliche Art von Unterdrückung und Verfolgung an den Assyrern. Die Assyrer zeigten einen unerschütterlichen religiösen Eifer und Ausdauer gegen diesen Druck der Araber. Hätten sie einen Bruchteil des religiösen Eifers für eine unabhängige Politik oder zumindest im Namen des Schutzes ihrer nationalen Werte und ihrer Sprache gewidmet, wären sie vor der arabischen Sprache ebenso geschützt geblieben wie vor der arabischen Religion; die arabische Geschichte und die assyrische Geschichte auf der heutigen Weltkarte sähen anders aus. Im Gegenteil: In dem Maße, in dem

---

[321] Seleukeia-Ktesiphon war eine Doppelstadt in Mesopotamien (heutiges Irak), die aus den zusammenwachsenden Städten Seleukeia am Tigris und Ktesiphon gebildet wurde.

[322] *„Der für uns gekreuzigt wurde".*

[323] D.h. sich für das Christentum opfern.

sie die arabische Religion mieden, klammerten sie sich mit aller Kraft an die arabische Sprache. Sie saugten an der arabischen Sprache wie an ihrer Muttermilch. In kurzer Zeit färbten sie ihre religiösen und wissenschaftlichen Bücher mit Arabismus. Dies war der gefährlichste unserer nationalen und sozialen Schläge. Bis heute haben sie nicht genug von der Süße der arabischen Sprache, sodass von ihren zweizeiligen Korrespondenzbriefen bis hin zu ihren Zeitschriften, die die Situation ihres Patriarchats zum Ausdruck bringen, alles in arabischer Sprache und Schrift veröffentlicht wird.

Auch andere Völker erkrankten am Konfessionalismus und vergaßen daher ihre nationale Existenz. Frankreichs Saint-Barthélemy-Massaker[324] und Spaniens Inquisitionen sind seine Resultate. Jede Nation hat jedoch nach einiger Zeit ihren Fehler eingesehen und versucht, aus dem entstandenen Schaden Nutzen zu ziehen.

So war es beispielsweise eher der blinde Fanatismus der eigenen Kirche als äußere Feinde, der das griechische Byzantinische Reich zu Fall brachte. Nach einer Weile waren es jedoch die griechische Kirche und ihre nationalistischen religiösen Führer, die den Geist des Nationalismus weckten, die griechische Geschichte, Sprache und Literatur weiterentwickelten und die Griechen zu den Vereinigten Staaten machten, die sie heute sind.

Juden und Armenier hatten durch den Konfessionalismus ihre Nationalität vergessen. Ihre Sprachen wie auch unsere Sprache, waren einst in den dicken Mauern und Kuppeln der Kirchen und Klöster gefangen. Sie hatten niemanden außer Priestern und Rabbinern, die sie verstand. Sie hatten keine nationale Geschichte. Später jedoch begannen ihre religiösen Führer, die die nationale Situation ihres Volkes erkannten, dessen Geschichte zu erforschen und die traditionellen Sprachen in die modernen Sprachen zu integrieren.

Wenn es also ein Volk gibt, das nach wie vor am Konfessionalismus festhält, dann ist es das *assyrische* Volk.

Ja, es ist die *assyrische* Mentalität, die bis heute im Konfessionalismus stecken geblieben ist. Es erfährt keine Veränderung. Der Konfessionalismus dominiert jede Idee und Handlung. Die Zeitungen, die Gemeinden, die Spenden der Reichen und die Schulen strotzen vor Religion und Konfessionalismus. Es gibt keinen Platz für Fachwissen in nationalen Angelegenheiten.

Der Konfessionswechsel eines Priesters oder einiger Mönche schlägt in der assyrischen Welt wie eine Bombenexplosion ein. Selbst schreib- und wortbegabte reden darüber. Die eine Geistlichkeit verliert den Schlaf wegen der Freude, die andere wegen der Wut. Denn das Thema berührt den Konfessionalismus. Auf der anderen Seite verwandelt sich die Sprache von vierzig- oder fünfzigtausend nestorianischen Assyrern und assyrischen Einwanderern aus dem Tur Abdin, die ihre Muttersprache bis zu diesem Jahrhundert beibehalten konnten, in und um Mossul zu Arabisch; oder besser gesagt, ein weiterer überlieferter, heiliger Teil unserer Sprache wird dort zerstört.

Doch die syrischen und chaldäischen Patriarchen, Bischöfe und Priester in Mossul denken überhaupt nicht an diesen bedauerlichen Zustand und sehen ihn nicht. Dabei sollten sie es tun. Schließlich betrifft es das Herz der Nation...!

---

[324] Die sog. Bartholomäusnacht war ein Massenmord an französischen Protestanten, den Hugenotten, in der Nacht vom 23. zum 24. August 1572.

Der Familie Nubar in Ägypten und verschiedenen armenischen Händlern in Golgatha ist es gelungen, die armenische Sprache zwei Jahrhunderte lang zu bewahren.

Die *Assyrer* hingegen haben in einer Stadt wie Mossul den Fehler begangen, die Sprache Tausender assyrischer Familien, die ihre Muttersprache sprachen, innerhalb von zehn Jahren ins Arabische zu konvertieren. Denn Sektierertum und Fanatismus haben vor allerlei Voraussicht und Vernunft einen dicken Vorhang gezogen.

Letztlich hängt der Erhalt unserer Sprache in Mossul derzeit allein vom Engagement der Gesellschaften in Amerika ab. Unsere Ansicht zu diesem Thema werden wir zu einem späteren Zeitpunkt unseren Gemeinschaften vorlegen.

Senharib Balley

Das Leben eines Storchs vergeht mit Klappern[325]
[Unsere Schulen]

Der Spruch ist wahr, dass es nicht falsch ist, Vergleiche anzustellen. Denn einige Themen bergen große Wahrheiten in sich.

Wenn ich die Gedanken von Said Daniel, Ibrahim Sefer und Samuel Asfar Efendi in *Leshono d Umtho* zu lebenswichtigen Themen wie Geschichte, Schule, Sprache und Volksvertretung lese, bin ich sowohl glücklich als auch traurig.
Stimmen wie diese, die aus der Tiefe der Herzen dieser aufmerksamen jungen Menschen artikuliert werden, zeigen, dass es noch Leben in unserer Nation gibt.

Ich wünschte, all unsere jungen Menschen könnten Zeitungen lesen und ihre sozialen Anliegen sowie ihre tief empfundenen Gefühle für ihre Volksangehörigen darüber zum Ausdruck bringen.
Samuel Asfar Efendi erwähnte kurz die Notwendigkeit einer Volksversammlung. Diese Feststellung war eine ziemlich gute Idee. Nationale Versammlungen sind in der Tat ein besonderer Ausdruck für die Entwicklung der Völker.

Eine Nation, die kein Parlament hat, besitzt auch keine Möglichkeit, sich zu beraten und zu bewerten. Denn nicht nur eine Nation kann ohne Beratung keine Geschäfte tätigen, sondern auch eine einzelne Familie kein sorgenfreies Leben ohne Probleme führen.

---

[325] *Leshono d Umtho*, Jahrgang 2, Nr. 34, 2. Juli 1928. Originalartikel in Garschuni-Osmanisch „*Leyleğin Ömrü Laklakla Geçer*". Entsprechende Deutsche Redensarten wären: „*Dem Storch gefällt sein Klappern wohl*" oder „*Er ist Storch und Klappermaul*".

Diskurse über die Notwendigkeit von Volksversammlungen und den Nutzen von Schulen sind nicht seit heute ein Thema. Unsere Vorfahren und Väter haben immer wieder solche Themen angesprochen, aber leider sind sie verstorben, ohne ihre Ziele zu erreichen, und haben uns viele Probleme hinterlassen.

Zum einen ist jede Art von Frucht mit einem besonderen Baum verknüpft. Derjenige, der sich eine gute Frucht wünscht, pflanzt zuerst den Setzling dieser Frucht und unternimmt die notwendigen Anstrengungen für das gesunde Wachstum des Bäumchens. Wenn der Baum die Reife erlangt hat, erhält man deren Früchte.

Unser Volk hat von Anbeginn an bis zum heutigen Tag sehr wohl verstanden, sich Gutes für die Nation zu wünschen. Es konnte jedoch die Geheimnisse der Verwirklichung dieser Wünsche nicht richtig enthüllen.

Versammlungen und ihre Mitglieder sind die Eigentümer und Beschützer des Volkes. Aber sie steigen niemals vom Himmel auf die Nation herab. Diejenigen, die Gesetze erlassen, die am besten den Bedürfnissen der Nation und den bestehenden Bedingungen entsprechen und die die Macht haben, diese Gesetze umzusetzen, werden ebenfalls an ihren Universitäten ausgebildet.

Männer, die ihre Pflichten als Mitglieder der Volks- bzw. Nationalversammlung erfüllen wollen, müssen vor allem ehrlich, aufgeklärt, vernünftig, unternehmerisch denkend sowie eine gesunde politische Einstellung und Mut besitzen, um die Rechte und Gesetze des Volkes zu schützen. Wenn sie diese Eigenschaften nicht besitzen, werden sie Zwietracht statt Harmonie, Spaltung und Zersplitterung statt Einheit und Solidarität verursachen.

Mit anderen Worten, anstatt gut gemeint die Sache in Ordnung bringen zu wollen, wird viel Schaden angerichtet. Wir können jeden Tag Beispiele dieser Art in Amerika beobachten. Die Verfassungen, Parlamente und Senate, Organisationen und Institutionen der südamerikanischen Republiken sind identisch mit denen der nordamerikanischen Republiken.

Da die Menschen in Südamerika hingegen träumerisch, unterdrückend, selbstsüchtig und im Allgemeinen ignorant sind, müssen sie sich mit Verwirrung, Ungleichgewichten und Spaltungen in ihren Ländern auseinandersetzen, da Gesetze, Staatsbeamte und Versammlungen Spielzeuge in den Händen unterdrückerischer und ignoranter Präsidenten sind.

Die freiheitsliebenden Nordamerikaner hingegen sind fest auf dem Vormarsch. Wie daraus ersichtlich ist, hängt der Fortschritt einer Nation nicht von den Gesetzen und Versammlungen ab, sondern von denen, die sie umsetzen.

Daher scheint es in Bezug auf ethnische Zugehörigkeit und Kultur Gemeinsamkeiten zwischen uns und den Lateinamerikanern zu geben. Wir haben auch Versammlungen und Kommissionen in fast jeder Diözese. Da ihre Mitglieder oft zu ignorant sind, um A von B [im Original *Olaf* von *Beth*] zu unterscheiden, wird leider jede Gemeinschaft in Konflikten auseinandergerissen.

Der Patriarch und die Metropoliten führten Gespräche mit den Gemeinden der oppositionellen Metropoliten. Es wurden oft Entscheidungen ohne eine tatsächliche Untersuchung getroffen. Mit einem kleinen Eingriff kam es schnell zu Urteile, Ernennungen und Absetzungen sowie zu wiederholten Konfessionswechseln.

Tatsächlich gab und gibt es sowohl unter den Verwaltern als auch in der Gemeinschaft aufgeklärte, nachdenkliche und ehrliche Menschen. Dies scheint jedoch die Ausnahme zu sein. Mindestens die Hälfte eines Volkes müsste aufgeklärtes Denken haben, damit sie die andere Hälfte regieren kann. Wir sollten wissen, wie viele Menschen bei uns lesen und schreiben können und wie viele von denjenigen verstehen, was sie lesen.

Neben dieser ausgeprägten Unwissenheit hat unser Volk auch sein Selbstvertrauen und seinen individuellen Unternehmergeist verloren, da es seit Jahrhunderten von einer klerikal dominierten Verwaltung regiert wird.
Mit anderen Worten, es liegt daran, dass das gesamte Verwaltungssystem des Volkes seit Jahrhunderten von religiösen Führern monopolisiert wurde und das Volk deshalb seinen Reflex der Selbstverwaltung verlor. Diese Situation hat es dazu gebracht, aus Faulheit beiseitezutreten und zu akzeptieren, dass jede Forderung, jede Entwicklung und jeder Fortschritt von seinen Geistlichen bestimmt wurde.

Mögen unsere geistlichen Führer nun versuchen, eine Synode [ܣܘܢܗܕܘܣ], eine Schule oder eine Volksversammlung für unser Volk zu schaffen, entweder aus Gewissensgründen oder im Sinne des Guten. Sie sollten versuchen, die guten Dinge zu tun, die das Volk selbst will und erwartet, oder man hat die Macht, geistliche Führer dazu zu bringen, es zu tun, weil es das Recht dieses Volkes ist. Wenn sie auf das Volk hören, muss man sie zwingen zu schweigen und sich zurückzuziehen.
Wir sollten auch wissen, dass wenn ein Volk [mehrheitlich] unwissend ist, werden einige fortschrittliche und innovative Individuen, die daraus hervorgehen, nichts tun können.

Zum Beispiel gab es bei den Osmanen Verwalter mit innovativen Ideen wie Sultan Selim III., die Großwesire Reshid und die Midhat Pashas, neben denen Mustafa Kemal Pasha nicht einmal Schüler hätte sein können. Leider konnten die unwissenden Menschen, die nichts anderes kannten als das Auswendiglernen der Glaubensgeheimnisse in den Räumen der Gebetsschule (*Madrasa*), innovative Ideen nicht verstehen.

Die konstitutionelle Regierungsform und die Versammlung von *Mebusan* (vom Volk gewählte Abgeordnete),[326] die aus der zivilisatorischen Notwendigkeit des neuen Verwaltungsansatzes entstanden, konnten ihre Existenz nicht einmal zwei Jahre lang fortsetzen. Denn die Mitglieder der Abgeordnetenversammlung verfügten nicht über genügende Erfahrung, um die verfassungsmäßige Verwaltung zu leiten und aufrechtzuerhalten.

Obwohl Sultan Abdulhamid II. seine Bürger repressiv behandelte, war er in seinem Denken ein fortschrittlicher und sachkundiger Politiker, der die Stimmung in seinem Volk gut kannte. Er wusste sehr wohl, dass das Volk das Wort des Konstitutionalismus auszudrücken verstand, aber nicht wusste, wie man es regiert. Aus diesem Grund fokussierte er seine Mittel auf die Eröffnung moderner Schulen. Die türkische Revolution, die wir heute sehen, ist das Ergebnis dieser Schulen. Die Revolutionäre sind Schüler, die in den Schulen dieses unterdrückerischen Abdulhamid erzogen wurden.

---

[326] Die Abgeordnetenkammer (osmanisch *Hey'et-i Meb'ūṣān*) war das Unterhaus des Osmanischen Parlaments. Unter Sultan Abdülhamid II. wurde die Abgeordnetenkammer nach nur anderthalb Jahren aufgelöst und blieb dies für mehr als 30 Jahre.

Aus einigen Werken von Patriarch Yacoub[327] und Patriarch Petros[328] geht klar hervor, dass sie aufgrund der von ihnen getroffenen Vorkehrungen offen für Neuerungen waren. Wenn sie gewusst hätten, dass Erneuerung nur durch die Verbreitung moderner und nationaler Schulen möglich ist und sie dies unverzüglich umgesetzt hätten, wären sie zweifellos die größten Namen unserer Geschichte geworden. Die Unwissenheit des Volkes hat jedoch auch die sozialen Innovationsansätze dieser Patriarchen bis zu einem gewissen Grad behindert.

Bei uns wurden viele Male stattliche Versammlungen gebildet und umfassende Vorschriften geschrieben. Unwissenheit hat sie jedoch immer auf dem Papier gelassen.

Der Bau eines Gebäudes beginnt mit dem Fundament, nicht mit dem Dach. Die Grundlage zum Aufbau des nationalen Bewusstseins sind Wissenschaft und Kultur. Nichts kann ohne sie aufrechterhalten werden.

Senharib Balley

Unsere Schulen
(Teil 2)[329]

In der Sprache von *Leshono d Umtho…*

Ibrahim Sefer Efendi aus Aleppo sagte: *„Ich wünschte, sie hätten uns unsere Geschichte beigebracht, anstatt uns in der Schule den Shhimo[330] [ܫܚܝܡܐ] beizubringen."* Natürlich ist die Aussage, die er gemacht hat, absolut richtig und wahr.

Wir sagen und schreiben es seit zwanzig Jahren, damit diese Situation so schnell wie möglich sich ändert, leider ohne Wirkung. Die Situation aller Völker in der Welt hat sich verändert, sogar die Weltkarte hat eine andere Form angenommen, aber die Lehrmethoden unserer Schulen haben sich überhaupt nicht verändert oder gewandelt.

Ja, wir hatten Schulen in den Städten und sogar in den Dörfern. Aber diese Schulen existierten nur dem Namen nach; in Bezug auf Lehrer, Bücher, Curriculum und Lehrmethoden waren sie keine Schulen für die Nation, sondern Orte der Zerstörung. Denn die Kinder der Nation gingen unversehrt dorthin und verließen sie mit einem verkrüppelten Geist, sie gingen mit Intelligenz hinein und kamen ohne Intelligenz zurück.

Unsere Schulen waren Orte, an denen die Führungsmängel des Klerus am deutlichsten sichtbar wurden. Daher unterscheiden sich unsere Schulen nicht sehr von unseren Kirchen und unsere Kirchen von unseren Schulen. Denn in den Schulen werden den Kindern Liturgie (*Tukso*), Hymnen und Melodien (*Beth-Gazo*) als Wissenschaft beigebracht. Wenn man in die Kirche geht, praktiziert man Gebet und Liturgie aus denselben Büchern.

---

[327] Ignatius Yacoub II (1847–1871).

[328] Ignatius Peter IV (1872–1894).

[329] *Leshono d Umtho*, Jahrgang 2, Nr. 35, 15. Juli 1928. Originalartikel in Garschuni-Osmanisch *"Mekteplerimiz"*.

[330] Shhimo ist das Buch der täglichen Gebete der syrisch-orthodoxen Kirche.

Nationalgeschichte, Sprache, Literatur, Gesundheit, Rhetorik ... kurz gesagt, Informationen, die es dem Kind ermöglichen würden, sich selbst, sein Volk oder seine Anpassung an das soziale Leben abzusichern, waren in unseren Schulen nicht verfügbar. Der beste Lehrer war derjenige, der die Schüler schlug, und das klügste Kind derjenige, der in der Lage war, ein Gedicht in acht verschiedene Tonarten umwandeln und vortragen konnte. Solche Schulen haben unsere Nation in vielen Bereichen wie Denken, Verwaltung, Wirtschaft, Moral und Sprache zerstört.

Zuerst hat dieses Verständnis unser Denken abgestumpft. Weil es in unseren Büchern nichts gibt, was unser Wissen erweitern könnte, gibt es unter uns keine Gelehrten, die *Beth* sagen könnten. Unsere Ideen sind wie unsere Sprache an die dicken Mauern der Kirchen gekettet und sind vom Geruch des Weihrauchs, der Kerzen und des Kienholzes verschimmelt.[331]
Das syrische Christentum in Amerika, Indien, Syrien, Ägypten und Mossul hat nicht eine einzige Organisation, die ihre Angelegenheiten verwaltet. Andererseits wollen wir, sobald es zehn Familien in einer Stadt gibt, sofort eine Kirche und einen Geistlichen haben, und nicht nur das, sondern auch die Präsenz eines Metropoliten. Die Tatsache, dass einige unserer wohlhabenden Leute Hunderte von Lira für den Bau von Kirchen ausgeben, aber keinen einzigen Cent für die Veröffentlichung von ein oder zwei nützlichen Büchern, sind lebendige Zeugnisse unserer geistigen Blindheit.

Zweitens: Diese Lage hat unser Volk in Bezug auf Führung geschädigt. Denn unter den Köpfen, die mit *Tukso* und *Beth-Gazo* erzogen werden, befinden sich keine, die weder in religiösen noch in weltlichen Angelegenheiten als fähige Männer gelten. Deshalb befinden sich Führungsangelegenheiten im Allgemeinen in inkompetenten Händen.

Drittens: Diese Entwicklung schadete uns auch wirtschaftlich. Denn das Kind verbringt sechs oder sieben Jahre der Schulzeit umsonst, während die Bildungskosten sowohl seiner Familie als auch der Nation viel Geld kosten, um die Schule abzuschließen, nachdem es wie ein Papagei ein paar unnötige Dinge auswendig gelernt hat. Um nicht zu verhungern, bleibt er entweder in einem Kloster oder wird als Pförtner, Bauer oder Weber beschäftigt. Aus diesem Grund ist unser Volk eine Nation von Bauern geworden. Bedeutende Kaufmänner oder Handwerker unter uns sind an den Fingern abzuzählen.

Viertens: Es hat die Moral verdorben. Da Gefühle in Bezug auf Religion und Geschlecht nicht trainiert und diese nicht mit Moral in Verbindung gebracht werden, bleiben Emotionen und Willenskraft ziemlich schwach. In diesem Fall kann es aufgrund eines kleinen weltlichen Interesses oder Neids zu Konfessionswechsel kommen. Vor allem bei denjenigen, die das Klosterbrot essen ...
Fünftens: Unsere Sprache ist tot. Denn wenn es in einer Sprache kein Wissen gibt, um damit Brot zu verdienen, gibt es keine Nachfrage für diese Sprache, selbst wenn diese Sprache vom Himmel herabkommen würde. Egal in welche Sprache und Schule verfügbar, alle eilen dahin, wo es Naturwissenschaften wie Mathematik, Geografie oder Geometrie gelehrt werden. Mit Ausnahme unserer ostassyrischen Brüder sind alle anderen assyrischen Schulen für die Nation so nutzlos, weil sie nicht einmal in der Lage sind, unsere zweiundzwanzig National-Buchstaben [des Alphabets] zu lehren, geschweige denn unsere Sprache und Literatur zu

---

[331] Im Rahmen der Weihnachtsmesse wird in der syrisch-orthodoxen Kirche in Anlehnung an die Geburtsgrotte Christi Feuer aus Kienholz angezündet.

pflegen. Aus diesem Grund überschreitet der Anteil der syrischen[332] Texte in unseren Volkszeitungen nicht einmal die fünf Prozent.

Tatsächlich würde unser Volk ungebildet und unwissend bleiben, wenn es keine türkischen, armenischen und arabischen Schulen gäbe.

Zunächst einmal wäre es an sich schon ein Segen, wenn es in allen unseren Schulen ein gemeinsames Verständnis von Bildung und Ausbildung gäbe. Dies existiert nicht, denn sonst würde sich das Curriculum in Urfa von dem in Diyarbakir und letzterer von dem in Kharput oder Mardin nicht unterscheiden.

Aufgrund der Tatsache, dass die Lehrer an ausländischen Schulen ausgebildet wurden, hat jeder von ihnen ein anderes Verständnis von Bildung und eine andere Methodik.

Das ist ein Chaos, ähnlich der babylonischen Verwirrung, die der Vernichtung [der Stadt] voranging. Unser Volk war [gegen sich selbst] zerstörerischer als der Krieg, das Leid und die Massaker. In einer solchen Nation, wer soll wen verstehen? Wer hört wem zu?

Wenn also die Ursache für unsere Demütigung und Rückständigkeit in der Unwissenheit und den Erziehungs- und Lehrmethoden unserer Schulen liegt, sollten wir uns zumindest bemühen, sie mit aller Kraft zu korrigieren und zu beseitigen.

Anstatt Hände [der Geistlichkeit] zu küssen, Weihrauch anzuzünden, Kniefälle zu machen und unser Geld zu spenden, sollten wir versuchen, unsere Sprache zu pflegen und wissenschaftliche Bücher zu übersetzen sowie ein paar junge Leute auf höhere Schulen zu schicken.

Demütigung und Klagen nutzen sonst überhaupt nicht.

Andernfalls werden wir unser Leben damit verbringen, wie ein Storch zu klappern.

Senharib Balley

---

[332] Gemeint sind Beiträge im klassisch Syrischen (Kthobonoyo).

Das Fest von Worcester[333]

Ansprache von Senharib Balley

Shawtofutho d- Huyodo d-Suryoye d-Kharputoye (ܡܘܐܦܐܠ ܘܣܘܒܐ ܘܗܘܕܝܣܐ ܘܓܢܬܐܠܡܐ)

Wie jedes Jahr fand am Sonntag, den 8. Juli, der einunddreißigste traditionelle Picknickausflug auf der Farm von Bshara Perch Efendi statt, die für ihre [Wasser] Quellen berühmt ist.

Fast vierhundert Assyrer aus verschiedenen Städten Rhode Islands und Massachusetts nahmen an diesem Ausflug teil. Einige der Teilnehmer versammelten sich in einem Kreis unter den Bäumen und auf dem Gras, aßen, tranken und unterhielten sich miteinander, während andere sich um assyrische Musiker und Sänger versammelten, die nationale Lieder und Gedichte vortrugen.

Nachdem die Leute eine Weile so verbracht hatten, rief der Leiter der Gemeinde, Abdulnur Jour Efendi, alle Teilnehmer gegen zwei Uhr nachmittags dazu auf, sich an einem bestimmten Ort zu versammeln. Nach einer kurzen Weile, nachdem alle ihre Plätze am vorgesehenen Ort eingenommen hatten, hielt Präsident Abdulnur Efendi im Namen der Gemeinschaft die Willkommensrede an die Teilnehmer und kündigte an, dass gemäß dem vorbereiteten Programm zuerst von den Mädchen das nationale Gedicht „*Beth-Nahrin Hoy Motho Dilan*" (ܒܝܬ ܢܗܪܝܢ ܗܘܝ ܡܐܬܐ ܕܝܠܢ)[334] vorgetragen wird. Die assyrischen Mädchen trugen dieses Nationalgedicht mit ihren harmonischen Stimmen vor, die an engelhaftes Mitgefühl erinnerten, was von den Teilnehmern mit großem Beifall bedacht wurde.

Der zweite Vorsitzende, Yacoub Tashjy Efendi, der aus Boston eingeladen war und an der Sitzung teilnahm, wurde auf das Podium gebeten, um seine Rede zu halten. Begleitet von Applaus schritt Tashjy Efendi zum Podium, um seine Rede zu halten. Sein Thema war Einheit und Solidarität. Zusammengefasst sagte er: *"Das Resultat jeder Einheit ist die Erlangung von Macht und Stärke. Jede Spaltung und Trennung resultiert in einer schmerzhaften Auslöschung. Unsere Nation ist von der Krankheit der Zersplitterung und Auslöschung heimgesucht. Das einzige Heilmittel dagegen ist, die Gedanken- und Glaubensunterschiede jedes Assyrers innerhalb der Mauern der Kirchen zu belassen, während außerhalb die Idee der nationalen Einheit zu pflegen ist, damit diese Nation überleben kann, sonst ist das Aussterben unvermeidlich."*

Der Versammlungsleiter bat anschließend den Patrioten Senharib Balley Efendi, der vor zwei Wochen von New York nach Worcester gereist war, um seine Freunde in New England zu besuchen und den Verbänden seine Gedanken zu einigen nationalen Fragen mitzuteilen, eine Rede vor der anwesenden Versammlung zu halten. Der Wunsch, dass er bei dieser Gelegenheit eine Rede hält, wurde zuvor dem Versammlungsleiter mitgeteilt.
Obwohl Senharib Efendi erklärte, dass er aus verschiedenen Gründen keine Rede halten wollte, konnte er dem Drängen der Anwesenden nicht widerstehen und sprach schließlich.

---

[333] *Leshono d Umtho*, Jahrgang 2, Nr. 38, 1. September 1928. Originalartikel in Garschuni-Osmanisch „*Worcester Ziyafeti*".
[334] Der Text dieses Lied wurde von Naum Faiq geschrieben.

Senharib Balley Efendi begann seine Rede mit dem letzten Vers der Hymne (*Kmo Halyo* ܟܡܐ ܚܠܝܐ). Da er ein sehr beeindruckender und starker Redner ist, folgten die Teilnehmer seiner Rede sehr aufmerksam.

Beeindruckend war Senharib Balley Efendis Rede über die Entwicklung des Nationalbewusstseins, bei der er sich an einen geschriebenen Text hielt. Eigentlich hätte seine Rede aufgezeichnet und gesendet werden müssen, damit sie alle Teile der Gesellschaft erreicht. Aufgrund des Mangels an entsprechenden Möglichkeiten, diese Rede aufzuzeichnen, begnügen wir uns jedoch mit der folgenden allgemeinen Zusammenfassung:

Wenn einige von uns mehrere hundert Assyrer zu solchen Zusammenkünften zusammenkommen sehen, empfinden sie Freude und Glück. Bei mir hingegen erzeugt es einen Zustand der Traurigkeit. Denn diese Gemeinschaft (auf die Anwesenden mit den Händen zeigend) und ähnliche Versammlungen, die bei Banketten und Treffen in anderen Teilen Amerikas zusammenkommen, verließen unser Heimatland Syrien und verschwinden, indem sie sich großen Gemeinschaften von Fremden anschließen, die nicht noch mehr Bevölkerung benötigen. Dabei hätten unsere Kleinsten die Schulbänke unserer Nationalschulen in der Heimat füllen sollen. Leider sind jene Bänke heute ganz leer. Diese Gemeinschaft hätte unsere Kirchen in der Heimat füllen sollen. Leider heulen in ihnen Eulen, weil sie verlassen wurden. Dabei gibt es eine noch schmerzlichere Lage als diese, nämlich die, dass wir aus unseren verschiedenen Gemeinschaften keine nationale Macht zustande bringen, die den Bedürftigen im Heimatland die notwendige Hilfe leistet.

Eines Tages stand der Deutsche von Sanders Pasha[335] mit der türkischen Militärdelegation vor dem Tigris. Als er sieht, wie die türkischen Soldaten mit offenem Mund das Wasser des Tigris strömen sehen, fragt der Deutsche: *„Fließt dieses Wasser immer so nutzlos?"* Der Soldat antwortet: *„Ja, es fließt immer so"*. *„Und Ihr steht davor und starrt es wie die Ochsen an, nicht wahr?"*, erwidert Sanders Pascha kritisch. Anders ausgedrückt wollte er darauf hinweisen, dass die Türken dieses Wasser ungenutzt für die landwirtschaftliche Produktion und Industrie abfließen ließen, ohne daraus kommerziellen Nutzen zu ziehen. Wenn ein heutiger von Sanders auf einige unserer Gemeinschaften in Amerika trifft und sieht, dass von ihnen keine nützliche Arbeit geleistet wird, hätte er nicht das Recht, uns mit einer bitteren Bemerkung zu kritisieren?

Senharib Balley Efendi, erläuterte aus psychologischer Sicht, was Nationalbewusstsein ist, wie es unterstützt werden kann und wie es sich entwickelt; er stellte fest, dass die Zahl bzw. Stärke der Bevölkerung, Wirtschaft oder Wissenschaft auf dem ersten Blick nicht die wesentlichen Kriterien im Leben von Nationen sind. Es sind Nationalgefühle, die beachtet werden müssen. Indien hat eine Bevölkerung von 150 Millionen, wird aber aufgrund seines schwachen Nationalbewusstseins von 60.000 Briten regiert.

Ein riesiges deutsches Kaiserreich konnte das Nationalgefühl des kleinen Belgiens nicht brechen, China mit vierhundert Millionen Einwohnern ist ein Spielzeug in den Händen der Europäer. Es ist nicht sehr gefährlich, wenn die Währung einer Nation weniger wert ist, denn wenn deren nationale Gefühle stark sind, selbst wenn sie ihre politische Macht verliert, ist es nicht so gefährlich wie der Verlust ihrer nationalen Gefühle. In Polen war das polnische Volk

---

[335] Otto Viktor Karl Liman von Sanders, bis 1913 Otto Viktor Karl Liman (1855-1929) war ein preußischer General der Kavallerie und osmanischer Marschall.

wegen des Mangels an politischer Verwaltung auf drei unterdrückerische Regime verteilt. Allerdings zerfielen dabei die staatliche Verwaltung und das Land.

Die nationalen Gefühle der Polen waren ziemlich stark. Die russische Regierung plante, die sprachliche und nationale Geschichte Polens zu zerstören, um diese Gefühle auszumerzen. Sie schloss ihre Schulen, richtete ihre Lehrer hin und schickte Intellektuelle ins Exil. Diese Verfolgungen und Verbannungen führten jedoch dazu, dass das Nationalgefühl der Polen immer stärker wurde. Die Polen sprachen nicht die Sprache der Ausländer, sondern betrachteten den Pflug eines ausländischen Bauern auf ihren Feldern als ein Messer in der Brust ihrer Mutter. Wir hingegen haben unsere Felder bereits aufgegeben und verwenden selbst an den heiligsten Orten unserer Tempel (*Apsis-Qduş qudşin* ܩܘܕܫܐ ܩܕܘܫ) ohne Scham weiterhin fremde Sprachen und Schriften.

Auf dieser Weise ist unser Nationalcharakter aus unseren Gesichtern getilgt worden. Nachdem die Türken der politischen Herrschaft der Griechen ein Ende gesetzt hatten, unterdrückten sie sie vierhundertfünfzig Jahre lang, konnten aber das Nationalbewusstsein der Griechen nicht auslöschen, weil dieses Bewusstsein immer von ihren nationalen Schulen inspiriert wurde.
Auf diese Weise werden Nationen wiedergeboren, selbst wenn sie politisch sterben, wie die untergehende Sonne [, die wieder aufsteigt]. Obwohl das Bewusstsein der Assyrer in geringem Maße unter dem Einfluss anderer an Orten der Auswanderung entstand, ist man diesem Bewusstsein und Denken innerhalb der Gemeinschaft leider feindlicher gesinnt als gegenüber Fremden.

Insbesondere können wir die assyrische Idee in Amerika niemals auf Dauer am Leben erhalten. Denn ein Volk kann seine nationale Existenz nicht in einer Geografie aufrechterhalten, in der es seine [eigene] Geschichte nicht erlebte. Das gilt nicht nur für Amerika. Selbst in Syrien ist es dem Assyrertum nicht möglich, sich zu entwickeln und zu überleben, weil unsere Nationalsprache auch dort vollständig verschwunden ist.

Selbst wenn die Medikamente aller Apotheken in den Körper eines Toten gestopft werden, kann er nicht wieder zum Leben erweckt werden. Infolgedessen werden vier Generationen später diejenigen in Amerika im Schmelztiegel von Uncle Sam aufgehen, die in Syrien im arabischen und die im Kaukasus im russischen Volk verschwinden oder werden ein anderes Aussehen annehmen. Wenn es heute jedoch eine letzte Hoffnung für das Assyrertum gibt, dann sind es die Assyro-Chaldäer, die in (Nineveh) Mossul und Umgebung leben.

Denn dort gibt es sowohl Einheimische als auch Einwanderer, die ihre Muttersprache bewahrt haben. Unsere Nationalsprache wird noch heute verwendet. Wenn unsere Organisationen und Patriarchate unsere verzweifelten Flüchtlinge ermutigen, sich dort niederzulassen, und unseren Schulen eine nationale Arbeitsweise geben, wird diese Nation weiterhin leben. Andernfalls könnt Ihr weiterhin das Assyrertum bekräftigen, so viel ihr wollt, solange unsere Patriarchate weiterhin die Titel Syrische, Antiochenische und Chaldäisch-Babylonische [Bezeichnungen] verwenden, wird die Geschichte dieses Volkes in höchstens vier Jahrhunderten zu Ende gehen.

****

Nachdem die Rede von Senharib Balley Efendi mit lautem Applaus endete, lud Präsident Abdulnur Efendi Chorbischof Fawlus Samuel Efendi ein, seine Rede zu halten. Dieser bestätigte die Aussagen seines Vorredners, insbesondere indem er mit einigen Hinweisen enthüllte, wonach z. B. der verstorbene Patriarch Petros[336] auch nationale Ideen hatte. Auch seine Rede wurde mit einem Applaus beendet.

Die Teilnehmer der Veranstaltung setzten ihre Unterhaltung dort fort, wo sie aufgehört hatten, und verbrachten ihre Zeit in Freude bis elf Uhr nachts. Die Einnahmen aus dem Bankett beliefen sich auf dreihundertsiebzig Dollar.

Darüber hinaus werde ich zu einem geeigneten Zeitpunkt eine Zusammenfassung folgender Reden von Senharib Balley Efendi [der Redaktion] zukommen lassen:

a. „Unsere aktuelle Lage", gehalten am Sonntagabend, den 1. Juli in der Halle unserer Assyrischen Kirche in Worcester;

b. „Die Bedeutung der syrischen Sprache und welche Nationen die syrische Schrift in die Weltzivilisation eingebracht haben", gehalten am Donnerstag, den 12. Juli, vor Schülern der Assyrischen Schule in Worcester;

c. „Nationale Bildung", gehalten am Dienstagabend, den 16. Juli, ebenso an der Assyrischen Schule in Worcester.

5. Juli 1928   Worcester Korrespondent

---

[336] Patriarch Ignatius Petros IV (1872-1894).

Geschichte der Kurden und Kurdistans[337]

Das Buch des deutschen Dr. Frick besteht aus zwei großen Bänden und wurde von der Berliner Ehrenakademie herausgegeben. Ich habe in diesen Tagen den ins Türkische übersetzte erste Band dieses Buches erhalten. Dieser Band enthält detaillierte Informationen über die Geschichte Kurdistans, die Namen der kurdischen und jesidischen Stämme, die Anzahl der Stämme, die Anzahl der Familien in jedem Stamm, ihre Sitten, Bräuche und Traditionen, ihren Glauben und ihre Sekten. Es enthält auch detaillierte Informationen über die Namen der Orte, an denen sich die Kurden niederließen, die Namen und die Herkunft der Stammesführer (Beys) der einzelnen Stämme und ihre Verbindung oder Gegnerschaft in ihren Beziehungen zu den persischen und osmanischen Verwaltungen in verschiedenen Epochen. Während es nur Informationen über die kurdischen Stämme in Hakkari und Mossul gibt, werden die Assyrer kurz erwähnt.

Da ich den zweiten Band nicht gesehen habe, weiß ich nicht, über welche Themen der Autor spricht. In diesem Buch hat der deutsche Gelehrte trotz seiner eigenen speziellen Forschungen hauptsächlich aus der Geschichte der Kurden und Kurdistans zitiert, die der kurdische Historiker Bitlisli Şeref Han 1597 unter dem Titel „Şerefname" in persischer Sprache geschrieben hat. Dieses wertvolle Geschichtswerk wurde neben dem Deutschen auch ins Russische, Französische und Englische übersetzt.

In der Tat fand ich es sehr interessant, dass vor dreieinhalb Jahrhunderten ein Kurde solche Informationen über die Geschichte seines Volkes zusammengetragen hat. Denn bisher dachte ich, dass, wenn es ein Volk gibt, über deren Situation und Herkunft wir keine Informationen haben, dann sind es Kurden und Jesiden. Ich habe mich also geirrt.

Der arabische Historiker Ibn Khaldun[338] erwähnt in seinem Werk „Die Muqaddima" die Namen und Ursprünge arabischer Stämme und erwähnt aufgrund der Tatsache, dass Araber der semitischen Rasse angehören, auch die Namen assyrischer und aramäischer Stämme.[339]

Ich wünschte, unsere Historiker der Vergangenheit und der Gegenwart könnten so gut sein wie ein kurdischer Historiker. In Bezug auf die Aufzeichnung unsere Ursprünge handelten sie nicht mit Weitsicht.

Vor zwei oder drei Jahren veröffentlichte ein chaldäischer Priester aus Mossul in Ägypten ein Werk mit dem Titel „Die Geschichte von Mossul", das sich mit den Stämmen und die Namen und die Herkunft der arabischen und kurdischen Gemeinschaften befasste, die in und um Mossul leben mit Hinweisen, von wo sie eingewandert sind. Diese geschätzte Person erwähnte jedoch nicht einmal die Namen der Barwar, Tiyari, Tkhuma, Jilou und anderer assyrischer Gemeinschaften und Stämme, die in und um Mossul lebten, geschweige denn ihren Status, ihre Sitten und Traditionen. Worauf unsere Historiker und selbst die bekanntesten unter ihnen Wert legen, sind die Auflistungen der Namen von Metropoliten, die die kirchlichen Diözesen leiteten, ergänzt mit den Daten ihrer Amtseinführung. Sie dachten nicht daran, die Sicht des Volkes, seine Situation, die Quellen seines

---

[337] *Bethnahrin*, Jahrgang 13, Nr. 6-7, Oktober-November 1929. Originaltitel in Garschuni-Osmanisch *"Kürtler ve Kürdistan Tarihi".*

[338] Ibn Khaldun (1332-1406) war ein nordafrikanischer Historiker.

[339] Im Türkischen Original *"Asuri ve Arami kabilelerinin".*

Lebensunterhaltes, seine Bevölkerungsgröße, seine wirtschaftliche Lage und die von ihm verwendete Sprache aufzuzeichnen.

Welche Sprachen wurden in der Zeit von Bar Hebraeus,[340] Michael der Große (Rabo)[341] und Bar Salibi[342] in Malatya, Kharput, Urfa und Diyarbakir gesprochen? Oder welche Sprachen unser Volk überhaupt sprach? Wir wissen nichts über diese Angelegenheiten, weil sie sie nicht aufgezeichnet haben.

Senharib Balley

Eine Theateraufführung der Assyrian Dramatic Association (Knustho d Ḥezwone – ܟܢܘܫܬܐ ܕܚܙܘܢܐ) im Jahr 1916. Senharib Balley ist links stehend zu sehen. Bashar Boyajy und Charles Dartley in der Mitte stehend.

---

[340] Gregorius Bar Hebraeus (1226-1286).

[341] Patriarch Michael der Große (1126-1199).

[342] Dionysios (Yacoub) Bar Salibi (gest. 1171) war ein syrisch-orthodoxer Theologe und Bischof.

Ein verhängnisvoller Tag:
Nachruf auf Naum Faiq[343]

So wie sich die Monate des Jahres in Bezug auf die Jahreszeiten voneinander unterscheiden, werden auch einige Monate aufgrund historischer Ereignisse und der damit verbundenen gesellschaftlichen Veränderungen unterschiedlich wahrgenommen. Der Juli ist zum Beispiel für seine strenge Hitze bekannt. Gleichzeitig ist der Juli auch als Monat der Freiheit bekannt, da die Nordamerikaner am 4. Juli, die Osmanen am 15. und die Franzosen am 14. Juli die Ketten der Unterdrückung sprengten.

Der Monat Februar ist bei den Amerikanern auch deshalb so berühmt, weil am 12. Februar ein Menschenrechtsverteidiger wie der berühmte Abraham Lincoln geboren wurde, der als Vertreter und Begründer der Abschaffung der Sklaverei, die eine große Schande für die Menschheit und die Zivilisation war, für Freiheit und Gleichheit nicht nur in Worten, sondern auch in der Praxis eintrat. Der große Patriot George Washington, der den Grundstein für die größte Republik der Geschichte legte, wurde am 22. Februar geboren, weshalb der Monat Februar in den Vereinigten Staaten als *„Monat der Großen"* bekannt ist. Wer weiß, wie viele Verdienste diese einzigartigen Männer, die im Februar 1930 geboren wurden, noch für ihr Heimatland erbringen werden.

---

[343] *Bethnahrin*, Jahrgang 13, Nr. 8, 15. März 1930. Originalartikel auf Garschuni-Osmanisch *„Uğursuz Gün"*

Leider war der Februar für uns Assyrer weniger gut, denn wir leiden unter einem Mangel an Männern. Im Gegenteil, anstatt uns große Männer zu geben, nahm er uns das, was wir hatten, gemäß der Logik des Verses „*Wer hat, dem wird in Überfluss gegeben; wer nicht hat, dem wird weggenommen, was er zu haben meint*".[344] So erlosch am Dienstagabend des vierten Februar 1930 gegen zwei Uhr nachts ein heller Stern wie Naum Faiq am Himmel, der unsere Wege inmitten der Dunkelheit der Wolken der nationalen Unwissenheit erhellte, den seit langer Zeit Samen am assyrischen Horizont gesät hatten; er verschwand am Himmel Assyriens.

Unser einziger Kämpfer, der versucht hat, die Ketten, die unsere Ideen fesseln, zu sprengen, sie zu enthüllen und zu befreien, wurde in der Nacht des 4. Februar vom Feind namens Tod besiegt. Sein Atem, der unsere verhärteten Herzen belebt hat, ist für immer kalt geworden. Die Lampe, die uns den Weg gewiesen hat, ist zerbrochen und ihr Licht erloschen.

Ja, in der vierten Nacht jenes armen, finsteren und unheilverkündenden Februars, der unserer Situation ähnlich ist, blieben die fleißigen Finger, die jeden Monat unseren Augen den schönen Namen *Bethnahrin*, der assyrischen Heimat offenbarten, für immer regungslos.

Der einzige Dichter, der unsere Ohren mit Gedichten über Nation und Heimat erfüllte, wurde uns ebenfalls genommen. Noch schlimmer ist, dass wir einen Dichter verloren haben, der vor Heimweh und vor dem Feuer der Sehnsucht brannte:

O Heimat Assyrien, möge dein Licht nicht erlöschen,

Mögen deine Feinde keine guten Tage erleben,

Möge Gott dich bei mir behalten,

Lass ihn nicht meine Seele nehmen, solange ich dich nicht [wieder] sehe.

Ein Patriot wie Naum Faiq, der dieses Gedicht schrieb, starb im Land der Diaspora, ohne seine Träume und Ziele erreichen zu können. Daher war die vierte Nacht und der fünfte Morgen des Februar 1930 ein ungünstiger und schlechter Tag für die assyrische Sprache und die Patrioten, wenn nicht sogar für alle Assyrer.

Es ist möglich, dass einige denken, dass diese wahrheitsgemäßen Aussagen von uns übertrieben sein könnten. Würden sie jedoch die vierzig Jahre geistiger Arbeit und die Schriften des *Bethnahrin*-Herausgebers berücksichtigen – Werke, die er mit großem Ernst und unermüdlicher Geduld im Dienst der Nationalsprache und des Vaterlandes geschaffen hat, trotz zahlreicher Beleidigungen, Kritik, Spott sowie materieller Armut und Not –, dann würden sie erkennen, dass er mit seinen Gedanken und seiner Feder nahezu alle Belange unserer Nation bereichert hat. Sie würden erkennen, dass es keine Übertreibung ist, wie wir ihn beschreiben, sondern im Gegenteil, es ist sogar ungenügend.

Der Herausgeber von *Bethnahrin* war nicht nur ein aufrichtiger Patriot. Er war auch ein Meister der Sprachen: Er sprach fließend Assyrisch,[345] Hebräisch, Arabisch, Türkisch und Persisch und war mit Englisch und Griechisch vertraut.

Er hat die Originale der aus dem Assyrischen und Aramäischen[346] entliehenen Wörter aufgedeckt, von denen man annahm, sie seien aus verschiedenen anderen Sprachen

---

[344] Entsprechend dem Lukas-Evangelium 8-18.

[345] *Asurice.*

[346] *Asurice ve Aramice'den.*

entnommen und entstellt worden, so als hätte man sie ihrer nationalen Färbung beraubt und bewies, dass sie syrisch waren. Dies hat er in seinen beiden Hauptwerken, die er zu diesem Thema gesammelt und herausgegeben hat, mit unerschütterlichen Beweisen belegt und nachgewiesen. Insbesondere konnte nur er feststellen, dass mehr als die Hälfte der türkischen Sprache aus dem Syrischen umgewandelten Wörtern besteht.

Der historische Hintergrund der in unserer Kirche verwendeten Hymnen sowie die bedeutenden Werke, die er schrieb und organisierte, zeigen, dass er über ein beträchtliches Wissen über die Musik verfügte. Die Oden[347] und Gedichte, die er sowohl in der Muttersprache als auch in anderen Sprachen verfasst hat, erfordern nicht den Nachweis, dass er auch ein Dichter war.

Unter den Assyrern gibt es Männer, die die syrische Sprache besser beherrschen als Malfono Naum. Die Überlegenheit von Naum gegenüber ihnen bestand jedoch darin, dass sie ihre Kenntnisse im Syrischen nutzten, um einige der in unserer Sprache verbliebenen Fragmente ins Arabische zu übersetzen, wodurch das ursprüngliche Syrisch völlig unbedeutend wurde. Naum Faiq hingegen versuchte, unser Denken und unsere Literatur, die jahrhundertelang zurückgeblieben waren, der Literatur fortgeschrittener Nationen anzugleichen, indem er den Ursprung vieler verschiedener Sprachen auf das Assyrische[348] zurückführte. Die Sprüche und Gedanken von Benjamin Franklin, die Erklärung und Übersetzung der Rubaiyat (Vierzeiler bzw. Reime) des weltberühmten Omar Khayyam und viele andere Beispiele für Weisheit sind Zeichen für seine Überlegenheit.

Naum Faiq Palakh hasste alle fremden Wörter, Praktiken und Verhaltensweisen, sei es im Wörterbuch, in religiösen Praktiken oder nationalen Traditionen. Seine Gebetsrichtung (*Qibla*) war Mesopotamien (Bethnahrin), seine Heilige Dreifaltigkeit war Sprache, Nation und Heimatland. Seine Augen und sein Herz waren immer auf sie gerichtet. Er hat seine Inspiration daraus gezogen und diese benutzt, um sie zu lieben. Die assyrische Sprache war für ihn eine Leyla, und er war der Majnun[349] dieser Leyla.[350]

In seinen Augen waren seine Nation und sein Heimatland wie eine Rosenknospe fortdauernd inmitten von Dornen. Er selbst war wie die Nachtigall, die sich nach dem Erblühen der Rosenknospe sehnte. Seine nationale Freude sowie die Lieder, die er sang, waren die Seufzer und Klagen, die aus dieser tiefen Sehnsucht hervorgingen. Leider, und wie Herr Namik Kemal[351] sagte:

"Wenn ich sterbe, bevor ich den Fortschritt sehe, den ich mir für die Nation erhoffte,

möge auf mein Grabstein geschrieben stehen: Das Heimatland ist traurig, ich bin traurig!"

Auch der Autor von *Bethnahrin* verließ die Welt, ohne sein großes Ziel zu erreichen und ohne die Entwicklung und den Fortschritt zu sehen, von denen er geträumt hatte. Obwohl der Verstorbene ein etwas aufbrausendes Temperament hatte, verstand er sich mit allen gut.

---

[347] In der griechischen Antike wurde ein Gesang, der zu einem begleitenden Musikinstrument vorgetragen wurde, als Ode bezeichnet.

[348] *Asuriceye.*

[349] Lit. verrückt.

[350] Leyla und Majnun ist eine klassische orientalische Liebesgeschichte arabischen Ursprungs aus dem 7. Jahrhundert.

[351] Namik Kemal (1840-1888), war ein türkischer Dichter und Schriftsteller, der für seinen großen Einfluss auf die jungtürkische Bewegung und den türkischen Patriotismus und Liberalismus bekannt ist.

Er liebte vor allem Gespräche, in denen Ideen diskutiert wurden. Manchmal konnte ich ihn wegen meiner Arbeit ein paar Tage lang nicht besuchen, und wenn ich die Gelegenheit dazu hatte, fing er an, mit mir zu schimpfen. Manchmal kam er zu uns und schlug in seinem kranken Zustand mit dem Stock auf den Boden. Er brachte ein paar Bücher mit und schuf damit eine Grundlage für Diskussionen über nationale Themen.

Als er mich bei seinem letzten Besuch verließ, nahm er ein paar Bücher mit. Eines davon war Celal Nuris „Die gekrönte Nation". Ich habe ihn am Tag vor seiner letzten Krankheit besucht. Es ging ihm gut. Wir unterhielten uns zwei oder drei Stunden lang, und ich fragte ihn, welches der Bücher, die er mitgenommen hatte, ihm am besten gefiel. Er sagte *"Senharib, 'die gekrönte Nation', hat mir sehr gut gefallen, aber um die Wahrheit zu sagen, bedaure ich es, solche Werke zu lesen, denn wenn ich sehe, wie weit das nationale Denken in anderen Nationen fortgeschritten ist, schaue ich auf unsere Situation und ärgere mich. Aber ich werde das Buch bei der ersten Gelegenheit in unsere Sprache übersetzen."*

So übersetzte er die Rubaiyat[352] von Omar Khayyam - die Vierzeiler. Letzten Sommer brachte ich Omar Khayyams persische Rubaiyat zu ihm, um sie zu analysieren. Ich hatte auch die Ränder einiger Vierzeiler markiert, die er las und die ihm sehr gut gefielen. Ich sagte ihm: *„Malfono, Sie lieben es, unserer Literatur zu dienen, übersetzen Sie wenigstens diese wenigen Vierzeiler, die ich markiert habe, in unsere Sprache."* Er erwiderte: *„In Ordnung, ich werde sie übersetzen. Aber wen interessiert das überhaupt? Was nützt es dann, wenn es nicht veröffentlicht wird?"* „Malfono," antwortete ich, *„lassen Sie diese Überlegung beiseite, wir werden darüber nachdenken, es zu veröffentlichen."* Zustimmend sagte er: *„Ich werde mit dem Übersetzen beginnen."* Innerhalb von drei oder vier Wochen übersetzte er nicht nur ein paar, sondern fast zweihundert Rubaiyat, was meines Erachtens allein schon für den Ruhm seines Namens ausreicht.

Der Übersetzer der Rubaiyat war kein arroganter Mensch, der stolz auf sein Wissen war. Seine Ausdruckskraft war etwas schwach, und er wirkte äußerlich ruhig und still, doch diese Ruhe ähnelte eher dem Zustand eines großen Sees, der äußerlich ruhig ist, aber in seinem Inneren viele Erschütterungen, Kämpfe und Verwirrungen birgt.

Naum Faiq hatte viele Freunde, aber nur wenige, die das Innere seines Herzens verstehen konnten. Es war jedoch notwendig, tiefer in seine Gedankenwelt einzudringen, um seinen nationalen und patriotischen Gedanken zu begegnen und zu verstehen, was er meinte. Man sagt, dass es viele gibt, die Steine auf einen fruchttragenden Baum werfen.[353]

Einige kritisierten den Lehrer Naum und warfen ihm Unzulänglichkeiten vor. Ja, weil er ein Mensch war, konnte er nicht perfekt sein. Wenn man aber seine Mängel auf der einen Seite der Waage der Barmherzigkeit und Gerechtigkeit und seine fruchtbaren und nutzreichen Taten auf der anderen Seite abwägt, werden seine Mängel wie Staub vor dem Gewicht seiner nützlichen Taten verschwinden.

Leider besteht eine unserer nationalen Schwächen darin, dass wir die Güte in derer, die für uns arbeiten, nicht erkennen. Wir achten mit aller Aufmerksamkeit darauf, ihre kleinen Schwächen zu finden.

---

[352] Persische Gedichtform mit Vierzeilern.

[353] Ein assyrischer Spruch, wonach ein Baum der Früchte trägt mit Steinen beworfen wird.

Wenn wir zu Beginn unseres Artikels den Monat Februar und den Tod ein wenig kritisiert haben, so geschah dies aus dem Schmerz unseres Herzens heraus, denn wir wissen, dass die Natur unbarmherzig ist und ihre Gesetze unabänderlich sind. Der Tod ist ein Naturgesetz. Er unterscheidet nicht zwischen dem Gelehrten und Unwissenden, dem Reichen und Armen, dem Jungen und Alten, dem Assyrer und dem Amerikaner. Er hört nicht auf Einwände und Beschwerden, er ist egalitär. Er nimmt von jeder Nation seinen Anteil.

Der Unterschied besteht darin, dass, wenn der Tod eines aktiven Menschen aus anderen Nationen wegnimmt, sie Tausende an seiner Stelle vorbereiten. Wir hingegen sind Erben, die sich vom Kapital ernähren. Wir können denjenigen, der gegangen ist, nicht ersetzen; aber wie der Dichter sagt:

Letztlich hat niemand in diesem Weiler etwas geerntet,

Brot für jene, die es brauchen,

Er braucht Brot,

Ein Volk, das nicht sät, kann nicht ernten!

Eine Nation, die Männer braucht,

Ein Mensch sollte seine Schulen unterstützen, die sein Land sind.
Bildungseinrichtungen, die Menschenfabriken sind, sollten verbessert werden.

Eine Gesellschaft, die Sprache und Heimat liebt,

Sie muss ihre Sprache ehren.

Nationale und patriotische Normen, nationale Geschichte und Werke müssen gelehrt werden, denn sonst, so sagt man, werden sie von den Fremden mitgenommen, vom Winde verweht und von der Flut verschlungen. Am Ende wird man ruiniert sein.

Malfono Naum war nicht nur ein Mitglied der Familie Palakh, sondern auch ein Sohn seiner Nation. Deshalb kondolieren wir beiden für ihren Kummer und empfehlen, dass diese nationale Abwesenheit nicht vergessen wird und dass künftige Generationen diesen Sohn des Landes eines Tages in sein Heimatland überführen.

Über meine Lektüre von Asiria[354]

Vor einiger Zeit besuchte ich einen Freund und fand auf seinem Schreibtisch einige Papiere, darunter eine Zeitung, die meine Aufmerksamkeit erregte und auf der im Estrangeli-Schriftzug (ܣܒܡܐ ܚܘܢܣܗܐ) und darunter in Arabisch „*Al Jami'a Al Suryaniya* - الجامعة السريانية" [*Assyrische Einheit oder Liga*] stand. Als ich sie in Händen hielt, erkannte ich sofort, dass es sich um eine Monatszeitschrift handelt, die vom Syrisch-Ephremitischen Verein in der argentinischen Hauptstadt herausgegeben wird. Ich schaute es mir an, und das Erste, was mir ins Auge fiel, war die Zeichnung des heiligen Ephrem des Syrers und zwei Zeilen seiner syrischen Poesie. Ich habe sie zugeschlagen und sagte: *Das ist wieder so eine Zeitschrift wie die anderen. Falls sie bis jetzt noch lebt, gehört sie bereits zu den Toten. Auch wenn sie sich mit dem ehrwürdigen Namen „Die Einheit bzw. Liga" schmückt, geht sie nicht über das Prinzip ihrer Vorgänger hinaus, in dem sie sich auf die vier Wände der Kirche beschränkt. In der heutigen Zeit gibt es bei uns solche veralteten Schriften in Hülle und Fülle.*

Nach einer längeren Zeit wurde ich gebeten, eine Mission im Zusammenhang mit der *Assyrian Unity Society* zu übernehmen, deren Umstände mich dazu veranlassten, einige Regionen zu bereisen, und so traf ich meinen alten Freund Ibrahim Kurkjy, der mich über *Asiria* informierte. Ich dankte ihm und erwiderte, dass diese Schrift wie alle anderen Zeitschriften sei. Er lächelte und antwortete mir: „*Du musst es dir genau ansehen, bevor Du ein Urteil fällst, und Du wirst sehen, dass es nicht das ist, was du denkst.*"

Sobald ich in meine Abgeschiedenheit zurückkehrte und es durchlas, sah ich mich in einem völligen Sinneswandel. Meine Gedanken haben sich wirklich verändert, und ich sah mich mit einer Entwicklung meiner Gedanken konfrontiert, die sich in dieser Zeit blitzschnell vollzog. Während der Lektüre wurde ich von dem Stil des berühmten Philosophen Gustave Le Bon gefesselt. Vor dem Weltkrieg zeigten einige junge Männer, dass sie nicht an ihre nationalen Pflichten gebunden waren und gaben sich dem Luxus und dem Überfluss hin, aber sobald sie die Unterdrückung und Ungerechtigkeit sahen, die ihre Heimat heimgesucht hatten, erhoben sie sich, um sie zu verteidigen. Sie ersetzten den Spazierstock[355] durch das Gewehr. Sie setzten ihre Körper, die den zarten Luxus gewöhnt waren und mit den schlanken Körpern von Frauen vergleichbar war, kokett und verwöhnt dem Hagel von Kugeln und Kanonenbomben aus. Sie kämpften mit großer Tapferkeit in unzähligen Schlachten, und die Umstände zwangen sie manchmal, sich in die Sümpfe der Verteidigungsanlagen hineinzustürzen. Heute stelle ich fest, dass es Menschen gibt, die nach einer langen Zeit der Untätigkeit aufgewacht sind und sich bemühen, die religiösen Gebote mit der nationalen Feder zu ändern. Da die Mehrheit der *Assyrer* heute Arabisch spricht, kann die *assyrische* Frage nur in dieser Sprache [angemessen] behandelt werden.

Bisher habe ich alle ost- und west-*Assyrischen* Zeitungen[356] gelesen, und ich habe nichts darin ausgelassen, nicht einmal die Sichtung der kommerziellen Anzeigen. Aber ich habe noch nie so viel Mut und Literaturinhalte gesehen wie in *Asiria*. Sie hat einige wichtige Fragen gründlich

---

[354] *Asiria*, Jahrgang 3, Nr. 9, Mai 1937. Originalartikel in Arabisch حول مطالعاتي في الجامعة السريانية.

[355] Spazierstöcke wurden in den ersten Jahrzehnten des 20Jhds. als Accessoires der bürgerlichen Gesellschaft verwendet. Im arabischen Originalartikel wird es البسقون *al-basqun* genannt.

[356] *Al-Suryan al-mashareqa w al-maghareba* - السريان المشارقة والمغاربة.

und erschöpfend untersucht. Sie schreckte auch nicht vor irgendjemandem, noch zeigte sie Angst oder Unterwürfigkeit gegenüber destruktiven und rückständigen Menschen. Ich würde nicht übertreiben, wenn ich sagen würde: Wenn es in der *assyrischen* Nation heute ein paar Zeitungen wie *Asiria* gäbe, die ihren Kurs mit diesem Prinzip und diesem Stil verfolgen, würden sie mindestens ein Vierteljahrhundert lang leben. So würde sich auch die Weltkarte verändern. Denn dort, wo der Mensch mit seinen Gedanken hingeht, dort endet die Arbeit. Trotzdem sind wir Gott immer dankbar. Trotz all den Widrigkeiten, die unsere Nation durchgemacht hat, ist sie nicht tot. Wie der türkische Dichter sagte: *„Die Flamme des Feuers vernichtet die Erschöpften"*. Deshalb sage ich: Die Nationen werden nach dem Tod wieder auferstehen. Und dafür gibt es viele Beispiele in der Geschichte der Völker. So wie der Fall des einen der Aufstieg des anderen ist. Deshalb sage ich: Diejenigen, die sich gegen Dich auflehnen, sind Unwissende, die nicht recht geleitet sind, und sie haben stets eine Ausrede für ihre Handlungsweise. Der Fall einer Person erfordert keine Rache. Was den Untergang einer Nation betrifft, so hat dies verheerende Folgen, denn sie verliert ihre Stellung in der Gesellschaft, und es ist unmöglich, ihre kulturelle Stellung wiederzuerlangen. Vielleicht tauscht es mit anderen die Positionen. Manchmal gibt es etwas Schwaches und Vernachlässigtes, aber es ist unauslöschlich und bleibt lebendig, bis man ihm erlaubt, sich zu erheben und wahres Leben zu erlangen.

Dementsprechend merkt man an einigen Kapiteln von *Asiria*, dass es Menschen gibt, die sie mit einem schielenden Auge betrachten, und das, obwohl dies etwas Böses voraussagt. Aber man sollte sich nicht mit ihnen [übermäßig] abgeben. Denn die Patienten sehen den Arzt mit kranken Augen an und blicken auf die Fläschchen mit Medikamenten wie auf ein tödliches Gift. Deshalb sollten entschlossene Menschen nicht wanken, denn es gibt keine Menschen auf der Welt, die ein unwiderstehliches Prinzip haben. Gäbe es keine Wirbelstürme, würden die Feuer nicht entfacht werden.

Wie viele ungehorsame Menschen gibt es, die Steine auf fruchttragende Bäume werfen? Auch Le Bon, der große Philosoph, sagte: *„Das Vorstellen des Uhrzeigers löscht die Zeit nicht aus, und sein Zurückstellen verlängert sie nicht. Wenn ein Gedanke ausgereift und vollkommen erscheint, kann niemand ihm widersprechen. Und dem Weisen genügt ein Hinweis"*.

Denker und freie Schreiber in der *Asiria* dürfen weder schwächeln noch verzweifeln. Denn die Nation ist voll von unwissenden und kranken Menschen. Es dauert lange, all dies zu verarbeiten, und ein Tag in unserer Zeit ist wertvoller als eine Generation in einem anderen Zeitalter.

Unter uns hat sich eine tödliche Krankheit, nämlich die völlige nationale Ignoranz ausgebreitet, die unser größter Feind darstellt. Daher hätten unsere hervorragenden Denker diese Aufgabe erfüllen müssen. Ja, Unwissenheit hat uns alle erfasst wie eine brutale Regierung, die die Menschen mit eiserner Hand hält. Deshalb sehen wir in der Nation nichts Organisiertes und Durchdachtes. Ohne Gedanken oder Logik. Wenn einer von uns ‚Berg‘ sagt, sagt der andere ‚Tal‘. Und wenn ‚Meer‘ gesagt wird, versteht man darunter ‚Wüste‘. Doch das ist nicht, was wir wollen; vielmehr sind wir Werkzeuge in der Hand der Unwissenheit, die uns nach ihrem Belieben lenkt. Man sieht, wie sie ihre Nase in all unsere Arbeit und Angelegenheiten steckt. Deshalb sage ich immer, dass alle Ideen und Gedanken auf diese Front gerichtet sein sollten.
Wir müssen uns bemühen, die Festungen der Unwissenheit zu zerstören. Und wenn dies geschehen ist, wird die Nation von den Folgen verschont bleiben.

Meiner Meinung nach müssen wir, bevor wir mit dieser Angelegenheit fortfahren, ein lebendiges Gewissen, einen aufrichtigen Glauben und freie und feste Ideen in der Nation aufbauen. Wir müssen die Bedeutung der Macht der Nation, ihre Liebe und Wirksamkeit kennen. Wir sollten die moralische Bedeutung der Nation und die konfessionelle Möglichkeit der Einheit aller Teile kennen. Damit die *assyrischen* Konfessionsgruppen all dies verstehen, müssen wir sie, wie bereits erwähnt, auf Arabisch ansprechen, damit wir ihnen unseren Appell übermitteln können.

Auf unsere Agenda sollten wir die folgenden Punkte aufnehmen:

1. Junge Menschen sollten die nationale Geschichte und die Biografien berühmter Persönlichkeiten der *assyrischen* Nation in ihrer Muttersprache lesen können, und sei es auch nur in Kurzform. Das ist besser als unfruchtbare Studien über Konfessionen und Religionen und nützlicher für die Zukunft der Nation, die sie repräsentieren. Dann müssen sie darin geschult werden, überlieferte nationale assyrische Traditionen schauspielerisch darzustellen. Manchmal ist es auch notwendig, einige Ereignisse und tradierte Geschichten auf gesellschaftlichen Veranstaltungen vorzuführen, um in den Herzen der Menschen das Feuer des Eifers für die Wiederherstellung der alten Herrlichkeit und die Wiederbelebung der Nation zu entfachen.

2. Grundschulen müssen nationale und überlieferte Werte über ihre Schulbücher oder über ihre Erziehungsmethoden an die jungen Menschen übermitteln, damit diese sie anstreben und annehmen.

Dort beginnt die Nation ihre Neubildung. Ich habe schon gesagt, dass das, was uns zerstört, die Unwissenheit ist und der größte Fehler in uns ist, dass wir Ehre und Bedeutung der Nation nicht kennen, bis wir sie fast vergessen haben. Gleichgültig, wie viel vom Rest dieser Herrlichkeit in uns verbleibt, wir haben immer noch einen reichlichen Anteil an diesen Prinzipien in unseren Händen. Manche Menschen besitzen jedoch trotz allem, was sie sich an Wissen und Literatur angeeignet haben, leider keines dieser Prinzipien.
Es gibt keine Nation in der Welt, die so wenig über sich kennt wie die unsere. Eine ehrwürdige Geschichte, eine alte Sprache, die reich an Wissenschaften ist, eine wunderbare Literatur und zahllose Heldentaten, die ihresgleichen suchen, aber unter uns ist unsere Nationalgeschichte nicht bekannt.

Wehe der Nation, die die Geschichte ihrer eigenen Vergangenheit nicht kennt und nichts von ihrer alten Herrlichkeit hat und nicht mal zehn antike Seiten davon besitzt. Alles, was sie besitzt und unterhält, ist voll von Sektierertum und Nachrichten über Irrlehren und Missbräuche, die mit dem Schmutz des hasserfüllten Fanatismus verunreinigt sind. Wir dürfen nicht vergessen, dass die verbliebene wertvolle Literatur und die Hinterlassenschaften gemeinsames Eigentum aller *assyrischen* Konfessionen sind, sodass es nicht gerechtfertigt ist, dass eine Konfession dies für sich allein beansprucht.
Die Wiederbelebung dieses Erbes und seine Verbreitung ist die Pflicht aller Parteien ohne jede Diskriminierung. Es mag zum Beispiel für einige Konfessionsgruppen oder Oberhäupter zulässig sein, sich selbst den Himmel und denjenigen, die sich ihnen widersetzen, die Hölle zuzuweisen. Was das gemeinsame Eigentum der Nation jedoch anbelangt, wie Geschichte, Sprache, Literatur und dergleichen, so kann es keine einzelne Friktion für sich allein

beanspruchen. Und wenn sie dies tun, welchen Nutzen haben sie davon? Dieses Verfahren hätte längst eingeleitet werden müssen, denn es wird der Tag kommen, an dem die *Assyrer* gemeinsam an der Reform arbeiten wollen und feststellen, dass die Zeit hierfür vorbei ist. Wir haben gesehen, wie die Vernachlässigung in manchen Kreisen dazu geführt hat, dass die syrische Sprache überhaupt nicht unterrichtet wurde.

Die Assyrische Schulvereinigung (TMS) ist schon seit langem auf diesen Zustand aufmerksam geworden. Um der drohenden Gefahr zu begegnen, sah sie die Notwendigkeit der Gründung eines literarischen Instituts (eine Männerschmiede), um Schriftsteller, Übersetzer, Literaten, Führungskräfte, Politiker und Verwalter hervorzubringen. So gründete sie das Assyrische Waisenhaus zunächst in Adana und dann in Beirut, gab dafür große Summen [Hände voll Gold] aus und vertraute die Leitung den fähigsten Männern der Gemeinschaft an und beauftragte sie mit der Verwaltung. Es war an der Zeit, die Früchte zu ernten.
Doch die tief verwurzelte Unwissenheit, der Neid und persönliche Intrigen zerstörten dieses nationale Lehrinstitut fast, sodass es eine Zeit lang in Streitigkeiten geriet. Und wenn wir, die Männer der Nation, ihre Gelehrten und ihre Unwissenden, statt mit großer Klappe die Unzulänglichkeiten aufzuzählen und die Bemühungen zu vereiteln, großzügig genug wären, würden wir unsere Hände in die Taschen stecken und spenden, um die ehrenwerten und lebenswichtigen Prinzipien zu fördern.
Wenn wir dann wüssten, wofür das Geld ausgegeben wurde, wäre die Nation in kurzer Zeit von dieser schrecklichen Krankheit befreit. Damit wir vom Reden zum Handeln zu kommen, fordern wir die Leitung von *Asiria* auf, ab heute ein gut organisiertes nationales Geschichtsbuch vorzubereiten, das den Anforderungen entspricht, und zu diesem Zweck eine Subskription zu eröffnen und Gruppen sowie Einzelpersonen zur Unterstützung einzuladen.

Die Zeitschrift *Asiria* sollte einige Kapitel veröffentlichen, um den Lesern und Mitgliedern des Volkes den großen Nutzen dieses Buches zu zeigen. Darüber hinaus sollte ein Komitee aus bekannten Schriftstellern oder Gelehrten gebildet werden, das auf einer soliden nationalen Basis an der Entwicklung von Lehrbüchern arbeitet, die freie und erwachte Menschen hervorbringen. Denn ich sehe, dass unser Volk, insbesondere die jungen Leute beiderlei Geschlechts, in dieser Hinsicht willensschwach sind und viele Dinge brauchen.

Während die Bibliotheken anderer Nationen mit unterschiedlicher Literatur und Referenzen gefüllt sind, bleiben die wenigen Bücher, die bei uns im Umlauf sind schlecht und haben einen sich wiederholenden Inhalt. Die, die ich habe, werden die gleichen sein, die Sie haben, einschließlich *Takhsfotho*,[357] *Bocwotho*[358] und dergleichen. Oft sind die Wörter mit einer gebrochenen Sprache übersetzt, was die Bücher langweilig, ihren Inhalt stumpf, unangenehm und schwer für die Ohren macht. Das größte Wunder ist, dass unsere Nation all die Prüfungen, die ihr auferlegt wurden, überstanden und bis heute überlebt hat. Doch weder unsere Schulen noch unsere Bücher spiegeln diese edle Geschichte wider.

Dieser miserable Zustand ist tödlicher als die Pest, die schlimmste Folge der Dürre und tödlicher als explosive Materialien. Wenn Sie meinem Vorschlag akzeptieren, so fangen Sie sofort damit an und berufen einen ehrenamtlichen Ausschuss mit einem Schatzmeister, der

---

[357] *Takhshefto* (syr. ܬܟܫܦܬܐ für Bittgesang) ist ein Hymnus, der während des Abendmahls, bei Beerdigungen oder am Ende von Nachtwachen (lilyo) gesungen wird.
[358] Syrisch: ܒܥܘܬܐ für Fürbitten.

sich um die Sammlung und Verwaltung des Geldes kümmert. Sie können gerne 25 Dollar von mir und den gleichen Betrag von meinem Bruder Said eintragen. Zeigen Sie uns Ihre aufrichtige Entschlossenheit und Ihre brillante Entschiedenheit. Wenn Sie eine lebende Nation repräsentieren, müssen Sie Maßnahmen ergreifen, die dem Ruhm Ihrer Nation würdig sind, genau wie die Männer fortgeschrittener Nationen. Beeilt Euch, die Angelegenheit schnell zu bereinigen, bevor die Gelegenheit verstreicht und das Bedauern kommt. Welchen Nutzen bringt das Sprechen allein? Ein Kochrezept füllt den Topf nicht mit Essen und sättigt nicht den Hungrigen.

Mit den Gebeten und Bitten des Pilgers allein bewegt sich die beladene Arche nicht. Dies ist so und nichts anderes![359]

Dein aufrichtiger Bruder **Senharib Balley**

Farid Nuzha bei der Hochzeit seiner jüngsten Tochter Semi (Shamiram) mit Pablo Margonari und seine zweite Ehefrau Munira (ca. 1967)

---

[359] Bezieht sich auf ein Sprichwort. Siehe Seite 269.

Feier zu Ehren von Farid Nuzha[360]

Feier zu Ehren des Herausgebers von Asiria veranstaltet in New York von Senharib Balley

Sonntag, der 13. November war ein denkwürdiger Tag, an dem sich unter dem Motto der Literatur und des wahren Patriotismus wichtige Persönlichkeiten und an ihrer Spitze der verehrte Schriftsteller Senharib Balley in New York versammelten. Er lud die Mitglieder der assyrischen Gemeinschaft und andere Bürger zu einer feierlichen Veranstaltung zu Ehren seines Freundes, des Herausgebers der *Asiria*, Farid Elias Nuzha, ein.

Der Saal war geräumig, die Vorbereitungen waren vollständig, und die Organisation des Abends war umfassend. Eine Musikband unterhielt das Publikum, Gläser mit Spirituosen wurden eingereicht, um die Seelen zu erfrischen und um zur Ruhe zu kommen, ergänzt mit Tellern verschiedener Speisen. Der Schriftsteller Balley, sein geliebter Sohn Ashur, sein Bruder Said und andere empfingen die Gäste und kümmerten sich um sie an diesem literarischen Abend.

Unter denjenigen, die der Einladung folgten, befanden sich der verehrte Joseph Durna, der Präsident der Assyrischen Föderation, sein Stellvertreter David Perley, der Schatzmeister und das Oberhaupt der Gemeinde in Yonkers, David Jacob, in Begleitung assyrischer Landsleute, wie die Schriftsteller Naum Palakh,[361] Said Asfar und Charles Dartley sowie eine große Anzahl von Mitgliedern der armenischen Gemeinschaft, die ihre außerordentliche Großzügigkeit und ihren Respekt bewiesen.
Der Abend wurde von dem Schriftsteller Senharib mit einer wunderbaren Rede eröffnet, in der er den berühmten „Farid" und seine nationale Idee durch die Herausgabe der *Asiria* auf eine interessante Art und Weise analysierte. Es folgte der bemerkenswerte Politiker Joseph Durna, der über die Verkörperung des Geistes der Nation durch Farid Nuzha sprach.

Das Fest dauerte bis spät in die Nacht. Wir preisen die Kraft des eifrigen Senharib und möge Gott Farid Erfolg und Glück schenken.

New York, 14.11.1938   **John B. Ashjy**

---

[360] *Asiria*, Jahrgang 4, Nr. 10-12, Oktober-Dezember 1938.
Originalartikel in Arabisch„ "حفلة اكرامية على شرف محرر الجامعة السريانية".
[361] Naum Yaqub Palakh (1887-1943) war ein Cousin von Naum Palakh Faiq.

Die Zeitschrift Asiria und ihr Herausgeber[362]

Im Folgenden geben wir Ausschnitte der Rede, die im Rahmen der Feier zur Ehrung des Herausgebers von *Asiria* in Paterson am 13. Oktober 1938[363] vom ehrenwerten Senharib Balley gehalten wurde.

Als die Anwesenden im großen Saal, wie bereits in der vorherigen Ausgabe [von *Asiria*] durch unseren verehrten Korrespondenten berichtet, Platz genommen hatten, erhob sich der verehrte Senharib und sprach wie folgt:

„Diese Veranstaltung ist eher ein kulturelles als ein Unterhaltungs- und Vergnügungsfest. Ich hätte es gerne zu einem reinen Literaturfest gemacht, das dem Anlass entspräche, sodass es wie "Souk Okaz"[364] wäre, das über die Verdienste eines ausdauernden Schriftstellers spricht, der an diesem Tag den Ehrenkranz verdient hat, den er erhält. Aber die Umstände wollten, dass das Programm notgedrungen auf diese Weise ausgerichtet wird".

Nach einer ausführlichen Einführung ging dann der Schriftsteller Senharib auf das Magazin *Asiria* ein und sagte:

„Die Idee einer Liga oder Zusammenschlusses wurde zuerst im kaiserlichen Russland geboren, wo die slawischen Elemente der ursprünglichen Rasse zusammengeführt wurden. Sie haben alle denselben Ursprung und sind durch die Einheit von Sprache, Ethik, Literatur, Traditionen und Bräuchen verbunden. Russland sammelte nicht nur die Diaspora der slawischen Völker und nahm sie unter seine Fittiche, sondern es verteidigte weiterhin die Balkanvölker, befreite sie vom Joch der Sklaverei, rettete sie von der Herrschaft des Osmanischen Reiches und ermöglichte diesen slawischen Völkern, sich in voller Unabhängigkeit selbst zu regieren. Die Regierungen Rumäniens, Bulgariens, Serbiens, Griechenlands usw. verdanken ihre Unabhängigkeit der kaiserlichen russischen Nation.

Bismarck, der große deutsche Politiker, übernahm die Idee einer Einheit vom Nachbarn Russland und setzte sie in seinem Land um - und vereinigte alle deutschen Teile zu einer starken Nation. Das schwache Italien erhob sich und vereinigte sich, und die Italiener wurden zu einem einzigen Staat. Der türkische Reformer Mustafa Kemal, der diese Entwicklungen verfolgte, stellte in seinem Land eine absolute Mehrheit der Türken her und befreite die türkische Sprache von Fremdwörtern. Vor vielen Jahren tauchte im arabischen Osten die Idee der Arabischen Liga auf, und wir beobachten aufmerksam das Feuer dieser Idee, die grüne und trockene Regionen verschlingt. Sie arbeitet auf fruchtbarem Boden, und ihr Ziel ist es, die Reihen der Gegensprecher unter der arabischen Identität zu vereinen, nicht-arabische Völker in sie zu integrieren, sie arabisch zu machen und sie ein für alle Mal zu arabisieren sowie alles zu eliminieren, was nicht arabisch ist.

In der freien Hauptstadt Argentiniens, der schönen, blühenden Stadt Buenos Aires am Ufer des Silberflusses, dem Ort der Freiheit und der intellektuellen Unabhängigkeit, lebt ein junger Mann assyrischer Herkunft und chaldäischer Prägung[365] namens Farid Nuzha. Er nahm dieses Thema als Freiwilliger auf, um in diesem nationalen Bereich zu wirken, und er arbeitete daran, mit der Selbstbestimmung und der Kraft eines echten Patrioten, gepaart mit seltenem Mut und Tapferkeit, diese wichtige Idee der <<Gründung einer assyrischen Liga>> unter den Mitgliedern unserer Nation zu propagieren.

---

[362] *Asiria*, Jahrgang 5, Nr. 1, Januar 1939. Originalartikel in Arabisch „الجامعة السريانية ومحررها".

[363] Im Bericht in der vorigen Ausgabe von *Asiria* ist der 13. November als Tag der Veranstaltung aufgeführt.

[364] Souk Okaz war eine alte arabische Versammlung in Saudi-Arabien (5.-8. Jahrhundert v. Chr.), bei der Intellektuelle kulturelle Themen und Traditionen diskutierten und Gedichte rezitierten.

[365] فی سریانی النبعة آشوری النزعة کلدانی المحتد.

Um diese großartige Idee zu verbreiten und seinen heiligen nationalen Ruf unter allen assyrisch-chaldäischen Gemeinschaften bekannt zu machen, gründete er zu diesem Zweck seine Zeitschrift, der er den Namen „Assyrische Liga" (Asiria) gab. Seit nun vier Jahren arbeitet er im Bereich des einheitsorientierten Nationalismus und ruft die Mitglieder dazu auf, sich zusammenzuschließen und die Assyrisch-Chaldäische Einheit zu gründen, um die Nation in ihren früheren Zustand zu versetzen.

Ein herausragender Kämpfer wie der Herausgeber von Asiria, verdient die moralische Unterstützung aller Schichten und verschiedenen Konfessionen (Kirchen) der Nation. Leider sage ich, und ich fürchte mich nicht vor der Wahrheit, dass der Verstand der Menschen der Nation im Laufe finsterer Jahrhunderte schwach und dumm geworden ist, und es reicht nicht aus, um zu erkennen, was richtig und was das Beste ist.

Diejenigen, die sich freiwillig melden, um ihr zu dienen, müssen die Geduld Hiobs aufbringen, bis sie sie heilen und ihre schweren Krankheiten ausrotten können, und indem ich Asiria erwähne, muss ich feststellen, dass eine Nation, die der Presse beraubt ist, beweist ihre Dekadenz, ihre mangelnde Fähigkeit und Eignung, sich selbst zu regieren. Kurz gesagt, es ist ein Volk, das es nicht verdient hat, seine Freiheit und Unabhängigkeit zu erlangen. Die Presse ist also ein Spiegel der Moral und der Umgangsformen der Nation. Denn Journalismus ist eine kontinuierliche Ausbildung. Wie viele Meister der Wissenschaften, der Künste und des Handwerks hatten in ihrer Jugend keinen Zugang zu Schulen? Durch ihre Beharrlichkeit beim Lesen von Büchern und Zeitungen und dank ihrer Bemühungen und ihrer angeborenen Vorliebe wurden sie zum Grundstein des Wissens.

Ja, eine Nation ohne Presse wäre gelähmt und sterblich, ohne jegliche Bewegung. Selbst wenn sie eine Persönlichkeit hätte, dann hätte sie keinen Nutzen und keine Stellung, und sie wäre wie Essen ohne Salz und ohne eine Position im sozialen Gefüge. Ein kluges, lebendiges Volk zieht Veröffentlichungen und Zeitungen anderen wichtigen Projekten jeder Art vor. Vielleicht wird unsere Nation eines Tages aus ihrem Dornröschenschlaf erwachen und sich in naher Zukunft zu diesem besseren, zivilisierten Teil zuwenden, ihre nationale Presse unterstützen, sie moralisch und materiell fördern. Es ist an der Zeit, dass sie aus ihrem Koma erwacht, wenn sie ein zivilisiertes Leben führen will, in dem sie mit Stolz und Respekt Kopf und Stirn erheben kann".

Der Schriftsteller Senharib schloss seine eloquente und herzerwärmende Rede mit einem herzlichen Lob an alle, die seiner Einladung gefolgt waren und an seiner Veranstaltung teilgenommen hatten. Sie haben ihre hohe Wertschätzung für Literatur und Nationalismus, verkörpert durch die Person des verehrten Farid Elias Nuzha unter Beweis gestellt.

Senharibische Gedanken[366]

Mein lieber Farid: Glaube nicht, dass mir Dein nationaler Kampf und die Anstrengungen, die wir für die assyrische Sache[367] unternehmen, gleichgültig sind. Aber immer wenn ich die Eröffnungsartikel des *assyrischen* Autors[368] unter dem Titel *„Die assyrische Nation und die vereinigte assyrisch-chaldäische Frage"*, die Artikel von „Bar Ashur"[369] und Abrohom Sawme und alle anderen Autoren, die in *Asiria* schreiben, lese, schüttelt es mich vor Freude; mein Herz ist dann erfüllt von Stolz und Freude, meine Seele fliegt auf sie zu und umarmt sie und küsst ihre Augen voller Dankbarkeit für ihren aufrichtigen Dienst, ihre bemerkenswerte Schreibfähigkeit und ihre ehrenhaften nationalen Gefühle. Das ist es, was ich mir von der Jugend meines Landes erhofft habe. Da ich die arabische Sprache nicht beherrschte, war ich leider nicht in der Lage, meine Gefühle und meine Freude auszudrücken und einem Arzt oder einem geliebten Menschen die Schmerzen meines Herzens offenzulegen. Das liegt nur an dem Sprachengewirr und der Vielfalt der von unserem Volk gesprochenen Sprachen. Dies ist ein großes Hindernis auf unserem nationalen Weg.

Ich hasse fremde Schulen und Sprachen, aber während ich sie hasse, gestehe ich ihnen das Verdienst zu, dass wir uns ohne die Schulen der Türken und Araber bei der Erziehung unserer Kinder allein auf unsere kirchlichen Schulen hätten verlassen müssen, und unser assyrisches Volk würde mit schlechteren Sitten und geringerer Kultiviertheit als die Kurden dastehen. Nehmen wir zum Beispiel die Schulen von Omid (Diyarbakir), der wichtigsten syrisch-orthodoxen Diözese, die ein Beispiel für Sterilität und Verzug war. Wie sahen die Schulen in den übrigen Gemeinden aus?

Wie das Sprichwort sagt: *„Männer unterscheiden sich voneinander nicht durch ihre Beine, sondern durch ihre Köpfe. So wird die Nation nicht an der Größe ihrer Bevölkerung gemessen, sondern an der moralischen Bereitschaft in der Seele ihrer Kinder".*

Wir *Assyrer* und Armenier lebten früher zusammen in einem Land und waren demselben Staat unterstellt, und nach der Befreiung kann man sehen, dass der intellektuelle Unterschied zwischen uns und ihnen groß ist. Schon vor langer Zeit haben die Türken versucht, alle nicht-türkischen Elemente zu turkisieren. Sie sahen, dass dies nur durch Schulen und die Schwächung der übrigen Sprachen möglich ist, wie es jetzt das Programm der arabischen Regierungen ist. Vielleicht war das arabische Programm strenger und gefährlicher als das ihrer türkischen Lehrer. Auf der Grundlage dieser Idee beschloss das [türkische] Bildungsministerium, für alle Kinder konfessionelle Schulen einzurichten, in denen an drei Tagen in der Woche zwei Stunden Türkisch unterrichtet wird. Die armenischen und griechischen Denker und Intellektuelle erkannten diese Tricks. So sehr sich die türkischen Professoren bemühten, die Studenten zum Erlernen der türkischen Sprache zu bewegen, so sehr stachelten diese Weisen sie dazu auf, sich davon fernzuhalten und mit dieser Sprache weder drinnen noch draußen zu kommunizieren.

---

[366] *Asiria*, Jahrgang 5, Nr. 1, Januar 1939. Originalartikel in Arabisch „خواطر سنحاريبية".

[367] *Al-Qadiya al-ashuriya* - القضية الأشورية.

[368] Farid nutzte oft das Pseudonym „der *Assyrische* Autor" (الكاتب السرياني) für seine Artikel.

[369] Bar Ashur war das Pseudonym von Yusuf Namek aus Aleppo in *Asiria* (siehe *Asiria*, Vl 5, Nr.3-4, 1939).

Die Studenten zeigten in Anwesenheit des türkischen Lehrers ihr Interesse, und sobald er den Raum verließ, wischten sie alle türkischen Schriften auf den Tafeln ab. Im Gegensatz hierzu unterstützten die *assyrischen* Lehrer das Vorhaben der Regierung und förderten die türkische Sprache nicht nur während des Türkischunterrichts, sondern während der gesamten Schulzeit und auch während der Zeit des Syrisch-Unterrichts. Dies beweist nichts anderes als die Sturheit und Dummheit unserer Schulleiter und der Führer unserer Religionsgemeinschaft (*Millet*). In kurzer Zeit setzte sich die türkische Sprache in unseren Schulen durch und wir wurden zu Türken.

Ich erinnere mich; als ich Schüler unserer Konfessionsschule war, starb die Tochter eines angesehenen Armeniers, „Arakl Agha", der Schatzmeister des Vilayets war. Unser Klerus nahm an ihrer Beerdigung teil. Als der mittlerweile verstorbene Dionysius Abdulnur die Bibel auf Türkisch lesen wollte, gab es einen Aufruhr in der armenischen Kirche, und alle riefen: *„Hör auf, hör auf! Wir wollen diese Sprache in unserer Kirche nicht hören"*. Er ist ein syrisch-orthodoxer Priester; warum also nicht die Bibel auf Syrisch lesen? Stellt euch das vor ....

Es ist dieser Geist, der die armenische Sprache und die Nation bewahrt hat. Seit diesem Ereignis sind etwa vierzig Jahre vergangen, und wir sehen, wie alle Völker, sogar Kurden und Zigeuner mit dem Schnellzug in Richtung ihrer Nationalbestrebungen fahren. Was uns betrifft, so befinden wir uns immer noch auf dem Rückzug. Verschiedene Fremdsprachen haben sich unseres Volkes bemächtigt, während wir uns fast vollständig in andere Nationen assimiliert haben; es gibt keine Spur des Syrischen mehr unter uns. Fremde Sprachen haben Einzug in unsere Schulen, Kirchen und Häuser gefunden, und unsere Praktiken und religiösen Rituale haben sich mit ihnen verändert, wie z. B. Gebete, Predigten, Broschüren und Veröffentlichungen. Selbst unsere ranghöchsten Geistlichen schreiben nicht mehr darin, und einige von ihnen können nur dürftig daraus lesen. Was ihre Siegel anbetrifft, so gibt es keine Spur des Syrischen in ihnen.

Dies ist die Situation unseres Volkes, unserer Schulen und unserer Landessprache, bis vor kurzem noch unter der Herrschaft der tyrannischen osmanischen Türken. Ich habe Dir davon erzählt, dass ich Deine Analyse und Erklärung in *Asiria* gelesen habe und dass es mir gefallen hat. Egal, wie wenig ich von all dem, was ich dargelegt habe, überzeugt bin, hier bin ich und lasse die Vergangenheit ruhen. Jetzt lass uns die *assyrischen* Schulen und Bildungseinrichtungen der Nation im Nahen Osten anschauen und lass uns prüfen, ob es dort etwas gibt, wonach wir suchen?

Ich überlasse das dem *assyrischen* Schreiber [Farid Nuzha], damit er in seinem bekannten Stil und mit seinem üblichen Wagemut über dieses wichtige Thema schreiben kann. Sein Artikel soll die reine Wahrheit aufzeigen. Wenn er eine Schule oder ein Institut findet, das sich mit der Wiederbelebung der aramäischen Sprache befasst, möge er so freundlich sein und auf diese Schule oder dieses Institut verweisen und deren Leitung und Stellung angeben. Andernfalls bedaure ich, mein Bruder, Dir im Voraus sagen zu müssen, dass ich auf der ganzen Welt kein Institut oder Schule kenne, die diese heilige Aufgabe in der erforderlichen Weise erfüllt.

Ich wünsche Frieden vom Erlöser! **Senharib Balley**

An den großen Atheisten Senharib Balley![370]

Viele der Leser dieser Zeitung erinnern sich an Senharib Balley, wer er ist und wie wir ihn kannten und wie wir mit ihm verbunden waren. Das Magazin *Asiria* hat uns diesen freien Kritiker durch seine literarischen Beiträge nähergebracht. Neben der Anerkennung über das Magazins ist noch zu erwähnen, dass Senharib den Herausgeber von *Asiria* seit fast einem Vierteljahrhundert kennt. Als die Leser erfuhren, dass Senharib seit der Zeit von (*Bethnahrin* und *Huyodo*) in den Vereinigten Staaten von Amerika ein Freund des tugendhaften Lehrers, den verstorbenen Naum Faiq war, wurde ihnen sofort klar, was beide Gelehrten verbindet. Als *Asiria* vor mehr als acht Jahren zu erscheinen begann, halfen uns die Umstände nicht, die Adresse von Senharib herauszufinden, und es kam uns auch nicht in den Sinn, dass in diesen „Ecken" ein auffälliger brüllender Löwe herumlaufen und *Asiria* angreifen würde. Keiner unserer Korrespondenten dachte damals daran, uns über ihn etwas zu berichten. Einige von ihnen stellten dem Schriftsteller Senharib die Zeitschrift vor, aber er wandte sich von ihr ab und sagte: *„Asiria ist auch so eine wie die anderen üblichen Magazine".*[371] Wahrscheinlich hat Senharib eine Entschuldigung dafür, denn aufgrund seiner Erfahrung mit vielen, die nationale Reformen in seiner *assyrischen* Nation verlangten und am Ende doch nichts bewirkt haben.[372]

Der besonnene Senharib kam jedoch zurück und handelte nach dem Rat seines Freundes, des Nationalaktivisten Ibrahim Kurkjy: *„Du musst es lesen, bevor Du Dir ein Urteil bildest, und Du wirst sehen, dass es nicht so ist, was Du denkst",* und so war es auch. Danach schrieb er an *Asiria*, motiviert durch eben diesen Rat, während er wegen der von Reaktionären und Feinden der Reformation verursachten Wunden fast in den Kampf stürzte.

Ja! Der Schriftsteller Senharib Balley tauschte mit dem Direktor von *Asiria* seine Gedanken und Meinungen aus, und alles, was er in dieser Hinsicht schrieb, wurde in *Asiria* veröffentlicht. Denn die Zeitungsredaktion hat nicht [immer] die Zeit, Lösungsansätze wie diese zu formulieren. Dies geschieht in dem Wissen, dass der verehrte Senharib ein offener, mutiger Schriftsteller ist, treu im Dienste der Wahrheit, aufrichtig und ehrlich. Seine Schriften entspringen aus einer reinen Begeisterung für das Wesen der von ihm behandelten Themen. Seine Schriften zeugen auch von einer gründlichen Lektüre all dessen, was von *Asiria* veröffentlicht wurde.

Wenn die Leser zu seinem oben erwähnten Artikel[373] zurückkehren, der im neunten Teil des

Senharib Balley
ca. 1930

---

[370] *Asiria*, Jahrgang 9, Nr. 5, Mai 1943. Originalartikel in Arabisch „إلى الملحد الكبير سنحاريب افندي بالي".

[371] *Asiria*, Jahrgang 3, Nr. 9, Mai 1937.

[372] وأخيراً انتهوا في باب الدَّبر.

[373] *Asiria*, Jahrgang 3, Nr. 9, Mai 1937. Originalartikel in Arabisch „حول مطالعاتي في الجامعة السريانية".

dritten Jahres veröffentlicht wurde und in dem wir zum ersten Mal mit ihm Bekanntschaft machten, werden sie sofort erkennen, wer Senharib Balley ist, was er von seinem Volk will und wo er es sehen möchte. Senharib behandelte Themen, die andere noch nicht bemerkt oder angefangen hatten, darüber nachzudenken - geschweige denn darüber zu schreiben.

Die Leser erinnern sich auch, was wir über Senharib in der Sonderausgabe *„Unsere Schriftsteller und Intellektuellen"* (Jg. 5, Nr. 3-4) geschrieben haben, in der seine Nachrichten bis zu diesem Tag zusammengefasst sind. In diesem Artikel wurde über die Herausgabe seiner nationalpolitischen Zeitung *Sawto d Othuroye* kurz nach seiner Ankunft in Amerika berichtet. Diese Zeitung wurde in der Geschichte des *assyrischen* Journalismus, die vor zwei Jahren in *Asiria* veröffentlicht wurde, nicht erwähnt, weil er uns nichts darübergeschrieben hatte. Ebenso schreibt uns Senharib aus uns völlig unbekannten Gründen überhaupt nicht mehr, obwohl wir ihn nachdrücklich aufgefordert haben, sein früheres Versprechen uns gegenüber einzuhalten. Wir wissen, dass der Held Senharib eine wertvolle Quelle für Informationen von großer Bedeutung ist. Was ist der Grund für sein Schweigen?
Möglicherweise gibt es ein Missverständnis und der Schriftsteller Senharib ist der Meinung, dass wir nicht alles veröffentlichen würden, was er uns geschickt hat. Aber Senharib gehört nicht zu den Willensschwachen, die unser Ziel nicht kennen, sondern er wird als solcher eingestuft, weil er über Reformfragen schreibt und nicht, wie manche andere die schreiben, um als Schriftsteller und Autor bezeichnet zu werden.

Darüber hinaus weiß Senharib, dass seine Gedanken und Beobachtungen, die er zur Veröffentlichung einreichte, nicht unter seinem Namen, sondern hinreichend in den Aufsätzen der Redaktion über Reformen berücksichtigt worden. Das ist auch das eigentliche Ziel des reformfreudigen Schriftstellers. Senharib war und ist mit all dem zufrieden. Was bedeutet also dieses verdächtige Schweigen, das auf Enttäuschung und Misstrauen hindeutet? Sagt Senharib etwa, dass er des Kämpfens müde und seine Entschlossenheit vom langwierigen und nutzlosen Kampf geschwächt ist? Dabei ist er doch selbst der erfahrene Man und ausgebildete Held.

In dieser Hinsicht habe ich nicht das durchgemacht, was er erlitten hat, aber ich wette mit ihm als Begleiter, dass selbst, wenn ich noch weitere hundert Jahre alt werden würde, meine Entschlossenheit und meine Energie nicht durch irgendeine Schwäche beeinträchtigt werden würden.

Ich sage dies zu Senharib, was ihm aus der Ferne in den Ohren klingen mag: *Einige böse Menschen versuchen die Stimme seines Bruders, des Herausgebers von Asiria, zu ersticken.* Was ist, wenn er sieht, wie diese Leute Gold wie Esel tragen und mit vor Angst aufgeschlitzten Herzen gegen den Wind rennen, während sein Bruder, der Herausgeber, ein Fels in der Brandung, seinen Plan immer weiter vorantreibt und beweist, dass er noch verrückter in der Frage der Aufklärung ist, als er es zu Beginn der Herausforderung war?
In den Tagen seiner Korrespondenz scherzte Senharib in seiner liebenswürdigen Art mit mir und nannte mich einen ketzerischen Atheisten, indem er einige heuchlerische Würdenträger und Persönlichkeiten bloßstellte, die Keuschheit und Glauben vortäuschten, so wie eine Prostituierte vorgibt, eine Jungfrau zu sein. Aber in Wirklichkeit weiß Senharib ganz genau, dass Farid [Nuzha] treuer und keuscher, frommer und ehrbarer ist als all jene, die fälschlicherweise die Aufrichtigkeit ihres religiösen und nationalen Glaubens vorgaukeln.

Aber vielleicht ging Senharib - obwohl „Verdacht ist Sünde", wie das Sprichwort sagt - davon aus, dass sein Freund Farid auf ein dekoriertes Leben im Jenseits und Gedenkfeiern zu seinen Ehren nach dem Tod wartet ... Deshalb sahen wir, wie er sich beeilte, der Literatur zu gedenken und ihre Eliten zu ermutigen, ein großes Fest (am 13. November 1938) im Namen seines Bruders Farid zu veranstalten, wo er die Elite der Tugendhaften und Literaten versammelte. Der Herausgeber von *Asiria*, der diese edle Würdigung erhielt, wurde von einigen Kirchenleuten als Atheist und Ketzer bezeichnet, die schließlich seine Exkommunikation von ihrem erhabenen Patriarchen forderten.

Wie reagierte Farid auf diese beiden Auszeichnungen, das Bankett und die Exkommunikation? Er veröffentlichte eine Zusammenfassung über das Festmahl von Senharib und dem, was sich darin abspielte. Er ging ausführlich auf die Exkommunikation durch den Patriarchen ein, wissend, dass der Fluch, der aus dem Mund des falschen Hirten kam, von künftigen Generationen in einen Segen verwandelt werden würde, und dass die Wahrheit rein und abstrakt für die beiden Parteien bewahrt werden würde, jeder nach seinen Taten.

Die Heiligkeit deines ehrenwerten Patriarchen, lieber Senharib und seine Überlegenheit unter den Vätern werden nicht durch die goldenen Ketten und königlichen Medaillen angezeigt, die seine Brust schmücken, noch durch die Schwärzung seines Bartes, die Größe seines Turbans oder den Glanz seines Umhangs, die ihm Keuschheit, Tugend und Religiosität bescheinigen. Auch die kleine Gruppe, die Deinem einzigartigen Bruder [Farid] noch die Treue hält und ihn und sein Prinzip unterstützt, bedeutet nicht, dass sie wenige und unbedeutend für das Scheitern des Ziels sind. Wenn Du genau hinschaust, was in der Zeitung *Asiria* steht, wirst Du aus der Entfernung sehen, dass die Kraft an der Seite dieser kleinen Gruppe steht und dieses Mal ungewöhnlich beweist, dass die Kraft für die Wahrheit ist!

Du erinnerst dich sicherlich daran, nachdem was Du bisher gelesen und analysiert hast, dass es viele Menschen gab, die versuchten uns zu bekämpfen. Wir haben sie geschlagen und damit eine Lektion für die Nation hinterlassen! Weißt Du warum, lieber Senharib? Denn auch wenn wir uns auf die Nachfolge Deines verstorbenen Freundes Naum Faiq berufen, sehen wir seine Meinung nicht unter einer Million, weder bei den Bösen noch bei den Gerechten. Vielmehr erhalten wir das Prinzip aufrecht und bekämpfen das Böse mit dem Bösen! Du wirst dann sehen, wie wir mit unserer Standhaftigkeit und Aufrichtigkeit all diese aufrührerischen Verräter besiegen und ihrer Heuchelei ein Ende setzen sowie ihre Zahl und ihre Macht brechen können.

Ja, mein Bruder, wir sind gekommen, um einen Krieg zu provozieren und eine Revolution zu entfachen, und es ist uns nie in den Sinn gekommen, dass jemand für uns Ehrenfeiern abhalten würde, weder vor noch nach dem Tod. Wir waren nie Verkäufer von Blumen, die einem zuerst anlächeln und nach ihrem Verwelken zertrampelt werden. Wir wollen diese sterile, abgenutzte und schmutzige Struktur umstürzen und eine neue, solide Struktur aufbauen. Wir überlassen die Wahrheit den zukünftigen Generationen, und du wirst sehr bald sehen, was das freie Volk von heute und die herausragenden Mitglieder deiner Nation über das Oberhaupt deiner Kirche sagen, wenn sie sie diffamieren, ihren Verrat erklären und ihre Schandtaten aufdecken. Dann gilt das Sprichwort: *Nur das Richtige ist wahr und nur das Angemessene bleibt!*

Ja, Senharib! Weil Du aus der Ferne das Murren einiger Würdenträger und ihre Drohung, mich zu boykottieren, gehört hast, hast Du aus Angst um mich die Folgen der Angelegenheit bedauert und bist zur Seite getreten, weil Du dachtest, ich hätte Angst vor einer Drohung? Ich habe Dir und der ganzen Gemeinschaft bewiesen, dass wir die Tyrannei der Löwen nicht fürchten, glaubst Du also, dass wir die Bedrohung durch verweichlichte Eunuchen fürchten? Wenn wir in irgendeiner Hinsicht Angst vor diesen Menschen hätten, wäre es für uns angemessener, uns mit diesem Dienst zurückzuhalten oder ihn gar nicht erst zu beginnen. Dem Herausgeber von *Asiria* und den wenigen Leuten Deines Volkes waren die erschreckenden Konsequenzen voll bewusst, als sie mit dieser Arbeit begonnen haben. Denn sie sind diejenigen, die freiwillig und aus freien Stücken diesen beängstigenden, mühsamen Weg voller Schwierigkeiten, Qualen und Probleme gewählt haben. Du wirst - so Gott will - mit Deinen eigenen Augen sehen, wie wir all diese Schwierigkeiten überwinden und denen richtigen Weg zu Gerechtigkeit und dauerhaften Frieden finden werden.

Denk daran, dass die großen Reformer, die für ihr Land gearbeitet und es zu Ruhm und Ehre gebracht haben, nicht jünger waren als Du. Ich will nicht, dass Du Senharib genannt wirst und weniger strebsam bist als sie. Wenn du ein Mensch mit Werten und Fachwissen bist, solltest Du es zum Wohle deines Volkes einsetzen. Du solltest nicht mit Deinen Werten und Deinem Können knausern, nur weil die Mehrheit so reagiert auf das, was Du getan hast. Denn, o mein Bruder, in keiner Nation ist die Mehrheit jemals dabei, den richtigen Weg in ihren Angelegenheiten zu suchen. Wenn die Mehrheit aufgeklärt wäre, wozu bräuchte es dann die wenigen fähigen Menschen, die das Herz und die Stimme der Gesellschaft sind?

Einige von ihnen denken, dass Du trotz Deines Wissens und Deines Anstands ihre Almosen brauchst! Versuche alles, um auf ihr Geld zu verzichten und sei geduldig wie ein freier Mensch mit der Zeit, in der Du lebst, und bekämpfe sie, bis Du sie überwunden hast. Betrachte diese Menschen wieder als Brüder, wenn Du die Krone des Sieges errungen hast. Sieh, wie sie sich in freundliche Gefährten verwandeln. So ist die Lebensweise von Menschen mit schwachem Charakter. Die Menschen, o Senharib - ich möchte Dich nicht belehren - lieben nur die Reichen. Und sie lieben sie nur wegen des Geldes in ihrer Hand. Sie empfangen sie mit einem lächelnden Gesicht, aber ihre Herzen verfluchen sie wegen der Wunden, die durch das Böse, das die Reichen ihnen angetan haben, verursacht hat. Ihre Situation gleicht dem Sprichwort: *„Küss die Hand, die Du nicht beugen kannst, und verfluche sie, dass sie gebrochen wird".*

Was Dich anbelangt, so gehörst Du nicht zu diesen armen Menschen. Du bist sicherlich einer der wenigen freien und ehrenhaften Menschen. Du solltest versuchen, diese sündhaften Hände zu fesseln und sie zu brechen, ohne Dich um das glänzende Gold in ihren Handflächen zu kümmern.

Ja, so muss der freie assyrische Held Senharib Balley sein. Wirst Du nun nach unserer Meinung handeln und mit uns wieder kommunizieren und Dich unserer Gesellschaft anschließen, o Senharib?

Am Ende des Artikels sendet Dir Dein kleiner atheistischer Bruder seine Grüße und Wünsche.

Farid Elias Nuzha

Asiria:
Wird das assyrische Magazin aufhören zu erscheinen?[374]

Mein lieber Freund Farid, möge Gott Dich beschützen,

Vor einigen Tagen schrieb mir mein Freund Ibrahim Kurkjy, *„dass Farid mir über die kritische wirtschaftliche Lage, in der er sich befindet, geschrieben hat und dass er befürchtet, dass diese Krise ihn daran hindern wird, die Veröffentlichung der Zeitschrift fortzusetzen"*.

Mein Bruder Farid! Ich weiß nicht, was ich sagen soll. Ich schwöre dir, dass diese Nachricht eine große Tragödie für mich darstellt. Ich möchte nicht, dass die Angelegenheit an diese schmerzliche Grenze stößt. Aber wenn Du, Gott bewahre, zu diesem Schluss gekommen bist, dann hast Du wohl recht mein Freund, und man kann es dir nicht verdenken. Du hast Deine ganze Kraft für Dein Volk eingesetzt, Du hast den Kampf der Helden geführt, Du hast argumentiert, Du hast gekämpft, Du hast diskutiert, Du hast kritisiert, Du hast analysiert, Du hast recherchiert, und Du hast Deine assyrische Nation[375] in den höchsten Rang erhoben, auf den die freien Patrioten stolz sind. Schließlich hast Du diesem Volk alles gesagt, was es zu sagen gibt. Alles, was du gesagt hast, ist wahr und richtig, so klar und deutlich wie das Evangelium. Aber dieses Volk hat Dich nicht verstanden!

Der Prophet Jona ging nach Nineveh und warnte die Menschen, zur Vernunft zu kommen, andernfalls würde Gott die Stadt über ihnen einstürzen lassen und sie vierzig Tage nach seiner Warnung vernichten. Dieses große, unwissende Volk, das nicht wusste, wo rechts und links ist, hörte auf die Warnung dieses gerechten und vertrauenswürdigen Boten, bereute seine Sünde, kehrte zur Vernunft zurück und brachte in Ordnung, was in seinen Angelegenheiten verdorben worden war. Seit fünfzehn Jahren schreist Du diesem Volk in die Ohren und warnst es vor den schlimmen Folgen, falls es in diesem unfruchtbaren Zustand verharrt, in dem es sich befindet. Aus meiner Erfahrung heraus muss ich mit großem Bedauern sagen, dass dieses Volk weder Ratschläge annimmt noch aus seiner Lethargie erwacht.

Wenn du lieber Farid verzweifelst und die Hoffnungslosigkeit Dich überwältigt oder du in der Hitze des Gefechtes tot umfällst, dann ist das nicht dein Fehler und es ist keine Schande. Ja, weder Du noch dieses Volk trifft eine Schuld. Du hast bis zum letzten Atemzug alles gegeben und ausgeschöpft, was möglich war. Auch dem Volk kann kein Vorwurf gemacht werden, denn welchen Zugang oder Vorteil sieht es in der Presse, damit es die Bedeutung des Unglücks oder das Ausmaß des Schreckens des Verbrechens versteht?

Es sind Menschen, die Augen haben, aber nicht sehen, Ohren haben, aber nicht hören und einen Mund haben, aber nicht sprechen! Sie sind blind, taub und stumm; sie haben keinen Willen und kein Gefühl, also wer ist schuld?

---

[374] *Asiria*, Jahrgang 15, Nr. 10-12, Oktober-Dezember 1949.
Originalartikel in Arabisch „الجامعة السريانية . هل تتوقف المجلة الاشورية عن الصدور؟".

[375] *Umatuka al-Ashuriya (Al-Suryaniya)* - (السريانية) الاشورية أمتك.

Dieses Volk ist in all seinen Angelegenheiten, Projekten und Interessen jeglicher Art ein blindes, taubes Instrument in den Händen von Tyrannen mit Turbanen und Bärten bzw. unseres bankrotten und in Bezug auf jegliche Tugend ignoranten Klerus. Wenn man jemanden um einen Dollar bittet, um ein literarisches oder kulturelles Projekt zu unterstützen, hat er tausend Gründe und tausend Einwände vorzubringen, denn sein Geld gibt ihm das Recht, Einwände zu erheben und sich zu beschweren, dabei kann er oft sein eigenes Heim nicht gut führen. Aber wenn sein Herr, der Kleriker ihn ruft, so gehorcht er, selbst wenn er von ihm verlangt, sich vor ihm niederzuwerfen oder seine Füße zu küssen, würde er keinen Augenblick zögern. Wie kommt unser Volk in diese traurige Lage, auch wenn wir nicht alle so sind? Gibt es irgendeine Nation oder ein Volk auf der Erde, das uns gleicht?

Mein einzigartiger Freund! Wenn die Zeitschrift eingestellt wird, Gott bewahre, glaubst du, dass diese Menschen ihren Verlust spüren oder sich darüber ärgern werden, dass die Zeitschrift eingestellt wurde? Wenn es so wäre, würde das darauf hindeuten, dass sie ein Gefühl haben, und dieses Gefühl würde *Asiria* daran hindern, die Veröffentlichung einzustellen. Einige der Menschen werden einige Zeit traurig sein, weil die Zeitschrift nicht mehr erscheint, andere werden es eine Zeit lang bedauern und schließlich vergessen, dass es sie gab.

Nimm zum Beispiel die Zeitschrift *Al-Hikma*[376] und ihren Herausgeber, den Schriftsteller Mourad Fouad Cheqqe. Wer in deinem Volk war glücklich über ihre Geburt oder traurig über ihren Tod? Es tut mir leid, Bruder! Die Zeitschrift *Al-Hikma* ist nicht eines natürlichen Todes gestorben, sondern wurde zusammen mit ihrem Herausgeber vorsätzlich getötet. Deshalb frage ich Dich: Hast Du von diesem Tag an bis heute ein Wort von Murad Cheqqe oder Nachrichten über ihn gehört? Nein! Und warum? Weil er ein *Assyrer* ist!

Wir sind wie ein Blinder. Du gibst dem Blinden ein Juwel, so hat er keine Freude daran, und Du nimmst es ihm weg, so trauert er nicht um seinen Verlust. In diesem Zeitalter, dem Zeitalter der Elektrizität, gibt es Stämme auf den Inseln Ozeaniens, die ihren Lebensunterhalt auf einer sehr primitiven Weise bestreiten. Sie leben noch in der Steinzeit. Sei nicht böse, lieber Farid, wenn ich Dir sage, dass Deine *Assyrer* Mitte des zwanzigsten Jahrhunderts das Leben mittelalterlicher Menschen mit ihren Sitten, Bräuchen und Verhalten leben. Du weißt das, und Du versuchst sie um Generationen voranzubringen mit der Verantwortung, die Du ihnen auferlegst.

Es ist sicherlich bekannt, dass führende Ideengeber wie andere auch, an die Reihe kommen und Opfer ihres Kampfes werden. Es ist eine Regel, wenn ein Anführer stirbt, ein anderer Anführer seine Stellung übernimmt. Wir sind von dieser Regel abgewichen. Und wenn wir unser herausragendes Oberhaupt verlieren, finden wir niemanden, der seine Nachfolge antritt oder sich über die Leere beklagt, die er hinterlassen hat, und die Menschen seines Hauses nur Kummer und Trübsal erben.

---

[376] *Al-Hikma* (ܚܟܡܬܐ - Die Weisheit) war eine Zeitschrift, die im Oktober 1927 als Fortsetzung der gleichnamigen Zeitschrift aus 1913/14 von Murad Fuad Cheqqe in Jerusalem herausgebracht wurde. Die letzte Ausgabe erschien im Dezember 1931 und wurde später von der offiziellen Zeitschrift des Patriarchats der syrisch-orthodoxen Kirche abgelöst. Bischof Yuhanon Dolabani veröffentlichte sie wieder unter den Namen „*Öz Hikmet*" von 1952 bis 1955.

Langsam, mein Bruder Farid! Nach und nach werden sich diese dunklen Wolken am Horizont auflösen; vielleicht können wir einen Teil von dem bekommen, wonach wir streben. Ich kenne die Last und die große Verantwortung, die Du tragen musst. Viele dieser schmerzlichen Szenen sind an mir vorbeigegangen, und ich habe mit eigenen Augen gesehen, welch schändliches Ende freie Denker in unserer Nation erlitten haben. Aber Du musst ihnen an Ausdauer und Durchhaltevermögen überlegen sein. Denn Deine Neigung ist anders als die aller anderen. Sei also ermutigt, verzweifle nicht und sei der mutige assyrische Junge[377]. Derjenige, dessen Ziel Dein Ziel war und sein Stil wie Dein Stil ist, wird nie überrascht sein von dem, was Du erlebt hast und was Du erträgst. Wisse auch, dass diese Schwierigkeiten unvermeidlich sind. Verzweifle nicht und beschwere Dich nicht.

West New York, 1. Dezember 1949 **Senharib Balley**

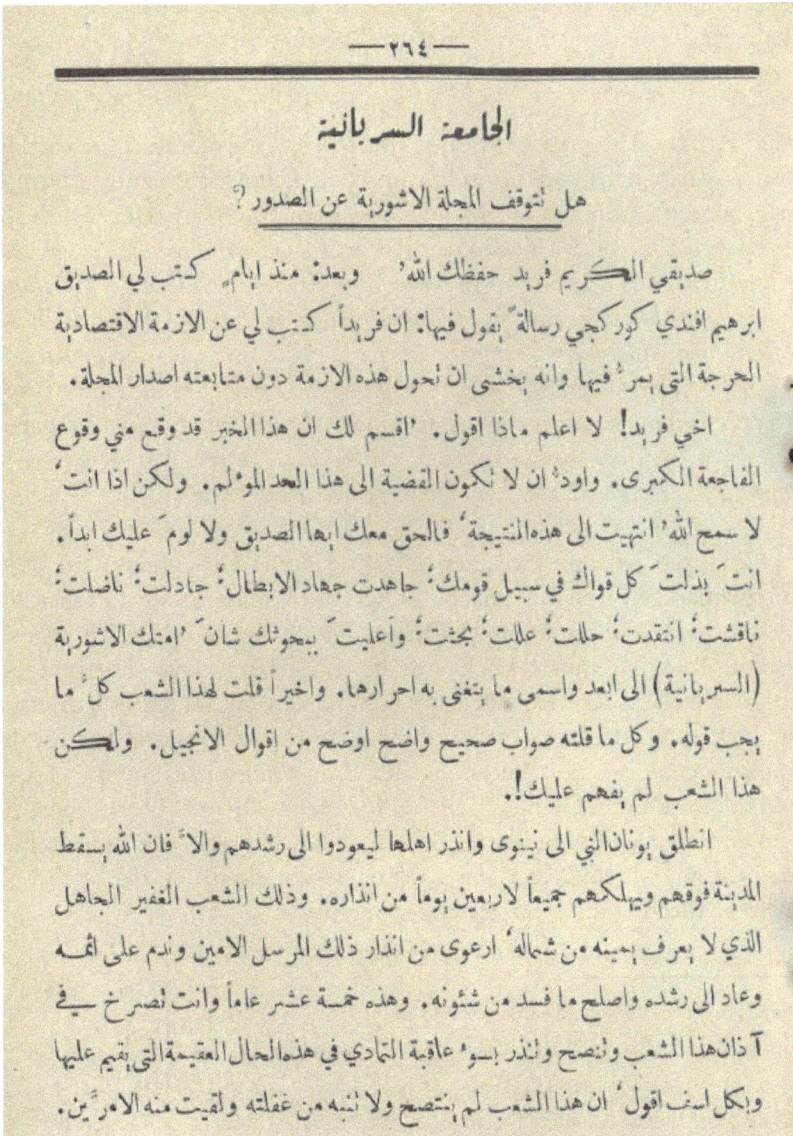

Originalartikel in *Asiria*

---

[377] *Kun al fata al-Ashury al-Jari'* – كن الفتى الاشوري الجريء.

Assyrisches Schul- und Waisenhaus[378]

مدرسها محم مكفل وهوتسا

Anmerkung zum Artikel des Korrespondenten N.Y. über das *assyrische* Waisenhaus und seine Schule.

Von Diakon (*Shamosho*) Asmar Qasho Jerjo Aynverdi,[379]

Mein Bruder Farid! Ich hatte bis vor kurzem nicht das Glück, Deine Zeitschrift zu lesen; als ich die Ausgabe 12 vom Dezember 1949 betrachtete, begann ich sie mit mehr Leidenschaft und Sehnsucht zu durchstöbern und fand darin künstlerische Beiträge und wertvolle Themen, die unbestritten in die Reihen hochwertiger Zeitschriften gehören. Euer Aufruf an die ganze *assyrische* Nation aus ihrer Lethargie zu erwachen, sich aus ihrer Depression zu erheben und etwas von dem wiederzuerlangen, was verloren gegangen war, erwärmte mein Herz und erweckte meine Gefühle.

Ich bin auf den Artikel Eures Korrespondenten «N.Y.» aufmerksam geworden, in dem er über das *assyrische* Waisenhaus spricht und Seine Heiligkeit Mor Ignatius Afrem I. scharf und ungerechtfertigt angreift. Er schrieb: "*Seine Seligkeit Patriarch Afrem Barsoum arbeitet mit all seinen Mitteln und seinem Einfluss, um das Waisenhaus zu zerschlagen, sein Eigentum zu beschlagnahmen und jedes kulturelle Projekt außerhalb seines heiligen persönlichen Kreises zu eliminieren. Es ist nur wenigen (und Farid ist einer von ihnen) bekannt, dass Seine Seligkeit ein eingeschworener Feind des Waisenhauses und seiner rechtschaffenen und geradlinigen Prinzipien ist. Er versucht nun, während der Krise, in der sich der Verein befindet, durch seine Mitarbeiter daran zu arbeiten, den Verein aufzulösen und sein gesamtes Eigentum hier und in Beirut zu beschlagnahmen und in das Privateigentum Seiner Seligkeit zu überführen. Das heißt, dass der Verein das gleiche Schicksal bezüglich des Vermögens erleiden wird wie das des verstorbenen Patriarchen Abdullah Sattouf in Homs. Erinnerst Du Dich?*"

Mein Bruder Farid, die Distanz zwischen Dir und dem Waisenhaus und das Fehlen von organisierten regelmäßigen Bulletins machen Dich frei von dem, was Du druckst. Du kannst den Wahrheitsgehalt der Nachrichten, die Dir aus dieser Gegend der Welt zugesandt werden, nicht überprüfen, aber Du musst Dich auf die Ehrlichkeit und Integrität des Reporters verlassen. Ich gebe jedoch dem Reporter die Schuld, dessen Schreiben auf etwas hindeutet, das in Wirklichkeit ein versteckter Groll und Hass ist. Es ist Beweis genug für die Richtigkeit meiner Behauptungen, dass der Verfasser die Buchstaben «N.Y.» anstelle seines vollen Namens verwendete. Durch Deinen Beruf informierst Du die Leser über die Moral der Menschen. Ein ehrlicher und ehrenhafter Schriftsteller unterschreibt unter seinem Werk mit seinem vollen Namen, wissend, dass das, was er geschrieben hat, der Wahrheit entspricht. Der Rechteinhaber fürchtet die Konsequenzen nicht.

---

[378] *Asiria*, Jahrgang 16, Nr. 8-9, August-September 1950.

Originalartikel in Arabisch „المراسل (ن ي) حول الميتم السرياني ومدرسته ملاحظة على مقال".

[379] Asmar Qasho Jerjo (1916-1992) wurde in Aynverd geboren und erhielt seine Bildung in der syrischen Sprache im Zafaran Kloster bei Mönch Yuhanon Dolabani in 1939. Danach war er als Lehrer in Kerboran, Gündük Shukru und Aynverd tätig. Im Jahr 1945 ließ er sich Zahle und Beirut im Libanon nieder, wo er seine Lehrtätigkeit fortsetzte. Kurz nach Ausbruch des Bürgerkriegs emigrierte er 1977 nach Schweden. Dort war er sehr aktiv im syrischen Teil der Zeitschrift Bahro Suryoyo. Er hat zahlreiche Bücher verfasst wie das Lehrbuch *Habro d Yolufo* ܚܒܪܐ ܕܝܠܘܦܐ oder die syrische Übersetzung des Buches von Gibran Khalil Gibran *Der Reigen* (المواكب).

N.Y. sagt, dass Seine Seligkeit ein geschworener Feind des Waisenhauses ist. Kann er mit einem einzigen Beweis oder Vorfall aufwarten, der seine Aussagen bestätigt und darauf hindeutet, dass Seine Seligkeit das Waisenhaus in einem seiner Projekte hinderte? Ihm etwas zu unterstellen, deutet auf geistige Schwäche oder schlechte Moral hin.

Ein Gemeindemitglied, das die Leitung des Waisenhauses beaufsichtigt, erzählte mir: *„Ich bin während des letzten Krieges nach Jazire (Nordostsyrien) gereist, um Spenden für das Waisenhaus zu sammeln, weil die Hilfe der Assyrian National School Association (TMS) nicht ausreichte. Auf meinem Weg besuchte ich Homs und Seiner Seligkeit. Er fragte nach meiner Mission und dem Zweck der Reise. Als ich ihm davon erzählte, sagte er zu mir: Möge Gott Dich segnen, mein Sohn und Dein Unterfangen erfolgreich machen, denn wenn Du diesem Waisenhaus dienst, wirst Du auch das Wohlwollen des Allmächtigen im Himmel gewinnen. Aber ich werde ihn, den Allmächtigen, bitten, Dein Leben zu verlängern und Deine Kinder zu beschützen"*. Ist das der Erzfeind entsprechend „N.Y."? Genügte nicht ein Wort Seiner Seligkeit, um die Sammlung von Spenden in Jazire [Nordostsyrien] zu stoppen?

Der Korrespondent schien den Gipfel der Verachtung zu erreichen, indem er Seine Heiligkeit einen Dieb nannte, der versucht, sich das Waisenhaus für einen privaten Zweck anzuzeigen. Auf der anderen Seite schau Dir diese Farce an: Der Reporter greift Seine Seligkeit an, um seiner Meinung nach das Waisenhaus zu verteidigen und gleichzeitig zögert er nicht, den Direktor des Waisenhauses zu verleumden. Er bezeichnet ihn mit Spott als Gelehrter. Herr Fawlos [Gabriel], wenn er nicht der Einstein seiner Zeit ist, kannst Du nicht leugnen, dass er ein Gelehrter durch seine guten Manieren und seiner hohen Willenskraft ist. Diese Eigenschaften sind entfernt von Dir wie der Himmel von der Erde. Der Mensch wird durch seine Moral bekannt.

Es ist wahr, dass Fawlos eine armenische Frau geheiratet hat. Die Flüchtlinge aus Kilikien sprechen nur Türkisch. Es ist bewundernswert, dass seine fünfjährige Tochter zu Hause nur klassisches Syrisch spricht, die Sprache der Waisenhausschüler.
Was die Behauptung betrifft, wonach die Familie des Direktors drei Viertel der Zimmer des Waisenhauses bewohnt, so besteht kein Zweifel, dass der Autor ein Wunderwerk seiner Zeit in Arithmetik und Geometrie ist. Wenn das verbleibende Viertel der Klassenzimmer Ess- und Schlafzimmer sowie Sanitäreinrichtungen umfasst, dann ist das Haus von Herrn Fawlus so groß wie Beirut.

Lieber Farid! Da Deine Zeitschrift bekanntlich eine freie Plattform für Schriftsteller ist, um sich zu äußern, habe ich keinen Augenblick daran gezweifelt, dass Du diese Worte auf ihren Seiten veröffentlichen würdest, um die Wahrheit zu zeigen. Du gehörst zu denjenigen, die für die Wahrheit eintreten und an ihre Prinzipien glauben. Ich nutze diese Gelegenheit auch, um Dir für die enormen Anstrengungen zu danken, die Du im Bereich der Literatur unternimmst, und ich wünsche *Asiria* weiterhin Erfolg und Fortschritt.

Diakon Asmar Qasho Jerjo Aynverdi   Beirut/Libanon 1. Juni 1950

An den Schriftsteller Diakon Asmar Qasho Jerjo Aynverdi!

Wie schön wäre all das, was Du über den Artikel des Reporters (N.Y.) angemerkt hast, wenn Du nicht auf die Mäßigung verzichtet und ihn unnötigerweise angegriffen hättest. Deshalb war Dein Schreiben nicht ohne Wirkung, die [allerdings] von Deiner Aufrichtigkeit und Hingabe ausging.

Die Anonymität des Schreibers hat Dir dabei geholfen, denn es ist wahrscheinlich, dass Du, wenn er nicht mit einem Synonym geschrieben hätte, diese Freiheit beim Schreiben nicht genutzt und den Reporter nur wegen seiner Unbekanntheit als Schurken bezeichnet hättest. Deiner Meinung nach ist dies ein schwerer Fehler.

Es ist bedauerlich, dass Du *Asiria* zum ersten Mal liest, und hättest Du einige ihrer früheren Ausgaben angesehen, dann hättest Du erkannt, dass derjenige, der Seine Seligkeit den Patriarchen dessen beschuldigt, was Du als Diebstahl und Verrat verurteilst, Farid Nuzha selbst ist. Wenn Dein Pfeil mir gilt, dann empfange ich es mit Liebe und offener Brust.

Aber ich hätte es gerne gesehen, wenn Du praktisch das Gegenteil von dem bewiesen hättest, was Seine Seligkeit sagt. Hast Du uns in dieser Hinsicht etwas Nützliches geliefert? Kannst Du mir etwas über die Situation der *assyrischen* Nation sagen, über ihre Institute, Stiftungen, Schulen, Einnahmen und Ausgaben, die dem Patriarchat natürlich bekannt gibt, sodass sich alle auf Deine Worte verlassen können, die ihr Gemüt beruhigen und ihren Stolz auf Seine Heiligkeit erhöhen werden? Nein, das kann weder Du noch irgendjemand sonst, denn der alleinige Verwalter all dieser Dinge ist ein Individuum ohne Partner. Daher gibt es einen großen Spielraum für Kritik und unzählige Verdächtigungen. Ich sage nicht, dass einer, der sich versteckt und seine Arbeit verschleiert, ein loyaler und ehrlicher Mensch ist. Wenn Du dies sagst, dann ist dies Deine Meinung. Damit repräsentierst Du nur Dich selbst. Die *Asiria* repräsentiert die Assyrer auf der ganzen Welt.

Lieber Bruder Asmar, es freut mich, Dein Eifer und Enthusiasmus in jedem Wort Deines freundlichen Briefes zu spüren und zu sagen, dass er nur eine gute persönliche Verteidigung enthielt, insbesondere die Verteidigung des Direktors des Waisenhauses, Herrn Fawlus Gabriel. Ich wollte darüber hinaus einen überzeugenden Bericht über den Zustand des Waisenhauses, der Zahl seiner Schüler, die Art des Unterrichts, die wirtschaftlichen Lage und andere Dinge geben, die aufgrund der großen Vorteile, die wir anstreben, für dieses Institut und uns allen von großem Nutzen sein werden. Die Distanz, die uns trennt, macht es nicht unmöglich, zu korrespondieren und Fakten und Vorfälle bekannt zu machen. Die Veröffentlichung von Nachrichten, Beschlüssen und umgesetzten Maßnahmen in Zeitungen erfordert nicht, dass die Zeitungen in unmittelbarer Nähe sind.

Nun frage ich Dich, ehrenwerter Diakon: Müsste der Patriarch für den kämpfenden Boten des Waisenhauses beten, ohne ihm Segen und Erfolg zu wünschen? Sollten wir uns andererseits mit seinen Gebeten für uns zufriedengeben, ohne dass er sich für den Erfolg unserer Bemühungen einsetzt? Wir haben nie gehört, dass Seine Seligkeit einmal das Waisenhaus besucht, die Angelegenheiten dieses ehrwürdigen Instituts inspiziert oder die Menschen dazu aufgefordert hat, es zu unterstützen. Wir haben sogar Dokumente in unserem Besitz, die beweisen, dass Seine Seligkeit ein Feind des Waisenhauses ist, die wir verzweifelt zusammenfalten und weglassen.

Bevor ich zum Schluss komme, muss ich darauf hinweisen, dass der Korrespondent (N.Y.) in seinem damaligen Schreiben anmerkte, dass ich dieses Schreiben, wenn ich es veröffentliche, mit seinem vollen Namen versehen solle. Derjenige, der es auf den Kürzel N.Y. belassen hat, ist der Redakteur der *Asiria* und seine Intention war es, den Freiraum für die Schriftsteller der Nation zu erweitern, um auf ernste Probleme zu reagieren und zu forschen. Das *assyrische* Waisenhaus ist eines der heiligsten und legitimsten Projekte. Sei versichert lieber Bruder, dass dies alles andere als bösartig ist. Ich versichere Dir, dass der Verfasser sich über Deinen Beitrag freut, weil er sein Eifer und Vorstellungskraft berührt. Ich nutze diese Gelegenheit, um Dir für deine Güte und Dein Lob für einen Dienst zu danken, für den es nicht nötig ist, sich zu bedanken. Ich bitte Gott, dass ich darin aufrichtig bleibe, denn dies ist meine Erwartung.

Empfange die Grüße vom Treuen für seine *assyrische* Nation **Farid Elias Nuzha**

TMS in Beirut (Schuljahr 1938-1939)
Von links nach rechts (sitzend): Hanna Issa, Malke Al-Qanj (Sekräter), Hanna Salman (Direktor), Pf. Issa Tuma (Lehrer für Kirchenhymnen und Religion), Fawlus Gabriel (Vize-Direktor), Yusuf Yacoub (Schatzmeister) und Karim Hanna.

Die Kritik[380]

Offener Brief an den Schriftsteller und Diakon Asmar Jerjo Aynverdi

Ich sende Euch aramäische Grüße,

als ich letztes Jahr die Seiten der vierten Ausgabe der *Asiria* blätterte, fiel mein Blick auf einen Artikel, der mit einer neuen Unterschrift versehen war: „Diakon Asmar Jerjis Aynverdi" . Ich war so erfreut und dachte: *„Dies ist ein Name eines neuen Autors; er schreibt sicherlich etwas Neues".* Ich habe nun Ihren Beitrag gelesen. Davon war ich enttäuscht, weil ich nichts Neues darin fand, sondern alte Ideen; Worte, die Tausende von Mündern vor Ihnen wiederholten. Es tat mir leid und ich sagte zu mir: Dieser Autor gehört auch zu jener Kategorie!

In einigen Teilen unseres Landes warteten die Leute, wenn sie einen Mann sahen, der kühn und freimütig war, und vor allem, wenn er ein Christ war, auf Gelegenheiten, ihn zu Fall zu bringen; wenn es ihnen gelang, beschuldigten sie ihn der Ungläubigkeit oder Beleidigung der Religion. Diese Art von Krankheit wurde uns durch Unwissenheit und des Verfalls der Moral übertragen.

Wenn also jemand von uns es wagt, über Reformen zu schreiben, führende Personen oder einige der Handlungen öffentlicher Institutionen zu kritisieren, wird ihm die Hölle heiß gemacht. Insbesondere wenn er sich mit seiner Kritik mit einem Hüter oder einer Person mit Bart [Kleriker] befasst, dann beschuldigen wir ihn des Atheismus und der Religionslästerung an. Denn Menschen mit Bart zu kritisieren ist eine Todsünde, die unverzeihlich ist. Deshalb verzeihe ich Dir was Du mir vorgeworfen hast, mein Bruder, denn ich weiß, dass diese Krankheit vererbbar und nicht erworben ist. Ich bin daran gewöhnt, mein ganzes Leben lang Sprüche dieser Art zu hören.

Meinungsäußerung, Kritik, Kommentierung und Befürwortung sind die legitimen Rechte eines jeden Menschen. Aber sie muss erstens einigermaßen überzeugend sein und zweitens muss sie, wie Benjamin Franklin sagte, *„schreibe so, dass es gelesen werden kann, sprich so, dass es gehört werden kann!"*

Mein lieber Bruder Asmar! Deine Argumente zur Verteidigung derer, die Du verteidigen wolltest, sind dünner als der Faden einer Spinne. Sei sicher, dass ich keine persönlichen Absichten mit irgendjemandem habe, insbesondere nicht mit meinen Landsleuten, egal welchen Rang sie haben. Absichten ergeben sich oft aus wirtschaftlichen Beziehungen und Ähnlichem. Gott sei gelobt, bis jetzt ist zwischen mir und einem der Söhne meines Glaubens nichts dergleichen in Bezug auf Gewinn oder Verlust geschehen. Was die Manipulation der Fähigkeiten des Volkes anbelangt, so kann ich nicht schweigen, denn

Asmar Qasho Jerjo
(1916-1992)

---

[380] *Asiria*, Jahrgang 17, Nr. 1-3, Januar-März 1951. Originalartikel in Arabisch „الانتقاد".

es handelt sich um ein öffentliches und realistisches Thema, dessen Verantwortung auch mich und Dich betrifft.

Du sagst, dass Seine Seligkeit den Leiter des Waisenhauses lobte und ihm den Segen gab. Dein Satz hat mich an die Geschichte des Pilgerschiffs erinnert. Man erzählte sich, dass ein Schiff mit Pilgern unterwegs war, und es passierte, dass die Kohle ausging und das Schiff im Meer stehen blieb. Die Pilger begannen zu beten und riefen: *„Gott ist groß!"*. Der Kapitän fragte sie nach dem Grund für den Lärm und das Wehklagen, und sie antworteten, dass sie zu Gott beteten, damit das Schiff seine Fahrt fortsetzen könne. Der Kapitän lachte und sagte: *„Das Schiff braucht Kohle, kein Gebet"*.

Ich sagte es oft und wiederhole es: Solange das Leitmotiv der Waisenhausschule national ist, ist ihr Ruf den meisten unserer Geistlichen unangenehm. Hier ein Beispiel aus der näheren Vergangenheit: Das Testament des verstorbenen Bischofs Hanna Abaji. Steht in seinem erfundenen Testament auch nur eine Lira für das *assyrische* Waisenhaus? Sind die Schüler des Waisenhauses keine *Assyrer*?

Was ich an Herrn Fawlus Gabriel gerichtet habe und dass er und seine Familie drei Viertel des Waisenhauses belegen, hat Dich [offensichtlich] bedrückt. Du hättest wissen müssen, dass ich nicht ihn damit gemeint habe, sondern die oberste Verwaltung in Amerika. Die Verwaltung, die immer Feste feiert und ihre Männer mit Geschenken aus dem Geld der Waisen beschenkt, obwohl das, was an das Waisenhaus geschickt wird, kaum ausreicht, um die Schüler zu versorgen und die Löhne der Lehrer zu bezahlen. Was Dich betrifft, so hast Du den Kern weggelassen und die Schalen aufgehoben.

Ich frage Dich, Diakon: Belegt Herr Fawlus Gabriel mit seiner Familie ein Zimmer im Waisenhaus?

Ich habe mich sehr über Deine Aussage gefreut, dass die fünfjährige Tochter des Direktors syrisch [Kthobonoyo] spricht. Das bedeutet, dass die Absolventen des Waisenhauses aus der Klasse von Bar Hebraeus stammen werden, mit Kenntnissen der Wissenschaft und der syrischen Sprache im Besonderen! Schau Dir unsere Ergebnisse an, die dies belegen. Und wo sind diese Hinterlassenschaften? In den Büchern der Waisenhausabsolventen nicht wahr?

Es gibt Dutzende von Waisenhäusern und Schulen im Libanon, die nach unserem Waisenhaus und seiner Schule gegründet wurden, und ihre Einnahmen sind geringer als das Geld, das für unser Institut ausgegeben wurde. Ihre Institute haben jedoch viele Schriftsteller, Gelehrte und Autoren in verschiedenen Wissenschaften und Sprachen hervorgebracht. Das bedeutet, dass wir den Mangel an kompetenten Männern beklagen, nicht den Mangel an Geld.

Vor etwa einem Jahr hat die Assyrian School Association (*Taw Mim Simkat*, TMS) ihr goldenes Jubiläum zum 50sten Jahrestag ihrer Gründung gefeiert. Leider erhielt diese Gesellschaft zu diesem Fest keine nennenswerten Glückwünsche, außer von den Lehrern, Absolventen oder Studenten des Waisenhauses. Das Programm der Jubiläumsfeier wurde in Form eines großen Buches mit einem schön verzierten Umschlag veröffentlicht, dessen Druck und Veröffentlichung zweitausendzweihundert Dollar (2200) kostete. Dies hätte eine Schatzkammer voller neuer syrischer Literatur aus den Federn der Lehrer und Schüler des Waisenhauses sein können. Leider findet man kein einziges Wort auf syrisch darin. Was denkst Du, mein Bruder? Sollte das Buch über das Fest des Vereins, der seit fünfzig Jahren besteht und Unmengen von Geld zur Wiederbelebung der aramäischen Sprache und ihre Literatur ausgegeben hat, so aussehen? Ein Buch, für dessen Druck 2.200 Dollar ausgegeben wurden, ohne eine einzige syrische nationale Spur, aber voll mit Bildern von Menschen, von denen die meisten, wenn man sie in ein Sieb geben würde, nichts übrig bleiben würde. Abgesehen davon, dass es sich um Personen handelt, die noch nie etwas mit der Vereinigung zu tun hatten; was halten Sie davon?

Denk nicht schlecht von mir, lieber Asmar, denn vielleicht habe ich eine Sicht der Dinge, an die ein Schriftsteller wie Du nicht gedacht hat. Da ich Dich jedoch als *Assyrer* betrachte, frage ich: Wie findest Du es, diesen horrenden Betrag auszugeben, um ein Buch dieser Art zu drucken? Meinst Du nicht, dass es besser und vorteilhafter gewesen wäre, wenn der Verein [TMS] mit diesem Betrag eine Druckpresse und syrische Schriftzeichen gekauft und sie dem Waisenhaus anlässlich des Erreichens dieses Meilensteins geschenkt hätte? Wären wir vernünftig und einsichtig, hätten wir nach all den Jahren greifbare Früchte unserer Bemühungen gesehen und uns und unser Land für immer unsterblich gemacht. Bruder, was stört Dich an meiner Kritik an den Verantwortlichen? Denkst Du, dass die Angelegenheit mich nicht berührt und ich kein Recht habe zu beobachten und zu kritisieren?

Nun sag mir: Ist Schreiben und Kritik oder Schweigen und Vertuschen der Tatsachen ein Verrat? Und ich sage nicht Vulgarität, wie Du gesagt hast! Wie wir uns drehen und wenden, sehen wir, wie die Völker um die Freiheit der Rede, des Schreibens, der Begegnung und der Forschung kämpfen. Im Gegenteil, obwohl wir uns mitten in dieser zivilisierten Gesellschaft befinden, versuchen wir, den Mund zu halten. Bis wann wird dies der Fall sein? Wie lange wird diese elende Nation noch in den Händen einer Klasse von Verrätern und Tyrannen sein?

Wie gerne hätte ich unsere Zeitungen - wenn wir denn Zeitungen hätten - frei von sektiererischen Recherchen, frei von Lob oder Verunglimpfung des Klerus und frei von jeglicher Erwähnung desselben gesehen, sodass sie den Zeitungen angesehener Nationen gleichen würden. Aber dieser Wunsch ist noch lange nicht in Erfüllung gegangen. Das liegt daran, dass unsere gesamte Kulturverwaltung und die wichtigsten Faktoren des Fortschritts in den Händen der Geistlichen der Kirche liegen. Stiftungen, Institute, Druckereien, Schulen und Räte sind alle in ihren Händen, und nichts bleibt davon unabhängig von ihrer Autorität. Das Volk hat keine Meinung und keinen Willen, was bleibt also den Zeitungen übrig, um darüber zu berichten, und der einzige Bezugspunkt ist die Kirche und ihre Kleriker.

Nun frage ich Dich: Du erwähnst Einstein in Deinem Brief, wann hast Du von diesem Wissenschaftler gehört, was hast Du über ihn gelesen und in welcher Sprache hast Du seine Ansichten studiert? Dank unseren antiken Gelehrten haben wir viel über unsere Philosophen und die antiken griechischen Philosophen gelernt, da sie diese für andere Völker bekannt gemacht haben. Hat einer der Neulinge etwas aus der Philosophie dieser Welt ins Syrische übertragen, das Du gelesen hast, oder hat einer dieser Neulinge das Buch ܐܚܣܕܐ ܘܡܝܬܐ (Geschichte der Heiligen) übersetzt?

Denk nicht, dass ich mit vielen Worten mit Dir in eine Diskussion einsteigen will, nein, und ich will Dich keineswegs zum Schweigen bringen, aber ich möchte, dass Du schreibst und Deine Informationen erweiterst. Also mein Bruder schreibe was Du willst, und verteidige alles, was Du magst, vorausgesetzt, Du bringst überzeugende und nützliche Argumente.

Auf jeden Fall sind Reden und Schreiben besser als Schweigsamkeit, und ich wünsche mir von ganzem Herzen, dass Du aus diesem Brief verstehst, dass ich Dich aufrichtig gernhabe und dass ich mir wünsche, mehr aus Deiner Feder lesen zu können.

Der Austausch von Ideen führt zu Ergebnissen. Ich hoffe, dass die Resultate unserer Bemühungen gut und lobenswert sind. Ich bitte den Direktor der *Asiria*, dieses offene Schreiben abzudrucken und den Kürzel (NY) zu enthüllen und es mit der Unterschrift eines immer treuen Freundes zu ersetzen.

West New York, 6. März 1951 **Senharib Balley**

— ٢٢ —

الانتقاد

كتاب مفتوح الى حضرة الاديب الشماس اسمر جرجس عينوردي!

نحية آرامية طيبة وبعد: فيما انا اقلب صفحات الجزء الرابع من مجلة الجامعة السريانية السنة الماضية، وقع نظري على مقال، موقع بامضاه جديد: «الشماس اسمر جرجس عينوردي» فسررت، وقلت، هذا اسم كاتب جديد فلا بدَّ ان اطالع له شيئاً جديداً. والحال طالعت مقالك حتى اتيت عليه. وهنا خاب املي لاني لم اجد فيه شيئاً جديداً بل افكار عتيقة، كلمات لاكتها الوف الافواه قبلك. فتملكني الاسف وقلت لنفسي: ان هذا الكاتب من تلك الفئة ايضاً!

كان في بعض جهات بلادنا عادة، اذا رأى الناس، رجلاً جريئاً صريح القول وخاصة اذا كان نصرانياً، يتحينون الفرص للايقاع به، فاذا اعيتهم الحيلة يتهمونه بالكفر او انه سب الدين. هذا النوع من الامراض قد انتقل الينا بعوامل الجهل وانحطاط الاخلاق. لذلك اذا تجرأ احد بيننا وكتب في الاصلاح او نعرض لاحد الزعماء او انتقد بعض الاعمال التي تقوم بها الهيآت الادارية العامة نقوم عليه القيامة لا سيما اذا تناول في انتقاده ولي امر او صاحب لحية، فاننا نتهمه بالالحاد والمروق من الدين لان انتقاد ذوي اللحى من الخطايا المميتة التي لا غفران لها.

لهذا السبب لا اوَّاخذك على ما رميتني به يا اخي لعلمي ان المرض وراثي لا اكتسابي. وقد اعتدت سماع نظائر هذه الاقوال طول عمري.

الكلام والانتقاد والملاحظة والمدافعة هي حقوق مشروعة لكل انسان. ولكن

Originalausschnitt aus *Asiria*

271

Schreiben von Hanna Abdalke 1951[381]

Mein tapferer assyrischer Bruder[382] Senharib Balley, möge Gott dich beschützen!

Ich sende Euch aramäische Grüße,

Ich habe mich sehr über einige Deiner Ausführungen in der ersten Ausgabe von *Asiria* in diesem Jahr gefreut. Erstens schreibst Du, das *„ein Schiff Kohle benötigt"* und zweitens, *„wenn die Tochter des Leiters des Waisenhauses klassisches syrisch spricht, müssen die Absolventen des Waisenhauses auf einer Stufe wie Bar Hebraeus sein"*. Immer wenn ich an diesen Satz denke, kann ich mir das Lachen nicht verkneifen. Was die dritte Aussage betrifft, so ist es eine klare Tatsache, dass *„wir Männer brauchen"*.

Lieber Senharib! Sei versichert, dass ich Deine Meinung schätze und mit dem übereinstimme, worauf Du hinauswillst. Wer bestreitet, dass wir aufrichtige und kompetente Männer brauchen? Da sind wir uns vollkommen einig. Dann lass uns gemeinsam nach unserem Irrtum suchen.

Gibt es um Dich herum ein paar Männer im Westen? Ich verspreche mehr davon bei uns hier im [Nahen] Osten. Lass uns dann eine nationale Vereinigung mit dem Namen des verstorbenen Naum Faiq, dem ersten Erwecker unserer syrischen Sprache gründen.

Wir können uns über unser Magazin *Asiria* verständigen, das zu Recht zum Sprachrohr der *assyrischen* Nation in der Welt geworden ist und unzählige Unterstützer in der oberen Jazire[383] aufweist.

Du bist zweifellos auf mein Buch *„Die Assyrische Stimme"*[384] aufmerksam geworden. Ich habe sehnlichst Deine Rezension darüber erwartet, weil ich Deine Integrität und Ehrlichkeit in Wort und Tat schätze. Würdest Du mich dann Deine Stimme laut und offen hören lassen, indem Du Deine Meinung aufrichtig und unparteiisch äußerst?

Die Resonanz zum Buch hallte in allen gesellschaftlichen Klassen und Gegenden wider: In Mardin, Edessa (Urfa), Diyarbakir und den Dörfern von Tur Abdin, bei Priestern und einfachen Leuten, Alten und Jungen, Männern und Frauen, besonders in der Oberschicht.

---

[381] *Asiria*, Jahrgang 17, Nr. 8-9, Juli-August 1951.

Originalartikel in Arabisch „ܗܺܝܪܳܐ ܚܰܬܢܳܐ – إلى سنحاريب بالي بقلم السيد حنا عبدلكي".

Hanna Yacoub Abdalke (1877-1955) wurde in Qalet Mara geboren und erlernte sein Beruf als Weber in Diyarbakir wo er später eine eigene Weberei eröffnete und sich damit einen Namen gemacht hatte. Während der großen Welle der Massaker in Diyarbakir floh er in sein Dorf und kehrte ein Jahr später zurück. Er unterstütze heimlich deportierte Griechen in Diyarbakir und wurde dann von den türkischen Behörden gesucht. Er floh in 1923 nach Amuda in Syrien. Er gründete die erste assyrische Schule in Amuda in 1928 und war bis 1945 der Leiter dieser Einrichtung. Nach Herausgabe von *Asiria* wurde Abdalke der offizielle Vertreter in Nordosten Syriens. Sein Buch „Assyrische Stimme" zielte auf die Reform der Nation und wurde in der Presse von Farid Nuzha in Argentinien gedruckt. Er war auch Gründungsmitglied der Vereinigung „Rehmat cito w Leshono" in seinem Todesjahr 1955. Farid Nuzha widmete ihm eine ganze Ausgabe (Jahrgang 21, Nr.7-9, Juli-September 1955) von *Asiria* mit Nachrufe und zahlreichen Bilder seiner der Zeremonie seiner Beerdigung.

[382] *Akhy al-Batal al-Ashury al-Jari' -* أخي البطل الاشوري الجريء.

[383] Die Region im Nordosten Syriens und zwischen den beiden Flüssen Euphrat und Tigris.

[384] Das Buch „*Die Assyrische Stimme* - الصوت السرياني " wurde im Jahr 1951 von Hanna Abdalke aus Amuda/Syrien in der Druckerei von Farid Nuzha veröffentlicht. Es behandelt Reformgedanken in der assyrischen Nation und nimmt Stellung zu Aussagen von Farid Nuzha, Necmatallah Denno und Patriarch Afrem Barsoum. Das Buch ist in Arabisch verfasst und hat 93 Seiten. Hanna Abdalke - Qolo Suryoyo - Al-Sawt al-Suryani – 1951.

Ich möchte damit einen Hinweis auf die allgemein und umfassend gewordene Meinungs- und Gedankenfreiheit geben.

Ich sehe, dass Du den Klerus so hart angehst, und man könnte meinen, dass Du diese sehr hasst. Du hättest Recht, wenn die Situation so wäre wie in der Vergangenheit, als die Jugend dem Klerus in Gut und Böse folgte. Hier ist ein Beispiel: Viele der jungen Männer, die ich nach der Verbreitung von „Die Assyrische Stimme" traf, erklärten mir, dass ich Farid [Nuzha] gegenüber voreingenommen sei, weil Farid als Freiwilliger in einem Bereich arbeitet, der ihm nicht auferlegt wurde.

Viele sagten: Möge Gott Dich segnen. Du hast mit dem, was Du getan hast, die Seele durch Deine tadellose Reform geheilt und eine präzise Korrektur vorgenommen. Du hattest in der Tat keine Angst davor, dass andere Dich tadeln! O Senharib, in diesem Zeitalter

Hanna Abdalke
(1877-1955)

ist nichts mehr von dem übrig geblieben, was in der Vergangenheit war.

Heute erkennen die meisten Geistlichen den aufrichtigen Bürger an. Wir brauchen nun drei Faktoren: Wissen, Aktivität und Aufrichtigkeit, gepaart mit guter Moral. Die Gelegenheit und die sinnvolle Arbeit stehen vor der Tür und die meisten jungen Leute streben danach, „Farids und Senharibs" zu werden. Es ist unmöglich, diese wertvolle Gelegenheit zu verpassen, und ich sehe keine Rechtfertigung dafür, den Klerus zu attackieren.

Ist dir aufgefallen, was wir sind? Ich bin ein Araber, Du bist ein Türke, der andere wurde Kurde und ein weiterer etwas anderes. Wer ist nun der *Assyrer* unter uns? Wo wäre unser *Assyrertum* heute, hätte die Religion unsere Nationalität nicht bewahrt? Der Dank für das Überleben des *Assyrertum* gebührt dieser Religion und ihren Männern. Sprache ohne Religion ist wie Bausteine ohne Lehm, die schnell einstürzen. So hat unsere Nationalsprache ohne ihren Lehm, die Religion kein Leben. Ein Blick in die Geschichte zeigt, dass Staaten ihre Souveränität mit der Macht ihrer Religion gestützt haben.

Ich sende Dir meinen Gruß und warte auf Deine Antwort. Gott möge Dich als treuen Diener seines Volkes beschützen.

Hanna Abdalke

Kommentar zum Buch „Die Assyrische Stimme"[385]

An den Führer der assyrisch-aramäischen Jugend, dem ehrenwerten Hanna Abdalke,

Mit Genugtuung und Anerkennung habe ich in der dritten Ausgabe des siebzehnten Jahrgangs von *Asiria* Ihren an mich gerichteten offenen Brief (ܡܟܬܒܐ) gelesen, den Sie mit freundlichen Worten einleiteten, was mich veranlasst, Ihnen für Ihre Freundlichkeit zu danken. Gleichzeitig gebe ich zu, dass ich dieser Komplimente von einer tugendhaften Person wie Ihnen nicht würdig bin. Ihr ganzes Handeln hat mir Ihren großen Eifer und Ihre echte Liebe zu Ihrem Volk gezeigt. Um die Wahrheit zu sagen, Sie haben verkörpert, was der weise arabische Dichter sagte: *„In den Augen der Großen wachsen die kleinen Dinge".*

Über den Redakteur der *Asiria* erhielt ich ein Exemplar Ihres Buches *„Die Assyrische Stimme".* Ich habe es sehr sorgfältig gelesen und über die darin aufgeführten Thesen nachgedacht. Ihre Ehrlichkeit, Entschlossenheit und ihr reifes Denken ließen mein Respekt Ihnen gegenüber weiterwachsen. Ich schätzte auch Ihren nationalen Eifer sowie Ihren reinen und soliden orthodoxen Glauben. Aufgrund meiner Bewunderung für das Buch habe ich darüber mit einigen Leuten mit Hingabe und Ehrgeiz gesprochen, die es ebenso sehr schätzen und sich dafür einsetzen, dass die Inhalte für alle auf Englisch zugänglich gemacht werden.

Sie schreiben in Ihrem offenen Brief, dass Sie sehnsüchtig auf mein Wort gewartet haben. Aber bei meinem Schweigen ging es bisher nicht um Gleichgültigkeit Ihnen gegenüber. Auf keinen Fall! Ich glaube nicht, dass Ihnen meine reformistische Tendenz unbekannt ist, ich bin ein großer Verehrer Ihrer Arbeit. Ich wartete jedoch auf die Meinungen und Beobachtungen der Männer unseres Volkes, der Schriftsteller und Intellektuellen.

In *Asiria* habe ich die Meinungen einiger der angesehensten Personen unseres Volkes zu Ihrem Buch gelesen, und einige davon habe ich auch in Gesprächen und Treffen gehört. Es waren unterschiedliche Meinungen. Manche sind vielleicht sogar wütend auf Sie, weil sie der Meinung sind, dass Sie schweigen und sich bedingungslos unterordnen und die Dinge dem Willen des Führers überlassen sollten.[386] Wenn dieser bereit ist, etwas aus eigener Kraft zu bewirken und sich für Reformen einsetzt, dann ist das seine Großzügigkeit und Freundlichkeit. Andererseits ist dies das Unglück der Nation und nicht die Pflicht seiner Position. Und wenn er die Fürsorge missbraucht, dann ist es nicht sein Verschulden, sondern das Unglück der Nation. Es gibt keinen, der nachfragt und keiner, der sich verantwortlich fühlt.

Es gibt eine Gruppe, die die Forderung nach Reformen als ihre Pflicht ansieht, ohne jedoch die Fehler aufzudecken und die Mängel öffentlich zu kritisieren, damit sie nicht zu einer Waffe in den Händen unserer Feinde werden, die uns damit bekämpfen.

Ein anderer Teil würdigt Ihre Bemühungen und lobt Ihre Arbeit mit den Worten: Genug des Sitzens, des Schweigens und des blinden Gehorsams. Unsere Vorväter haben sich der Tyrannei unterworfen und gehorsam ergeben, und was haben sie erreicht? Wie viele der

---

[385] *Asiria*, Jahrgang 18, Nr. 3, Juli-September 1952. Originalartikel in Arabisch «الصوت السرياني» كلمتي حول كتاب .

[386] Hier ist Patriarch Afrem Barsoum gemeint.

Söhne des Volkes haben sich durch die korrupte Leitung der Führer von ihr entfernt? Gab es zu dieser Zeit einen Farid Nuzha oder Hanna Abdalke?

Das Schweigen über den Schmerz einer Wunde und diese nur in weiche Tücher zu wickeln, heilt sie nicht. Aber jeder hat seine eigene Meinung, und es steht ihm frei zu tun, was er denkt. Und ich, o tugendhafter Reformer, gehöre zur letzteren Kategorie.

Jede Zeile der „*Assyrischen Stimme*" ist eine klare und aktuelle Tatsache, die keinen Zweifel zulässt und keiner Interpretation bedarf. Es ist in der Tat ein warmer Hauch, der aus einer durch Nationalgefühl und christlichem Glauben entflammten Brust aufsteigt. Zugleich ist es ein ehrbares Beispiel für Kühnheit, Offenheit und Gerechtigkeit. Er gibt jedem sein Recht, ohne zu schmeicheln oder zu fälschen.

Ich kenne Ihre finanziellen Möglichkeiten nicht, aber Sie tragen die Kosten für den Druck des Buches und seine kostenlose Verteilung, und Sie haben wertvolle Zeit auf dem Weg der Reform verbracht, wo Sie moralischer Reichtum bewiesen haben. Ihr seid der reichste an Leidenschaft, Eifer und reiner Liebe zu Eurem Volk. Es wäre schön, wenn alle unsere reichen Leute es Ihnen gleichtun und Gerechtigkeit sowie Literatur unterstützen würden. Ich sage es ohne jeglichen Zweifel: Sie sind der erste Schriftsteller, der den Schleier der Heuchelei, der Scheinheiligkeit und der Schmeichelei beiseite geworfen hat und Sie haben Ihr Herz und Gesicht allen gezeigt. Wie ein geschickter Chirurg haben Sie das Messer an das kranke Glied gelegt und es ohne Angst und Zögern entfernt.

O tugendhafter Diener, Sie haben bewiesen, dass Sie der Spross eines freien Volkes und der Abkömmling einer auf demokratischen Grundlagen gegründeten Kirche sind, die allen ihren Söhnen, vom jüngsten Bürger bis zum ältesten Führer gleichermaßen Redefreiheit, Offenheit der Meinung und Kritik gewährt. Im Gegensatz zu einigen Kirchen, die ihren Kindern die Freiheit zu sprechen, ja sogar die heiligen Bücher zu lesen, verwehren!

Einige Ihrer Äußerungen waren bitter, wie Medikamente mit einem Geschmack, der nicht leicht zu schlucken war, vor allem für diejenigen, die daran gewöhnt sind, Phrasen von Anbiederung und falscher Schmeichelei zu hören. In einer freiheitlich organisierten Gruppe jedoch sind sie sehr nützlich und haben eine gute Wirkung, und ihr Ergebnis ist süßer als Honig. Die *assyrische* Nation, die Sie geboren hat, hat das Recht, stolz auf Sie zu sein, weil Sie in ihr wachsen, wie eine duftende Lilie, deren Schönheit und Duft aus der Güte des Landes wuchs, das sie hervorbrachte.

Zweifellos wird es ein Aufstand der Reaktionäre gegen Sie geben, und einige Barrieren zur Verhinderung der Verbreitung Ihrer Ideen werden errichtet. Dies ist kein Problem und Sie sollten keine Angst davor haben. Das Ergebnis wird Ihnen zugeschrieben. Die Tatsachen von heute sind Material für die Geschichte von morgen. Die Geschichte unterdrückt das Recht der Reformer nicht.

Danke dem Herrn für den Segen, dass wir uns nicht in der Ära der Inquisition befinden, so wie es keine solche Inquisition in der Geschichte unserer Kirche gibt, die Ideen tötet und Freidenkende verfolgt. Alle Aspekte der Unwissenheit warten darauf, beseitigt zu werden. Ideen sind wie reißende Flüsse. Wenn sie sich festsetzen, ist es unmöglich, sie zurückzudrehen oder ihre Strömung aufzuhalten.

Sie sagen mir, dass ich zu hart zu unserem Klerus sei. Gott bewahre! Im Gegenteil, ich habe wahren Respekt und Liebe für sie. Dieser Respekt habe ich von meinen Eltern und Großeltern geerbt. Ich habe viele Diözesen und einige bekannte Klöster besucht. Ich kannte viele der Patriarchen, die meine Geburtsstadt Omid (Diyarbakir) besuchten. Ich kannte persönlich Dutzende von Metropoliten, Bischöfen, Priestern und Mönchen, und sie waren im Großen und Ganzen fromm und rein. Obwohl die meisten von ihnen nicht mit hohen Wissenschaften geschmückt waren, waren sie äußerst tugendhaft und vollkommen; sie besaßen auch großen Eifer und eine gute Moral. Unschuldige, die mit Keuschheit und Frömmigkeit geschmückt sind und sich durch Sanftmut, Demut und Bescheidenheit auszeichneten. Sie waren einfach in ihrer Lebensweise, leidenschaftlich in ihrem Glauben, lieben ihre Herde und waren dem ihnen anvertrauten heiligen Katechismus treu. Wenn es nötig war, scheuten sie bei der Verteidigung ihres Landes keine Risiken. Ich danke Gott, dass es eine große Zahl von lebenden Geistlichen gibt, die sich durch diese edlen christlichen Eigenschaften auszeichnen.

Von ihnen kannten wir allerdings auch in der Vergangenheit und in unserer Gegenwart einige Verräter, Verderber, Unruhestifter und Willensschwache, die sich durch Völlerei und Habgier auszeichneten und die Grundsätze ihres Glaubens für eine Mahlzeit verkauften. Sie wurden damit zu einem schwarzen Fleck in der Geschichte unseres Klerus, der sich durch seine Frömmigkeit, Keuschheit und Aufrichtigkeit für die Orthodoxie auszeichnete. Hätte mich nicht der Anstand daran gehindert, hätte ich Euch von ihrer Schande erzählt, die sogar Satan fürchten würde, und er würde aus Scham die Stirn runzeln, aber ...

Was denken Sie über einen Metropoliten, der seine Diözese, sein Kloster, die Stiftungen des Klosters und die Bedrängten seiner Gemeinde in dieser schwierigen Zeit den umherstreifenden Wölfen überlässt und das Inventar des Klosters plündert und mit dem Geld nach Amerika flieht? Er befolgte nicht die Befehle seines Vorgesetzten, in seine Diözese zurückzukehren.[387] Er hat sich nun seit zweieinhalb Jahren hier niedergelassen und gibt sich dem Vergnügen hin, zu essen, zu trinken, zu schlafen und zwischen Familien mit Frauen und jungen Damen zu verkehren und widmet sich dem Erfinden und der Verbreitung von Verschwörungen.

Murad Cheqqe
(1902-1958)

Wenn wir all die Fehler ignorieren, die in *Asiria* Seiner Seligkeit Patriarch Afrem gegenüber dem *assyrischen* Volk zugeschrieben werden, dann bleiben drei große Mängel. Selbst wenn er hundert Bücher verfasst und hundert Schulen gegründet hätte, hätte er diese Mängel nicht wettmachen können.

Der erste dieser Mängel: Er setzte ein Metropolit auf den Thron von Jerusalem, der nicht qualifiziert war, ein kleines Dorf zu verwalten. Zweitens: Die Entlassung des Schriftstellers

---

[387] Hier nimmt Senharib Bezug auf Bischof Athansios Yeshu Samuel (1907-1995), der 1949 seine Diözese im Heiligen Land verließ und sich in New Jersey niederließ. Er hatte vorher die Qumran Rollen vom Toten Meer von einem Beduinen gekauft und sie nach Amerika mitgenommen und dort für sehr viel Geld verkauft.

Murad Cheqqe von der Verwaltung der Schule in Jerusalem[388] und drittens, die Einstellung des Magazins *Al-Hikma.*

Nun frage ich Sie, verehrter Lehrer: Ist es eine Pflicht, diese Gruppe vorbehaltlos oder bedingungslos zu respektieren und ihr zu gehorchen sowie zu ihren tyrannischen Handlungen zu schweigen?

Sie sagen, *„der Klerus hat unsere Nation bewahrt".* Darüber streite ich nicht mit Ihnen, aber ich kann Ihnen das Gegenteil Ihrer Aussage beweisen. Die Religion hat uns des Vorteils der Nation beraubt und uns in Konfessionsgruppen zerteilt; wir sind der Willkür der Geistlichkeit ausgeliefert, und diese Menschen lenken den Lauf der Religion nach ihren Launen oder Vorstellungen, bewusst oder unbewusst. Unser Klerus war kein zweischneidiges Schwert wie der Klerus der anderen Kirchen, denn sie vergaßen die irdischen Dinge und kümmerten sich nur um die himmlischen Dinge. Er [der Klerus] wollte alle Menschen lebendig in den Himmel bringen, weil er die Erde für eine Hölle hielt und vergaß, dass er auf ihr wuchs und auf ihr lebte und sich von ihrer Fülle ernährte, und dass sein Ende darin besteht, auf ihr zu sterben und begraben zu werden.

Verstehen Sie mich nicht falsch, ich bestreite die Tugend der Religion nicht! Vielmehr sage ich, dass der Mensch die Religion braucht, wie er Nahrung und Luft braucht. Aber ein Übermaß an Nahrung und Luft ist die schlimmere Folge von Mangel. Wer leugnet die Verdienste von Religion und ihre Männer? Tausende humanitäre Einrichtungen wie Wohltätigkeitsvereinen, Schulen, Krankenhäuser und Unterkünfte laufen dank der Religion. Sicherlich ist es für ein Individuum oder eine Gruppe nicht möglich, ohne Religion zu leben. Auch ein nicht religiöser Mensch glaubt an eine unreligiöse Weltanschauung und bekennt sich ebenso vehement und enthusiastisch zu seinem Glauben wie Gläubige anderer Religionen.

Die Religion und ihre Vertreter sind ein strahlendes Licht, wenn sie ihre Pflichten mit Ehrlichkeit und Integrität erfüllen und diese einfach und erhaben tun. Sie sind ein loderndes Feuer, wenn sie es zu einem Mittel machen, um persönlichen Nutzen daraus zu ziehen, und es als Mittel der Tyrannei, des Beharrens auf Faulheit nutzen, um Tasche und Magen zu füllen.

Asiria ist voll von Beschwerden und Klagen von Misswirtschaft. Sie kommen aus einem Herzen, in dem das Feuer von Ehrgeiz und Aufrichtigkeit lodert. Mein verehrter Lehrer, Sie sind nicht der Einzige, der weiß, wie schmerzhaft die Situation ist, sondern Tausende wie Sie wissen es auch, aber die Gewöhnung an Unterwerfung, blinden Gehorsam und die Verbreitung von Unwissenheit haben sie davon abgehalten, die Wahrheit zu sagen, und sie zu Götzendienern gemacht, die vor dem Götzen, den sie mit ihren eigenen Händen geschaffen haben, ängstlich zittern!...

Eine Ihrer Aussagen im Buch lautet: *„Sie hätten eine Rechtfertigung, wenn die Situation so gewesen wäre, wie sie früher war, als junge Menschen dem Klerus in Gut und Böse gehorchten."* Nun möge Gott die Jugend von heute segnen und sie leiten. Aber was hindert sie daran zu arbeiten?

---

[388] Murad Cheqqe war in Jerusalem Schulleiter von 1927 bis 1931. Siehe   Bismarji, Farid (2011), *Spotlight on the past* (أضواء على الماضي)- *From the archive of the Family of Hanna Serre Cheqqe*, Aleppo (Arabisch), Seite 278ff.

Wenn der oberste Führer seine Arbeiter ermutigt und mit ihnen zusammenarbeitet, ist das besser als gut. Aber wenn der Präsident nicht handelt und unsere Jugend so ist wie beschrieben, was hindert sie daran, aus ihrer Motivation und Kompetenz heraus selbst initiativ zu handeln? Ein türkisches Sprichwort sagt: *„Ein mutiger Sohn wartet nicht darauf, dass sein Vater zu ihm sagt: „Schlag zu!"* Selbst unter einem Felsen wird ein guter Samen sprießen.

Vor ein paar Jahren starb ein Armenier aus Omid in Ägypten und hinterließ 60.000 englische Pfund, die er für die Bildung seines Volkes vermachte. Hierfür wurde ein Sonderausschuss für den Bau einer armenischen Hochschule in Beirut eingesetzt. Um das Projekt zu vollenden, wurde vor zwei Jahren ein Vertreter in die Vereinigten Staaten entsandt, der in weniger als zwei Monaten 135.000 Dollar allein von Anhängern der Taschnak-Partei[389] sammelte. Außerdem lieh er sich 60.000 Dollar von der Armenischen Frauen-Rot-Kreuz-Gesellschaft, kehrte zurück und begann mit dem Bau des Instituts unter dem Namen Palatjian College. Jeder weiß, dass der armenische Klerus gegen die Idee dieses urbanen Kulturprojekts ist, aber das Komitee geht mit seiner Arbeit voran.

Die Zeitung *Al-Hoda* veröffentlichte in ihrer Ausgabe vom 2. Juni dieses Jahres den Titel: *„Ein humanitäres und pädagogisches Projekt, das von einer libanesischen Familie in der Hauptstadt Argentiniens durchgeführt wird."* Die Zusammenfassung lautet, dass Frau Nada Siel Traboulsi eine Schule namens „Sankt Delia" gegründet hat, die 600 armen Mädchen kostenlose Bildung ermöglicht.

Dies sind zwei Beispiele, an denen wir den Unterschied zwischen einer Nation und einer anderen Nation erkennen. Es geht nicht um die Zahl. Hier sehen Sie, das ein eifriger Mensch gerne arbeitet und nicht wartet und keine Bedingungen für die Arbeit stellt, die Wundern ähneln, wie es die meisten unserer Reichen tun. Die Nation, die die Fähigkeit zum Fortschritt hat, schreitet voran, ohne auf dies oder jenes zu warten. Aber nur das Vieh muss hinter seinem Besitzer hergehen.

Dann sagen Sie zu mir: *„Lass uns Hand in Hand einen Verein zur Wiederbelebung unserer aramäischen Sprache gründen".* Was für ein heiliger hoher Gedanke. Erlauben Sie mir daher eine Frage: Gibt es einen Unterschied zwischen Ihrem Vorschlag und den grundlegenden Zielen der Assyrian School Association (TMS), damit wir mit der Gründung eines neuen Vereins beginnen können?

Ist es so, dass wir jeden Tag etwas etablieren, erneuern, uns verpflichten, zu arbeiten, und schließlich nichts tun und kein Ergebnis erzielen? Mehr als ein halbes Jahrhundert ist seit der Gründung der Assyrian School Association (TMS) vergangen, und dieses Waisenhaus in Beirut ist das Ergebnis dieser langen Jahre. Gemäß Ihrem Vorschlag müssen wir neu beginnen und die Arbeit weitere fünfzig Jahre fortsetzen, bis wir das erreichen, was die Assyrian School Association mit ihrer Schule in Beirut erreicht hat.
Man könnte argumentieren, dass man in diesem Zeitalter über moderne, effektive Materialien und Mittel verfügt. Ich sehe, dass Beirut in Ihrer Nähe liegt. Was spricht dagegen, sich mit der Jugend zu verständigen und mit ihr zusammenzuarbeiten, um die gewünschte Reform umzusetzen? Vor kurzem hatten Sie den bemerkenswerten Vorsitzenden der Gesellschaft (TMS), Herrn Hanna Khedersha, zu Gast. Welche Ideen haben Sie mit ihm bezüglich der

---

[389] Die Armenische Revolutionäre Föderation (Taschnak) ist eine 1890 in Tiflis (heute Georgien) gegründete armenische politische Partei.

Reform dieses nationalen Instituts ausgetauscht? Wir hörten von den großen Banketten, die zu Ehren dieser Persönlichkeit veranstaltet wurden, und er kam mit einem Bild von einem dieser Treffen zurück. Wir waren sehr erfreut, denn es zeigt, dass die Nation den Wert ihrer Arbeiter zu schätzen und sie zu ehren weiß. Leider haben wir nichts von einem neuen nützlichen Reformschritt für dieses Kulturinstitut gehört, das im Mittelpunkt der Aufmerksamkeit der assyrischen Nation steht.

Wenn ein syrischer oder libanesischer Schriftsteller oder Prominenter in die Heimat geht, sehen wir, dass die Zeitungen zusätzliche Kapitel veröffentlichen, in denen der Besucher und seine Mission beschrieben werden, vor allem, wenn er eine wichtige Funktion in einer Vereinigung wie der Assyrian School Association innehat und er Verdienste und Stellungnahmen zu Nationalfragen aufweist. Wie kommt es also, dass wir in unseren *assyrischen* Zeitungen nichts über die Tätigkeit dieses Delegierten lesen konnten? Die Leute sind hier immer verwirrt worden mit: *„Dieser und jener ist gereist, und dieser und jener ist zurückgekehrt".*

Das ist es, was ich über „Die Assyrische Stimme" sage: *Ihre Stimme, oh Sie führender Reformer. Ich bitte Gott, Ihr Leben zu verlängern und die Zahl derer zu erhöhen, die wie Sie treu für ihr Land arbeiten und ein gutes Beispiel für die assyrische Jugend[390] sind.*

Senharib Balley   West New York

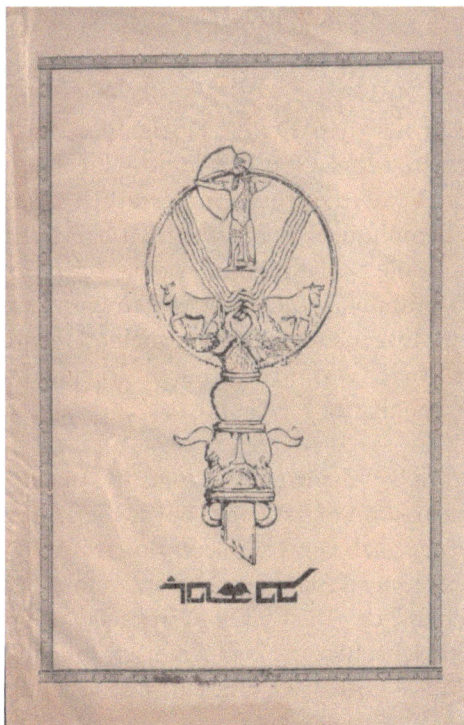

Buchcover „Qolo Suryoyo" von Hanna Abdalke, 1951

---

[390] *Al-shabiba al-Ashuriya* - مثالاً صالحاً للشبيبة الاشورية.

Schreiben von Hanna Abdalke 1952[391]

Mein treuer *assyrischer* Bruder,
Verehrter Senharib Balley!

Von den Ausläufern des Tur Abdin, von Assyrien und Aram, sende ich Dir meine Grüße, erfüllt vom Duft der Iris, die in den Ebenen von Nineveh und Ur, der Heimat der ehrenwerten Vorfahren, sprießt. Ich habe Deine Rede gelesen, die Du letztes Jahr in *Asiria* an mich gerichtet hast, und ich fühlte mich wohl und beruhigt.

Du bist die einzige Person, die genau das zu Papier bringen kann, was Du siehst und fühlst. Deshalb ist Dein Urteil das letzte Wort. Dies ist der Grund, warum ich mit dem zufrieden bin, was ich aus Liebe zu meiner Nation geleistet habe. Ich habe Briefe aus Palästina erhalten, die Deine Ideen unterstützen. Wie sehr würde ich mich freuen, wenn ich die Gelegenheit hätte, ausführlich und detailliert mit Dir über Deinen Text zu korrespondieren. Aber Farid hat zuvor gesagt, dass in der Zeitschrift kein Platz für solch lange und ausführliche Artikel gibt.
Mein Bruder! Ich bin nicht jemand, der das Kompliment eines großen Literaten wie Dir verdient. Dies hat mich jedoch den freien *assyrischen* und reif denkenden Menschen erkennen lassen, der in Dir steckt. Ich war mir dessen nicht unbewusst, aber die letzte Auseinandersetzung hatte eine neue Seite an sich, die mir zeigte, wer Du bist und wo Du im wahren *Assyrertum* stehst.

Du sagst mir, dass Du die Kosten des Buches nicht kennst; lass mich Dir kurz und bündig antworten: Möge Gott Farid und seine Zeitschrift segnen!
Mehr möchte ich nicht sagen, denn selbst wenn ich es täte, würde Farid das Lob, das ich über seine Bemühungen auszusprechen habe, nicht veröffentlichen. Was von dem Kapital übrig bleibt, ist die Schlaflosigkeit, die bis zum Morgengrauen unter dem Licht eines zerquetschten Rohrs/Stifts und einer elektrischen Lampe anhält.
In den Morgenstunden, wenn meine Gedanken klar sind, sitze ich und unterhalte mich mit meinen freien *assyrischen* Brüdern. In einer solchen Zeit wandte ich mich an den assyrischen Helden Senharib.

Natürlich geschehen die Dinge nur nach den Maßstäben der Menschen, die mit ihnen umgehen können. Ist daran etwas merkwürdig? Ist es auch seltsam, dass das Wort *unmöglich* im Wörterbuch von Napoleon Bonaparte nicht vorkommt? Die moderne Türkei ist das Werk von vier jungen Männern: Enver, Kemal, Şakir Bahattin und dem Postboten Talat. Ihr fester Entschluss, das Buch „Die Assyrische Stimme" ins Englische zu übersetzen, um es unseren jungen Menschen, die kein Arabisch sprechen, zugänglich zu machen, hat mein Herz wirklich mit Freude erfüllt. Was für ein schöner Gedanke und was für eine schöne Tat das ist.

Hier ist, was ich mir über die drei Gruppen vorgestellt habe, die Du in Deinem Artikel erwähnt hast; ich hoffe, dass ich direkt mit Dir kommunizieren kann, um Dich auf eine Weise zu informieren, die Dich glücklich macht, die erste und zweite Gruppe überzeugt und die letzte zufriedenstellt. Unsere Leute unterscheiden sich in ihren Gedanken und im Vergleich

---

[391] *Asiria*, Jahrgang 19, Nr. 2, Februar 1953. Originalartikel in Arabisch مراسلات الادباء.

zueinander. Vor allem der Geist einiger unserer älteren Menschen ist von der eher altmodischen und kranken Sorte. Aber die meisten unserer jungen Leute haben heute konkrete Gedanken und einen richtigen Glauben. Sie engagieren sich respektvoll in der Reformarena und Du wirst sehr bald die Früchte Deiner Bemühungen sehen. Sei also unbesorgt, Bruder. Wisse, dass Dein Freund Abdalke, obwohl er alt ist, eine Entschlossenheit und einen Willen zur Anpassung hat, die selbst bei jungen Menschen ihresgleichen suchen. Er hat auch keine Angst vor der Wahrheit einen Schuldigen zu benennen.

Sei versichert, dass sich die Überlegungen ein wenig verändert haben. Bald werden die Dinge in Ordnung sein. Lass die Geistlichen jetzt in Ruhe und sieh Dir das Ganze genau an. Du wirst feststellen, dass diejenigen, die an Farid zweifelten, diejenigen, die Senharib für schlecht hielten und diejenigen die Abdalke beschuldigten, vom Assyrismus[392] abzuweichen, ihre Meinungen geändert haben und von den guten Taten und Zielen überzeugt sind, die diese Leute vollbringen bzw. verfolgen.

Lieber Senharib!

Was Du über das Verständnis und die Solidarität mit der Leitung des Waisenhauses sagst, ist sehr wahr, aber es gibt viel Egoismus in unserem Volk. Die meisten derjenigen, die im Waisenhaus Mitspracherecht haben, akzeptieren nicht, dass andere an dem Projekt beteiligt werden, und ich mache mir Sorgen, dass sie darauf bestehen werden. Ich sende Dir die besten Grüße. Schreibe mir!

Hanna Abdalke   Amuda/Syrien

---

[392] .الانحراف عن السريانية

Reform:[393]
Lasst uns die Unwissenheit töten!

Es wird erzählt, dass es in einem Dorf eine Schule gab, deren Schüler nicht lesen lernen wollten. Als sie keine Ausreden mehr hatten, um dem Unterricht fernzubleiben, beschlossen sie eines Tages, den Lehrer zu töten und die Schule aufzulösen.

Einer, der etwas später dazu kam, bat um ein Wort. Nachdem ihm das Wort erteilt wurde, sagte er: *„Liebe Freunde! Wir mögen den Lehrer töten und ihn loswerden, aber wir werden die Schule damit nicht los. Die Schulverwaltung wird einen neuen ernennen und ihr könnt sagen, dass wir diesen auch töten und so weiter. Nein, ich habe eine Idee wie wir die Schule und ihre Wissenschaft, ohne einen Mord zu begehen, eliminieren. Wir sollten das Alphabet töten!".* Sie sahen ihn erstaunt an und erwiderten: *„Das ist unmöglich"*, und er antwortete: *„Ja, und deshalb ist es unvermeidlich, dass wir lesen lernen"*.

Die Stimmen der Beschwerden wurden lauter, und es wurde viel gemeckert über die Misswirtschaft des Präsidenten und die Störung der Arbeit der Arbeiter. Und wenn wir einen Arbeiter entfernen, dann wird derjenige, der ihn ersetzt, noch bösartiger und unverschämter sein, also bleibt uns nichts anderes übrig, als daran zu arbeiten, die Unwissenheit zu töten, und dann wird sich alles zum Guten wenden. Wenn die Strahlen des Lichts scheinen, wird die Dunkelheit verschwinden.

Senharib Balley   West-New York/USA

Kommentar [Farid Nuzha]: Was wir brauchen, lieber Denker Senharib ist Eifer und Liebe. Die Gebildeten unter uns sind unzählig. Aber was es unter uns nicht gibt, besonders unter den Gebildeten, den Vertretern der Nation und ihre Führer, ist Hingabe, Ehrgeiz und Liebe zur eigenen Ethnie.

Du siehst, dass der Leiter, bei dem Du die Vervielfachung der Beschwerden über seine Misswirtschaft festgestellt hast, einer der ranghöchsten Gelehrten ist, aber was diesem unvergleichlichen Intellektuellen fehlt, ist Demut, Offenherzigkeit und Eifer für seine Herde und die Behandlung ihrer Angelegenheiten mit Liebe und Aufrichtigkeit. Darüber hinaus braucht er einen Rat (Leitungsgremium), dessen Mitglieder große Persönlichkeiten sind, gestandene Männer mit hoher Moral, die es selbst zu etwas gebracht haben.

Nicht wie die verweichlichten Männer, die ihn umgeben; die meisten von ihnen sind Unfähige, die kein Gewicht und keine Haltung haben. Wenn wir unseren Blick von der Position der Präsidenten abwenden, sind diejenigen, die unsere Kulturinstitute leiten, zwar meist gebildet, aber es fehlt ihnen an Mut und an der Bereitschaft, ihre Meinung zu vertreten. Alles, was sie gelernt haben, ist die Sprache und ihre Regeln, aber sie haben nicht gelernt, unparteiisch zu sein und die Nation bis zur Aufopferung zu lieben, um die Verwaltung zu verbessern und kluge Kinder für uns zu produzieren.

Schau Dir die Botschaften der motivierten Jugendlichen an, und Du wirst feststellen, dass sie die Bedingungen der Rhetorik erfüllen, nicht mit sprachlichen Fehlern behaftet sind, aber sie

---

[393] *Asiria*, Jahrgang 19, Nr. 6-7, Juni-Juli 1953. Originalartikel in Arabisch الاصلاح.

sind fast alle beschreibend und sprechen mit Faszination über das, was ihre Augen gesehen und ihre Ohren gehört haben. Was das Filtern, Vergleichen, Extrahieren und Unterscheiden der Spreu vom Weizen angeht, so haben sie keine Erfahrung damit.

Wenn Du eine Stellungnahme oder eine Schrift von einem von ihnen liest, wirst du sehen, wie der Verfasser seine Ausdrücke widersprüchlich und ohne Korrektur vervielfacht und zur Veröffentlichung freigibt. Somit bleiben seine Gedanken vage und unreif abgedruckt, was eine Verschwendung von Zeit und ohne Nutzen bleibt.
Siehst Du nicht, dass sie kein Problem damit haben, die *assyrische* Nationalität aufzugeben, ihre Konfession zu verleugnen und sich fremden Konfessionen anzuschließen, obwohl das eine Demütigung und den Verlust von Prinzipien und Ehre bedeutet?
All dies geschieht in der Mitte des zwanzigsten Jahrhunderts durch der gebildeten Klasse!

Wir müssen die Unwissenheit töten, ja! Aber welche Unwissenheit und wie? Wir müssen unsere eigene Unwissenheit ausmerzen und gegen die korrupte Wissenschaft kämpfen und den leeren Stolz, die Arroganz, die Angeberei und all die lähmenden Eigenschaften beseitigen, die die meisten unserer Führer und Verantwortlichen unserer Kulturinstitute und Reformprojekte kennzeichnen.

Der Unwissende braucht wie der Patient einen Arzt, der zu den medizinischen Tests Ehrlichkeit, Aufrichtigkeit und Redlichkeit sowie Liebe und Sanftmut mit Moral kombiniert; wie können wir also geheilt werden, wenn dies der Fall unserer Ärzte ist, wie Du weißt? Ist es gerechtfertigt zu sagen, dass der Schulleiter oder der Lehrer der Schule unwissend oder untätig ist? Nein! Aber ich kann auf viele von ihnen verweisen - mit ihren Namen, wenn Du magst -, die unfähig für Management und Bildung sind, so wie unser Schullehrer und der Direktor unseres Instituts nicht unwissend ist, aber er ist ohne Eifer, er kennt die Bedeutung der Liebe für sein Volk nicht, außer seinem eigenen Interesse, er lebt nur!

Was hältst Du von der Schulverwaltung, die aus ein paar Dutzend Mitgliedern besteht? Das ist nur auf dem Papier so, aber in Wirklichkeit liegt die Macht bei einer Person, die der Überzeugung ist, dass der Vorsitz dauerhaft auf sie zugeschnitten ist. Wenn die Mitglieder über die Notwendigkeit eines Wechsels oder einer Änderung in der Schulleitung sprechen, siehst Du, wie sie untereinander flüstern, damit dieses Gespräch nicht den Leiter erreicht, weil er derjenige ist, der einen bestimmten Lehrer in diese Position ernannt hat.

In der *assyrischen* Nation gibt es viele fähige Intellektuelle, die Experten in Bezug auf den Zustand und der Erfordernisse unserer Schulen und städtischen Institute sind, aber die Frage der Besetzung von Verwaltungs- und Disziplinarposten hängt von den Geistlichen und Würdenträgern ab. Welche Verbindung kann es zwischen den freien Intellektuellen und dem Klerus geben, der, wie Du siehst, mit Arroganz und Tyrannei das Monopol über die Fähigkeiten der Nation innehat? Die Nation in ihrer Gesamtheit ist jedoch ein Opfer, das sich mit seinen irreführenden Führern zufriedengibt.

Wenn mich etwas beeindruckt, dann sind es diese Paradoxien, die von jenen vertreten werden, die ich immer noch zu unseren Intellektuellen und Gelehrten zähle, die ihre Umgebung durch die Entwicklung der Schulen und der Kultiviertheit der Gesellschaft, in der sie leben, wie den Garten Eden gestaltet haben. Nun feiern sie die Heiligkeit des Patriarchen wie die großen Könige und die größten Prinzen. Stell dir vor, sie geben Hunderttausende für ihn aus, beeilen sich dann seine Hand zu küssen und betteln um seine Sympathie, betteln vergeblich, klagen und murren über die Verwahrlosung ihrer Schulen und bitten ihn, sich in ihre Angelegenheiten einzumischen und Reformen in ihrem Land zu erreichen, obwohl er - wie sie sagen - beeindruckt war von dem, was er bei ihnen an Erneuerung, modernen Systemen und florierenden Instituten gesehen hat.

Hast Du gesehen, wie gering das Vertrauen ist? Sie bitten ihn, eine neue Schule zu bauen, die der Pracht der von ihnen errichteten Kathedrale entspricht (siehe die Rede der Studentin Seyde Hanna auf Syrisch, Seite 98)[394]. Wahrscheinlich lächelte Seine Heiligkeit damals und dachte insgeheim: *„Sie streben nach einer prächtigen Schule wie die des Patriarchats in Homs, doch dies werden sie nie erreichen.“*[395] Gepriesen sei der große Schöpfer.

Ja! Wir haben ausreichend kompetente jungen Menschen, doch die Armut an Bildung verbunden mit vererbten Traditionen sind das ultimative Unglück, das oft zum Scheitern und zum Fall führt. Dies kann nur durch entsprechende Bildung vermieden werden.

Wenn Du Dir die Inhalte der Zeitungen anschaust, die von unseren Volksangehörigen – der Elite unserer Gelehrten - seit mehr als einem Dritteljahrhundert bis jetzt gegründet wurden und über ihre Artikel und Zielsetzung nachdenkst, so gelangst Du zur unglücklichen Schlussfolgerung, dass sie trotz der kurzen Lebensdauer nur die persönlichen Interessen ihrer Herausgeber verfolgten. Ihre Schriften waren nicht frei von wünschenswerten Farben, aber es waren unreine Farben und weiche Meinungen voller Angst, Panik, gebrochener Entschlossenheit und Glaubensschwäche.

Ein Führer der öffentlichen Meinung muss sich dadurch auszeichnen, dass er ehrlich, kühn, unparteiisch, impulsiv, ohne Zaudern und ohne Scham ist und seine ganze Kraft und alles, was er hat, für die Werte einsetzt, für die er seine Pläne geschmiedet und sich freiwillig zur Verfügung gestellt hat. Selbstständigkeit, Kühnheit, Mut mit Integrität und die Anerkennung von Meinungen sind die Grundlagen, um der Nation zu dienen und um sie zu Aufstieg und Dominanz zu führen. Und wer eine so wichtige und heilige Angelegenheit wie diese in Angriff nimmt und ein Projekt auf der Grundlage von Erfahrung aufbaut, ist ein Kaufmann mit schwachem Willen und Finanzen, der wenig Vertrauen in sich selbst hat und sich sagt: *„Ich eröffne mein Geschäft in der Hoffnung auf schnellen Gewinn, wenn ich meine Träume nicht verwirklichen kann, erkläre ich den Konkurs und die Tragödie endet...“*

Hoffen die von solchen gebildeten Menschen gegründeten Nationen, dass sie gute Früchte ernten werden?

Lieber Senharib, der Spruch (lasst uns die Unwissenheit töten) den Du uns in Deiner Einleitung gegeben hast, ist nicht schlecht und ist es vernünftig zu sagen, dass Ignoranz besser ist als Wissen?

Aber wie viele von diesen ungebildeten Menschen unter uns übertreffen diese Gebildeten unermesslich in Bezug auf Ehrgeiz, Raffinesse, Erfahrung, Persönlichkeit, Gunst, Tugend, Glaube, Entschlossenheit und gesunden Menschenverstand!

Farid Elias Nuzha

---

[394] *Asiria*, Jahrgang 19, Nr.4-5, April-Mai 1953.

[395] Wörtlich: „Der Himmel ist ihnen näher“.

Sei gegrüßt, Ninive[396]

ܫܠܡܠܟܝ ܢܝܢܘܐ

Dieses Gedicht von Yuhanon Qashisho wurde aus Aleppo zu Ehren Senharib Balleys an Farid Nuzha zur Veröffentlichung in *Asiria* verschickt.

Yuhanon Qashisho (1918-2001) ist als Sohn eines syrisch-orthodoxen Priesters in Azikh geboren. Nach einem kurzen Aufenthalt in Mossul ließ sich die Familie 1929 in Qamishly nieder.

Dort trat er der assyrischen Schule unter der Leitung von Shukri Charmukli bei und erlernte die syrische Sprache durch George Mailo. Später wurde er auch in der TMS-Schule in Beirut aufgenommen und erlernte die Sprachen Arabisch, Englisch und Französisch.

Yuhanon Qashisho
(1918-2001)

Kurz danach in 1940 zog die Familie nach Palästina weiter, wo sein Vater als Priester der Gemeinde in Bethlehem tätig wurde. Danach war er in Qamishly und Aleppo als Lehrer der syrischen Sprache tätig. Er verfasste Schulbücher und zahlreiche Werke in dieser Sprache. 1977 emigrierte er nach Schweden und übernahm die Redaktion der Zeitschrift Huyodo dort.

Sei gegrüßt, Ninive

Ich überreiche dieses Gedicht „Grüße, o Ninive" dem verehrten Senharib Balley, dem Freund unseres großen patriotischen Lehrers Naum Faiq. [Yuhanon Qashisho]

ܐ

ܫܠܡܠܟܝ ܢܝܢܘܐ ܟܪܟ ܡܥܡܪܐ ܕܐܒܗ̈ܬܐ
ܫܠܡܠܟܝ ܢܝܢܘܐ ܡܕܝܢܬ ܫܘܒܚܐ ܘܬܕܡܪ̈ܬܐ
ܫܠܡܠܟܝ ܢܝܢܘܐ ܡܠܟܬܐ ܕܠܗ ܣܓܕ̈ܢ ܡܠܟܘ̈ܬܐ
ܫܠܡܠܟܝ ܢܝܢܘܐ ܐܬܪܐ ܒܪܝܟܐ ܕܟܠ ܙܟܘ̈ܬܐ

1

Sei gegrüßt, Ninive, Stadt der Ahnen
Sei gegrüßt, Ninive, Stadt der Herrlichkeit und der Wunder
Sei gegrüßt, oh Ninive, Königin, vor der sich die Königreiche verneigen
Sei gegrüßt, oh Ninive, das gesegnete Land aller Siege

ܒ

ܫܠܡܐ ܠܗܘܢ ܡܠܟ̈ܐ ܪ̈ܒܐ ܚܟܝܡ̈ܬܐ
ܫܠܡܐ ܠܗܘܢ ܪ̈ܒ ܚܝ̈ܠܐ ܘܡܬ̈ܟܬܫܬܐ
ܫܠܡܐ ܠܓܢܣ̈ܐ ܕܐܬܘܪ ܒܢܘ̈ܢܐ ܙܡܘܣܝ̈ܬܐ
ܫܠܡܐ ܠܐܪܥܐ ܕܦ̈ܘܠܚܐ ܒܟ̈ܝܦܐ ܚܠܝ̈ܬܐ

---

[396] *Asiria*, Jahrgang 19, Nr. 10-12, Oktober-Dezember 1953.

2

Grüße an die großen Kriegerkönige
Seid gegrüßt, ihr Befehlshaber von Streitkräften und Kämpfern
Gegrüßt seien die Heere Assyriens in den Tagen des Glanzes
Gegrüßt sei das Land, das die starke Jugend ernährt

مكحا حنبها هُمَّه أَمَّا ومحكمهاا
مكحا حببةا هُمَّه لُجَّا وحُزمبها
مكحا حببةا أما حُزيَّه حربيّهاا
مكحا حببةا حربيّها زحا وحَيحُزهاا

3

Sei gegrüßt, Ninive, der du die Fundamente der Bildung gelegt hast
Sei gegrüßt, oh Ninive, die die Nachricht von der Schöpfung brachte
Sei gegrüßt, oh Ninive, die Mutter, die die Zivilisation schuf
Sei gegrüßt, oh Ninive, die große Stadt der Tapferkeit

كُمَ هُمَا حهم حُنُهُمَّا بُبها قُمَمَّه
محُحَا وهِمَّ لُحم حكُمَ أَوْمَّا مَممَّه
محَمَّوَمَمَّا حهمَّا وأَوْحا بِبها أُوحَه
محمَبَمَّا حميمَّا مُحهم بُبها لُكْمَّه

4

Ninive gründete Schulen für Studenten
Sammelte Tafeln mit Informationen in Bibliotheken
Ninive grub Kanäle zur Bewässerung
Und Ninive lehrte allen Völkern die Schrift

حوِم حوِم بِبها حُبوا هُمَّاا
مَممَه محُبِبَّها محيمَّها محَمَّحا وأَمَوَهَّا
أوحِهَ حممَه، حممَّا مَا مُحُمَ هم محُمَّها
محمَّا وحُزه حمَّا مبها هم مَبزُأَمَّا

5

Ninive schickte Truppen in vielen Einheiten
Sie eroberten Städte, Völker, Stämme und Länder
Brachten alle verfügbaren Schönheiten mit sich
Und die Kinder von Ninive verwalteten sie in neuer Art und Weise

مَممَحَّا وبها مَحُبمَّ حممَّا قممَّها
محممَّه أمَزممه حمَّمَا محبمَّا حممَّا مَزحمَّا
لُحبه محمَّا وأممَوَ محَيحُزهَّامَه حمَّمَا أَزحمَّا
هُوحَا مأَممَ هُزبمَه حممَّمَه زمَّ مُمَمَّا

6

Die Streitwagen von Ninive erreichten alle Regionen
Ihre Armeen verbreiteten sich in der Welt als Boten aller Wissenschaften
Sie trugen den Namen von Ashur und seine Tapferkeit in alle Länder
Sie verbreiteten alle Arten von Weisheit in der Welt

وُزا خممَمَ محُببمَا بِبها مَممَمَّه
محُممَّ حُهمَّا وُزحممَّا حممَّمَا لُحمَمَه
أهمممَّا همَممَّا محمَا وُومَه
همممَّ هُزا هم أممَّا لُمَ أمحبمَه

7

Zwanzig Jahrhunderte lang diente Ninive der Zivilisation
Und kleidete die Völker mit allen Farben der Stoffe
Bildete Stämme in vielen Künsten aus
Dafür wurde sie von den Völkern hoch verehrt

8

Ninive eroberte von der Grenze Indiens bis nach Ägypten
Schlug ihre Fahne über viele Nationen
Und verbreitete ihre Herrschaft bis zum Großen Meer
Die ganze Welt bot Ninive Tribute und Geschenke an

9

Ninive brachte berühmte Helden hervor
wie sie kein anderes Volk der Welt je hervorgebracht hat
Der große Sargon und Assurhaddon, die Herrscher
Assurbanipal und Sennacherib, die Helden

10

Die Europäer gruben deine Ruinen aus und sahen das Verborgene
legten die geschnitzten Tafeln der Bibliotheken frei
Als die Völker die Größe Assyriens sahen, waren sie erstaunt
wie groß das Volk von Ninive in allen Wissenschaften war

11

Kommt und seht Ninive, gekleidet in glänzende Gewänder
Seht die Mädchen von Ninive, gekleidet in den schönsten Kleidern
Geschmückt mit den Kostbarsten Diamanten, Gold und Silber,
Dies ist der Tag, der der herrlichste Tag ist

287

ولسرو، للمحمل هو اُكُنْا لحلز زُقُها

12

Junge Männer und Frauen aus Assyrien trugen Bündel
Aus allen Richtungen kamen Männer und Frauen nach Ninive
Einige tanzten und einige sangen, lächelnde Gesichter
Um kurz darauf den triumphierenden König zu sehen

حمحمه واُلموز هفي اُضُنْا اُكُنْا هزيمه محملا
كحمحبلا هُوحسا ةُورجهال، هلا محامحلا
شّبوا زحا واصحبِ مهضي، هلا محامحبِلا
حما حسبهٔه حبزّةا والمبِ هٔا شمامّكما

13

Das assyrische Heer kehrte siegreich mit einer Krone auf dem Haupt zurück
Die Krone des Ruhmes und des Sieges ist so überwältigend, dass sie nicht beschrieben
werden kann
Heute herrscht eine unermessliche Freude, die nicht zu schmälern ist.
Die Freude des Volkes wird an die kommenden Generationen weitergegeben.

هلا وزُحْم هٔا هُبِسُنْزد بهم اُبِ حزها
هزهسا ومّبوا ومّحدحمهال حزهحا هُحها
شّكا لّاسوه هٔه مّحبحا حزُسعةه محّهعما
هحما وبِامحز لا اُبِ محمّا وهزما هُحما

14

Ein Ruf hallte wie Donner, dass Sennacherib herauskam
Der Geist der Freude und der Erhabenheit steigt zum Himmel empor
Die Schwester umarmt ihren Bruder und der Liebhaber seine Geliebte
Wie viel wir auch sagen mögen, die Worte reichen nicht aus, um es zu beschreiben.

هٔا هبِسُنْزد ملا مزّبحمّه حم هّملّحّهبِلا
هحمّاوبِ لّحمّههب زّبِحم سلا همّزحملا
كُلزّوه محمّحمبِ حلمّحا محمّهزّها سعبِزّابلا
هفبِ لّبِحزّا هفبِ زّبِعما وسّتكمّلا

15

Sennacherib bestieg seinen Streitwagen mit seinen Generälen
Oberhäupter der Streitkräfte und Kämpfer auf beiden Seiten
In Reihen hinter ihnen folgten berühmte Krieger
Der tapfere Anführer der Mächtigen ist zurückgekehrt

هحم سزا حمّوا اُزهبِ حمحا همحا نّسا
نّسا محمّا نّسا لّحمّما بِبوا اُّاشا
همحمّهبِ زّحا همّزمّعب اُومحا حم بزّمّبا
محمّهبِ نّهمّقا زُامّهزّمبا بهوبِ محبِمّبا

16

Als das Volk dies sah, rief es voller Begeisterung
Es lebe der König, es lebe das Heer und es lebe Ninive!
Und alle Führer und Herrscher des Volkes und die Edlen
Mögen alle Tage der Assyrer ruhmreich sein

ܝܙ

ܘܢܚܬ ܡܠܟܐ ܥܡ ܪ̈ܒܐ ܡܢ ܡܪܟܒܬܐ
ܘܝܬܒ ܒܟܘܪܣܝܐ ܕܕܗܒܐ ܬܚܝܬ ܡܛܠܬܐ
ܘܗܐ ܩܪܒܬ ܠܗ ܐܡܐ ܕܥܡܐ ܘܐܢܬܬܗ ܡܠܟܬܐ
ܘܫܩܠܬ ܠܒܥܠܗ ܕܥܠ ܦܬܬܗ ܚܕܐ ܢܘܫܩܬܐ

17

Und der König stieg mit den Obersten vom Wagen herab.
Er setzte sich auf den goldenen Thron unter dem Baldachin
Nun nähert sich die Königin, die Mutter des Volkes
Und sie drückt ihrem Mann einen Kuss auf die Stirn

ܝܚ

ܘܡܢ ܝܡܝܢܗ ܡܠܟܬܐ ܕܐܬܘܪ ܝܬܝܒܬܐ ܗܘܬ
ܘܡܢ ܣܡܠܗ ܒܪܗ ܐܡܝܪܐ ܒܟܘܪܣܝܐ ܐܘܬܒܬ
ܐܚܪܐ ܗܝ ܐܝܬܐ ܒܟܘܠ ܥܠܡܐ ܕܗܘܬ ܐܬܪܘܪܒܬ
ܐܝܟ ܗܝ ܕܝܠܢ ܘܡܢ ܠܒ ܥܡܗ ܗܘܬ ܐܬܩܪܒܬ

18

Die Königin von Assyrien saß zu seiner Rechten
und ließ ihren Sohn, den Prinzen, zu seiner Linken sitzen.
Keine Frau auf der Welt ist so erhaben gewesen
wie die unsere, die ihren Platz in den Herzen ihres Volkes fand

ܝܛ

ܘܥܒܪܝ ܒܩܕܡ ܐܠܦ ܐܠܦܝܢ ܕܚܝܠܘܬܐ
ܣܕܪ̈ܐ ܣܕܪ̈ܐ ܕܦܠܚܘ̈ܬܐ ܘܡܪ̈ܟܒܬܐ
ܪ̈ܒܝ ܚܝܠܐ ܕܪ̈ܟܝܒܝ ܒܣܘܣܘܬܐ ܩܘܕܡܬܐ
ܘܡܢ ܠܐ ܬܡܗ ܒܗܘܐ ܝܘܡܐ ܕܫܒܝܚܬܐ

19

Tausende und Abertausende von Soldaten zogen vorbei
Viele Infanterieregimenter und die Kavallerie marschierten
Heerführer auf Pferden an der Front
Wer wäre nicht erstaunt über diesen glorreichen Tag

ܟ

ܒܫܘܠܡ ܪܘܚܐ ܩܡ ܣܢܚܪܝܒ ܡܠܟܐ ܪܒܐ
ܘܡܠܠ ܘܦܫܩ ܕܐܝܟܢܐ ܙܟܘ ܒܗܢܐ ܩܪܒܐ
ܘܕܐܝܟܢܐ ܥܡ ܓܢܒܪ̈ܐ ܕܐܬܘܪ ܒܟܠܗ ܠܒܘܒܐ
ܒܢ̈ܪܘ ܒܫܩ̈ܝܬܐ ܘܛܘܪ̈ܐ ܘܒܩܥ̈ܬܐ

20

Am Ende der Feierlichkeiten erhob sich der Großkönig Sennacherib.
Er hielt eine Rede und erklärte, wie sie in diesem Krieg siegreich waren
Und wie die Armeen Assyriens mit allem Mut
Durch Schluchten, Täler, Berge und Ebenen zogen

ܟܐ

ܘܫܬܩܐ ܗܘܐ ܟܕ ܣܢܚܪܝܒ ܩܪܐ ܠܡܢܝܢܐ
ܕܫܒܝܐ ܐܣܝܪ̈ܐ ܘܒܙܬܐ ܐܬܝܘ ܡܢ ܩܪ̈ܒܐ
ܘܐܠܦ ܐܠܦܝܢ ܕܕܗܒܐ ܘܣܐܡܐ ܡܢ ܬܘܕܝ̈ܬܐ
ܘܕܡܢܝܢܗܘܢ ܠܐ ܡܬܡܠܠܐ ܡܢ ܠܫܢܐ

21

Schweigen herrschte, als Sennacherib die Zahlen las
der Gefangenen und des Gewinns, den sie mitbrachten
Die vielen Tausende von Geschenken aus Gold und Silber
Deren Menge mit keinem Wort zu beschreiben ist

ܟܒ
ܗܐ ܩܕܡܝܟܘܢ ܥܒܪܝܢ ܡܠ̈ܟܐ ܥܡ ܐܡܝܪ̈ܐ
ܒܥܠܕܒ̈ܒܐ ܕܐܩܪܒܘ ܩܪ̈ܒܐ ܛܒ ܡܪ̈ܝܪܐ
ܐܬܡܠ ܡܠ̈ܟܐ ܘܡܕܒܪ̈ܢܐ ܪ̈ܒܐ ܘܚܐܪ̈ܐ
ܘܝܘܡܢ ܚܝ̈ܐ ܠܡܣܝܒܪܘ ܥܩܬܢ ܒܒܝܬ ܐܣܝܪ̈ܐ

22

Seht, Könige und Fürsten ziehen vor euch vorüber
Die Feinde, die erbittert kämpften in den Schlachten
Gestern waren sie noch große Könige und edle Herrscher
Heute werden sie in unserem Gefängnis Kummer ertragen

ܟܓ
ܦܓܥܢ ܒܐܘܪܚܢ ܒܥܡ̈ܡܐ ܡܫܘܚܪ̈ܐ ܐܝܟ ܚܝ̈ܘܬܐ
ܕܠܐ ܚܙܘ ܠܦܪܙܠܐ ܘܠܓܢ̈ܣܝ ܐܡ̈ܢܐ ܘܡܫܟ̈ܚܬܐ
ܕܠܐ ܢܡܘ̈ܣܐ ܘܠܐ ܣܘܥܪ̈ܢܐ ܘܠܐ ܚܟܡܬܐ
ܘܬܡܗܘ ܕܚܙܘ ܡܪ̈ܟܒܬܢ ܘܐܘܡܢܘ̈ܬܐ

23

Wir begegneten auf unserem Weg, unzivilisierten Menschen wie Tieren
die das Eisen und die Arten von Handwerk und Erfindungen nicht gesehen haben
Ohne Gesetze, ohne Taten und ohne Weisheit
Sie waren erstaunt, als sie unsere Wagen und Künste sahen

ܟܕ
ܠܡܠܟܘ̈ܬܐ ܣܓܝ̈ܐܬܐ ܕܟܒܫܢ ܒܟܠܗܝܢ
ܓܒܪ̈ܐ ܒܚܝܪ̈ܐ ܘܡܕܒܪ̈ܢܐ ܥܠܝܗܘܢ ܣܡܢ
ܘܟܠ ܡܕܝܢܬܐ ܚܕ ܦܩܝܕܐ ܠܗ ܡܢܝܢ
ܕܢܕܝܢ ܢܕܒܪ ܘܒܟܐܢܘܬܐ ܘܢܛܪ ܩܝܡܢ

24

In den vielen Königreichen, die wir unterwarfen
setzten wir tüchtige Männer und Verwalter über sie ein
Und ernannten einen Statthalter für jede Stadt
um sie zu leiten und zu lenken mit Gerechtigkeit und unseren Bund zu halten

ܟܗ
ܘܐܡܠܟܬ ܟܕ ܫܡܥܐ ܛܒܐ ܕܗܘ ܙܟܘܬܢ
ܦܩܕܬ ܠܣܦܪ̈ܐ: ܚܨܘ ܥܠ ܟܐܦ̈ܐ ܟܬܝܒܬܢ
ܕܢܗܘܘܢ ܢܝ̈ܫܐ ܠܐ ܡܝܘ̈ܬܐ ܕܪܒܘܬܢ
ܒܕܪ̈ܐ ܕܐܬܝܢ ܒܗܘܢ ܢܫܬܒܗܪ ܣܘܪܝܝܘܬܢ

25

Und um die Nachricht von diesem Sieg zu bewahren
gab ich den Schriftgelehrten einen Befehl: Graviert unsere Schrift in Stein
So werden sie zu ewigen Symbolen unserer Erhabenheit
Und das assyrische Volk wird in künftigen Jahrhunderten stolz auf sie sein.

ܟܘ
ܬܘܕܝܬܐ ܕܐܘܡܬܐ ܕܐܬܘܪ ܠܚܝ̈ܠܘܬܐ
ܕܐܩܪܒܘ ܘܙܟܘ ܒܡܠܚܡܘ̈ܬܐ ܐܪ̈ܝܘܬܐ
ܒܪ̈ܚܡܐ ܪܚܡܐ ܘܒܬܘܕ̈ܝܬܐ ܕܫܘܒܚ̈ܬܐ
ܒܪܟ ܚܝܠܐ ܘܒܡܫܪܝܘܬܐ ܕܡܕܒܪ̈ܢܘܬܐ

26

Das assyrische Volk dankt den Streitkräften
die wie Löwen in den Kämpfen erfolgreich waren

den geliebten Soldaten und den berittenen Einheiten
den Generälen und den Oberhäuptern der Streitwagen

ܟܘ

ܕܪ̈ܚܡܐ ܦܠܚܐ ܕܐܡܬܐ ܕܐܝܠ ܦܪ̈ܫܐ ܕܐܘܡܬܢ
ܠܟܠ ܚܝ̈ܠܘܬܐ ܘܪܝܫ ܡܪ̈ܟܒܬܐ ܕܩܪܒܐ ܩܕܡ
ܕܢܕܥ ܡܠܟܘܬܐ ܕܐܝܟܐ ܐܙܠ ܚܝܠܐ ܕܐܘܡܬܢ
ܘܝܠܦܘ ܡܢܢ، ܘܐܣܒܥܘ ܟܦܢܐ ܡܢ ܥܠ̈ܠܬܢ

27

Damit das Reich weiß, wohin die Armee unserer Nation gegangen ist
Dass unser Land die Völker lehrte und ihnen führende Weisheit gab
Durch die Frieden über Königreiche herrschte, wo unsere Flagge wehte
Und sie lernten von uns, und die Hungrigen wurden mit unseren Erzeugnissen gespeist

ܟܚ

ܒܫܘܠܡ ܙܘܚܐ ܐܘܕܝ ܡܠܟܐ ܠܒܢ̈ܝ ܥܡܐ
ܒܝܢ ܗܘܠܠܐ ܘܩܠܐ ܕܫܘܒܚܐ ܘܫܒܚܘ ܠܪܘܡܐ
ܢܚܐ ܡܠܟܐ ܢܚܐ ܡܪܐ ܕܝܒܫܐ ܘܝܡܐ
ܢܗܘܐ ܢܘܗܪܢ ܠܫܘܠܡ ܥܠܡܐ

28

Am Ende der Feierlichkeiten bedankte sich der König bei den Landsleuten
Umgeben von Jubelschreien und Lobpreisungen, die bis zum Himmel reichten
Es lebe der König, es lebe der Herrscher über Land und Meer
Möge unser Licht bis zum Ende der Zeiten leuchten

ܟܛ

ܘܢܚܬ ܡܠܟܐ ܥܡ ܡܠܟܬܐ ܘܪ̈ܝܫܢܐ
ܥܡ ܐܡܝܪ̈ܐ ܘܓܒܪ̈ܐ ܕܐܬܘܪ ܚܦܝܛ̈ܘܬܐ
ܗܪܟܐ ܘܬܡܢ ܪ̈ܝܫ ܟܘܡܪ̈ܐ ܡܪܕܘܬܢܐ
ܒܗܝܟܠܐ ܡܩܒܠ ܠܗܘܢܝܬܐ ܕܚܘܕܝܐ

29

Der König stieg zusammen mit der Königin und den Anführern herab
mit den Prinzen und den fleißigen Männern Assyriens
Überall Hohepriester und Wissenschaftler
Er empfängt Glückwünsche im Palast

ܠ

ܘܒܗܘ ܝܘܡܐ ܬܓܐ ܘܢܘܗܪܐ ܕܟܠ ܝܘܡ̈ܬܐ
ܓܒܪ̈ܐ ܕܐܬܘܪ ܘܢ̈ܫܐ ܕܢܝܢܘܐ ܙܡܪܘ ܙܡܝܪ̈ܬܐ
ܗܪܟܐ ܘܬܡܢ ܟܢܝܫܝܢ ܥܠܝ̈ܡܐ ܥܡ ܥܠܝܡ̈ܬܐ
ܗܢܘ ܝܘܡܐ ܕܟܠ ܒܣܝܡ̈ܘܬܐ ܘܦܨܝܚ̈ܘܬܐ

30

An diesem Tag, der Krone und dem Glanz aller Tage
sangen die Männer von Ashur und die Frauen von Ninive Lieder
Überall sind junge Männer mit jungen Frauen versammelt
Dies ist der Tag aller Wonnen und Freuden

ܠܐ

ܫܠܡܠܟܝ ܢܝܢܘܐ ܡܢ ܟܠ ܥܠܝ̈ܡܐ ܘܥܠܝܡ̈ܬܐ
ܫܠܡܠܟܝ ܢܝܢܘܐ ܡܢ ܫܘܪܝܐ ܘܫܘܪܝܬܐ
ܫܠܡܠܟܝ ܢܝܢܘܐ ܡܠܟܐ ܕܐܪܥܢܝ ܟܐܬܘܬܐ
ܘܐܬܒܪܢ؛ ܫܘܒܚܝ ܦܠܚ ܠܟܠܟܘܬܐ

31

Sei gegrüßt, Ninive, von allen jungen Männern und Frauen

Sei gegrüßt, Ninive, von allen Assyrern, Männern und Frauen
Sei gegrüßt Ninive, egal wie weit wir in fremde Länder gezogen sind
Und wir zerstreut sind, deine Liebe wird in unseren Herzen bleiben

ܠܒ

ܙܒܢ ܪܒܘܬܢ ܥܒܪ ܗ̇ ܐܚܐ ܐܝܟ ܚܠܡܐ ؟
ܘܟܠܗ̇ ܐܘܡܬܐ ܒܡܫܡܫܢܘܬܐ ܐܝܬ ܠܗ̇ ܙܒܢܐ
ܡܢ ܐܢܘܢ ܐܬܘܪܝܐ ܒܥܠܡܐ ؟
ܕܠܐ ܠܫܢܐ ܘܠܦܠܓܘܬܗܘܢ ܠܝܬ ܣܘܟܐ ؟!

32

Die Zeit unserer Größe ist vergangen, oh Brüder, wie ein Traum
Jede Nation hat ihre Zeit in der Geschichte
Wer sind die Assyrer in der Welt,
wenn sie keine Sprache haben und ihre Zwietracht endlos ist?

ܠܓ

ܙܕܩ ܒܐܝܡܡܐ ܘܒܠܠܝܐ ܢܥܡܠ ܘܢܫܬܕܠ
ܘܠܚܘܝܐ ܕܐܬܘܪܝܘܬܐ ܢܩܪܐ ܘܢܟܪܙ
ܘܟܠܢ ܙܡܝܪܬܐ «ܕܚܘܝܘܬܐ» ܟܠܢ ܢܙܡܪ
ܠܝܬ ܦܠܓܘܬܐ – ܟܠܢ ܐܚܐ – ܗܟܢ ܢܐܡܪ

ܚܠܒ / ܣܘܪܝܐ ܟܗ ܠܬܫܪܝܢ ܐܚܪܝܐ ܐܛܢܓ

ܝܘܚܢܢ ܩܫܝܫܐ

33

Wir müssen Tag und Nacht fleißig arbeiten
Und zur Einheit der Assyrer aufrufen
Wir werden alle ein Lied der 'Vereinigung' singen
Und verkünden, dass es keine Zwietracht gibt - wir sind alle Brüder!

Aleppo / Syrien, 25 November 1953

Yuhanon Qashisho

Originalauszug aus *Asiria*

Assyrische Nation und Reform[397]

Die *assyrischen* Tugenden und Unzulänglichkeiten

Vom mutigen Schriftsteller Senharib Balley

Ich habe einmal einen Artikel von einem unserer angesehenen Schriftsteller gelesen, in dem er schrieb: *Gebt mir Geld, und ich gebe euch...* An der Wahrheit dieses Spruchs gibt es keinen Zweifel, denn Geld ist der Schlüssel zu allen verschlossenen Türen. Napoleon, der eiserne Mann, sagte: „*Wir brauchen drei Dinge: erstens Geld, zweitens Geld, drittens Geld!*"

Der Unterschied zwischen dem Geldbedarf Napoleons und unserem ist groß. Napoleon brauchte Geld, um seine Armeen aufzurüsten und die Zahl der Soldaten zu erhöhen. Damit wollte er Kriege führen und Nationen erobern.

Gleichzeitig streben wir nach Geld und bemühen uns, es zu sammeln, damit wir ein besseres Kulturinstitut (wissenschaftliche Fakultät) etablieren. Dadurch sollen Unwissenheit, geistige und moralische Armut beseitigt werden.

Wir bitten um Geld, um unsere Jugendlichen zu erziehen und sie mit den Tugenden der Wissenschaft und der richtigen Literatur zu nähren und um unsere jungen Männer und Frauen in naher Zukunft zu einer fortschrittlichen Gesellschaft formen. Wir bitten darum, Schulen mit ausreichenden Mitteln und Ausrüstungen auszustatten, um unsere Kinder zu unterrichten und den Armen unter ihnen den Erwerb von Wissen zu erleichtern.

Wir wollen, dass es ein lebendiges Zentrum schafft, das sich um die Behandlung unserer Patienten und die Vermeidung der physischen und moralischen Gefahren in unserer Gesellschaft kümmert. Wir wollen, dass es unsere Literatur und unsere Sprache wiederbelebt. Wir suchen es für einen edlen und ehrenhaften Zweck, nicht aus politischem Interesse oder mit dem Ziel der Eroberung und des Kolonialismus.

Nun lasst uns erkunden! Haben wir nicht genug Geld, um die genannten Bedürfnisse zu befriedigen? Oder können wir nicht genug sammeln? Wir irren uns gewaltig, wenn wir sagen, dass es unmöglich ist, es zu bekommen.

Unsere Kirchen verfügen über genügend Schmuck, Gold- und Silberornamente und wir haben viele reiche Stiftungen, um unsere Wünsche und unsere Bedürfnisse zu erfüllen. Dies ist dann der Fall, wenn wir den Egoismus beiseitelassen und überlegt und vernünftig arbeiten. Ja, der Einfluss des Geldes ist groß, aber die Macht der Vernunft ist stärker!

Wie viele Königskinder und Nachkommen stolzer und reicher Häuser haben durch ihren Hochmut und ihre Misswirtschaft das geerbte Geld verprasst, und ihr Ende war im höchsten Maße elend und erbärmlich?

Wie viele von denen, die in bescheidenen Verhältnissen aufwuchsen und ursprünglich arm waren, wurden durch gute Führung und Weisheit zu Königen in Rang und Reichtum oder gehörten zu den berühmten Genies und großen Reformern?

---

[397] *Asiria*, Jahrgang 20, Nr. 3-4, März-April 1954. Originalartikel in Arabisch „فضائل – الامة السريانية والإصلاح ونقائصه السرياني".

Wenn der Einzelne mit vernünftigem Walten und persönlichen Bemühungen in der Lage ist, das Ziel zu erreichen, warum ist es dann nicht möglich, dass sich ein großes Volk als Ganzes zusammenschließt, um seine Bestrebungen und Reformziele zu erreichen?

Wir erkennen, wie wir die großen Taten unserer Vorfahren lesen und mit Bewunderung wiederholen. Wir denken und können sehen, dass der Himmel kein Geld auf sie regnete. Sie hatten keine Gold-, Silber- und Kohleminen, keine Ölquellen oder ähnliches. Aber wir erkennen, dass sie vom richtigen Nationalismus, Eifer, starkem Glauben und eisernem Willen geprägt waren. Darüber hinaus verfügten sie aufgrund ihrer guten Verwaltung, ihrer vernünftigen Begabung sowie ihrer Aufrichtigkeit über einen großen Reichtum. Mit diesem Kapital errichteten sie religiöse, wissenschaftliche und literarische Institute. Die Klöster und Kirchen, deren Ruinen von ihrer Größe und der Größe dieser Vorfahren zeugen, verblüffen den Geist der Menschen unserer Zeit. Ganz zu schweigen davon, wie diese Bauten durch Stiftungen gestärkt wurden. Denn jedes Kloster oder jede Kirche war ein Haus der Wissenschaft und Kultur, in dem Studenten in verschiedenen Wissenschaften, Künsten, Sprachen und Literaturen ausgebildet wurden. Was haben wir mit all unserer Begeisterung und Bewunderung für dieses glorreiche Erbe gemacht? Wir dürfen uns nicht nur mit der Abstammung begnügen, sondern wir müssen praktische Beispiele schaffen, die wir in unserer Rolle verwirklichen können und die für die Zukunft bestehen bleiben, damit unsere Kinder und Enkelkinder sie als Vorbild nehmen und unserem Beispiel folgen.

Das assyrische Volk[398] hat lange, harte Zeiten durchgemacht, die es mit blutigem Unheil heimgesucht haben. Es hat sie mit Geduld und Ausdauer ertragen, und nur Gott, der Allmächtige kennt ihren Sinn und ihre Bedeutung. Es ist also ein großes Volk, in dessen Adern großmütiges Blut fließt. Es ist ein konservatives, ruhiges Volk, das die Prinzipien seiner Vorfahren liebt und nach einem wirksamen Weg sucht, diese Prinzipien wiederzubeleben und mit ihnen zu arbeiten. Heute ist das Volk großzügig, mutig und eifrig in Bezug auf seine Nationalität, seine Religion und die Moral seines Volkes, und es verteidigt die Heiligtümer seiner Nation. Es spendet großzügig und mit einem guten und gesunden Herzen, ohne Gegenleistung oder Gleichgültigkeit. Und das trotz des Unglücks und der Verfolgungen, die ihm widerfahren sind. Man sieht, dass es fortwährend Kirchen und Waisenhäuser baut und den Bedürftigen hilft. Es betreibt kulturelle und soziale Vereine und gründet Wohlfahrts- und Kirchenorganisationen. Wo auch immer es hinging, wohin auch immer es kam, und in den entlegensten Winkeln seiner Emigration, gründet es Zeitungen und veröffentlicht Bücher.

Ihr seht, wie das Wort *Assyrer* seine Ohren, seine Augen und alle seine Gefühle erfüllt. Für ihn [das assyrische Volk] ist dieses Wort eine Quelle edler Empfindungen und ein schönes Gefühl, aus dem große Tugenden hervorgehen. Im Laufe der Zeit versiegen die Minen von Gold, Silber, Kohle und Öl, doch diese Tugenden in der Seele des Assyrers enden nicht.

Wenn dies der Fall ist, was bedeutet es dann, sich über Armut zu beklagen, wenn es reich an diesem unerschöpflichen Reichtum ist und in seiner Seele und seinem Blut diese unsterblichen Schätze schlummern? Was hindert es daran, spürbare Fortschritte zu machen? Kann ich behaupten, dass es Missmanagement, mangelnde Ehrlichkeit und Integrität sind?

---

[398] *Al-Sha'b al-Ashuri.* - الشعب الاشوري

Ich bin weit davon entfernt zu sagen, dass alle so sind. Aber mit all meinem Bedauern sage ich, dass die meisten seiner Beschützer zu Dieben geworden sind!

Einige mögen fragen: Wie kann das sein? Sind das Volk und seine Verwaltung nicht aus einem Block? In der Tat! Ja, mein Bruder, aber im Laufe der Tage und aus verschiedenen Gründen und Faktoren, die hier nicht erwähnt werden können, hat die Unwissenheit alles übernommen, und nichts blieb in seiner Hand außer seinen wohlwollenden Gefühlen. Wären diese Leidenschaften und einige wenige verbliebene loyale Führer nicht gewesen, wäre sein Name ausgelöscht worden und seine Rasse wäre für Generationen ausgestorben. Leidenschaft allein ohne Besonnenheit und Voraussicht bringt nichts und gibt der Hoffnung kein Leben.

Der *Assyrer* mit seinem ererbten edlen Gefühl und dem Motiv des Eifers gibt jedem, der ihn bittet, ohne auf die Absicht oder den Unterschied zwischen dem Nützlichen und Unnützlichen, zwischen dem Aufrichtigen und Unaufrichtigen zu achten.

Er gibt, vergisst und überlässt es dem Empfänger. Er ist sehr geneigt, die Namen und großen Titel sowie das Lob von hochrangigen Geistlichen seiner Religion zu hören. Durch dieses gute Herz und das blinde Vertrauen des Volkes wurde die Moral seiner Wächter verdorben. Wer administrative Aufgaben übernimmt, entzieht sich jeglicher Verantwortung und Kontrolle. Letzterer neigt dazu, tyrannisch, gierig und egoistisch zu sein. Seine Untertanen sind in seinen Augen auf ein Maß reduziert, dass er glaubt, nicht aus dem gleichen Ton geformt zu sein. Die absolute Souveränität, die er genießt, ist ihm vom Himmel gegeben, und der Rest des Volkes ist wie Vieh, das geschaffen wurde, um für sein Wohlergehen zu sorgen, damit er essen, trinken, sich anziehen und schlafen kann. Wenn nötig, isst er ihr Fleisch.

In unserer Zeit beobachten wir, wie sich Länder, Nationen, Völker entwickeln und verändern, und ein Volk, das nicht von den Veränderungen des Zeitalters betroffen ist und sich an dessen Bedingungen anpasst, d. h. diese ihn nicht verändern, ist ein Volk in Todesstarre. Dieses Volk ist unser Volk, das *assyrische* Volk. Man sieht es stehen, ohne sich zu bewegen oder zu entwickeln. Seine administrativen Vorschriften und die Satzungen seiner religiösen, literarischen und kulturellen Institute sind alle veraltet, verfallen, überholt und passen nicht zum Geist der Zeit, in der wir leben. Es handelt sich um autoritäre Regeln, die mit der Demokratie, zu der die Völker der Welt tendieren, unvereinbar sind. Seine Fähigkeiten und Angelegenheiten sind alle dem Willen von Einzelpersonen unterworfen, in denen alle Rechte und die Verwaltung des Volkes eingeschränkt sind.

Hier ist zum Beispiel eines der wichtigsten Dinge, die durch den Willen der obersten Autorität bestimmt werden, die Patriarchalgesetze, wonach die Wahl des Patriarchen auf einige wenige Bischöfe beschränkt ist. Und dass der Patriarch, der dem gesamten Volk vorsteht, ein Synodenkonzil leitet, das aus den genannten Bischöfen besteht. So steht es in den Gesetzen. In der Tat gibt es keine Person, keine Meinung, kein Wort außer die des ehrenwerten und heiligen Patriarchen. Wenn die Versammlung einberufen wird, folgen ihre Mitglieder lediglich der Aufforderung, die Heilige Gegenwart zu ehren und zu bestätigen, was der Diktator bereits vorbereitet hat.

Hunderttausende Mitglieder des Volkes leben unter dem Einfluss dieser unwissenden, tyrannischen Junta und folgen einer Führung, die keine Meinung und keinen Willen besitzt und keine Kenntnis von den Menschen und ihre Befugnisse haben. Wenn wir uns umschauen, so sehen wir, dass in einigen Konfessionen (Kirchen) sogar Frauen in die Wahl des Oberhauptes ihrer allgemeinen Gemeinschaft, des Patriarchen, involviert werden.

Eines der traurigsten Dinge an diesem Fall ist, dass die meisten Wahlversammlungen auf gebrochene Versprechen beruhen. Dies gilt für die Ernennung eines Bischofs über diese oder jene (einkommensstarke) Diözese oder über ein Kloster, das reich an Ressourcen, wertvollen Antiquitäten und alten Handschriften ist (*„Die Angelegenheit ist ein Geheimnis zwischen Dir und mir!“*).

Apropos: Als Patriarch Elias Shaker in Indien starb, entspannte und vergnügte sich der verstorbene Bischof Gabriel Anto auf Reisen zwischen Kanada und den Vereinigten Staaten und verbrachte die meiste Zeit mit Rauchen, Kaffee trinken und Backgammon spielen. Als der Wahlausschuss ihn bat, seine Meinung zu äußern, telegrafierte er ihnen sofort und wählte Bischof Afrem Barsoum, er tat dies, ohne nachzudenken oder jemanden zu konsultieren und machte sich sogar lustig darüber. Kurze Zeit später kehrte er nach Syrien zurück und erhielt von seinem auserwählten Herrn die fällige Belohnung, indem seine Eminenz die Diözese Jerusalem und das Kloster St. Markus erhielt. Was geschah? Er verkaufte in kurzer Zeit einen Teil der Besitztümer des Markusklosters an Fremde, füllte dann seinen Beutel und zog sich beleidigt zurück, um sich auszuruhen, so wie es seine Vorfahren getan hatten. Das ist schmerzlich und merkwürdig, nicht wahr? Aber noch seltsamer und in der Seele schmerzhafter ist, dass kein Mitglied des *assyrisch*-amerikanischen Volkes daran dachte, seine Eminenz zu diesem Zeitpunkt zu fragen: Gehört es nicht zum guten Ton, verehrte Eminenz, während Sie sich bei uns aufhalten, mit uns essen und trinken, unserer Meinung zu einer so wichtigen Sache zu erfragen? Sie haben mit eigenen Augen beobachtet, dass die Bewohner des kleinsten Dorfes in diesem Land gleichberechtigt und unabhängig von ihrer Hautfarbe an der Wahl des Staatspräsidenten teilnehmen.

Bis zu diesem Grad hat sich das Schicksal des *assyrischen* Volkes in den Augen seiner Herrscher verschlechtert. Was soll ich abschließend noch sagen? Durch unsere Nachlässigkeit und blinde Unterwerfung haben wir sehr viel verloren. Unsere heutige Situation gleicht der eines Mannes, der auf einem Haufen Weizen liegt, während er hungert. Er sitzt auf einem Schatz von Geld und sucht Hilfe bei seinen Unterdrückern. Von seinen Klerikern, die die Schlüssel zur Ewigkeit besitzen.

Während die Lichter von Zivilisation und Menschenrechte auf unserem Weg leuchten, hat das *assyrische* Volk nicht wahrgenommen, was die Rechte in seinen Händen bedeuten.

Liebe *Assyrer*, das Recht wird genommen und nicht gegeben.

West New York, März 1954   **Senharib Balley**

Leserbrief an Farid Nuzha[399]

Lieber Freund Farid, herzliche Grüße und Wünsche!

Ich habe die ersten beiden Ausgaben der *Asiria* erhalten und war sehr erfreut über die Wiederaufnahme der Veröffentlichung. Meine Freude wuchs, als Du den Druck des Buches ܡܪܕܘܬܐ ܕܣܘܪ̈ܝܐ von Herrn Abrohom Sawme fertiggestellt hast. Ich beglückwünsche Dich, Farid, ebenso wie ich den angesehenen Schriftsteller Sawme beglückwünsche. Du hast eine große Lücke in unserer Nationalliteratur gefüllt und verdienst Lob und Anerkennung von allen Geistlichen und Männern der Wissenschaft sowie der Literatur.

Gestern traf ich meinen Freund Aziz Sawme und er erzählte mir, dass sein Cousin Abrohom an einem weiteren Buch in syrischer Sprache arbeitet. Möge Gott Eure Hände führen O Ihr Helden der Nation und der Literatur. Die Veröffentlichung von Werken der Vorfahren und die Lektüre der Geschichte der Nation sind ein Weckruf für Wachsamkeit und Erneuerung; deshalb erhebt und macht Euch auf den Weg zu Fortschritt und Zivilisation.

Abrohom Gabriel Sawme
(1913-1996)

Ich beende meinen Brief mit einer Überweisung von fünfzig Dollar von mir und meinem Bruder Said zur Unterstützung Eurer großartigen literarischen Werke usw.

Senharib Balley, USA

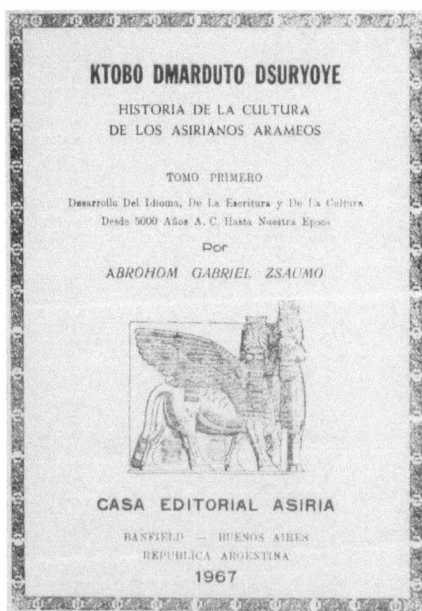

Buchcover „Mardutho d Suryoye", Band 1, 1967

---

[399] *Asiria,* Jahrgang 28, Nr. 5-8, Mai-August 1969.

NACHRUF AUF AGHA PETROS[400]

Rede von Senharib Balley an der Trauerfeier für den assyrischen Führer Agha Petros Elia[401] in der St. John Kirche in der Stadt Yonkers.

Agha Petros
(1880-1932)

Meine Damen und Herren,

In den letzten Jahren gedachte die assyrische Nation des Verlustes von fünf ihrer geistigen Pioniere. Dazu gehören der große Märtyrer Mar Benyamin Shimon, der junge Aktivist Thomas Elbeg (Präsident der Assyrian National Association), der fleißige Captain Dr. Yoosuf, der große Lehrer Naum Faiq und der dreifach-selige Elias III, der unter den syrisch-orthodoxen Patriarchen bekannt ist. Mit tiefer Trauer müssen wir feststellen, dass wir nun um den Sechsten trauern.

Für die Nation und ihre treuen Männer ist dies ein schwerer Verlust. Es gibt Parallelen zu dem biblischen Vers: „*Denn wer hat, dem wird gegeben, und er wird im Überfluss haben; wer aber nicht hat, dem wird auch noch weggenommen, was er hat*",[402] was auch das Thema meines Beitrages sein wird.

Das assyrische Volk wird niemals sterben, solange es den Samen des Lebens in sich trägt!

---

[400] Diese undatierte Rede wurde in einem der Notizbücher von Senharib gefunden. Sie wurde in Garschuni-Arabisch geschrieben.

[401] Petros Elia von Baz (ܦܛܪܘܣ ܐܠܝܐ; * April 1880 in Baz bei Hakkari, Osmanisches Reich; † 2. Februar 1932 in Toulouse, Frankreich), besser bekannt als Agha Petros, war ein assyrischer Diplomat und während des Ersten Weltkrieges ein assyrischer Militärkommandeur.

[402] Matthäus Evangelium 25:29.

Einige meiner verehrten Vorredner haben Ihnen bereits gesagt, wo der verstorbene Agha Petros geboren wurde, wie er aufgewachsen ist, wo er studiert hat, welche konsularischen Ämter er bekleidete und dergleichen mehr, sodass es nicht nötig ist, dies zu wiederholen.

Es ist kein Geheimnis, dass es einige Regionen gibt, die sandig und unfruchtbar sind, wo es keine Spur von Pflanzen, Gemüse oder Früchten gibt. Und warum? Weil sie frei von chemischen Substanzen sind, die das Aufkommen und Wachstum von Pflanzen fördern. Nennen wir diese Stoffe vorübergehend die Samen des Lebens. Gemäß dieser Analogie der Menschen gibt es auch Einzelpersonen und Gruppen, die mit trockenem Boden verglichen werden können; d. h. ohne Eigenschaften, die den Menschen im Allgemeinen und der nationalen Gemeinschaft im Besonderen helfen. Die Menschen, auf die dieses Beispiel passt, werden als lebende Tote betrachtet, da es der Gemeinschaft gleichgültig ist, ob sie tot oder lebendig sind.

Die meisten Nationen waren der Meinung, dass die assyrische Nation keine Anzeichen von Leben hatte, das ihrem Patriotismus nutzen würde. Aus sozialer Sicht beschrieb der türkische Schriftsteller Celal Nuri[403] sie (die assyrische Nation) in seinem berühmten Buch (Tarih i-istiqbal), indem er *Assyrer*, Maroniten und Chaldäer zusammen als *„das widerwärtigste und herzloseste Volk... Überbleibsel des semitischen und israelischen Volkes"* beschrieb.

Lassen wir nun das Misstrauen der Fremden uns gegenüber für eine Weile beiseite, denn dieses hässliche Denken existiert sogar in unserer eigenen Gesellschaft. Ist diese Einschätzung richtig? Ich sage: *„Nein, Gott bewahre, ist es nicht! Und ich werde kurz beweisen, dass es falsch ist."*

Erstens: Das erste und größte Lebenszeichen einer Nation ist die Aufopferung für die Nation. Es gibt nichts Wertvolleres für einen Menschen als sein Leben auf Erden. Eine Nation, in der es Menschen gibt, die sich für ihr Volk und ihrer Heimat aufopfern, stirbt nie, sondern wird immer leben.

Das größte Beispiel für die Aufopferung in der assyrischen Nation ist das Seiner Seligkeit, Mar Benyamin Shimon, der im Paradies ist. Mar Benjamin opferte seine gesegnete Seele für sein Heimatland und sein Volk. Er hielt immer das Kreuz in der einen und das Gewehr in der anderen Hand, um die Existenz seines Volkes zu bewahren. Es ist bekannt, dass er im Weltkrieg durch eine Intrige der türkischen und persischen Staaten und des Hinterhaltes des blutrünstigen Monsters Simko sich und sechzig tapfere Assyrer nach mehreren großen Schlachten und Kämpfen opferte. Die Einzelheiten kennen Sie besser als ich.

Wenn er gewollt hätte, könnte der Märtyrer der Nation seine Schafe in jenen schrecklichen Tagen den Wölfen überlassen, ihre Rechte opfern und im Gegenzug wie andere Patriarchen den Glanz der Paläste mit Silber- und Goldmedaillen an seiner Brust genießen. Doch sein großer Geist akzeptierte dies nicht. Er opferte sich selbst und bewies damit der Welt, dass es

---

[403] Celal Nuri İleri (1881–1938), Siehe Fußnote 209 auf Seite 137.

in der assyrischen Nation gute Hirten gibt, die, wenn nötig, sich selbst anstelle ihrer Herde opfern. Gibt es ein größeres Opfer als dieses?

Zweitens: Das Gefühl, sich am Feind zu rächen, ist auch ein Zeichen des Lebens in einem Volk. Nachdem die Nachricht vom Verrat die Assyrer erreicht hatte, waren Simko und seine feigen Gefährten aus Angst vor den wütenden [assyrischen] Kämpfern in die Berge geflohen. Die aufgebrachten Assyrer töteten Simkos Mutter und ein Großteil seines Clans hat sich an dem Tag, als er in Asitana [alter/osmanischer Name von Istanbul] war, gegen ihren Anführer Simko aufgelehnt. Er sagte den türkischen Journalisten: *„Mar Shimon dachte, er würde mich zu seinem Mittagessen machen. Ich aber habe ihn zu meinem Frühstück gemacht"*.

Überlassen wir nun Mar Benyamin Shimon und seinen Bruder, den Märtyrer David,[404] der in Istanbul gehängt wurde, der Barmherzigkeit ihres Herrn und dem Siegel der Geschichte, und sprechen wir über unseren großen und tapferen Führer Petros Elia, zu dessen Ehren und Andenken wir hier versammelt sind.

Wer war Agha Petros Elia?

Ich weiß sehr wohl, dass unter dieser Versammlung junge Männer sind, die den verstorbenen Agha Petros Elia mit ihren Augen gesehen haben, die ihn mit ihren Händen berührt haben und die in den Reihen seiner Armee an dem Tag gedient haben, als er Kamerad und Befehlshaber der Armee war. Insbesondere mein guter Freund, der Anführer Iskandar Amir, der ein Freiwilliger aus diesem Land war und die rechte Hand des verstorbenen Anführers wurde, kennt den Dienst und das Werk seines Freundes, besser als wir alle; ihn werden Sie bald hören.

Es ist selten, dass sich gute Moral, tugendhaftes Verhalten und eine große Seele in einem Menschen vereinen, wie es bei unserem dahingeschiedenen Agha Petros der Fall war. Agha Petros war kein Priester oder Chorepiskopos, um seine Predigten und religiösen Unterweisungen zu beschreiben, noch war er ein Mönch oder ein Bischof, der seine Askese und Frömmigkeit demonstrierte. Er war weder ein Einsiedler, der in der Abgeschiedenheit lebte, um Ihnen zu erzählen, wie er zu fasten pflegte, noch war er sehr reich, sodass wir seinen Reichtum einschätzen können. Er war ein weltlicher Mann. Er war ein rein assyrischer Soldat voller Tapferkeit, der gut ausgebildet war, keine Angst vor dem Tod hatte und keine Müdigkeit auf dem Feld der Nation kannte. Er war ein reiner Patriot, der die Rechte, den Nutzen und die Freiheit seines Volkes beschützte, so wie ein Löwe seine Jungen beschützt.

---

[404] Der getötete Bruder von Mar Shimon war Hormiz und nicht David. Hormiz, der dritte Bruder von Mar Benyamin, besuchte die Universität in Istanbul. In einem Versuch, den Patriarchen ihrem Willen zu unterwerfen, entführte die türkische Regierung Hormiz und bedrohte sein Leben. Mar Benyamin erwiderte mutig, dass Hormiz nur ein Bruder sei, während alle Assyrer seine Kinder seien. Seine moralische Überzeugung verbot es ihm, der türkischen Forderung nachzugeben, und so weigerte er sich, sein ganzes Volk zu opfern, um eine Person zu retten. Die türkische Regierung bestrafte Mar Benyamin für seine trotzige Tat, indem sie Hormiz tötete, der den höchsten Preis bezahlte. Er wurde in Mossul öffentlich gehängt, wobei seine Leiche den ganzen Tag über sichtbar blieb. Entnommen aus https://marshimun.com/mar-benyamin-shimun.

Meine Damen und Herren! Wissen Sie, was die wahre Bedeutung des Patriotismus ist? Patriotismus ist ein Gefühl des Geistes, das als Funke einer geistigen Flamme in großen Gehirnen entsteht und das in verschiedenen Formen auftreten kann. Wie die Liebe zur Freiheit. Als Mut, Redekunst, Wissen, Politik, Willenskraft, Geduld, Tapferkeit, unermüdliche Arbeit und, wenn nötig, Opfer für die Nation. Dieser Patriotismus wurde von Agha Petros verkörpert.

Seine Größe besteht jedoch nicht nur darin, dass er diese genannten Eigenschaften besitzt! Denn es gibt viele Patrioten aus allen Nationen, die in dieses Bild passen. Wenn wir den geistigen Zustand des Volkes kennen, in dem der Verstorbene gewirkt hat, dann erst werden wir verstehen, wie der geistige Zustand der Nation war. Und erst dann können wir die Größe seines Geistes richtig erkennen.

Der Geist der assyrischen Nation

Es ist kein Geheimnis, dass ein Kind, das seine Mutter verliert, ihre Arme verlässt, in die Hände von Vormündern und Pflegern fällt, die ignorant, grausam, unmoralisch und engstirnig sind. Was ist die Hoffnung für dieses Kind?

So wurde die assyrische Nation, nachdem sie ihre politische Unabhängigkeit verloren hatte, der Zuneigung und Umarmung ihrer Mutter beraubt. Sie blieb in den Händen von Persern, Römern, Arabern, Tataren, Türken und Kurden. Sie verlor ihre frühere Schönheit. Ihre Moral wurde korrumpiert, ihre Worte widersprechen sich und die Nation wird gespalten.

Zum Vergnügen errichtete sie etwas anstelle von etwas anderem; sie schuf die Fantasie, das heißt die Vorstellung des Himmelreichs, anstelle des Reichs der Erde. Sie kappte ihre Beziehung zur Welt und lenkte ihre Aufmerksamkeit von der Erde, auf der sie lebt, auf den Himmel. Daher konnte sie die tödlichen Gefahren, denen sie jeden Tag ausgesetzt war, nicht erkennen. Sie konnte die Spreu nicht vom Weizen unterscheiden und gewöhnte sich an Demütigung und Elend. Und nach all dem machten sich Unwissenheit und Armut als Entschuldigung breit. Armut des Geldes und des Geistes.

So gab es weder in den Dörfern noch in den großen Städten vom Persischen Golf bis nach Anatolien oder von den Küsten des Mittelmeers bis nach Persien, ein wissenschaftliches Institut, eine Druckpresse, eine Zeitschrift oder einen Verein.

Jäger aller Konfessionen haben aus Spaß die Religion der ganzen Familie abgelegt, und das ganze Dorf wurde für einen Sack Weizen und zwei Silberstücke verkauft und gekauft. Die Folge sind baufällige Häuser, verbrannte Herzen, weinende Augen, keine organisierten Stiftungen, keine gemeinsame Schatzkammer. Nichts.

Das Einzige, was das Volk hatte, waren Friedhöfe, Gräber und Schreine; diese waren seine gemeinsamen Güter, und nur darauf konzentrierte sich seine Aufmerksamkeit.

Dies war der Zustand des Volkes, dessen Helfer Agha Petros war. Von dieser Seite aus betrachtet, übertreffen die Größe und der Patriotismus von Agha Petros den der übrigen Herzen.

Dennoch sollten wir die Assyrer in den Bergen von Tur Abdin und Assur nicht vergessen und verleugnen. Im Gegensatz zu den Bewohnern in den Städten und den Ebenen gab es einen großen Teil, dessen Moral aufgrund der geringeren Vermischung mit Fremden nicht verdorben war. In ihren Venen blieb die Spur ihrer tapferen Vorfahren, des Blutes von Assur, Sargon, Sennacherib und Bakhat Nasar (Nebukadnezar) bestehen. Sie haben weder ihren Nationalcharakter noch ihre Sprache verloren, und ihr Mut ist geblieben. Auch diese Gemeinschaft war sich ihrer Existenz nicht bewusst, sie kannte die Bedeutung der nationalen Einheit und der Freiheit nicht in vollem Umfang. Ihr sozialer Status basierte vielmehr auf ihre Stammeszugehörigkeit. Aufgrund der konfessionellen Unterschiede wurden die kirchlichen Beziehungen zwischen den Assyrern des Tur Abdin und der Berge von Assur unterbrochen.

Der Weltkrieg brach aus und die christlichen Reiche wurden untereinander gespalten. Die Türken und Perser warteten lange auf eine Gelegenheit, um die christlichen Elemente unter ihnen zu vernichten. Mit dieser Gelegenheit gingen Einschränkungen, Verfolgungen und Unterdrückung durch die Kurden einher, die sich bis in die Berge ausbreiteten und deren Ungerechtigkeiten, die der Pharaonen übertrafen. Zu dieser Zeit erhob sich die göttliche Macht von Agha Petros, dem assyrischen Moses, um sein Volk zu führen.

Die Psychologie der Menschen ist erstaunlich. Manchmal machen Ungerechtigkeit und Unterdrückung den unwissenden, unvorsichtigen und unterdrückten Menschen ihre Lage bewusster als Schulen und Universitäten. Der Balkan ist das Ergebnis des türkischen Unrechts, und die Vereinigung der Deutschen ist das Ergebnis der Eroberungen und Einschränkungen Napoleons.

In dieser Zeit der Bitterkeit blies der tapfere Führer Agha Petros die Trompete der nationalen Einheit und Freiheit in die Ohren seines Volkes, rüttelte es aus seiner Nachlässigkeit auf und versammelte es unter dem Banner des Nationalismus mit seinen feurigen Reden, die eine Wirkung auf das Volk hatten wie die Reden von Demosthenes auf die Athener. Mit dieser gesegneten Gabe schlug er jene Schlachten.

Der Verstorbene hatte keine Militärschule absolviert, war aber dennoch ein erfahrener Anführer. Er kannte die Ordnung und das Gebot der Mobilisierung, den Angriff und den Zeitpunkt des Rückzugs. Mit dieser Fähigkeit vertrieb er die Kurden, rächte sich an Simko und nahm die Stadt Urmia in fünf Tagen ein. Das erste seiner Pferde erreichte in wenigen Tagen Sain Kala,[405] er hatte 100 Tausend Quadratmeilen Land unter seiner Kontrolle, wie der ehrenwerte Abd Al-Ahad berichtete. Er war ein Administrator, der die Sicherheit aufrechterhielt und das friedliche Volk nicht im Stich ließ und Blutvergießen und Plünderungen so weit wie möglich vermied. Ein Beweis dafür ist, als Diakon (Shammas)

---

[405] Sain Kala ist eine Stadt im heutigen Iran.

Farhad den Perser Sardar tötete, wurde der Diakon auf Befehl des Befehlshabers sofort durch Erhängen hingerichtet.

Nun stellt sich die Frage, wo diese Erfolge, Leistungen und Siege sind. Leider, sage ich, haben wir ihn verloren. Und warum? Eine der geistigen Ursachen ist der Mensch, der bis zum Schwindelanfall schläft und sobald er aufwacht zu arbeiten beginnt. Doch die Trunkenheit des Schlafes und des Schwindels hat ihn nicht völlig verlassen. Er zieht den Hut anstelle von Schuhen und Schuhe anstelle eines Hutes an.

Zweitens wird die Nation von der Politik regiert, und Politik ist ein schwieriges Metier, das sehr viel Übung erfordert, wenn man es gut beherrschen will. Das Volk, das den Weg der Politik seit etwa zwanzig Generationen verlassen hat, wird sicherlich psychologische Gesetze missachten, die ebenfalls physiologische Gesetze darstellen.

Ein Organ, das nicht arbeitet und nicht trainiert wird, verkümmert und wird schwach. Dementsprechend hat das Gehirn des Assyrers aufgehört zu funktionieren, weil es sich mit Alltäglichen beschäftigt hat, oder anders ausgedrückt: Der Zeiger der Uhr seines Gehirns drehte sich rückwärts.

Drittens stimmte die Politik von Agha Petros in vielen Fällen nicht mit der Politik der Engländer (den Meistern der Politik) überein, insbesondere mit ihrer Divide & Conquer-Politik [teile und herrsche] im Irak. Es gab einen Wettbewerb zwischen Agha Petros und der Familie Mar Shimon, die ein Werkzeug in den Händen der englischen Politiker war, und dieser Wettbewerb war ein Grund für seine Verbannung aus dem Land seiner Vorfahren, dessen Ruhm Agha Petros wiederherzustellen hoffte.

Viertens: Die Fakten des Krieges sind ungeklärt und festgefahren. Manchmal geht es aufwärts und manchmal geht es abwärts. Das Unglück der assyrischen Nation ist der russische Putsch (die Russische Revolution 1917). Nach dem Staatsstreich und dem Rückzug der russischen Streitkräfte aus den östlichen Regionen, die große Vorräte in den Händen der Türken und Deutschen und einige wenige Kriegsvorräte für Agha Petros zurückließen, herrschten in diesen Regionen danach Türken, Perser und Kurden. Er begann damit, die Orte zurückzuerobern, die sie zuvor verloren hatten. Sie begannen, die Stadt Urmia mit großen Truppen zu belagern.

Als er die gewaltigen Armeen sah, dachte er daran, dass es statt einer Verteidigung mit seinen militärischen Vorräten letztlich darauf hinauslaufen würde, sich den gnadenlosen Feinden zu ergeben, die das gesamte Volk abschlachten würden. Daraufhin begann er, die verstreuten Menschen aus den Regionen an einem Ort zu versammeln, deren Zahl mehr als einhunderttausend Seelen überstieg. Er organisierte und bereitete sie auf einen Rückzug und eine Umsiedlung in den Irak, das von den Engländern kontrolliert wurde.

Agha Petros lenkte die feindlichen Truppen so lange ab, bis seine Männer die Gefahrenzone vollständig überschritten hatten, woraufhin er sich ebenfalls planmäßig zurückzog, ohne Teile von seinen Truppen zu verlieren; er schloss sich der Menschenmenge an, die auf dem Weg in die irakischen Ebenen und nach Baqubah marschierte. Dort errichtete er ein historisches Denkmal im Namen der Märtyrer des Volkes, die in den Kämpfen gefallen waren, sowie der Alten, der Kinder und der Frauen, die während des Exodus an Kälte, Hunger und Erschöpfung gestorben waren, insgesamt über fünfzehntausend. Dann begann er mit der Eroberung des nördlichen Teils des Irak, was, wie bereits erwähnt, nicht der britischen Politik entsprach. Die Kunstfertigkeit und Raffinesse, die Agha Petros in diesem Rückzug zeigte, ähnelt ein wenig dem von Serubbabel,[406] und ist größer als seine früheren Taten.

Stellen Sie sich einmal die Entfernung, die holprigen Straßen, die Berge, die großen und schnell fließenden Flüsse, den Mangel an Vorräten und die Hilflosigkeit der Alten, Kinder und Frauen vor. Die Abzeichen und Medaillen, die man auf seiner Brust sehen kann, sind eine Anerkennung für seine überragenden Fähigkeiten. Somit können wir zurecht sagen, dass Agha Petros der Hannibal der Assyrer ist.

Lesen Sie die Bücher des berühmten englischen Schriftstellers Dr. Wigram.[407] Dort erfahren Sie etwas über die Dienste der Assyrer für die alliierten Mächte und sehen die Beschreibung dieser unglaublichen Vertreibung. Nicht nur das Geschick des Verstorbenen ist zu erwähnen, sondern auch die Tapferkeit der assyrischen Frauen und der Reiterinnen, die mit ihren Waffen die große Menschenmenge den ganzen Weg über gegen die Angreifer der Kurden und Araber verteidigten.

Nun, liebe Zuhörer, ich frage Sie: Kann eine Nation, die Männer wie Mar Benyamin Shimon und den gegenwärtigen und gesegneten Mar Shimon hervorgebracht hat, als tot bezeichnet werden? Kann ein Land, das auf seinem Feld mächtige Männer wie Agha Petros und seinen Bruder, den Helden Mirza Agha und Raphael Khan sowie die Helden (Petio) Batyoun, Malek Ismail, Shamas Farhad, Addai Sher, Naum Faiq und andere Besitzer des Schwertes und der Feder hervorbringt, ein unfruchtbares Land genannt werden?

Ist es möglich, dass eine Nation, die mit diesem Samen des Lebens, Männer wie die oben beschriebenen hervorbrachte und sich tapfer und lachend dunklen Zeiten und verschiedene Nationen entgegenstellten, in diesem Zeitalter der Aufklärung und das Zeitalter der Freiheit untergehen sollte? So sollen die Seelen sterben, die solche toten und faulen Gedanken in ihrer Brust tragen. Über eine solche Zersplitterung sagte der große Shakespeare: „*Der Feige stirbt schon vielmal, eh er stirbt*". Der berühmte Dichter Saadi sagte: „*Ein Kind, das von einer Sklavin geboren wird, bleibt ein Sklave, auch wenn der Vater des Neugeborenen ein Vali[408] oder ein Imam ist*". Leider gehören einige der Träger toter Ideen zum ursprünglichen assyrischen Volk, aber sie sind Sklaven, auch wenn sie mit ihrem Wissen Philosophen waren, also lasst die Toten ihre Toten begraben und verlasst Euch auf euch selbst. Eigenständigkeit, Denken und Handeln sind die größte Kraft im Universum und die Mutter aller Erhabenheit.

---

[406] Nach dem Zusammenbruch des neubabylonischen Reiches um 538 v. Chr. führte er nach biblischer Überlieferung die Juden aus dem Exil nach Judäa zurück.

[407] W. A. Wigram - *Our Smallest Ally. A brief account of the Assyrian nation in the great war*. London, (1920).

[408] Im Türkischen Gouverneur.

Er (der Herr) sagt: *„Deine Rettung liegt in deiner Hand, Israel"*. Außerdem sagt das Sprichwort: *„Steh auf und steh auf"*, sind das nicht alles Mahnungen zu Eigenverantwortung und Solidarität. Ja, große Männer sind die Zierde des Volkes. Männer allein können nichts tun, wenn sie nicht von starken Menschen unterstützt werden, nicht durch Worte, sondern durch Taten, durch Einigkeit im Wort und nicht durch Lob und Rivalität. Denn Rivalität und Uneinigkeit gefährden die Nation. Der Zusammenhalt ist eine Kraft, die kein Kapital benötigt, da es an sich Kapital ist. Nehmen wir als Beispiel die Geschichte von Alexander dem Großen, der mit dem Zusammenhalt seiner Feldherren und seines Volkes in kurzer Zeit ein Viertel der Welt eroberte. Nach seinem Tod kam es in so kurzer Zeit zu Rivalitäten zwischen seinen Truppen, sodass das Königreich auseinandergerissen wurde.

Ja, Agha Petros ist ein großer Verlust für die Nation. Wir dürfen jedoch nicht vergessen, dass der Tod der Großen ebenso nützlich ist wie ihr Leben. Denn der Aufbau einer Nation wird nicht auf Schlamm und Sand errichtet, sondern auf den Körpern großer Patrioten.

Wir bitten den Herrn den Barmherzigen, uns in der gemeinsamen Arbeit und Solidarität zu stärken und die Familie des Verstorbenen und die assyrische Nation mit Geduld und Mut zu trösten, und der Verstorbene möge zu den Bewohnern des Paradieses gehören. Ich schließe meine Rede mit einem Dank an die ehrenwerten Mitglieder des Vereins in Yonkers und der Assyrian National Association, die damit die hart arbeitenden Männer würdigen. Mein Dank gilt auch den anwesenden Zuhörern, die mir ihre Ohren und ihre kostbare Zeit geliehen haben. Lang lebe die assyrische Nation.

Senharib Balley

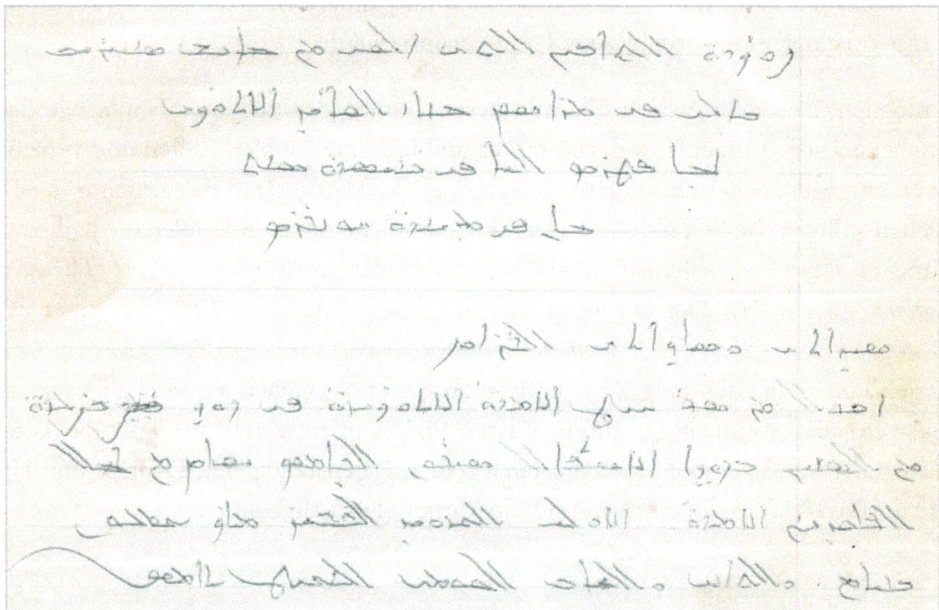

Originalauszug aus dem Notizbuch von Senharib Balley

GEDICHTE

Im Gegensatz zu Naum Faiq sind von Senharib kaum Gedichte vorgefunden worden. Es ist nicht bekannt, ob in den bisher unauffindbaren Ausgaben von *Sawto d Othuroye* weitere Gedichte vorhanden sind.

Die uns bekannten Gedichte wurden in den bereits vorgestellten Zeitschriften veröffentlicht. Die vorliegenden drei Gedichte wurden in Garschuni-Osmanisch verfasst.

Assyrisches Epos[409]

Einst, da hast du in Arenen die Schwerter gekreuzt
Hunderte Städte und Festungen hast du erobert
Feuer hast du entfacht in Feindesland
Du hast die Welt in Rauch gehüllt, oh Assyrer

Einst, da war dein Ruhm in aller Munde
Könige bekamen Ärger mit dir
Völker gehorchten deinem Befehl
Man sagte, dass du der Herrscher bist, oh Assyrer

Ruhm und Herrlichkeit Asiens gingen von dir aus
Die zentrale Macht der Welt ging von dir aus
Aus dir ging die größte Nation der Welt hervor
Wo sind jener Ruhm und jene Ehre, oh Assyrer?

Judäa und Ägypten zahlten dir Tribut
Iran und Ararat waren dein Hippodrom
Nineve und Babylon waren dein Paris und London
Nun hast du kein Land und keine Heimat mehr, oh Assyrer!

Für den Osten warst du die Krone des Stolzes
Berühmt warst für deine Künste
Warst Kaufmann, Händler und Schatzmeister
Warum bist du hilf- und mittellos geworden, oh Assyrer?

In Methoden des Regierens warst du einzigartig
In Wissenschaft und Bildung wurdest du Meister
Keine Nation war dir ebenbürtig
Wissenschaft und Kultur verwandelten sich in Unwissenheit, oh Assyrer

Jetzt frage ich mich, warum du abgestürzt bist, oh Assyrer?
Aus der Höhe herabschauend, bist du jetzt gebeugt, o Assyrien!

---

[409] *Sawto d Othuroye*, Jahrgang 2, Nr. 13, Februar 1915. Originalgedicht in Garschuni-Osmanisch „Aturi Destanı". Dieses Gedicht wurde ein zweites Mal in *Leshono d Umtho*, Jahrgang 2, Nr. 31, 5. Mai 1928 veröffentlicht.

Du bist keiner, der so sein sollte, oh Assyrien
Denke über deine Lage nach und schäme dich, oh Assyrer!

Bedenke, dein Vorfahre war heldenhaft, tapfer
Auf den Schlachtfeldern war er einzigartig in seiner Tapferkeit
Für seine Feinde war er das größte Problem
Man nannte ihn den wilden Assyrer!

Gewiss, Unwissenheit ist dein Feind
Betäubt ist dein Blut durch den Schlummer der Achtlosigkeit
Wo ist dein Eifer, gibt es kein Leben in dir?
Halte nicht an, handle jetzt, oh Assyrer!

Vergiss niemals das Wohl deiner Heimat,
Lass ihre Liebe immer in deinem Herzen brennen
Denke an den miserablen Zustand dieser Nation
Genug geschlafen, wach auf, oh Assyrer!

O Sohn Assyriens, das Epos endet nun
Lass die lesenden Brüder über ihren Zustand nachdenken
Oh, mein Leidensgenosse, hab' Erbarmen, bitte!
Die Morgendämmerung ist da, wach auf, oh Assyrer!
Sonst zermalmt dich das Rad des Schicksals, oh Assyrer!

Senharib Balley

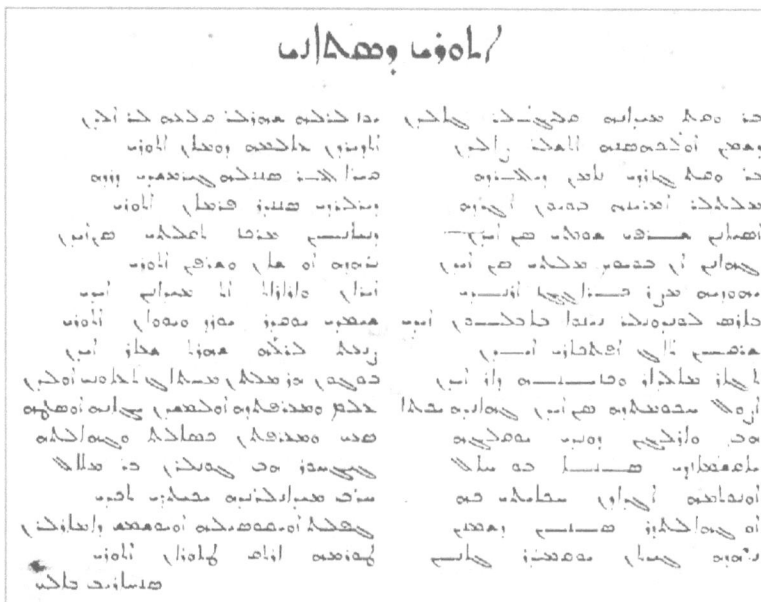

**Veröffentlichung in *Leshono d Umtho*
Jahrgang 2, Nr. 31, 5. Mai 1928**

Ein Wiegenlied für meinen Sohn Hammurabi

Oder

Ein Andenken an assyrische Mütter[410]
Geschrieben am 29. Juli 1919

Einst hatten wir auch unser eigenes Land.
Ich kann nicht beschreiben, was wir erleiden mussten
Dein zartes Herz kann es nicht ertragen
Schlaf mein Kind, schlaf heute, schlaf weiter
Werde erst erwachsen, dann erfahre von unserer Not

Wir verließen das Land Eden weinend
Öl und Honig sprudelten aus seinem Boden,
Halsbandtauben und Nachtigallen sangen in seinen Weinbergen
Schlaf mein Kind, schlaf heute, schlaf weiter
Werde erwachsen, lerne morgen von unserer Geschichte

Es ist uns verboten, uns in unserem Heimatland niederzulassen
Das Werk des Islam ist das Schlagen, Verbrennen, Plündern
Deine assyrische Mutter hatte Haare wie Wolle und ein zerrissenes Herz
Schlaf, mein Kind, schlaf heute, schlaf weiter
Streng dich morgen an, nimm selbst Rache

Schlaf, mein Kind, schweig, weine nicht mehr
Durchbohre nicht mein Herz voller Kummer mit deinen Tränen
Ich habe viel geweint, mögest du nicht weinen
Schlaf, mein Kind, schlaf heute, schlaf weiter
Wache morgen auf, räche dich

Schlaf mein Baby, die Abendglocke läutet
Bittere Träume suchen die Augen wieder heim
Der abscheuliche Feind verbrennt unser Vaterland
Schlaf mein Kind, schlaf heute, schlaf weiter
Komme Morgen, räche dich selbst

Die Addais[411], Ashurs[412] und Benyamins[413] gehen zu Ende
Während wir trauern, feiert der Feind ein Fest
Mein Hamurabi, das Volk wartet darauf, dass du erwachsen wirst.
Schlaf mein Kleines, schlaf heute, schlaf gut
Räch dich morgen an diesem Übel

Haltet dem, der euch schlägt, die andere Wange hin,

---

[410] Veröffentlicht in *New Assyria*, Jahrgang 3, Nr. 28, 15.Dezember 1918 veröffentlicht Originalgedicht in Garschuni-Osmanisch "Oğlum Hamurabi'ye Ninni veyahut Asuri Validelere Yadigar". Senharibs Sohn Raymond (1916-1984) wurde von seinem Vater Hamurabi gerufen. Daher ist dieses Gedicht ihm gewidmet.
[411] Bischof Addai Sher von Siirt.
[412] Ashur Yousif (1858-1915), Herausgeber von *Murshid Athuriyun* aus Kharput.
[413] Mar Benyamin Shimon, der von Simko heimtückisch ermordet wurde.

Liebt alle eure Feinde wie euch selbst!
Das ist der Grund, warum dein geliebtes Heimatland zerstört ist
Schlaf mein Kind, schlaf heute, schlaf weiter
Nimm für jeden Schlag zehnfache Rache

Schlafe mein Kind, schlafe, damit deine Größe nicht schrumpft
Höre meinen Kummer, aber lass dein Herz nicht erschrecken
Mögen deine Tage nicht enden, bevor du Rache übst
Schlaf mein Kind, schlaf heute, schlaf weiter
Wache Morgen auf, räche dich

Sei stets wachsam bei der Verteidigung des Vaterlandes
Sei kein Schaf, sondern ein Wolf gegen die Wölfe
Der richtige Weg ist, andere zum Weinen zu bringen, statt dich
Schlaf, mein Kind, schlaf heute, schlaf weiter
Kämpfe morgen und befreie dein Vaterland

Senharib Balley

Der Zustand der assyrischen Sprache[414]

Die Assyrer verlieren ihr Leben in den Fängen der Unwissenheit,
Deine geliebte Mutter liegt im Sterben,
Sie schreit um Hilfe und sagt: *Es ist mein letzter Atemzug!*
Sie stöhnt, stöhnt mit einer Stimme, die zu Tränen rührt,
Ihre Stimme hat sich in einen erstickenden Röcheln verwandelt.

Sie ringt, kämpft um ihr Leben, komm zur Rettung!
Sie erklärt den Menschen um sie herum mit Zuneigung den Weg zur Errettung,
Sie ruft eindringlich: *Wach auf!*
Sie stöhnt, sie weint...

Gibt es nicht sogar einige, die ihr Volk aufrichtig lieben?
Damit ihre Erben nicht mit dem Grab und dem Totengewand konfrontiert werden,
Weh mir! Der Assyrer hat nichts mehr von der alten Zähigkeit und Tapferkeit,
Sie stöhnt, sie weint...

Niemand hört den Aufschrei des Leidens dieser Nation,
Tausende von Wunden in ihrem Herzen, die deren Macht zerstören,
Die einen schaufeln ein Grab, die anderen bereiten ihren Sarg vor,
Sie stöhnt, sie weint...

Dieses [Volk] schenkte der Welt einst Wissenschaft und Literatur,
Die Griechen übernahmen die Wissenschaft und die Araber die Schrift der Zivilisation,
Ich weiß nicht, was sie jetzt zum Kentern gebracht hat,
Sie stöhnt, sie weint...

Sollte der große Meister der Nationen eilig zu seinem Untergang schreiten,
Das Reich würde weinen um die, die seinen Zenit gefunden und berechnet haben,[415]
Lass den Mond trauern, ihm ist es erlaubt, seine strahlende Schönheit zu zeigen,
Sie stöhnt, sie weint...

Der barmherzige Herr war erstaunt über ihre frühere Einheit und Macht,
Als er sah, dass der Turm von Nimrod den Himmel erreichen würde,
Ihre majestätische Stimme ließ den ganzen Körper und die Gestalt erbeben,
Sie stöhnt, sie weint...

Senharib Balley

---

[414] *Bethnahrin*, Jahrgang 1, Nr. 10, 15. Mai 1916. Originalgedicht in Garschuni-Osmanisch „Asuri Lisan Hali"
[415] Dies bezieht sich auf die Fähigkeiten der Assyrer auf dem Gebiet der exakten Wissenschaften [Fussnote im Originaltext].

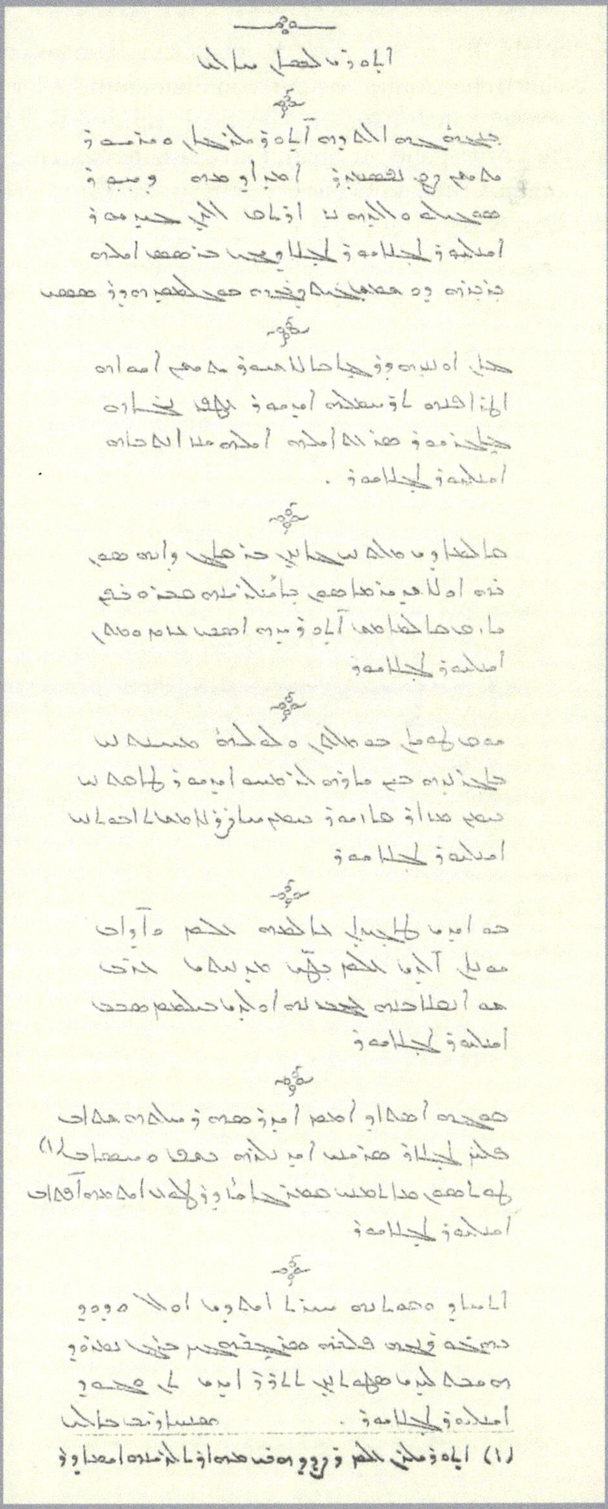

Original in *Bethnahrin*, Jahrgang 1, Nr. 10, 15. Mai 1916

KORRESPONDENZEN

Im Rahmen unserer Recherche haben wir auch Kontakt zur Familie von Senharib Balley aufgenommen. Seine Enkelin Irene Conti, Tochter von Shamiram Balley hat uns zahlreiche Schriftstücke und Bilder sowie Tonaufnahmen von Senharib zur Verfügung gestellt. Wir erhielten 135 Schreiben, die vorwiegend an Shamiram gerichtet waren. Sie begleitete ihren Vater in Reisen in den Nahen Osten und hatte Kontakte zu damaligen Persönlichkeiten innerhalb der assyrischen Gemeinschaft geknüpft.

Aus den Korrespondenzen geht hervor, dass Sie als Bindeglied zwischen den assyrischen Organisationen in den USA und den Assyrern in der Heimat fungierte. So wurden über Sie zahlreiche Projekte und Personen unterstützt. In diesem Abschnitt haben wir einige ausgewählte Schreiben bekannter Persönlichkeiten ausgesucht und veröffentlichen sie hier.

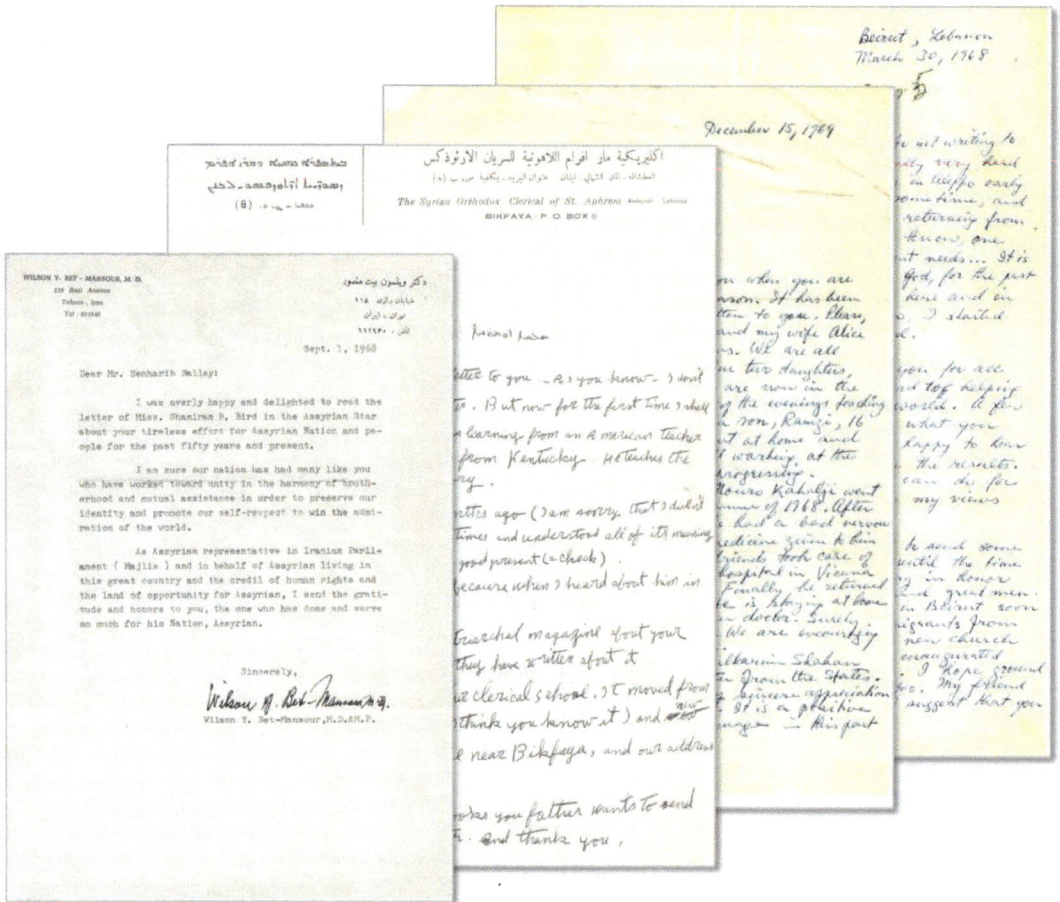

Buchgeschenk von Abrohom Haqwerdi

Abrohom Haqwerdi und Senharib Balley kannten sich mindestens seit der Berichterstattung im Magazin *Huyodo* über das assyrische Waisenhaus in Adana. Danach schrieb Senharib auch einige Artikel für *Leshono d Umtho*, der Zeitschrift von Haqwerdi.

Abrohom Haqwerdi schickte am 23. August 1953 ein kleines Gesangsbuch als Geschenk an Senharib Balley. Bei diesem Buch handelt es sich um das Gesangsbuch von Gabriel Asaad (1907-1997), das er im gleichen Jahr in Aleppo veröffentlichte. Das Buch *Men Musiqi dilan Hdato* (ܡܢ ܡܘܣܝܩܝ ܕܝܠܢ) enthält eine kleine Sammlung von vorwiegend Nationalliedern mit Musiknoten von Gabriel Asaad (13 seiner eigenen Lieder und weitere Lieder anderer Autoren). Einige der Texte wurden mithilfe von Yuhanon Qashisho wegen der Zensur durch die syrischen Behörden angepasst bzw. leicht verändert.

Gabriel Asaad schenkte dieses Exemplar seinem Lehrer Abrohom Haqwerdi, der ihn im Schul- und Waisenhaus in Adana unterrichtete. Dies ist auf der Titelseite vermerkt.

Dieses Exemplar erhielt Ashur Bet-Shlimon in 1968. Auf dem Deckblatt ist ein Stempel seiner Organisation (Assyrian National Effort) mit dem Datum 24. Juni 1968 aufgedruckt. Nach Erhalt des Exemplars leitete es Ashur an den Sohn von Gabriel Assad, Sardanapal Asaad in 2011 weiter.

Gabriel Asaad 1965
(1907-1997)

Mein treuer Freund, verehrter Senharib Balley,

Um der langjährigen Treue (Freundschaft) zwischen uns zu gedenken, wollte ich Dir ein gelehrtes Geschenk schicken und überreichen. Ich konnte nichts Passenderes finden. Dieses kostbare kleine Werk wurde mir von seinem Besitzer, einem meiner lieben Schüler, geschenkt, der mir immer Respekt und Zuneigung entgegengebracht hat; nun schenke ich es dir.

Ich habe beschlossen, es Dir zu schicken, um die Erinnerung zwischen uns aufrechtzuerhalten. Der Autor dieses Werkes ist einer meiner Schüler. Ich schicke es als Nachweis, wie ich Studenten für unsere Nation ausbildete.

Gerade heute hat der ehrwürdige Pfarrer Petrus unser Haus besucht. Bitte nimm dieses Erinnerungsstück an beide Besuche an und bewahre es auf.

25. August 1953
Abrohom Haqwerdi

Transkription des Osmanisch-Türkischen:

Vefâkâr dostum Senharîb Bâlî efendi,

Uzun seneler devâm eden aramızdaki sadâkata bir tızkâr [anı] olmak için, size bir ilmi hediye irsâl ve takdîm etmegi ârzû ettim. Münâsib [baska] bir sey bulmadım. Azîz talebelerimden ve dâima sahsıma karsı hürmet ve muhabbet eden (bu kıymetli küçücük eserin) sâhibi tarfından bana hediye edilmistir, size hediye ediyorum.
Dedim aramızdaki zikriyâtın [anısı] devamı için gönderdim. Bu eserin muellifi talebelerimden birisidir. Millet âleminde nasıl talebeler yetistirdigime delîl için gönderdim.

Tam bugün kas Betrıs hazretleri hânemizi ziyâret etmisti. Her iki ziyârete tızkâr olmak üzere lutfen su yâdigârı kabûl ve hıfz ediniz.
25 Agustos 1953
Ibrâhîm Hakverdi

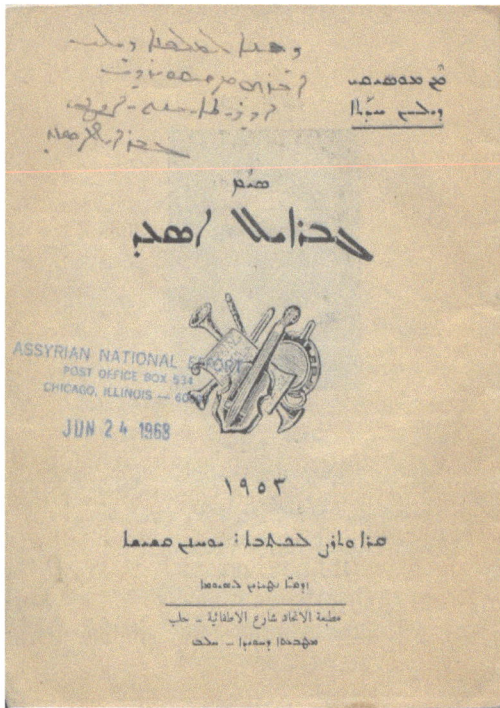

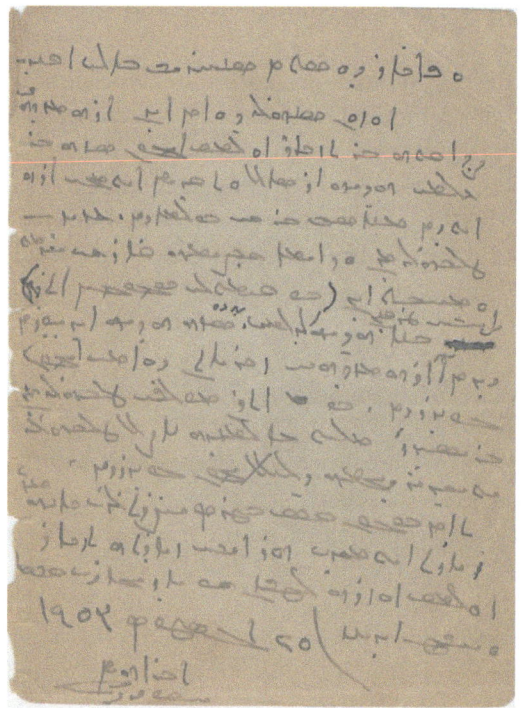

Originalbild des geschenkten Buches

Schreiben von Yacoub Namek (30. März 1968)[416]

Beirut, Libanon, 30 März 1968

Sehr geehrte Frau Shamiram B. Bird,

zunächst möchte ich mich dafür entschuldigen, dass ich Ihnen erst jetzt schreibe. Die letzten Monate waren für unsere Familie wirklich sehr schwer. Meine Mutter ist Anfang des Jahres in Aleppo gestorben, die Kinder waren eine Zeit lang krank, und ich war nach meiner Rückkehr aus den Staaten sehr unsicher in meinem Job. Wenn die Dinge schieflaufen, weiß man, dass man nur das Nötigste tun will... Es ist nicht leicht, gegen Frustration anzukämpfen. Gott sei Dank geht es in den letzten Monaten allen Familienmitgliedern hier und in Aleppo gut. Deshalb habe ich vor einer Woche begonnen, Freunden im In- und Ausland zu schreiben.

Ich weiß nicht, wie ich Ihnen für all Ihre Bemühungen und Aktivitäten danken soll, die Sie unternommen haben, um unseren Menschen in diesem Teil der Welt zu helfen. Ein paar enge Freunde von mir haben von dem gehört, was Sie mir geschrieben haben, und sie waren sehr froh, das zu erfahren und hofften sehr, die Ergebnisse zu sehen. Wir sind alle dankbar für alles, was Sie für uns tun können. Lassen Sie mich einen Kommentar abgeben und meine Ansichten nacheinander darlegen:

1. Ich hoffe, Sie können mir einige der Bücher Ihres Vaters schicken. Ich werde sie bis zu dem Zeitpunkt aufbewahren, an dem wir eine Gedenkbibliothek zu Ehren der geistigen Führer und großen Männer unserer Nation einrichten. Eine solche Bibliothek wird in Beirut eingerichtet werden, sobald die Söhne der assyrischen Emigranten aus dem alten Edessa (Urfa) ihre neue Kirche hier in Beirut gebaut haben. Am 13. März haben wir dieses Projekt unserer Kirche offiziell eingeweiht. Ich hoffe, dass auch in diesem Jahr der erste Spatenstich erfolgen wird. Mein Freund Abrohom ist der gleichen Meinung. Ich schlage vor, dass Sie sich keine Sorgen um den Versand dieser Bücher machen. Schicken Sie sie per Paketpost (Büchertarif), sofern sie gebunden sind. Schicken Sie sie an meine Adresse: Dr. Yacoub Namek, Abteilung für Erziehungswissenschaften, Amerikanische Universität Beirut, Beirut, Libanon. Jedes Paket sollte höchstens 11 Pfund wiegen, wenn ich mich nicht irre. Schicken Sie zunächst zwei oder drei Pakete (die etwa sechs Wochen brauchen würden, um

---

[416] Yacoub Namek (1924-2000) wurde in Urfa geboren, in dem Jahr, an dem alle Assyrer deportiert wurden. Seine Familie ließ sich wie die meisten Assyrer in Aleppo nieder. Dort erwarb er 1948 sein Abitur am Aleppo Scientific Institute, 1956 folgte der Abschluss zum Bachelor of Science (Chemie) an der American University in Beirut und 1958 einen Master of Science in Naturwissenschaften. Er promovierte 1968 an der Universität von Wisconsin, USA, mit Auszeichnung im Bereich der naturwissenschaftlichen Bildung und lehrte als Assistenzprofessor (1964-1994) an der Amerikanischen Universität von Beirut und wurden Dekan der Fakultät für Naturwissenschaften und Mathematik (1984-1990). Er gilt als Autor und Entwickler von Lehrplänen für den naturwissenschaftlichen Unterricht in Grundschulen, die ab 1972 im Libanon, 1973 im Sudan, 1975 in Saudi-Arabien und 1984 in Bahrain unterrichtet wurden.
Yacoub Namek war maßgeblich an der Entwicklung und Etablierung der Pfadfinder-organisation in Syrien. Insbesondere in seiner Heimatstadt Aleppo war er bis 1953 sehr aktiv in den Reihen der Pfadfinder.

anzukommen). Sobald ich sie erhalte, gebe ich Ihnen Bescheid. Dann können Sie den Rest schicken...

2. Ich würde gerne eine Sammlung der Schriften des verstorbenen Naum Faiq haben. Wenn Sie jemanden ausfindig machen, der diese besitzt, teilen Sie mir bitte Namen und Adresse mit.

3. Der Vertreter der McGraw Hill Buchgesellschaft in Beirut, Herr Michael Kermian, ist ein Freund von mir. Wir kennen uns sehr gut. Ich habe ihn angerufen, aber er war auf einer Reise unterwegs. Ich werde versuchen, ihn bald zu sehen und das Projekt mit ihm zu besprechen. Wenn Sie das versprochene Geschenk erhalten haben, geben Sie mir bitte ein paar davon, um zu sehen, was für welche es sind und was man damit machen kann. Ich werde an Herrn Knudren schreiben, nachdem ich Gelegenheit hatte, mit ihrem Vertreter in Beirut zu sprechen.

4. Nun zur Lieferung von Medikamenten. Hierfür ist eine Sondergenehmigung des Gesundheitsministeriums im Libanon erforderlich. Können Sie uns eine detaillierte Liste der im Angebot enthaltenen Medikamente und deren Menge übermitteln? Ich habe den Sohn von Herrn Masud Asfar gesehen (wir haben sie in ihrem großen Haus am Meer besucht). Er erzählte mir, dass die Frauenvereinigung von Beirut eine kostenlose medizinische Klinik in Beirut für unsere armen Familien eröffnen wird. Wenn dies realisiert wird (und ich hoffe, dass es bald geschieht), dann wird es einfach, Ihr Angebot zu importieren. Andernfalls halte ich es für sehr schwierig, Ihr Angebot zu nutzen, denn wir brauchen einige Ärzte aus unseren eigenen Reihen, die zu diesem Zweck mitarbeiten.

5. Einige von uns hier in Beirut denken darüber nach, Abrohom Kahalji [Nuro] zur Teilnahme an der Kulturkonferenz zu entsenden, die in Frankreich stattfinden wird. Wenn es uns gelingt, die notwendigen Mittel zu beschaffen, wird das großartig sein.

Lassen Sie mich hier eine kleine Bemerkung machen. Wir müssen im Stillen arbeiten, ohne viel Aufsehen zu erregen. Unsere Feinde verstehen die Bedeutung dessen, was wir zu tun versuchen, besser als unsere Leute. Nur wenige von uns hier und in den Staaten wissen um die volle Bedeutung solcher Projekte. Wenn wir solche nationalen Projekte verwirklichen, habe ich keine Angst vor den Folgen. Aber wenn sie nur in der Gerüchteküche und in der Öffentlichkeitsarbeit bleiben, dann ist das schlecht. Wir werden unter Verdacht und Beobachtung geraten, ohne dass es dafür einen Grund gibt...[417]

Nun, so viel zu dieser Zeit. Wie geht es Ihrem Vater? Wünschen Sie ihm beste Gesundheit und eine gute Zeit, und richten Sie ihm bitte meine tiefen Grüße und meinen Respekt aus. Meine Frau Alice lässt Sie grüßen und grüßen. Meine Töchter Rima und Lina erinnern sich gut an Sie. Wir vermissen Sie sehr und freuen uns auf den Tag, an dem wir Sie im Libanon wiedersehen können.

---

[417] Hier macht der Autor die folgende Bemerkung zu diesem Kapitel am Rande des Textes: *"Bitte lesen Sie und vergessen Sie nicht, zurückzuschreiben. Vielen Dank"*.

Bitte erwähnen Sie uns bei Ihrer Familie und schreiben Sie uns bald.
Mit besten Wünschen und Grüßen

Y. Namek

Leitung der Pfandfinderorganisation Aleppo 1941-1947
Sitzend von links: Yacoub Namek, Hazeqial Toros, Naim Abu-Qassib.
Stehend von links: Abdulnur Tokmajy, Shukri Sharbtjy und Anton Khoury.

Schreiben von Abrohom Nuro (5. August 1968)

Abrohom Kahlaji Nuro (1923-2009) wurde in der Stadt Urhoy (Urfa) am 1.10.1923 geboren. Kurz nach seiner Geburt wurden alle assyrischen Bewohner (ca. 450 Familien) dieser alten und heiligen Stadt im Februar 1924 deportiert. Abrohoms Familie lässt sich mit der Mehrzahl der Familien in Aleppo nieder.

Die Mission von Abrohom Nuro lag darin, die syrische Sprache überall wo es geht zu lehren und sie durch Einführung neuer Begriffe zu erneuern. Er selbst hat mindestens 50 Kurse in seinem Leben in zahlreichen Ländern gegeben. Teilweise waren bis 250 Schüler in seinen Sprachkursen!

Abrohom Nuro hat an etwa 30 internationale Konferenzen (wie Symposium Syriacum) in verschiedenen Ländern teilgenommen.

Seine eigenen Werke umfassen u. a.:

- Krukhyo Dil (My Tour): Dieses Buch ist eine Ist-Aufnahme unserer Institutionen bis 1967. Darin werden alle dem Verfasser bekannten Persönlichkeiten aus allen Bereichen (meistens mit Bild) vorgestellt. Er führte auch eine Statistik über die Schulen und Schüler der syrischen Sprache durch.
- Suloqo: Dies ist ein Lehrbuch nach seiner selbstentwickelten Methode.
- Tawldotho: In diesem Buch veröffentlicht 1997 Abrohom Nuro zahlreiche Neudefinitionen von Wörtern im Syrischen. Es beinhaltet Wörter aus Wirtschaft, Kunst und Technologie.

Abrohom Nuro hatte intensiven Briefkontakt mit Senharib Balley sowie Charles und Rose Dartley. Ein persönliches Treffen mit Rose und Charles Dartley fand im Jahr 1963 in Aleppo statt. Mit Senharib traf sich Abrohom im Jahr 1969/70 während der Reise von Senharib im Libanon.

Das nachfolgend aus dem Osmanisch-Türkisch übersetzte Schreiben wurde von Hanna Salman im Namen von Salma Nuro, der Schwester von Abrohom in Beirut am 5. August 1968 verfasst.

Von links: Yakob Tahan, Yusuf Namek, Eya Malke Asaad, Rose Dartley, Juliet Yousuf, Jorgette Bishar, Elias Dartley, Charles Dartley, Shukri Aziz Taraqjy, Abdelnur Taraqjy, Abrohom Nuro - Aleppo 1963

Sehr verehrter und geliebter Malfono Senharib,

wir haben den Brief erhalten, den Sie am 20. Juli geschickt haben. Wir haben ihn gründlich gelesen und den Inhalt verstanden. Wir haben auch einen Scheck über 25 Dollar erhalten. Wir danken Ihnen sehr hierfür.

Es sind nun zwei Monate her, dass mein Bruder Abrohom eine Reise angetreten hat. Bislang hat er Syrien, Mossul und die Türkei erreicht. Derzeit hält er sich bei Seine Eminenz [Sayyidna] Erzbischof Dolabani in Mardin auf. So Gott will, wird er sich auch auf den Weg nach Europa machen. Er wird sich dort einer medizinischen Behandlung unterziehen. Er sollte schon vor vier Jahren dorthin reisen, aber aufgrund finanzieller Engpässe wurde die Reise verschoben. Jetzt danken wir Gott, dass er, sobald es die Umstände zuließen, abgereist ist.

Er hat das Buch MY TOUR veröffentlicht, und alle Exemplare sind bereits ausverkauft. Unsere Landsleute in Beirut, Aleppo und Qamishly und aus anderen Regionen haben sie gekauft und wir bedanken uns dafür. Und sie schicken [uns] Briefe aus Europa.

Sie waren der erste aus den USA, und Ihre Bekannten, Onkel Said, Vater Albert Samuel und andere Freunde, ihr alle habt euch bemüht, uns zu helfen, und ihr habt euch um uns gekümmert. Sie haben uns Geld von dort geschickt. Wir sind Ihnen sehr dankbar, und wir werden dies bis an unser Lebensende nicht vergessen. Besondere Erwähnung verdient Frau [Madame] Shamiram, die uns besuchte und deren Freundlichkeit wir immer in Erinnerung behalten und schätzen werden.

Heute teilte uns Lehrer [Abdulkarim] Shahan mit, dass die von Ihnen übermittelte Botschaft angekommen ist. Er hat sich telefonisch gemeldet. Was die Bücher und Briefe für die Druckerei betrifft, so werden sie eine Sitzung einberufen und Euch schriftlich informieren.

Onkel Senharib, Deine Tochter Shamiram hat uns in einem Brief auf Englisch mitgeteilt, dass sie uns einen Scheck geschickt hat, damit wir eine britische Goldmünze anfertigen und ihr schicken lassen. Wir haben diesen Scheck jedoch noch nicht erhalten. Sie möge sich bei der Bank nach dem Stand der Dinge erkundigen und mitteilen, dass der Scheck, den sie geschickt hat, in Beirut nicht angekommen ist; im Moment ist er nicht auffindbar. Vielleicht hat sie ihn auch noch nicht abgeschickt; wir wissen es nicht. Wir bitten um konkrete Informationen zum diesem Thema.

Was meine Familie betrifft, so geht es uns allen hier gut, und wir küssen Ihnen die Hände [als Geste, um ihren Respekt zu zeigen]. Auch alle Verwandten lassen Euch grüßen.
Bitte verzeihen Sie etwaige Irrtümer oder Fehler in diesem Brief oder in meiner Rechtschreibung, Onkel Senharib. Ich bin Salma, die Schwester von Abrohom, und schreibe diese Antwort auf Deinen Brief, da er abwesend ist.
Wir grüßen Onkel Said, Frau Shamiram und ihren Mann und küssen ihre beiden Töchter Lucille und Irene.

Mitglieder der Familie Abrohom
Bleibt in Frieden, wenn ihr diese Zeilen lest.
Geschrieben von Malfono [Hanna] Salman

ܗܘܘ ܒܫܠܡܐ

Schreiben von Mönch George Saliba (25. März 1969)

Liebe Schwester Shamiram,

Shlomo Omthonoyo, ܫܠܡܐ ܐܘܡܬܢܝܐ

Ich freue mich sehr, Ihnen diesen Brief zu schreiben, da Sie wissen, dass ich kein gutes Englisch kann, um einen Brief zu schreiben. Aber jetzt werde ich zum ersten Mal versuchen, auf Englisch zu schreiben, denn ich lerne von einem amerikanischen Lehrer, der Mr. N. Horner aus Kentucky heißt. Er unterrichtet die englische Sprache in unserem Priesterseminar.

Ich habe Ihren Brief vor zwei Monaten erhalten (es tut mir leid, dass ich nicht früher geantwortet habe). Ich habe ihn viele Male gelesen und seine ganze Bedeutung verstanden. Vielen Dank für Ihr gutes Geschenk (einen Scheck).
Erzählen Sie mir von Ihrem Vater, denn als ich in Ihrem Brief von ihm hörte, war ich beunruhigt.

Ich habe dem Sekretär des Patriarchatsmagazins von dem Geschenk deines Cousins [Onkel] Said erzählt. Und jetzt haben sie darübergeschrieben.[418]

Ich möchte dir von unserer kirchlichen Schule erzählen. Sie ist von Zahle in ein neues Gebäude im Dorf Atchaneh in der Nähe von Bikfaya umgezogen (ich denke, du kennst es), und unsere Adresse steht auf diesem Briefkopf.

Ich warte jetzt auf die Bücher, die Ihr Vater mir schicken will, wie Sie in Ihrem Brief geschrieben haben. Und ich danke Ihnen.
Die Jungen senden dir ihre besten Wünsche und sprechen in unserer assyrischen Sprache[419].
Zum Schluss sende ich meinen assyrischen Gruß an deinen Vater und dich. Gott sei mit euch.

Fush Bashlomo ܦܘܫ ܒܫܠܡܐ
Mit freundlichen Grüßen
Raban George Saliba

Atchaneh: 25. März 1969

P.S. Seine Heiligkeit hat mich letzten Sonntag, den 23. März zum Priester geweiht....

George Saliba 1964

---

[418] Spende von 500 USD für das Mor Afrem Waisenhaus, *Patriarchal Magazine*, Vol. 7, Nr. 64, Februar 1969, S. 197 [Hrsg.].
[419] Im englischen Original „*Assyrian language*".

اكليريكية مار أفرام اللاهوتية للسريان الارثوذكس

العطشانه ـ المتن الشمالي ـ لبنان   عنوان البريد ـ بكفيا ص. ب (٨)

The Syrian Orthodox Clerical of St. Aphrem Atshaneh - Lebanon

BIKFAYA - P.O BOX 8

Dear sister Shamiram

shlomo omthonoyo ܫܠܡܐ ܐܘܡܬܢܝܐ

I am very happy to write this letter to you — As you know — I don't
know good English to write a letter. But now for the first time I shall
try to write in English because I am learning from an American Teacher
whose name is
English langu
I received
answer sooner
Thanks you
Tell me al
your letter
I told the s
cousin said
I want to
Zahle to
building in
is written o
I am waitin
me as you r

The boys send their best wishes to you, and they
speak in our Assyrian language.

Finally I send my Assyrian greeting to your father
and you .   God be with you . Foosh Bashotmo
ܦܘܫ ܒܫܠܡܐ

You sincerely
Rabban George Saliba

Atchaneh : 25th March . 1969

P.S.   His Holiness ordained me a priest last Sunday
March 23 · · · ——

Schreiben von Wilson Bet-Mansour (1. September 1968)

Dr. Wilson Bet-Mansour (1928-2019) war einer der Gründer der Assyrian Universal Alliance (AUA), die 1968 in Pau, Frankreich, gegründet wurde. Nach der Verabschiedung der Satzung 1970 in Köln, Deutschland, wurde er zu ihrem ersten Generalsekretär gewählt.

Zwischen 1968 und 1976 war Dr. Bet-Mansour ein gewähltes Mitglied des iranischen Parlaments. Er war Gründer und Herausgeber der Zeitschrift *Atour* (1969-1979), einer dreisprachigen Monatszeitschrift, die in Assyrisch, Persisch und Englisch erschien und Nachrichten über die assyrische Gemeinschaft weltweit veröffentlichte.

Wilson Y. Bet-Mansour, Dr. med.   1. September 1968
118 Razi Avenue
Teheran, Iran
Tel: 611940

Sehr geehrter Herr Senharib Balley,

ich war überglücklich und erfreut den Brief von Frau Shamiram B. Bird im Assyrian Star über Ihren unermüdlichen Einsatz für die assyrische Nation und das assyrische Volk in den vergangenen fünfzig Jahren und in der Gegenwart zu lesen.
Ich bin sicher, dass unsere Nation viele wie Sie hatte, die sich für die Einheit in der Harmonie der Brüderlichkeit und der gegenseitigen Unterstützung eingesetzt haben, um unsere Identität zu bewahren und unsere Selbstachtung zu fördern, um die Bewunderung der Welt zu gewinnen.

Als Vertreter der Assyrer im iranischen Parlament (Majlis) und im Namen der assyrischen Bevölkerung in diesem großartigen Land und als Verfechter der Menschenrechte und des Landes der Möglichkeiten für die Assyrer sende ich Ihnen, der Sie so viel für diese Nation, die Assyrer, getan und ihr gedient haben, Dankbarkeit und Ehre.
Mit freundlichen Grüßen,

Wilson Y. Bet-Mansour, M.D. & M.P.

Wilson Bet-Mansour

Schreiben von Yacoub Namek (15. Dezember 1969)

Frau Shamiram Balley Bird   15. Dezember 1969
631 Ocean Road
Point Pleasant, N.J. / USA

Liebe Frau Bird,

ich hoffe, mein Brief erreicht Euch, wenn Ihr alle eine schöne Weihnachtszeit erlebt. Es ist schon so lange her, dass ich Euch nicht geschrieben habe. Bitte fragen Sie nicht nach dem Grund... Ich und meine Frau Alice sind sehr gespannt auf Ihre Nachrichten. Es geht uns allen gut und wir sind gesund. Unsere beiden Töchter, Rima und Lina, die Sie kennen, gehen jetzt in die Grundschule und wir verbringen einen Teil der Abende damit, sie zu unterrichten. Jetzt haben wir einen Sohn, Ramzi, 16 Monate alt. Er tobt zu Hause herum und macht unsere Tage fröhlich. Ich arbeite immer noch an der American University of Beirut und mache Fortschritte.

Unser lieber Freund Abrohom Nuro Kahlaji unternahm im Sommer 1968 eine Reise nach Europa. Nach ein paar Monaten glücklicher Besuche erlitt er einen schweren Nervenzusammenbruch aufgrund eines neuen Medikaments, das ihm ein Arzt verabreicht hatte. Einige assyrische Freunde kümmerten sich um ihn und brachten ihn in ein Krankenhaus in Wien, wo er einige Monate blieb. Schließlich kehrte er im September 1969 nach Beirut zurück. Er wohnt zu Hause und wird von seinem früheren Arzt behandelt. Sicherlich erholt er sich langsam. Wir ermutigen ihn und hoffen auf das Beste...
Ich habe erfahren, dass Abdulkarim Shahan eine assyrische Schreibmaschine aus den Staaten erhalten hat. Er macht guten Gebrauch davon. Ich möchte Ihnen meine aufrichtige Anerkennung für Ihre Bemühungen in dieser Hinsicht aussprechen. Dies ist ein positiver Schritt im Dienste unserer Sprache in diesem Teil der Welt.

Die Konferenz, die vor einiger Zeit in Frankreich stattfand, und die öffentliche Veröffentlichung ihrer Nachrichten haben unserer Sache weit mehr geschadet als genutzt. Wir leiden immer noch unter den Nachwirkungen.

Das Leben in diesem Teil der Welt verändert sich schnell. Das System unserer Gemeinschaften muss sich den dynamischen politischen und wirtschaftlichen Entwicklungen stellen, die um uns herum stattfinden. Wir wissen nicht, wie wir unsere Angelegenheiten regeln sollen. Unser System ist veraltet, und wir haben keine Führungspersönlichkeiten, die uns aus dem Dilemma, in dem wir stecken, herausführen könnten.

Das moderne Leben erfordert eine zeitgemäße Taktik, um die Herausforderung zu meistern. Der berühmte britische Historiker Arnold Toynbee schreibt, dass die assyrischen Kirchen eine versteinerte Nationalität darstellen. Können wir sie wieder zum Leben erwecken? Dies ist unser Hauptproblem und nicht die Bedrohung durch unsere Feinde... Unsere Nation leidet unter einer großen Diaspora. Kann dies ein neues Leben für uns auslösen oder was sonst? Ich kenne die Antwort nicht. In gewisser Weise sind wir ein historisches Wunder. Als solches habe ich eine unerschütterliche Hoffnung.

Wir, die wir in freien Gesellschaften leben, haben eine große Verantwortung. Es reicht nicht aus, über unseren assyrischen Namen und unser assyrisches Erbe zu sprechen und stolz darauf zu sein. Diejenigen von uns, die daran glauben, sollten sich organisieren und handeln! Die jungen Männer, die in die Fußstapfen von Senharib Balley, Naum Faiq, Yuhanon Dolabani… getreten sind und ihre Lieder gesungen haben, haben ihren Atem verloren. Sie singen nicht mehr. Ihre Kinder stellen sie in Frage und fragen und bitten um einen Weg, der sie zu einem besseren und reicheren Leben führt.

Können wir eine positive Antwort auf ihre Fragen geben? Soll ich ihnen jetzt, wo ich selbst Kinder habe, sagen, was sein wird, wird sein? Ich wünschte, ich könnte in dieser Jahreszeit in den Staaten sein und mit deinem großen Vater am Kamin sitzen und ihm zuhören, wie er von vergangenen Tagen spricht und von einem Weihnachten für unsere Nation träumt...

December 15, 1969

Mrs. Shamiram Balley Bird
637 Ocean Road
Point Pleasant, N.J.
U.S.A.

Dear Mrs. Bird,

Hope my letter will reach you when you are all enjoying a happy Christmas Season. It has been such a long time I have not written to you. Please, do not ask for the reason... Me and my wife Alice are very anxious to hear your news. We are all doing well and in good health. Our two daughters, Rima and Lina, whom you know are now in the grade school and we spend part of the evenings teaching them their lessons. Now we have a son, Ramzi, 16 months old. He keeps running about at home and makes our days bright. I am still working at the American University of Beirut and progressing.

Our dear friend Abrohom Nouro Kahalji went on a trip to Europe in the summer of 1968. After a few months of happy visits he had a bad nervous breakdown because of a new medicine given to him by a doctor. Some Assyrian friends took care of him and had him enter a hospital in Vienna where he stayed some months. Finally he returned to Beirut in September 1969. He is staying at home and is being treated by his former doctor. Surely enough, he is slowly recovering. We are encouraging him and hoping for the best...

I understand that Abdulkarim Shahan received an Assyrian typewriter from the States. He is making good use of it. My sincere appreciation for your efforts in this respect. It is a positive step toward serving our language in this part of the world.

ANLAGEN

Anlage 1: Foto von Abrohom Nuro 1964

Dieses Foto wurde am 27. Januar 1964 von Abrohom Nuro aus Aleppo an Senharib Balley geschickt.

Abrohom Nuro hält eine Rede über Ahiqar in 1964 in Aleppo.
Im Publikum sind in der ersten Reihe u.a. Bischof Jerjis Behnam (1912-1992) von Aleppo,
Pf. Barsoum Ayub (1932-1998), Pf. Shamoun Asmar (1939-2013) und Mönch George Saliba.

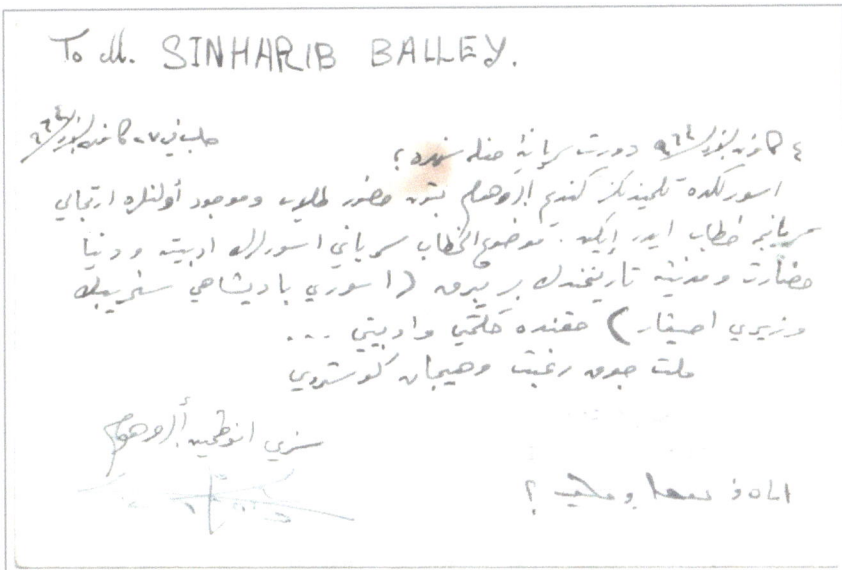

Rückseite des Bildes

Auf der Rückseite des Fotos wurde der nachfolgende Text in Osmanisch-Türkisch geschrieben. Dies ist die Übersetzung davon:

An Herr Senharib Balley

Aleppo, 27. Januar [1]964

Vom assyrischen Empfang am 4. Januar [1]964!

Euer Student in Assyrismus, ich, Abrohom, hielt eine Rede vor allen anwesenden Studenten und Teilnehmern in klassischem Syrisch [Kthobonoyo].

Das Thema der Rede war "Eine Seite aus der Geschichte der syrisch-assyrischen Kultur und Zivilisation der Welt": Über 'Ahiqar, den Wesir des großen assyrischen Königs Sennacherib', seine Weisheit und Literatur"...

Die Zuhörer zeigten großes Interesse und Begeisterung.

Abrohom, der dich nie vergessen wird,
[Signatur]

Assyrien ist mein Ziel! [geschrieben in Syrisch / ܐܬܘܪ ܢܝܫܐ ܘܡܚܕ!]

Transkription des Osmanischen:

To Mr. SINHARIB BALLEY   Halep fi 27 Kanun-i sani, Sene 964

4 Kanun-i sani, Sene 964 -Dört- Süryani ḥaflesinde!

Asuri'likte tilmîziniz kendim Abrohom, bütün huzur-i tullâb ve mevcud olanlara İrticâ-i Süryanice hitâb eder iken.

Mevzûu el-hitab, Süryani Asurların edebiyâtta ve dünya hadârât ve medeniyet tarihinden bir yaprak. (Asuri Padişahı Sanharib'in waziri
Ahikâr) hakkında hikmeti ve edebiyatı...

Millet çok rağbet ve heyecân gösterdi.

Sizi unutmayan Abrohom.   Othur Nišo Dil!

328

Anlage 2: Schreiben Shamiram Balley an Assyrian Star

Dieses Schreiben wurden in der Ausgabe vom Juli/August 1968 im *Assyrian Star* in Englisch veröffentlicht:

Chefredakteur
Assyrian Star
Gary, Indiana
Lieber Herr Karam,

Da der Termin des Jahreskongresses [Convention] nicht mehr weit entfernt ist, möchte ich Ihnen ein paar Gedanken mit auf den Weg geben, wenn Sie und Ihr Ausschuss den „Mann des Jahres" wählen.

Ich weiß, dass Bescheidenheit eine Tugend ist, aber in dieser Zeit muss der direkte Ansatz vorherrschen. Wir haben unter uns einen hochbetagten assyrischen Bürger, Herrn Senharib Balley, der sich seinem 90. Lebensjahr nähert. Es wäre an der Zeit, jemanden zu ehren, der so viel für seine Nation und sein Volk getan hat und der auch heute noch sein Bestes tut, um nützlich zu sein. Er hat über fünfzig Jahre lang fleißig, unermüdlich und mit Hingabe gearbeitet.

Er begann mit der Organisation einer Zeitung, die er mit der Hand schrieb, bis eine Vervielfältigungsmaschine [Mimeograph] angeschafft werden konnte, damit die Menschen lesen und miteinander in Kontakt bleiben konnten. Er reiste von Boston nach Philadelphia, um alle Assyrer zu vereinen, damit sie in ihren Bemühungen umso stärker sein konnten. Er reiste weit und nah und sprach bei allen Versammlungen, um den Patriotismus dieser Menschen zu wecken, sie in ihren Bemühungen zu helfen, zu ermutigen und sie an ihre Pflicht gegenüber den Zurückgebliebenen zu erinnern, um die Moral der Verzweifelten im alten Land aufrechtzuerhalten.

Herr Balley arbeitete mit Herrn Werda und Dr. Yoosuf während der Verhandlungen auf der Friedenskonferenz, und in 1933 trug er maßgeblich zur Gründung der Assyrian American Federation bei. Was ist sonst noch nötig, um eine Anerkennung der Verdienste zu rechtfertigen?

Wenn dieser Pionier diese irdische Bühne verlässt, kann er sagen: „*Ja, es war die Mühe wert*". Wenn ich jetzt schließe, sage ich: „*Ein Mann kann nicht seinen Grabstein lesen, wenn er tot ist*".

Shamiram and Senharib Balley, April 1969

Mit freundlichen Grüßen,
Shamiram Balley Bird
637 Ocean Rd.
Point Pleasant, N. J.

THE ASSYRIAN STAR — SEPTEMBER-OCTOBER, 1972

Man of the Century

Senharib Balley

1878-1971

Titelseite von *Assyrian Star*, September-Oktober 1972

INDEX

BIBLIOGRAFIE

Zeitschriften

Asiria (Al Jameca al-Suryaniyya – ܐܠܣܘܪܝܐ ܩܘܡܬܐ), eine Zeitschrift herausgegeben von Farid Elias Nuzha in Buenos Aires von 1934-1961 und 1968-1969.

Assyrian Star (Khokhva Aturaya), diese Zeitschrift wurde ab 1952 von Joseph Durna herausgegeben und kann als später Sprachrohr der Assyrian National Federation angesehen werden. Ursprünglich erschien *Assyrian Star* monatlich und es erscheint mit einigen Unterbrechungen bis heute.

Bethnahrin, die Zeitschrift von Naum Faiq wurde von 1916-1929 mit einer kurzen Unterbrechung von Mai 1920 bis Dezember 1922 in New Jersey herausgegeben. Nach seinem Tod wurde diese Zeitung von 1930 bis 1933 von Salim Daraqchy und John Ashjy herausgegeben.

Hekhmtho (Al-Hikma), dieses Magazin wurde zuerst in Mardin 1913/14 und später vom St. Markus Kloster in Jerusalem unter der Leitung von Murad Cheqqe von 1927-1930 und Jerjis Ayoub von 1931-1932.

Intibah, diese Monatsschrift wurde von Gabriel Boyajy in New York im Zeitraum von 1909-1915 herausgegeben.

Kawkab Madenho, die erste Zeitschrift von Naum Faiq in Diyarbakir von 1910-1912.

Leshono d Umtho, ein Magazin, herausgegeben von Abraham Haqwerdi in Beirut von 1927-1940.

Murshid Athuriyun, die Zeitschrift von Ashur Yousif in Kharput herausgeben zwischen 1909 – 1915.

The New Assyria, eine Monatsschrift, herausgegeben von Joel E. Werda und Charles Dartley in New York zwischen 1916-1919.

New Bethnahreen, das Nachfolgemagazin von *Bethnahrin*, veröffentlicht in New Jersey zwischen 1934 und 1948.

Sawto d Othuroye, die Zeitschrift von Senharib Balley. Erschienen von 1913 bis 1915.

Bücher:

Abdalke, Hanna (1951), *Qolo Suryoyo - Al-Sawt al-Suryani* - 1951

Akopian, Arman (2010), *Babylon, an armenian-language Syriac periodical – Some remarks on Milieu, Structure and Language* in Journal of the Canadian Society for Syriac Studies 10 (2010)

Armalto, Ishaq (1907/1908), *Kthobo d reghat shabre - ܟܬܒܐ ܕܪܓܬ ܫܒܪܐ*, Beirut.

Assyrian National School Association (TMS): Broschüre des Memorial Dinner vom 5. Dezember 1937 in New Jersey

Assyrian National School Association (TMS): Jubiläumsbroschüre von 1948.

Barsoum, Afrem (1924), *Geschichte des Tur Abdin*, Englische Übersetzung durch Matti Moosa (2008).

Cheqqe, Murad (1936), *Naum Faiq - Zikra wa takhlid* (Erinnerung und Gedenken, نعوم فائق – ذكرة وتخليد), Damaskus (Multilingual).

De Courtois, Sébastien (2004), *The Forgotten Genocide: Eastern Christians, the Last Arameans*, Gorgias Press.

Donabed, Sargon (2003), *Remnants of Heroes: The Assyrian Experience*, Assyrian Academic Society.

Donabed, Sargon und Ninos (2006), *Assyrians of Eastern Massachusetts*, Arcadia Publishing.

Donef, Racho (2018), *"The Assyrian delegation at the Paris Peace Conference"*, in Travis, Hannibal (ed.), *The Assyrian Genocide: Cultural and Political Legacies*, Routledge.

Donef, Racho (2015), *The struggle for a free Assyria: Documents on the Assyro-Chaldean Delegation's Political and Diplomatic Efforts, 1920-21,* Tatavla Publishing.

Faiq, Naum (1924), *The Ancient Assyrian Words Used in the Common Arabic Speech in Mesopotamia, especially in Amida.* Arabisch: *Majmu al-Alfaz al-Suryaniyya min al-Arabiyya al-cammiyya fi ma-bain-al-Nahrain wa khususan al-arabiyya al amidiyya.* West New York/New Jersey.

Faiq, Naum (1917), *Book of Revival Hymns or National and Fatherland Songs.* Syrisch: *Kthobo d cunoye ciruthonoye aw zumore umthonoye w mothonoye -* ܟܬܒܐ ܕܚܘܢܝܐ ܘܩ, Paterson/New Jersey.

Gaunt, David (2006), *Massacres, Resistance, Protectors: Muslim-Christian Relations in Eastern Anatolia During World*, Gorgias Press, NJ.

Ileri, Celal Nuri (1912), *Tarih-i istikbal*, Yeni Osmanlı Matbaa ve Kütüphanesi.

Ishaya, Arianne, *Assyrian-Americans: A Study in Ethnic Reconstruction and Dissolution in Diaspora* (www.nineveh.com/assyrian-americans.html).

Jastrow, Otto (2023), *Von Helden und Heiligen: Drei Erzählungen im anatolisch-arabischen Dialekt von Āzǝx,* Zeitschrift für arabische Linguistik 77,1.

Kieser, Hans-Lukas (2000), *Der verpasste Friede – Ethnie und Staat in den Ostprovinzen der Türkei 1839-1938*, Chronos Verlag, Zürich.

Le Bon, Gustave (1895), *Psychologie der Massen* (im französischen Original Psychologie des foules), Paris.

Malek, Yusef (1935), *The British Betrayal of the Assyrians*, Beirut.

Qarabashi, Abdelmasih (Abed Mshiho Neman of Qarabash, (ca. 1918), *Sayfo – An Account of the Assyrian Genocide*, (Englische Übersetzung durch Michael Abdalla und Lukasz Kiczko in 2019), Edinburgh University Press.

Manna, Jakob Awgin (1901), *Morceaux choisis de litterature arameenne –* ܡܬܚܐ ܓܒܝܬܐ ܘܣܕܪܐ, Mossul.

Richter, Julius (1910), *History of Protestant Missions in The Near East*, F.H. Revell, New York.

Sher, Addai (1905), *Catalogue of the Syriac and Arabic manuscripts preserved in the episcopal library of Séert*, Mossul, Dominican Fathers Press.

Sher, Addai (1905), *Madrasat Nusaybin al Shahira*, Beirut (Arabisch).

Sher, Addai (1912/1913), *Taʾrīkh Kaldū wa-Āthūr* (Geschichte von Chaldo-Assur), Beirut (2 Bände, Arabisch).

Southgate, Horatio (1856), *Narrative of Visit to the Syrian [Jacobite] Church of Mesopotamia*, New York.

Talay, Shabo und Üzel, Anna-Simona Barbara (2022), *Mimro des Yuḥanon Qufar aus Iwardo: Die Massaker der Jahre 1895–96 an den Christen der östlichen Provinzen des Osmanischen Reiches*, erschienen in Oriens Christianus 105.

Talay, Shabo und Üzel, Anna-Simona Barbara (2021), *Gorgis von Azǝx, Mimro über den Angriff des Muhammad von Rawanduz, Mīr-ē Kor, auf Azǝx und Asfǝs im Jahre 1834.* Erschienen in Den Orient erforschen, mit Orthodoxen leben: Festschrift für Martin Tamcke zum Ende seiner aktiven Dienstzeit, Harrassowitz Verlag.

W. A. Wigram (1920), *Our Smallest Ally. A brief account of the Assyrian nation in the great war.* London.

Yonan, Gabriele (1989), *Ein vergessener Holocaust - Die Vernichtung der christlichen Assyrer in der Türkei*, Pogrom Press, Berlin.

Verwandte Werke:

Beth-Avdalla, Tomas (Edit.): *Naum Faiq Palak – A Pioneer Journalist, Writer, Poet & Leader of a National Awakening*, 520 Seiten, Syrisch, Nineveh Press 2021.

Be- Naqṣe Aslan (2023): *Millet Fedekari*, Ein Theaterstück von Naum Abdulmesih aus 1915, 79 Seiten, Türkisch.

Be- Naqṣe Aslan- Bet-Sawoce – Zeitoune (2022): *Naum Faiq – Kawkab Madenho*, 358 Seiten, Multilingual.

Be- Naqṣe Aslan- Bet-Sawoce – Zeitoune (2024): *Naum Faiq – Kawkab Madenho II*, 380 Seiten, Multilingual.

Be- Naqṣe Aslan, Aydin (2023): *Süryani Modernleşmesinin Öncülerinden Senharib Bali*, 246 Seiten, Türkish.

Be-Naqṣe Aslan, A. & Şimşek M. (2024): *Adana Asuri Yetimhanesi (1919-1922)*, 265 Seiten, Türkish.

Nazarian, Alice (2018): *Bloodied, But Unbowed: A Memoir of the Ashur & Arshaluys Yousuf Family,* Nineveh Press, 426 Seiten, Englisch.

Zeitoune, Abboud (2020): *Naum Faiq and Assyrian Awakening – Naum Faiq w al-nahda al-Suryaniya al-Ashuriya*, 356 Seiten, Arabisch, Wiesbaden.

Zeitoune, Abboud (2022): *Naum Faiq und die Assyrische Aufklärung*, 394 Seiten, Deutsch, Wiesbaden.

Zeitoune, Abboud: *Naum Faiq and the Assyrian Awakening*, 381 Seiten, Englisch, Wiesbaden 2023.